高等院校电气工程及其自动化专业系列精品教材

电力系统分析

房大中　主编
房大中　贾宏杰　编著

科学出版社
北京

内 容 简 介

本书重点阐述电力系统分析涉及的元件模型和计算机分析方法。全书共分 11 章，包括电力网络的数学模型、电力系统潮流的计算机分析方法、电力系统的经济运行、同步电机的数学模型、同步电机三相短路暂态过程分析、电力系统故障的计算机算法、电力系统稳定性分析中的元件模型、电力系统稳定性的基本概念、电力系统小扰动稳定性、电力系统暂态稳定性、提高电力系统稳定性的措施。每章都提供了一些思考题，便于学生掌握相关知识。

本书可作为高等院校电气工程及其自动化专业的本科生教材，也可供高职、高专相关专业师生参考，还可作为电力工程技术人员的参考资料和培训教材。

图书在版编目(CIP)数据

电力系统分析/房大中主编；房大中，贾宏杰编著. —北京：科学出版社，2009
(高等院校电气工程及其自动化专业系列精品教材)
ISBN 978-7-03-026211-0

Ⅰ. 电… Ⅱ. ①房…②房…③贾… Ⅲ. 电力系统-系统分析-高等学校-教材 Ⅳ. TM711

中国版本图书馆 CIP 数据核字(2009)第 228892 号

责任编辑：余 江 潘继敏 / 责任校对：张怡君
责任印制：徐晓晨 / 封面设计：耕者设计工作室

科学出版社出版
北京东黄城根北街 16 号
邮政编码：100717
http://www.sciencep.com

北京虎彩文化传播有限公司印刷
科学出版社发行 各地新华书店经销
*
2010 年 1 月第 一 版 开本：B5 (720×1000)
2019 年 1 月第七次印刷 印张：17 1/2
字数：353 000

定价：58.00 元

前　言

本书是为电气工程及其自动化专业本科生编写的一门专业课教材，也是天津大学李林川教授主编的《电力系统基础》一书的配套教材。

电气工程及其自动化专业的本科生，在学习了“电路”、“电机学”、“电力系统基础”课程后可继续学习本书。本书重点讲述电力系统分析涉及的元件模型和计算机分析方法，其中：第1章介绍电力网络的数学模型；第2章介绍电力系统潮流分析的数学模型及常用的计算机方法；第3章介绍电力系统有功负荷的经济分配和最优潮流的基本概念及计算方法；第4章引出电力系统稳态和暂态分析中的同步电机的数学模型；第5章为同步电机三相短路电流的解析分析方法；第6章为电力系统短路及断线故障的计算机分析方法；第7章介绍电力系统暂态稳定性分析中的元件模型，包括发电机励磁系统、调速器模型及负荷模型；第8章介绍电力系统各种稳定性的基本概念；第9章和第10章介绍电力系统小扰动和暂态稳定性的分析方法；第11章介绍提高电力系统稳定性的措施，其内容包括安全稳定控制技术的基本概念及实现方法。编者希望通过本书的学习，可以使读者对电力系统的各种安全稳定问题及分析方法有一个比较全面的了解。

本书由房大中任主编，第1～6章由房大中编写，第7～11章由贾宏杰编写。

本书初稿承蒙余贻鑫教授审阅，提出了很多宝贵的意见和建议，在此深表感谢。同时感谢编者的研究生为本书所做的绘图及文字校对工作。

由于编者水平有限，书中不妥之处在所难免，敬请读者批评指正。

编　者

2009年9月

目　录

第 1 章　电力网络的数学模型

随着计算机技术的飞速发展，计算机已成为分析复杂电力系统运行状态和动态响应不可或缺的计算工具。各种电力系统分析皆和电力网络的数学模型有关，本章介绍复杂电网的节点导纳和节点阻抗矩阵的形成和计算方法。电力系统计算中大都采用标幺值，在本章中如无特殊说明，所有变量皆为统一系统基准容量下的标幺值。

1.1　节点电压方程与节点导纳矩阵

反映电力网络中电流与电压间关系的数学方程称为网络方程，建立网络方程的方法包括基于基尔霍夫电流定律（KCL）的节点电压法和基于基尔霍夫电压定律（KVL）的回路电流法。因为电力网等值电路中的接地支路较多，所以一般电力网络节点电压方程的数目要比回路电流方程的数目少很多。另外，复杂电网节点电压方程的建立和修改比较容易，因而电力系统分析中大都采用节点电压方程。

1.1.1　节点电压方程的建立

以图 1-1(a)所示简单电力系统为例来说明建立其节点电压方程的方法。在该系统中，节点 1 和 5 为发电机母线，节点 2、3 和 4 为负荷或联络母线。该电力网络由输电线、变压器和接在节点 4 上的补偿电容等元件构成。变压器采用理想变压器模型，线路采用 π 型等值电路模型，并将节点 4 上的补偿电容用接地导纳表示，则可以得出图 1-1(b)所示等值电路。将变压器转化为 π 型等值电路，用导纳表示支路阻抗参数，并包括节点注入电流的系统等值电路图如图 1-1(c)所示。注意，这里将元件等值电路中的导纳用小写字母 y 而不用大写字母 Y 表示，其原因是避免与后面的节点导纳矩阵中的元素相混淆，其中下标带零的表示接地导纳，例如，y_{ij0} 表示线路或变压器 π 型等值电路中节点 i 侧的接地导纳，y_{j0} 表示节点 j 的接地导纳。在等值电路图 1-1(c)中，每一节点包括一个节点注入电流 $\dot{I}_i(i=1,2,\cdots,5)$ 相量，它的规定正方向为由地指向该节点，节点的电压用 $\dot{U}_i(i=1,2,\cdots,5)$ 表示，为各节点对地电压相量。

由图 1-1(c)对每一节点应用 KCL，可列出系统的电力网络的节点方程如式(1-1)所示。

$$
\begin{cases}
\dot{I}_1 = y_{120}\dot{U}_1 + y_{12}(\dot{U}_1 - \dot{U}_2) \\
\dot{I}_2 = (y_{210} + y_{230} + y_{240})\dot{U}_2 + y_{12}(\dot{U}_2 - \dot{U}_1) + y_{23}(\dot{U}_2 - \dot{U}_3) + y_{24}(\dot{U}_2 - \dot{U}_4) \\
\dot{I}_3 = (y_{320} + y_{340} + y_{350})\dot{U}_3 + y_{23}(\dot{U}_3 - \dot{U}_2) + y_{34}(\dot{U}_3 - \dot{U}_4) + y_{35}(\dot{U}_3 - \dot{U}_5) \\
\dot{I}_4 = (y_{40} + y_{420} + y_{430})\dot{U}_4 + y_{24}(\dot{U}_4 - \dot{U}_2) + y_{34}(\dot{U}_4 - \dot{U}_3) \\
\dot{I}_5 = y_{530}\dot{U}_5 + y_{35}(\dot{U}_5 - \dot{U}_3)
\end{cases}
\tag{1-1}
$$

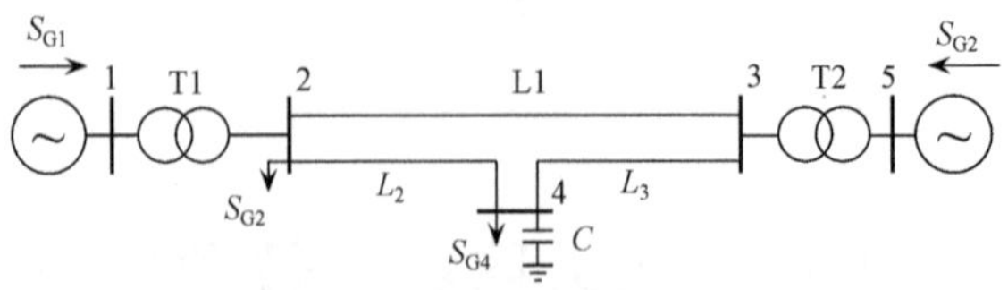

(a) 电力系统接线图

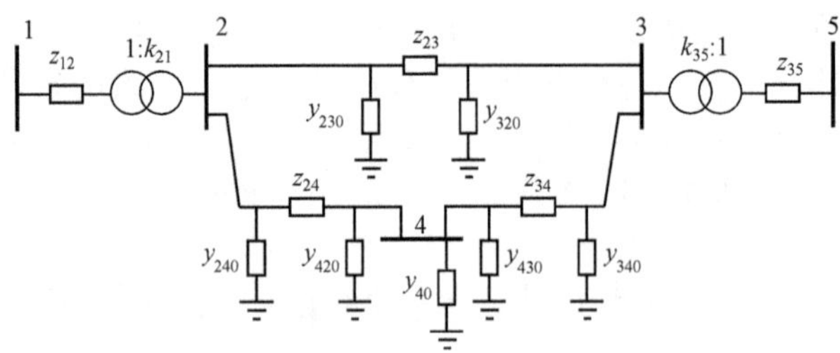

(b) 电力系统采用理想变压器的等值电路图

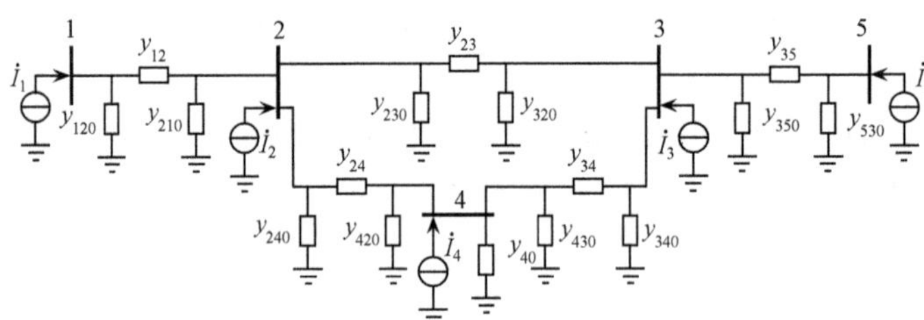

(c) 化掉理想变压器的系统等值电路图(包括节点注入)

图 1-1

式(1-1)左边为图 1-1(c)各节点注入电流,右边为各节点沿与其相连支路流出电流的代数和。式(1-1)可写成式(1-2)所示标准矩阵形式,称为电力网络的复系数节点电压方程。节点电压方程由节点导纳矩阵、节点电压相量和节点注入电流相量构成。

$$\begin{bmatrix} Y_{11} & Y_{12} & Y_{13} & Y_{14} & Y_{15} \\ Y_{21} & Y_{22} & Y_{23} & Y_{24} & Y_{25} \\ Y_{31} & Y_{32} & Y_{33} & Y_{34} & Y_{35} \\ Y_{41} & Y_{42} & Y_{43} & Y_{44} & Y_{45} \\ Y_{51} & Y_{52} & Y_{53} & Y_{54} & Y_{55} \end{bmatrix} \begin{bmatrix} \dot{U}_1 \\ \dot{U}_2 \\ \dot{U}_3 \\ \dot{U}_4 \\ \dot{U}_5 \end{bmatrix} = \begin{bmatrix} \dot{I}_1 \\ \dot{I}_2 \\ \dot{I}_3 \\ \dot{I}_4 \\ \dot{I}_5 \end{bmatrix} \tag{1-2}$$

式(1-2)左端系数矩阵即为节点导纳矩阵,其中对角线元素为

$$Y_{11} = y_{120} + y_{12}, \quad Y_{22} = (y_{210} + y_{230} + y_{240}) + y_{12} + y_{23} + y_{24}$$

$$Y_{33} = (y_{320} + y_{340} + y_{350}) + y_{23} + y_{34} + y_{35}$$

$$Y_{44} = (y_{40} + y_{420} + y_{430}) + y_{24} + y_{34}, \quad Y_{55} = y_{530} + y_{35}$$

非对角元素为

$$Y_{12} = Y_{21} = -y_{12}, \quad Y_{23} = Y_{32} = -y_{23}, \quad Y_{24} = Y_{42} = -y_{24}, \quad Y_{34} = Y_{43} = -y_{34}$$

$$Y_{35} = Y_{53} = -y_{35}, \quad Y_{13} = Y_{31} = Y_{14} = Y_{41} = Y_{15} = Y_{51} = Y_{25} = Y_{52} = Y_{45} = Y_{54} = 0$$

上述对简单电力网络建立节点导纳矩阵的方法可推广到一般电力网络。设电力网络有 n 个节点，若节点 i 通过线路或变压器 π 型等值电路与节点 j 相连，则称节点 i 与节点 j 相关联，用符号 $j \in i$ 表示，反之称节点 i 与节点 j 不相关联，用符号 $j \notin i$ 表示。如图 1-1(c)所示，假定相关联节点间的电路模型只用一个 π 型等值电路表示（包括存在多个元件并联的情况），同样地，对于节点存在多个接地电容或电感的情况，接地等值电路亦用一个导纳 y_{i0} 表示，于是节点 i 的节点方程可用式(1-3)概括。

$$\begin{aligned}\dot{I}_i &= \Big(y_{i0} + \sum_{j\in i, j\neq i} y_{ij0} + \sum_{j\in i, j\neq i} y_{ij}\Big)\dot{U}_i + \sum_{j\in i, j\neq i}(-y_{ij})\dot{U}_j \\ &= Y_{ii}\dot{U}_i + \sum_{j\in i, j\neq i} Y_{ij}\dot{U}_j \end{aligned} \tag{1-3}$$

式中，Y_{ii} 称为节点 i 的自导纳，显然任一节点的自导纳都具有非零性；Y_{ij} 称为节点 i 与节点 j 间的互导纳，若 $j \in i, Y_{ij} = -y_{ij}$，反之若 $j \notin i, Y_{ij} = 0$。于是一般 n 节点电力网络的节点方程可用式(1-4)表示。

$$\begin{bmatrix} Y_{11} & \cdots & Y_{1i} & \cdots & Y_{1n} \\ \vdots & & \vdots & & \vdots \\ Y_{i1} & \cdots & Y_{ii} & \cdots & Y_{in} \\ \vdots & & \vdots & & \vdots \\ Y_{n1} & \cdots & Y_{ni} & \cdots & Y_{nn} \end{bmatrix} \begin{bmatrix} \dot{U}_1 \\ \vdots \\ \dot{U}_i \\ \vdots \\ \dot{U}_n \end{bmatrix} = \begin{bmatrix} \dot{I}_1 \\ \vdots \\ \dot{I}_i \\ \vdots \\ \dot{I}_n \end{bmatrix} \tag{1-4}$$

由以上分析不难得出以下节点导纳矩阵性质：

(1) 节点导纳矩阵是 n 阶复系数方矩阵，由于接地支路的存在，所以它是非奇异矩阵。

(2) 考虑实际电网母线平均只与 3～5 线路或变压器相连，鉴于 $Y_{ij} = Y_{ji} = -y_{ij}(j \in i)$ 及 $Y_{ij} = 0(j \notin i)$，所以实际电力网络的节点导纳矩阵是非常稀疏的对称复系数矩阵。

一般情况下，n 节点电力网络节点相量方程可以简记为

$$\boldsymbol{YU} = \boldsymbol{I} \tag{1-5}$$

式中，节点导纳矩阵 $\boldsymbol{Y}$ 为 $n \times n$ 阶复系数矩阵；$\boldsymbol{U}$ 为 n 维节点电压相量构成的复向量；$\boldsymbol{I}$ 为 n 维节点注入电流相量构成的复向量。

1.1.2　节点导纳矩阵元素的物理意义

若令电力网络除 k 节点外的其余节点皆直接接地，即满足条件 $\dot{U}_k \neq 0, \dot{U}_j = 0(\forall j = 1,2,\cdots,n, j \neq k)$ 时，由式(1-4)节点方程可得

$$Y_{ik} = \frac{\dot{I}_i}{\dot{U}_k}, \quad i = 1,2,\cdots,n \tag{1-6}$$

式(1-6)表明 Y_{ik} 的物理意义为(包括 $i = k$ 时的自导纳和 $i \neq k$ 时的互导纳)：当电力

网络除 k 节点其余节点皆接地时，节点 i 注入电流相量同施加于节点 k 的电压之比。

例 1-1 对图 1-1(a)系统，假定对系统统一功率基准图 1-1(b)电力网络的标幺值参数为，变压器 T1 和 T2：$z_{12}=\mathrm{j}0.1$，$k_{21}=1.05$，$z_{35}=\mathrm{j}0.175$，$k_{35}=1.0$；线路 L1、L2 和 L3：$z_{23}=0.03+\mathrm{j}0.08$；$y_{230}=y_{320}=\mathrm{j}0.02$，$z_{24}=0.02+\mathrm{j}0.053$；$y_{240}=y_{420}=\mathrm{j}0.013$，$z_{34}=0.018+\mathrm{j}0.048$；$y_{340}=y_{430}=\mathrm{j}0.012$；电容器：$z_{40}=-\mathrm{j}20.0$，试计算该电力网络节点导纳矩阵参数。

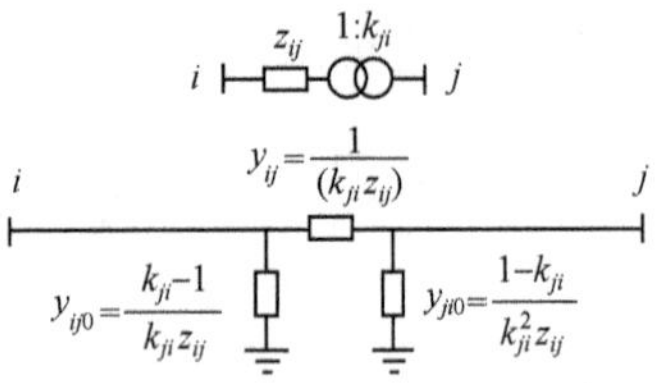

图 1-2 理想变压器电路转换为变压器 π 型等值电路图

解 图 1-2 中给出了理想变压器电路转换为变压器 π 型等值电路图的公式，可见变压器元件(对照图 1-2)对节点导纳矩阵自导纳和互导纳元素的贡献分别为

$$\Delta Y_{ii}=\frac{k_{ji}-1}{k_{ji}z_{ij}}+\frac{1}{k_{ji}z_{ij}}=\frac{1}{z_{ij}} \tag{1-7}$$

$$\Delta Y_{jj}=\frac{1-k_{ji}}{k_{ji}^2 z_{ij}}+\frac{1}{k_{ji}z_{ij}}=\frac{1}{k_{ji}^2 z_{ij}} \tag{1-8}$$

$$\Delta Y_{ij}=-\frac{1}{k_{ji}z_{ij}} \tag{1-9}$$

应用式(1-7)、式(1-8)和式(1-9)，图 1-1(b)电力网络节点导纳矩阵参数可求出如下：

$$Y_{11}=y_{120}+y_{12}=\frac{1}{z_{12}}=\frac{1}{\mathrm{j}0.1}=-\mathrm{j}10.0$$

$$Y_{12}=Y_{21}=-\frac{1}{k_{21}z_{12}}=-\frac{1}{1.05\times \mathrm{j}0.1}=\mathrm{j}9.5238$$

$$\begin{aligned}Y_{22}&=y_{230}+y_{240}+\frac{1}{z_{23}}+\frac{1}{z_{24}}+\frac{1}{k_{21}^2 z_{12}}\\&=\mathrm{j}0.02+\mathrm{j}0.013+\frac{1}{0.03+\mathrm{j}0.08}+\frac{1}{0.02+\mathrm{j}0.053}+\frac{1}{1.05^2\times \mathrm{j}0.1}\\&=10.3422-\mathrm{j}36.5123\end{aligned}$$

$$Y_{23}=Y_{32}=-\frac{1}{z_{23}}=-\frac{1}{0.03+\mathrm{j}0.08}=-4.1096+\mathrm{j}10.9589$$

$$Y_{24}=Y_{42}=-\frac{1}{z_{24}}=-\frac{1}{0.02+\mathrm{j}0.053}=-6.2326+\mathrm{j}16.5161$$

$$\begin{aligned}Y_{33}&=y_{320}+y_{340}+\frac{1}{z_{23}}+\frac{1}{z_{34}}+\frac{1}{k_{35}^2 z_{35}}\\&=\mathrm{j}0.02+\mathrm{j}0.012+\frac{1}{0.03+\mathrm{j}0.08}+\frac{1}{0.018+\mathrm{j}0.048}+\frac{1}{1.0^2\times \mathrm{j}0.175}\\&=10.9589-\mathrm{j}34.913\end{aligned}$$

$$Y_{34}=Y_{43}=-\frac{1}{z_{34}}=-\frac{1}{0.018+\mathrm{j}0.048}=-6.8493+\mathrm{j}18.2648$$

$$\begin{aligned}Y_{44}&=y_{420}+y_{430}+\frac{1}{z_{24}}+\frac{1}{z_{34}}+\frac{1}{z_{40}}\\&=\mathrm{j}0.013+\mathrm{j}0.012+\frac{1}{0.03+\mathrm{j}0.08}+\frac{1}{0.018+\mathrm{j}0.048}+\mathrm{j}0.05\\&=13.0819-\mathrm{j}34.7059\end{aligned}$$

$$Y_{35}=Y_{53}=-\frac{1}{k_{35}z_{35}}=-\frac{1}{1.0\times \mathrm{j}0.175}=\mathrm{j}5.7143$$

$$Y_{55}=y_{530}+y_{35}=\frac{1}{z_{35}}=\frac{1}{\mathrm{j}0.175}=-\mathrm{j}5.7143$$

将以上计算结果填入 **Y** 矩阵可得

$$
\boldsymbol{Y}=\begin{bmatrix}
0.0-\mathrm{j}10.0 & 0.0+\mathrm{j}9.5238 & 0.0 & 0.0 & 0.0 \\
0.0+\mathrm{j}9.5238 & 10.3422-\mathrm{j}36.5123 & -4.1096+\mathrm{j}10.9589 & -6.2326+\mathrm{j}16.5161 & 0.0 \\
0.0 & -4.1096+\mathrm{j}10.9589 & 10.9589-\mathrm{j}34.9130 & -6.8493+\mathrm{j}18.2648 & 0.0+\mathrm{j}5.7143 \\
0.0 & -6.2326+\mathrm{j}16.5161 & -6.8493+\mathrm{j}18.2648 & 13.0819-\mathrm{j}34.7059 & 0.0 \\
0.0 & 0.0 & 0.0+\mathrm{j}5.7143 & 0.0 & 0.0-\mathrm{j}5.7143
\end{bmatrix}
$$

1.1.3　节点导纳矩阵形成与修改的计算机方法

在研究电力网络节点导纳矩阵形成与修改的计算机方法之前，先要设计一种电力网络参数的输入方法。假定构成电力网络的元件包括双绕组变压器、输电线路及母线接地支路。对变压器，假定三绕组变压器已转化为三个双绕组变压器的等值电路，且略去励磁导纳支路，若需考虑励磁导纳支路，则将该支路视为接到相应节点上的母线接地支路处理。书中的母线接地支路可以表示母线上的接地电容和接地电感，亦可模拟短路故障等异常情况。

本书介绍的电力网络参数的输入方法以电力网络元件为单位，如表 1-1 每一行所示，其中：

第一和第三个字段为字符串型数据，表示元件的首节点名和尾节点名。

第二和第四个字段为整数型数据，表示元件的首节点和尾节点编号，如果尾节点编号为 0，表示该行数据对应的元件为接地支路元件。

第五和第六个字段为实数型数据，若该行对应变压器元件，这两个数据分别表示变压器绕组的等值电阻和电抗；若该行对应输电线(或母线接地支路元件)，这两个数据分别表示该元件模型的串联等值电阻和电抗。

第七和第八个字段为实数型数据，分别表示输电线 π 型等值电路一端的接地电纳和变压器的变比，若第八个字段的数据为空，表示该行对应输电线元件，否则为双绕组变压器元件。

表 1-1 所示的输入文件内容为图 1-1(b)所示电力网络的输入参数。需要注意的是，双绕组变压器的变比统一规定为首节点至尾节点的变比，为 $1:k$；另外，允许电力网络存在并联元件，例如，若图 1-1 网络增加一条与输电线 L1 相同的并联输电线，表 1-1输入文件中只要再增补一行与第四行相同的数据即可。另外，需要指出的是输入文件对每行数据的先后次序无限制。

表 1-1　图 1-1 所示电力网络形成节点导纳矩阵的输入文件列表

首节点名	首节点编号 i	尾节点名	尾节点编号 j	R/(p.u.)	X/(p.u.)	$B/2$/(p.u.)	k/(p.u.)
BUS1	1	BUS2	2	0.0	0.1	—	1.05
BUS5	5	BUS3	3	0.0	0.175	—	1.0
BUS2	2	BUS3	3	0.03	0.08	0.02	—
BUS2	2	BUS4	4	0.02	0.053	0.013	—
BUS3	3	BUS4	4	0.018	0.048	0.012	—
BUS4	4	—	0	0.0	−20.0	—	—

1. 节点导纳矩阵的形成方法

对照表 1-1 所示的电力网络输入文件格式,形成 n 节点电网节点导纳矩阵的方法描述如下。

读入每一行数据,且执行以下操作:

若该行对应变压器元件,则作

$$\left\{\begin{array}{ll} Y_{i,i} \leftarrow Y_{i,i} + \dfrac{1}{R+\mathrm{j}X}; & Y_{j,j} \leftarrow Y_{j,j} + \dfrac{1}{k^2(R+\mathrm{j}X)} \\ Y_{i,j} \leftarrow Y_{i,j} - \dfrac{1}{k(R+\mathrm{j}X)}; & Y_{j,i} \leftarrow Y_{j,i} - \dfrac{1}{k(R+\mathrm{j}X)} \end{array}\right\} \tag{1-10}$$

若该行对应输电线元件,则作

$$\left\{\begin{array}{ll} Y_{i,i} \leftarrow Y_{i,i} + \mathrm{j}\dfrac{B}{2} + \dfrac{1}{R+\mathrm{j}X}; & Y_{j,j} \leftarrow Y_{j,j} + \mathrm{j}\dfrac{B}{2} + \dfrac{1}{R+\mathrm{j}X} \\ Y_{i,j} \leftarrow Y_{i,j} - \dfrac{1}{R+\mathrm{j}X}; & Y_{j,i} \leftarrow Y_{j,i} - \dfrac{1}{R+\mathrm{j}X} \end{array}\right\} \tag{1-11}$$

若该行对应母线接地支路元件,则作

$$\left\{Y_{i,i} \leftarrow Y_{i,i} + \frac{1}{R+\mathrm{j}X}\right\} \tag{1-12}$$

对电力网络输入文件的每一行执行上述操作后,$n \times n$ 阶复系数节点导纳矩阵 $\boldsymbol{Y}$ 便形成了。上述方法的特点是逐个将每一电力网络的元件对节点导纳矩阵的贡献添加到矩阵中。实际电力网络具有高维、稀疏及对称的特点,如何针对上述特点,并结合节点导纳矩阵的实际使用设计节点导纳矩阵的稀疏存储方法,对提高电力系统分析的效率是一件非常有意义的研究工作。

2. 节点导纳矩阵的修改

在电力系统运行中,电力网络的接线方式会因运行方式或元件检修而变化,例如,某电力线路或变压器投入前后的状况,以及某些元件参数变更前后的运行状况。由于元件投入、退出或参数改变只涉及该元件节点导纳矩阵的自导纳和互导纳变化,可不必重新形成节点导纳矩阵,仅需对原有的矩阵作某些修改,修改的方法是增补一个节点导纳矩阵修改的输入文件,读入该文件,并执行式(1-10)、式(1-11)和式(1-12)的操作。以下介绍几种典型的修改情况。

(1) 在原有网络 i、j 之间加入一新元件,相当于在修改输入文件中增加一行,其表述方法与表 1-1 所示相同。

(2) 在原有网络加入一新元件同时增加一节点,例如,输电线或变压器元件。为叙述简单,令 $n \leftarrow n+1$,新元件首节点编号为 i,尾节点编号为 j,即新增节点 n,于是情况(2)等同于情况(1),相当于在修改输入文件中增加一行,其表述方法与表 1-1 所示相同。

(3) 在原有网络 i、j 之间切除一元件，相当于在修改输入文件中增加一行，其表述方法与表1-1所示相同，但其对应元件的 R、X 和 $B/2$ 取其原值的负值。

(4) 原有网络 i、j 之间变压器的变比由 k 变为 k'，相当于在修改输入文件中增加两行，一行对应切除变比为 k 的变压器元件，另一行对应增加变比为 k' 的变压器元件，其表述方法与表1-1所示相同。

表1-2所示为图1-1(b)所示电力网络节点导纳矩阵的一种修改输入文件列表，其中第一行和第二行相当于1、2节点间的变压器变比由1.05修改为1.10；第三行相当于2、4节点间增加一条参数和原输电线参数相同的输电线元件；第四行相当于切除3、4节点间的输电线元件；第五行相当于在4号节点上增加一个变压器元件，其新节点编号为6；第六行表示在2号节点上增加一个5.0的接地电抗元件，修改后的电力网络结构如图1-3所示。如表1-2所示，在原有网络 i、j 之间切除一输电线元件，相当于在原网络中增加一个输电线 π 型等值电路，但其对应的 R、X 和 $B/2$ 参数取其原值的负值。类似地，在原有网络 i、j 之间切除一变压器元件，相当于在原网络中增加一个变压器 π 型等值电路，但其对应的 R 和 X 参数取其原值的负值。作为练习，读者可采用例1-1所示的方法直接建立图1-3电力网络的节点导纳矩阵，读者也可以练习设计直接由输入文件建立和修改节点导纳矩阵的计算机程序。

表1-2　图1-1所示电力网络节点导纳矩阵修改的输入文件列表

首节点名	首节点编号 i	尾节点名	尾节点编号 j	R/(p.u.)	X/(p.u.)	$B/2$/(p.u.)	k/(p.u.)
BUS1	1	BUS2	2	0.0	−0.1	—	1.05
BUS1	1	BUS2	2	0.0	0.1	—	1.10
BUS2	2	BUS4	4	0.02	0.053	0.013	—
BUS3	3	BUS4	4	−0.018	−0.048	−0.012	—
BUS6	6	BUS4	4	0.0	0.15	—	0.99
BUS2	2	—	0	0.0	5.0	—	—

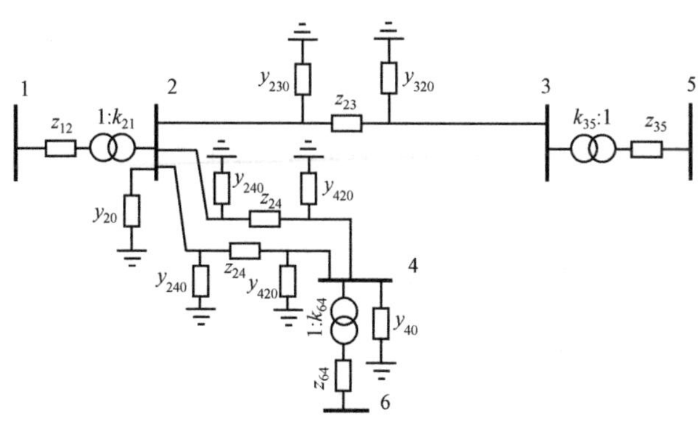

图1-3　电力系统采用理想变压器的等值电路图

1.1.4 节点方程的实数化求解方法

若各节点的注入电流相量给定，则电力网络的各节点电压相量可通过求解式(1-5)所示复系数节点方程获得。解上述方程通常采用的数值方法有高斯消元法及 LU 分解方法等。实现上述解方程程序的前提是计算程序设计语言具有复数数据操作功能。为避免复数操作，电力系统分析中经常采用下述方法将式(1-5)节点方程化作实数方程求解。令 $\boldsymbol{Y}=\boldsymbol{G}+\mathrm{j}\boldsymbol{B}$，$\boldsymbol{U}=\boldsymbol{U}_x+\mathrm{j}\boldsymbol{U}_y$ 和 $\boldsymbol{I}=\boldsymbol{I}_x+\mathrm{j}\boldsymbol{I}_y$，则式(1-5)可改记为

$$(\boldsymbol{G}+\mathrm{j}\boldsymbol{B})(\boldsymbol{U}_x+\mathrm{j}\boldsymbol{U}_y)=\boldsymbol{I}_x+\mathrm{j}\boldsymbol{I}_y \tag{1-13}$$

式中，$\boldsymbol{G}$ 和 $\boldsymbol{B}$ 是对称的 $n\times n$ 阶实数矩阵；$\boldsymbol{U}_x$ 和 $\boldsymbol{I}_x$ 为 n 维实数向量，表示节点电压和节点注入电流的实部；向量 $\boldsymbol{U}_y$ 和 $\boldsymbol{I}_y$ 为 n 维实数向量，分别表示节点电压和节点注入电流的虚部实数向量。通过矩阵运算，令式(1-13)左右两边实部和虚部分别相等可得式(1-14) $2n\times 2n$ 阶，以节点电压实部和虚部为未知量的实系数矩阵方程。

$$\begin{bmatrix}\boldsymbol{G} & -\boldsymbol{B}\\ \boldsymbol{B} & \boldsymbol{G}\end{bmatrix}\begin{bmatrix}\boldsymbol{U}_x\\ \boldsymbol{U}_y\end{bmatrix}=\begin{bmatrix}\boldsymbol{I}_x\\ \boldsymbol{I}_y\end{bmatrix} \tag{1-14}$$

上述方程可采用标准的求解高维稀疏线性方程组的数学软件求解。求解式(1-14)实系数方程和式(1-5)复系数方程是等价的。对应图 1-1 所示电力网络节点方程的实数化方程的系数矩阵如下所示：

$$\begin{bmatrix}\boldsymbol{G} & -\boldsymbol{B}\\ \boldsymbol{B} & \boldsymbol{G}\end{bmatrix}$$

$$=\begin{bmatrix}
0.0 & 0.0 & 0.0 & 0.0 & 0.0 & 10.0 & -9.5238 & 0.0 & 0.0 & 0.0\\
0.0 & 10.3422 & -4.1096 & -6.2326 & 0.0 & -9.5238 & 36.5123 & -10.9589 & -16.5161 & 0.0\\
0.0 & -4.1096 & 10.9589 & -6.8493 & 0.0 & 0.0 & -10.9589 & 34.9130 & -18.2648 & -5.7143\\
0.0 & -6.2326 & -6.8493 & 13.0819 & 0.0 & 0.0 & -16.5161 & -18.2648 & 34.7059 & 0.0\\
0.0 & 0.0 & 0.0 & 0.0 & 0.0 & 0.0 & 0.0 & -5.7143 & 0.0 & 5.7143\\
-10.0 & 9.5238 & 0.0 & 0.0 & 0.0 & 0.0 & 0.0 & 0.0 & 0.0 & 0.0\\
9.5238 & -36.5123 & 10.9589 & 16.5161 & 0.0 & 0.0 & 10.3422 & -4.1096 & -6.2326 & 0.0\\
0.0 & 10.9589 & -34.9130 & 18.2648 & 5.7143 & 0.0 & -4.1096 & 10.9589 & -6.8493 & 0.0\\
0.0 & 16.5161 & 18.2648 & -34.7059 & 0.0 & 0.0 & -6.2326 & -6.8493 & 13.0819 & 0.0\\
0.0 & 0.0 & 5.7143 & 0.0 & -5.7143 & 0.0 & 0.0 & 0.0 & 0.0 & 0.0
\end{bmatrix}$$

1.2 节点阻抗矩阵

1.2.1 节点阻抗矩阵表示的网络方程

节点导纳矩阵的逆矩阵称为节点阻抗矩阵，即

$$\boldsymbol{Z}=\boldsymbol{Y}^{-1} \tag{1-15}$$

式(1-5)两边左乘 $\boldsymbol{Y}^{-1}$，考虑式(1-15)，可得用节点阻抗矩阵表示的网络方程如下所示：

$$\begin{bmatrix} Z_{11} & \cdots & Z_{1i} & \cdots & Z_{1n} \\ \vdots & & \vdots & & \vdots \\ Z_{i1} & \cdots & Z_{ii} & \cdots & Z_{in} \\ \vdots & & \vdots & & \vdots \\ Z_{n1} & \cdots & Z_{ni} & \cdots & Z_{nn} \end{bmatrix} \begin{bmatrix} \dot{I}_1 \\ \vdots \\ \dot{I}_i \\ \vdots \\ \dot{I}_n \end{bmatrix} = \begin{bmatrix} \dot{U}_1 \\ \vdots \\ \dot{U}_i \\ \vdots \\ \dot{U}_n \end{bmatrix} \tag{1-16}$$

式(1-16)可以简写为

$$\boldsymbol{ZI} = \boldsymbol{U} \tag{1-17}$$

式(1-5)和式(1-17)均为 n 节点电力网的网络方程，它们共同反映电力网节点注入电流和节点电压之间的关系，但各有自己的特点和使用场合。

1.2.2　节点阻抗矩阵的特点及其元素的物理意义

如图 1-4 所示，若令节点 k 注入电流不为零，其余节点的注入电流均为零，即 $\dot{I}_k \neq 0$ 且 $\dot{I}_i = 0(i = 1,2,\cdots,n; i \neq k)$，则由式(1-16)可得等式(1-18)。

$$Z_{ik} = \frac{\dot{U}_i}{\dot{I}_k}, \quad i = 1,2,\cdots,n \tag{1-18}$$

对照图 1-4，式(1-18)表明，当 $i=k$ 时，Z_{kk} 对应节点阻抗矩阵中的对角线元素，称为节点 k 的自阻抗，其值等于 $\dot{U}_k$ 同 $\dot{I}_k$ 的比值，相当于从节点 k 向网络看进去的对地等值阻抗；当 $i \neq k$ 时，Z_{ik} 对应节点阻抗矩阵中的非对角线元素，称为节点 k 与节点 i 间的互阻抗，其值等于 $\dot{U}_i$ 同 $\dot{I}_k$ 的比值。由于在网络中各节点之间都直接或间接地通过不接地支路相连，当节点 k 注入电流不为零时，所有节点的电压都不为零，因此，节点阻抗矩阵中所有元素都是非零的。另外根据电路理论中的互易原理，可得出 $Z_{ik} = Z_{ki}$，即节点阻抗矩阵和节点导纳矩阵同样为对称的复系数矩阵。

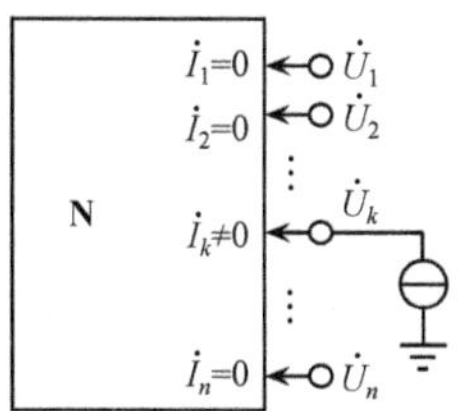

图 1-4　n 节点电网节点注入示意图

1.2.3　节点阻抗矩阵元素的求解方法

节点阻抗矩阵一般很难像节点导纳矩阵那样，由给定网络的等值电路参数直接形成，而是常用先形成电力网络的节点导纳矩阵，然后采用对其求逆的方法求取节点阻抗矩阵。由式(1-15)可得

$$\boldsymbol{YZ} = \boldsymbol{1} \tag{1-19}$$

式中，符号 $\boldsymbol{1}$ 表示单位矩阵，将式(1-19)展开如式(1-20)所示

$$\begin{bmatrix} Y_{11} & Y_{12} & \cdots & Y_{1n} \\ Y_{21} & Y_{22} & \cdots & Y_{2n} \\ \vdots & \vdots & & \vdots \\ Y_{n1} & Y_{n2} & \cdots & Y_{nn} \end{bmatrix} \begin{bmatrix} Z_{11} & Z_{12} & \cdots & Z_{1n} \\ Z_{21} & Z_{22} & \cdots & Z_{2n} \\ \vdots & \vdots & & \vdots \\ Z_{n1} & Z_{n2} & \cdots & Z_{nn} \end{bmatrix} = \begin{bmatrix} 1 & 0 & \cdots & 0 \\ 0 & 1 & \cdots & 0 \\ \vdots & \vdots & & \vdots \\ 0 & 0 & \cdots & 1 \end{bmatrix} \tag{1-20}$$

式(1-20)意味着式(1-21)成立。式(1-21)在电力网络分析中常用于求解节点阻抗矩阵的某一行(或列)的元素,但需要求解复系数代数方程。

$$\begin{bmatrix} Y_{11} & Y_{12} & \cdots & Y_{1n} \\ Y_{21} & Y_{22} & \cdots & Y_{2n} \\ \vdots & \vdots & & \vdots \\ Y_{n1} & Y_{n2} & \cdots & Y_{nn} \end{bmatrix} \begin{bmatrix} Z_{1k} \\ Z_{2k} \\ \vdots \\ Z_{nk} \end{bmatrix} = \begin{bmatrix} 0 \\ \vdots \\ 0 \\ 1 \\ 0 \\ \vdots \\ 0 \end{bmatrix} \leftarrow \text{第 } k(k=1,2,\cdots,n) \text{ 个元素} \tag{1-21}$$

1.2.4　节点阻抗矩阵元素的实数化求解方法

为避免复数操作,令 $\boldsymbol{Z}=\boldsymbol{R}+\mathrm{j}\boldsymbol{X}$,$\boldsymbol{U}=\boldsymbol{U}_x+\mathrm{j}\boldsymbol{U}_y$ 和 $\boldsymbol{I}=\boldsymbol{I}_x+\mathrm{j}\boldsymbol{I}_y$,式(1-17)可改记为

$$(\boldsymbol{R}+\mathrm{j}\boldsymbol{X})(\boldsymbol{I}_x+\mathrm{j}\boldsymbol{I}_y)=\boldsymbol{U}_x+\mathrm{j}\boldsymbol{U}_y \tag{1-22}$$

式中,$\boldsymbol{R}$ 和 $\boldsymbol{X}$ 为对称的 $n\times n$ 阶实数矩阵;$\boldsymbol{U}_x$ 和 $\boldsymbol{I}_x$ 为 n 维实数向量,分别表示节点电压和节点注入电流的实部构成的实数向量;$\boldsymbol{U}_y$ 和 $\boldsymbol{I}_y$ 为 n 维实数向量,分别表示节点电压和节点注入电流的虚部构成的实数向量。采用与 1.1.4 节相同的方法,由式(1-22)可得以节点注入电流实部和虚部为未知量的 $2n\times 2n$ 实数系数矩阵方程如式(1-23)所示。

$$\begin{bmatrix} \boldsymbol{R} & -\boldsymbol{X} \\ \boldsymbol{X} & \boldsymbol{R} \end{bmatrix} \begin{bmatrix} \boldsymbol{I}_x \\ \boldsymbol{I}_y \end{bmatrix} = \begin{bmatrix} \boldsymbol{U}_x \\ \boldsymbol{U}_y \end{bmatrix} \tag{1-23}$$

式(1-23)两边左乘 $2n\times 2n$ 矩阵 $\begin{bmatrix} \boldsymbol{G} & -\boldsymbol{B} \\ \boldsymbol{B} & \boldsymbol{G} \end{bmatrix}$ 可得

$$\begin{bmatrix} \boldsymbol{G} & -\boldsymbol{B} \\ \boldsymbol{B} & \boldsymbol{G} \end{bmatrix} \begin{bmatrix} \boldsymbol{R} & -\boldsymbol{X} \\ \boldsymbol{X} & \boldsymbol{R} \end{bmatrix} \begin{bmatrix} \boldsymbol{I}_x \\ \boldsymbol{I}_y \end{bmatrix} = \begin{bmatrix} \boldsymbol{G} & -\boldsymbol{B} \\ \boldsymbol{B} & \boldsymbol{G} \end{bmatrix} \begin{bmatrix} \boldsymbol{U}_x \\ \boldsymbol{U}_y \end{bmatrix} \tag{1-24}$$

式(1-24)与式(1-14)比较,可得

$$\begin{bmatrix} \boldsymbol{G} & -\boldsymbol{B} \\ \boldsymbol{B} & \boldsymbol{G} \end{bmatrix} \begin{bmatrix} \boldsymbol{R} & -\boldsymbol{X} \\ \boldsymbol{X} & \boldsymbol{R} \end{bmatrix} = \begin{bmatrix} \boldsymbol{I}_{n\times n} & 0 \\ 0 & \boldsymbol{I}_{n\times n} \end{bmatrix} \tag{1-25}$$

式(1-25)说明 $\begin{bmatrix} \boldsymbol{R} & -\boldsymbol{X} \\ \boldsymbol{X} & \boldsymbol{R} \end{bmatrix}$ 是 $\begin{bmatrix} \boldsymbol{G} & -\boldsymbol{B} \\ \boldsymbol{B} & \boldsymbol{G} \end{bmatrix}$ 的逆矩阵。令符号 $\boldsymbol{R}_k$ 和 $\boldsymbol{X}_k$ 分别表示 $\boldsymbol{R}$ 和 $\boldsymbol{X}$ 矩阵第 k 列元素构成的列向量;$\boldsymbol{e}_k$ 表示第 k 个元素为 1,其余元素皆为 0 的列向量,则由式(1-25)求解 $\boldsymbol{R}_k$ 和 $\boldsymbol{X}_k$ 的实数化方程可表示为

$$\begin{bmatrix} \boldsymbol{G} & -\boldsymbol{B} \\ \boldsymbol{B} & \boldsymbol{G} \end{bmatrix} \begin{bmatrix} \boldsymbol{R}_k \\ \boldsymbol{X}_k \end{bmatrix} = \begin{bmatrix} \boldsymbol{e}_k \\ 0_{n\times 1} \end{bmatrix} \tag{1-26}$$

对求节点阻抗矩阵的某列元素而言，式(1-26)与式(1-21)是等价的，但避免了求解复系数代数方程的运算。

思　考　题

1-1　绘图并说明理想变压器电路(包括参数)转变为变压器 π 等值电路的方法及计算公式。

1-2　试列写各种电力网络元件的参数对节点导纳矩阵贡献的表达式。

1-3　节点导纳矩阵的阶数与电力系统节点数关系如何？为什么？

1-4　试说明节点导纳矩阵的特点及其元素的物理意义。

1-5　试说明节点阻抗矩阵的特点及其元素的物理意义。

1-6　试列写由节点导纳矩阵计算节点阻抗矩阵第 k 列元素的复系数代数方程。

第 2 章　电力系统潮流的计算机分析方法

电力系统常规潮流计算的任务是根据给定的电网结构、发电计划及负荷分布情况,求出整个电网的运行状态,其中包括各节点母线的电压、相角、线路输送的有功功率和无功功率等。潮流计算的结果,无论是对于现有系统运行方式的分析研究,还是对电网规划阶段中供电方案的确定都是必不可少的。它为判别这些运行方式及规划设计方案的合理性、安全性、可靠性及经济性提供了定量分析的依据。此外,潮流计算的结果也作为其他计算的基础,例如,电力系统短路电流计算、静态及暂态稳定计算等。另外,潮流计算在电力系统实时安全监控中也有广泛的应用,根据实时数据库提供的信息,随时判断系统当前的运行状态的安全性并对预想事故进行分析,这些分析往往需要重复进行潮流计算。由此可见,潮流计算是电力系统分析与规划中应用最为广泛、最基本的一种电气计算。潮流计算问题在数学上一般属于高维非线性代数方程组的求解问题,通常采用迭代方法求解。

本章主要介绍电力系统潮流计算的数学模型,最常用的潮流计算方法包括牛顿-拉夫逊法、快速解耦法及直流潮流法。在本章中如无特殊说明,所有变量皆为统一系统基准容量下的标幺值,并认为电力系统是三相对称的。

2.1　潮流计算的数学模型

在电网的潮流计算中,一般给定的运行参数是节点的发电和负荷功率,求解的是节点的电压(幅值和相角或实部和虚部)及电网的潮流分布,因潮流分布可直接由节点电压和网络参数求出,因而用于潮流计算的数学模型一般指的是反映电网节点注入功率与节点电压关系的节点功率方程。本节介绍电压相量用极坐标和直角坐标形式表示的两种节点功率方程及潮流计算中的节点分类。

2.1.1　节点的功率方程

对 n 节点电力系统,节点 i 的注入复功率 S_i 与节点注入电流及电网节点电压的关系如式(2-1)表示。

$$S_i \triangleq P_i + \mathrm{j}Q_i = \dot{U}_i \overset{*}{I}_i = \dot{U}_i \sum_{j \in i} \overset{*}{Y}_{ij} \overset{*}{U}_j \tag{2-1}$$

式中,$\overset{*}{I}_i$ 和 $\overset{*}{U}_j$ 表示节点注入电流相量 $\dot{I}_i$ 和节点电压相量 $\dot{U}_j$ 的共轭复数;$\overset{*}{Y}_{ij}$ 表示电力网络节点导纳矩阵元素 $Y_{ij} = G_{ij} + \mathrm{j}B_{ij}$ 的共轭复数;$j \in i$ 表示 $\sum$ 后的 j 节点为网络中和 i 通过元件相连的节点,并包括 $i=j$ 的情况。考虑 $\dot{U}_j = U_j \mathrm{e}^{\mathrm{j}\theta_j}$ 可得

$$\overset{*}{I}_i = \sum_{j\in i} \overset{*}{Y}_{ij} \overset{*}{U}_j = \sum_{j\in i} (G_{ij} - \mathrm{j}B_{ij}) U_j \mathrm{e}^{-\mathrm{j}\theta_j} \tag{2-2}$$

式(2-2)代入式(2-1)可得式(2-3)。

$$\begin{aligned} P_i + \mathrm{j}Q_i &= \dot{U}_i \sum_{j\in i} \overset{*}{Y}_{ij} \overset{*}{U}_j = U_i \sum_{j\in i} (G_{ij} - \mathrm{j}B_{ij}) U_j \mathrm{e}^{\mathrm{j}\theta_{ij}} \\ &= U_i \sum_{j\in i} (G_{ij} - \mathrm{j}B_{ij}) U_j (\cos\theta_{ij} + \mathrm{j}\sin\theta_{ij}) \end{aligned} \tag{2-3}$$

式中，$\theta_{ij} = \theta_i - \theta_j$，表示 i 节点与 j 节点电压间的相角差。式(2-3)右端展开并将实部和虚部分开，可得式(2-4)和式(2-5)电压用极坐标表示的节点功率平衡方程。

$$P_i = U_i \sum_{j\in i} U_j (G_{ij}\cos\theta_{ij} + B_{ij}\sin\theta_{ij}), \quad i = 1,2,\cdots,n \tag{2-4}$$

$$Q_i = U_i \sum_{j\in i} U_j (G_{ij}\sin\theta_{ij} - B_{ij}\cos\theta_{ij}), \quad i = 1,2,\cdots,n \tag{2-5}$$

式(2-4)和式(2-5)表明，节点注入的有功功率和无功功率为节点电压幅值和相角差的非线性函数。类似地，若将式(2-1)中的电压用直角坐标的形式表示，即 $\dot{U}_i = e_i + \mathrm{j}f_i (i = 1,2,\cdots,n)$，并将实部和虚部分开，可得式(2-6)和式(2-7)电压用直角坐标表示的节点功率平衡方程。

$$P_i = e_i \sum_{j\in i} (G_{ij}e_j - B_{ij}f_j) + f_i \sum_{j\in i} (G_{ij}f_j + B_{ij}e_j), \quad i = 1,2,\cdots,n \tag{2-6}$$

$$Q_i = f_i \sum_{j\in i} (G_{ij}e_j - B_{ij}f_j) - e_i \sum_{j\in i} (G_{ij}f_j + B_{ij}e_j), \quad i = 1,2,\cdots,n \tag{2-7}$$

式(2-6)和式(2-7) 表明，节点注入的有功功率和无功功率亦可表示成节点电压实部和虚部的二次非线性函数。这两种节点功率平衡方程通常称为节点功率方程，是牛顿-拉夫逊等潮流算法采用的数学模型。

2.1.2　潮流计算中节点的分类

节点注入的有功功率 P_i 和无功功率 Q_i 可分别表示为

$$P_i = P_{\mathrm{G}i} - P_{\mathrm{L}i} \tag{2-8}$$

$$Q_i = Q_{\mathrm{G}i} - Q_{\mathrm{L}i} \tag{2-9}$$

式中，$P_{\mathrm{G}i}$ 和 $Q_{\mathrm{G}i}$ 表示节点 i 的发电机发出的有功功率和无功功率；$P_{\mathrm{L}i}$ 和 $Q_{\mathrm{L}i}$ 表示节点 i 上的负荷消耗的有功功率和无功功率。$P_{\mathrm{G}i}$ 和 $Q_{\mathrm{G}i}$ 不为零的节点称为发电机节点。若 $P_{\mathrm{G}i} = 0, Q_{\mathrm{G}i} = 0$，则节点 i 称为负荷节点，显然负荷节点的节点注入有功功率为负值，如负荷为感性负荷，负荷节点的节点注入无功功率亦为负值。若 $P_{\mathrm{G}i} = 0$，$Q_{\mathrm{G}i} = 0$，同时 $P_{\mathrm{L}i} = 0, Q_{\mathrm{L}i} = 0$，这样的节点称作联络节点。

在潮流计算中，给定的是负荷消耗的有功功率和无功功率，发电机发出的有功功率和无功功率或发电机提供的有功功率和节点电压，于是按节点给定量的不同可把潮流计算中的节点分成三类，即 PQ 节点、PV 节点和平衡节点。

在潮流计算中，节点注入的有功功率 P 和无功功率 Q 皆为给定量的节点，称为 PQ 节点。一般负荷节点、联络节点及给定有功功率和无功功率的发电机节点在潮流计算中都视作 PQ 节点，PQ 节点的节点电压（其幅值 U 和相角 θ，或其实部 e 和虚部 f）为待求变量。

在潮流计算中，节点注入的有功功率 P 和节点电压 U 为给定量的节点，称为 PV 节点。发电机节点和装有大型无功补偿的变电站节点都可以处理成 PV 节点，这些节点的特点是具有自动调压能力，通过无功调整保持节点电压恒定。PV 节点的电压相角 θ（或电压的实部或虚部）为潮流计算中的待求变量。

潮流计算中需要指定一个平衡节点，平衡节点的节点电压是给定值，对极坐标形式的节点功率方程，平衡节点的电压幅值一般情况下取作 $U=1.0$，相角取作 $\theta=0.0$，对直角坐标形式的节点功率方程，平衡节点的实部和虚部一般分别取作 $e=1.0$ 和 $f=0.0$。计算中所得其他节点电压的相角以平衡节点的相角为参考。平衡节点提供的有功注入和无功注入除了需要平衡整个电网发电和负荷的不平衡功率，还要平衡整个电网的有功损耗和无功损耗，其值只有在潮流计算后才能确定。潮流计算中原则上可以选择任意发电机节点作平衡节点，但通常以选择容量较大，离负荷中心电气距离较近的发电机节点作平衡节点。

需要指出的是上述节点类型的分类并不是一成不变的，例如，潮流计算中当 PV 节点的无功注入超出了该节点所能提供的无功能力时，要将其改作 PQ 节点，这点要在实际潮流计算中注意。

2.1.3 电力网络的潮流方程

当电力网络的节点类型确定后，便可以列写全网的潮流方程。设 n 节点电网 PQ 节点的个数为 m 个，这样对每个 PQ 和 PV 节点可列写一个有功功率方程（共有 $n-1$ 个），对每个 PQ 节点可列写一个无功功率方程（共有 m 个）。

1. 极坐标形式的潮流方程

式(2-10)和式(2-11)为由式(2-4)和式(2-5)所得节点功率方程。对 PQ、PV 节点：

$$\Delta P_i(\boldsymbol{\theta},\boldsymbol{U}) \triangleq P_i^s - U_i\sum_{j\in i}U_j(G_{ij}\cos\theta_{ij} + B_{ij}\sin\theta_{ij}) = 0,\quad i=1,2,\cdots,n-1 \tag{2-10}$$

对 PQ 节点：

$$\Delta Q_i(\boldsymbol{\theta},\boldsymbol{U}) \triangleq Q_i^s - U_i\sum_{j\in i}U_j(G_{ij}\sin\theta_{ij} - B_{ij}\cos\theta_{ij}) = 0,\quad i=1,2,\cdots,m \tag{2-11}$$

式中，P_i^s 和 Q_i^s 分别按式(2-8)和式(2-9)计算，是节点指定的有功注入功率和无功注入功率。式(2-10)和式(2-11)联立可以表示成如下非线性向量方程的形式：

$$\begin{cases}\Delta \boldsymbol{P}(\boldsymbol{\theta},\boldsymbol{U}) = \boldsymbol{0}\\ \Delta \boldsymbol{Q}(\boldsymbol{\theta},\boldsymbol{U}) = \boldsymbol{0}\end{cases} \tag{2-12}$$

式中，$\Delta\boldsymbol{P}(\boldsymbol{\theta},\boldsymbol{V})$ 和 $\Delta\boldsymbol{Q}(\boldsymbol{\theta},\boldsymbol{U})$ 分别表示 $n-1$ 维(次序 PQ 节点的有功功率方程在前)和 m 维的非线性向量函数，$\boldsymbol{\theta}$ 和 $\boldsymbol{U}$ 分别表示 $n-1$ 维节点电压相角向量(次序 PQ 节点的相角在前)和 m 维节点电压幅值向量。式(2-12)的方程个数和待求变量的个数皆为 $n+m-1$，称作电力网络极坐标形式的潮流方程。

2. 直角坐标形式的潮流方程

类似地，由式(2-6)和式(2-7)可得直角坐标形式的节点功率方程，如式(2-13)和式(2-14)所示。对 PQ、PV 节点：

$$\Delta P_i(\boldsymbol{e},\boldsymbol{f}) \triangleq P_i^s - e_i\sum_{j\in i}(G_{ij}e_j - B_{ij}f_j) - f_i\sum_{j\in i}(G_{ij}f_j + B_{ij}e_j) = 0,\quad i = 1,\cdots,n-1 \tag{2-13}$$

对 PQ 节点：

$$\Delta Q_i(\boldsymbol{e},\boldsymbol{f}) \triangleq Q_i^s - f_i\sum_{j\in i}(G_{ij}e_j - B_{ij}f_j) + e_i\sum_{j\in i}(G_{ij}f_j + B_{ij}e_j) = 0,\quad i = 1,\cdots,m \tag{2-14}$$

式(2-13)和式(2-14)方程组的个数是 $n+m-1$，待求未知量的个数是 $2(n-1)$，因此，还要对所有 PV 节点增补式(2-15)所示的 $n-m-1$ 个方程。

$$\Delta U_i^2(\boldsymbol{e},\boldsymbol{f}) \triangleq (U_i^s)^2 - e_i^2 - f_i^2 = 0,\quad i = 1,2,\cdots,n-m-1 \tag{2-15}$$

式中，U_i^s 是 PV 节点给定的电压幅值，式(2-13)、式(2-14)和式(2-15)联立，可以表示成如下非线性向量方程的形式：

$$\begin{cases}\Delta\boldsymbol{P}(\boldsymbol{e},\boldsymbol{f}) = \boldsymbol{0}\\ \Delta\boldsymbol{Q}(\boldsymbol{e},\boldsymbol{f}) = \boldsymbol{0}\\ \Delta\boldsymbol{U}^2(\boldsymbol{e},\boldsymbol{f}) = \boldsymbol{0}\end{cases} \tag{2-16}$$

式中，$\Delta\boldsymbol{P}(\boldsymbol{e},\boldsymbol{f})$、$\Delta\boldsymbol{Q}(\boldsymbol{e},\boldsymbol{f})$ 和 $\Delta\boldsymbol{U}^2(\boldsymbol{e},\boldsymbol{f})$ 分别表示 $n-1$ 维(假定次序为 PQ 节点的有功潮流方程在前，PV 节点的有功潮流方程在后)、m 维和 $n-m-1$ 维的非线性向量函数：$\boldsymbol{e}$ 和 $\boldsymbol{f}$ 分别表示 $n-1$ 维节点复电压的实部和虚部向量(假定次序亦为 PQ 节点的有功潮流方程在前，PV 的在后)。式(2-16)的方程个数和待求变量的个数皆为 $2(n-1)$，称为电力网络直角坐标形式的潮流方程。

比较式(2-12)和式(2-16)，可见直角坐标形式的潮流方程和待求变量个数较极坐标形式的潮流方程多了 $n-m-1$ 个，但它们都是高维的非线性代数方程组，可以统一地表示成式(2-17)所示的非线性代数向量方程的形式。

$$\boldsymbol{f}(\boldsymbol{x}) = \boldsymbol{0} \tag{2-17}$$

2.2　牛顿-拉夫逊潮流算法

2.1 节介绍的内容表明，电力网络潮流计算首先需要求解高维的非线性代数方程组，即潮流方程。高维的非线性代数方程组的求解一般采用迭代方法，牛顿-拉夫逊法（简称牛顿法）是电力系统分析中广泛采用的潮流算法。本节首先介绍求解高维非线性代数方程组的牛顿法，然后介绍极坐标形式和直角坐标形式牛顿法的实施细节。

2.2.1 牛顿迭代算法

牛顿法的核心是把非线性方程的求解过程，转变为反复求解对应的线性增量方程，并用线性增量方程的解修正非线性方程解的过程。下面以式(2-17)为例说明牛顿法的一般求解过程。假定式(2-17)表示有 l 个变量的 l 维非线性代数方程组。求解非线性代数方程组首先要给定待求解向量 $\boldsymbol{x}$ 的初值 $\boldsymbol{x}^{(0)}$，并设定最大迭代次数 $K_{\max}$ 及最大容许误差 ε（例如 $\varepsilon = 10^{-4} \sim 10^{-7}$）。令迭代参数 $k=0$，于是求解非线性代数方程组的迭代算法可描述如下。

第一步：在 $\boldsymbol{x}^{(k)}$ 附近将式(2-17)左端向量函数展开成泰勒级数并略去二阶及以上的高阶项，得到如下线性化方程，称为牛顿法的修正方程。

$$\boldsymbol{f}(\boldsymbol{x}^{(k)}) + \boldsymbol{J}^{(k)} \Delta \boldsymbol{x}^{(k)} = \boldsymbol{0} \tag{2-18}$$

式中，$\boldsymbol{J}^{(k)} = \partial \boldsymbol{f}(\boldsymbol{x}) / \partial \boldsymbol{x} \big|_{\boldsymbol{x}=\boldsymbol{x}^{(k)}}$ 为 $l \times l$ 阶方阵，称为非线性向量函数在 $\boldsymbol{x}^{(k)}$ 点的雅可比矩阵；$\boldsymbol{f}(\boldsymbol{x}^{(k)})$ 为式(2-17)左端向量函数代入 $\boldsymbol{x}^{(k)}$ 后所得实数向量。

第二步：解线性方程组式(2-18)，求得迭代修正量 $\Delta \boldsymbol{x}^{(k)}$ 如式(2-19)所示。

$$\Delta \boldsymbol{x}^{(k)} = -(\boldsymbol{J}^{(k)})^{-1} \boldsymbol{f}(\boldsymbol{x}^{(k)}) \tag{2-19}$$

第三步：用式(2-20) 修正 $\boldsymbol{x}^{(k)}$ 获得第 $k+1$ 步迭代的解向量 $\boldsymbol{x}^{(k+1)}$。

$$\boldsymbol{x}^{(k+1)} = \boldsymbol{x}^{(k)} + \Delta \boldsymbol{x}^{(k)} \tag{2-20}$$

第四步：判断收敛。

若式(2-21)成立，则转第五步，否则令 $k=k+1$。

$$\max_i \left| f_i(\boldsymbol{x}^{(k+1)}) \right| < \varepsilon \tag{2-21}$$

式中，$K_{\max}$是计算设定的最大迭代次数；式(2-21)左边表示向量 $\boldsymbol{f}(\boldsymbol{x}^{(k+1)})$ 各元素中绝对值最大者；ε 为计算设定的最大容许误差（如 $\varepsilon = 10^{-4} \sim 10^{-7}$），$\varepsilon$ 越小，解的精度越高，但迭代次数越多。

若 $k < K_{\max}$，则转第一步继续迭代，否则转第六步。

第五步：以 $\boldsymbol{x}^{(k+1)}$ 为非线性代数方程组(2-17)的解，退出迭代。

第六步：输出迭代不收敛的信息，退出迭代。

上述描述的牛顿法最关键的步骤是，计算式(2-18)修正方程中的雅可比矩阵 $\boldsymbol{J}^{(k)} = \partial \boldsymbol{f}(\boldsymbol{x}) / \partial \boldsymbol{x} \big|_{\boldsymbol{x}=\boldsymbol{x}^{(k)}}$。雅可比矩阵的元素可表示为

$$J_{ij}^{(k)} = \left. \frac{\partial f_i(\boldsymbol{x})}{\partial x_j} \right|_{\boldsymbol{x}=\boldsymbol{x}^{(k)}}, \quad i = 1,2,\cdots,l,\ j = 1,2,\cdots,l \tag{2-22}$$

2.1 节介绍的电力网络的极坐标形式和直角坐标形式的潮流方程都可采用上述牛顿法求解。

2.2.2 牛顿法的几何解释

牛顿法迭代过程的几何解释可用图 2-1 所示的一维非线性函数 $f(x)$来说明。图中非线性函数与横轴的交点 x'为非线性方程 $f(x)=0$ 的解。对图 2-1(a)的初值 $x^{(0)}$，雅可比矩阵相当于函数 $f(x)$ 在 $x^{(0)}$ 点的斜率，修正方程的解是 $\Delta x^{(0)}$，以 $\Delta x^{(0)}$ 修正 $x^{(0)}$ 所得的 $x^{(1)}$ 比 $x^{(0)}$ 更接近于方程 $f(x)=0$ 的解 x'。将 $x^{(1)}$ 作为新的初值，修正方程的解是 $\Delta x^{(1)}$，以 $\Delta x^{(1)}$ 修正 $x^{(1)}$ 所得为 $x^{(2)}$，由图可见，$x^{(2)}$ 已经非常接近 x'了。重复以上过程迭代所得的 $x^{(k)}$ 可以充分地接近方程 $f(x)=0$ 的解 x'，牛顿算法迭代至满足条件 $|f(x^{(k+1)})|<\varepsilon$ 时，迭代终止。

应用牛顿法求解非线性方程组时会出现迭代不收敛的情况，因而 2.2.1 节描述的牛顿算法设定了最大迭代次数 $K_{\max}$。出现迭代不收敛的情况可能是非线性方程本身无解，也可能由迭代初值不好引起。图 2-1(b)所示为非线性方程 $f(x)=0$ 有解，但因初值不好而引起迭代过程出现振荡不收敛的情况。

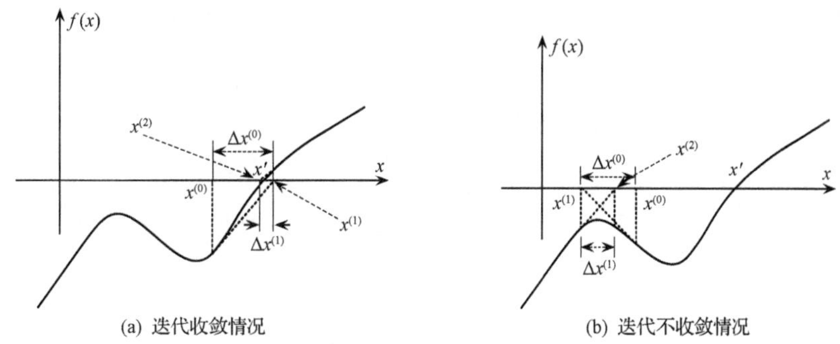

图 2-1　牛顿法的几何解释

2.2.3 极坐标牛顿潮流算法的雅可比矩阵

1. 修正方程

极坐标形式的潮流方程如式(2-10)和式(2-11)所示，对其向量形式的潮流方程式(2-12)，仿照式(2-18)可得修正方程如下：

$$\begin{bmatrix} \Delta \boldsymbol{P}^{(k)} \\ \Delta \boldsymbol{Q}^{(k)} \end{bmatrix} = -\begin{bmatrix} \boldsymbol{H}^{(k)} & \boldsymbol{N}^{(k)} \\ \boldsymbol{M}^{(k)} & \boldsymbol{L}^{(k)} \end{bmatrix} \begin{bmatrix} \Delta \boldsymbol{\theta}^{(k)} \\ \Delta \boldsymbol{U}^{(k)} / \boldsymbol{U}^{(k)} \end{bmatrix} \tag{2-23}$$

式中，$\Delta \boldsymbol{P}^{(k)}=\Delta \boldsymbol{P}(\boldsymbol{\theta}^{(k)},\boldsymbol{U}^{(k)})$ 和 $\Delta \boldsymbol{Q}^{(k)}=\Delta \boldsymbol{Q}(\boldsymbol{\theta}^{(k)},\boldsymbol{U}^{(k)})$ 分别表示 $n-1$ 维(次序为 PQ 节点的不平衡有功功率在前)和 m 维的节点不平衡功率向量；$\Delta \boldsymbol{\theta}^{(k)}$ 和 $\Delta \boldsymbol{U}^{(k)}/\boldsymbol{U}^{(k)}$ 分别表示待求的 $n-1$ 维的节点电压相角修正量向量(次序 PQ 节点的相角在前)和待求的 m 维节点电压幅值修正量除以电压幅值的向量，即

$$\Delta \boldsymbol{\theta}^{(k)} = [\Delta \theta_1^{(k)} \quad \Delta \theta_2^{(k)} \quad \cdots \quad \Delta \theta_{n-1}^{(k)}]^{\mathrm{T}} \tag{2-24}$$

$$\frac{\Delta \boldsymbol{U}^{(k)}}{\boldsymbol{U}^{(k)}} = \left[\frac{\Delta U_1^{(k)}}{U_1^{(k)}} \quad \frac{\Delta U_2^{(k)}}{U_2^{(k)}} \quad \cdots \quad \frac{\Delta U_m^{(k)}}{U_m^{(k)}} \right]^{\mathrm{T}} \tag{2-25}$$

$\boldsymbol{H}^{(k)}$、$\boldsymbol{N}^{(k)}$、$\boldsymbol{M}^{(k)}$ 和 $\boldsymbol{L}^{(k)}$ 分别为 $(n-1)\times(n-1)$、$(n-1)\times m$、$m\times(n-1)$ 和 $m\times m$ 阶的实系数雅可比子矩阵。

2. 雅可比子矩阵元素的计算

极坐标形式潮流方程的雅可比子矩阵元素的计算公式如式(2-26)～式(2-33)所示，以下分下标 $i\neq j$ 和 $i=j$ 两种情况表述。

1) $i\neq j$ 情况

$$H_{ij}^{(k)} = \left.\frac{\partial \Delta P_i}{\partial \theta_j}\right|_{\boldsymbol{U}=\boldsymbol{U}^{(k)},\boldsymbol{\theta}=\boldsymbol{\theta}^{(k)}} = -U_i^{(k)}U_j^{(k)}(G_{ij}\sin\theta_{ij}^{(k)} - B_{ij}\cos\theta_{ij}^{(k)}) \tag{2-26}$$

$$N_{ij}^{(k)} = \left.\frac{\partial \Delta P_i}{\partial U_j}U_j\right|_{\boldsymbol{U}=\boldsymbol{U}^{(k)},\boldsymbol{\theta}=\boldsymbol{\theta}^{(k)}} = -U_i^{(k)}U_j^{(k)}(G_{ij}\cos\theta_{ij}^{(k)} + B_{ij}\sin\theta_{ij}^{(k)}) \tag{2-27}$$

$$M_{ij}^{(k)} = \left.\frac{\partial \Delta Q_i}{\partial \theta_j}\right|_{\boldsymbol{U}=\boldsymbol{U}^{(k)},\boldsymbol{\theta}=\boldsymbol{\theta}^{(k)}} = U_i^{(k)}U_j^{(k)}(G_{ij}\cos\theta_{ij}^{(k)} + B_{ij}\sin\theta_{ij}^{(k)}) \tag{2-28}$$

$$L_{ij}^{(k)} = \left.\frac{\partial \Delta Q_i}{\partial U_j}U_j\right|_{\boldsymbol{U}=\boldsymbol{U}^{(k)},\boldsymbol{\theta}=\boldsymbol{\theta}^{(k)}} = -U_i^{(k)}U_j^{(k)}(G_{ij}\sin\theta_{ij}^{(k)} - B_{ij}\cos\theta_{ij}^{(k)}) \tag{2-29}$$

2) $i=j$ 情况

$$\begin{aligned} H_{ii}^{(k)} &= \left.\frac{\partial \Delta P_i}{\partial \theta_i}\right|_{\substack{\boldsymbol{U}=\boldsymbol{U}^{(k)}\\ \boldsymbol{\theta}=\boldsymbol{\theta}^{(k)}}} = (U_i^{(k)})^2B_{ii} + U_i^{(k)}\sum_{j\in i}U_j^{(k)}(G_{ij}\sin\theta_{ij}^{(k)} - B_{ij}\cos\theta_{ij}^{(k)}) \\ &= (U_i^{(k)})^2B_{ii} + Q_i^s - \Delta Q_i^{(k)} \end{aligned} \tag{2-30}$$

$$\begin{aligned} N_{ii}^{(k)} &= \left.\frac{\partial \Delta P_i}{\partial U_i}U_i\right|_{\substack{\boldsymbol{U}=\boldsymbol{U}^{(k)}\\ \boldsymbol{\theta}=\boldsymbol{\theta}^{(k)}}} = -(U_i^{(k)})^2G_{ii} - U_i^{(k)}\sum_{j\in i}U_j^{(k)}(G_{ij}\cos\theta_{ij}^{(k)} + B_{ij}\sin\theta_{ij}^{(k)}) \\ &= -(U_i^{(k)})^2G_{ii} - (P_i^s - \Delta P_i^{(k)}) \end{aligned} \tag{2-31}$$

$$\begin{aligned} M_{ii}^{(k)} &= \left.\frac{\partial \Delta Q_i}{\partial \theta_i}\right|_{\substack{\boldsymbol{U}=\boldsymbol{U}^{(k)}\\ \boldsymbol{\theta}=\boldsymbol{\theta}^{(k)}}} = (U_i^{(k)})^2G_{ii} - U_i^{(k)}\sum_{j\in i}U_j^{(k)}(G_{ij}\cos\theta_{ij}^{(k)} + B_{ij}\sin\theta_{ij}^{(k)}) \\ &= (U_i^{(k)})^2G_{ii} - (P_i^s - \Delta P_i^{(k)}) \end{aligned} \tag{2-32}$$

$$\begin{aligned} L_{ii}^{(k)} &= \left.\frac{\partial \Delta Q_i}{\partial U_i}U_i\right|_{\substack{\boldsymbol{U}=\boldsymbol{U}^{(k)}\\ \boldsymbol{\theta}=\boldsymbol{\theta}^{(k)}}} = (U_i^{(k)})^2B_{ii} - U_i^{(k)}\sum_{j\in i}U_j^{(k)}(G_{ij}\sin\theta_{ij}^{(k)} - B_{ij}\cos\theta_{ij}^{(k)}) \\ &= (U_i^{(k)})^2B_{ii} - (Q_i^s - \Delta Q_i^{(k)}) \end{aligned} \tag{2-33}$$

3. 雅可比矩阵的特点

由式(2-26)～式(2-33)可以总结极坐标牛顿潮流算法雅可比矩阵特点如下：

(1) 雅可比矩阵为 $n+m-1$ 阶实系数方阵。

(2) 各雅可比子矩阵非对角元素($i\neq j$ 情况)是否为零，取决于相应节点导纳矩阵元素的 G_{ij} 和 B_{ij} 是否为零，因而牛顿潮流算法雅可比子矩阵和节点导纳矩阵一样为稀疏矩阵。雅可比矩阵非零元素在牛顿迭代中是变化的，每一次迭代需要重新计算。

(3) 雅可比子矩阵 $\boldsymbol{H}^{(k)}$ 和 $\boldsymbol{L}^{(k)}$ 不具有对称性，但有关系式

$$\begin{cases} H_{ij}^{(k)} = L_{ij}^{(k)} \\ N_{ij}^{(k)} = -M_{ij}^{(k)} \end{cases}, \quad i \neq j \tag{2-34}$$

掌握上述关系可提高计算雅可比矩阵的速度。

2.2.4　直角坐标牛顿潮流算法的雅可比矩阵

1. 修正方程

直角坐标形式的潮流方程和 PV 节点的电压方程如式(2-13)～式(2-15)所示，对其向量形式的潮流方程式(2-16)，仿照式(2-18)可得修正方程如下：

$$\begin{bmatrix} \Delta \boldsymbol{P}(\boldsymbol{e}^{(k)}, \boldsymbol{f}^{(k)}) \\ \Delta \boldsymbol{Q}(\boldsymbol{e}^{(k)}, \boldsymbol{f}^{(k)}) \\ \Delta \boldsymbol{U}^2(\boldsymbol{e}^{(k)}, \boldsymbol{f}^{(k)}) \end{bmatrix} = -\begin{bmatrix} \boldsymbol{H}^{(k)} & \boldsymbol{N}^{(k)} \\ \boldsymbol{M}^{(k)} & \boldsymbol{L}^{(k)} \\ \boldsymbol{R}^{(k)} & \boldsymbol{S}^{(k)} \end{bmatrix} \begin{bmatrix} \Delta \boldsymbol{e}^{(k)} \\ \Delta \boldsymbol{f}^{(k)} \end{bmatrix} \tag{2-35}$$

式中，$\Delta \boldsymbol{P}(\boldsymbol{e}^{(k)}, \boldsymbol{f}^{(k)})$ 和 $\Delta \boldsymbol{Q}(\boldsymbol{e}^{(k)}, \boldsymbol{f}^{(k)})$ 分别表示 $n-1$ 维(次序为 PQ 节点的不平衡有功功率在前)和 m 维的节点不平衡功率向量；$\Delta \boldsymbol{U}^2(\boldsymbol{e}^{(k)}, \boldsymbol{f}^{(k)})$ 表示 $n-m-1$ 维节点电压平方的不平衡向量；$\Delta \boldsymbol{e}^{(k)}$ 和 $\Delta \boldsymbol{f}^{(k)}$ 分别表示待求的 $n-1$ 维节点电压实部和虚部的修正量向量(次序为 PQ 节点的在前)，即

$$\Delta \boldsymbol{e}^{(k)} = [\Delta e_1^{(k)} \quad \Delta e_2^{(k)} \quad \cdots \quad \Delta e_{n-1}^{(k)}]^{\mathrm{T}} \tag{2-36}$$

$$\Delta \boldsymbol{f}^{(k)} = [\Delta f_1^{(k)} \quad \Delta f_2^{(k)} \quad \cdots \quad \Delta f_{n-1}^{(k)}]^{\mathrm{T}} \tag{2-37}$$

$\boldsymbol{H}^{(k)}$、$\boldsymbol{N}^{(k)}$、$\boldsymbol{M}^{(k)}$、$\boldsymbol{L}^{(k)}$、$\boldsymbol{R}^{(k)}$ 和 $\boldsymbol{S}^{(k)}$ 分别为 $(n-1)\times(n-1)$、$(n-1)\times(n-1)$、$m\times(n-1)$、$m\times(n-1)$、$(n-m-1)\times(n-1)$ 和 $(n-m-1)\times(n-1)$ 阶的实系数雅可比子矩阵。

2. 雅可比子矩阵元素的计算

直角坐标形式潮流方程的雅可比子矩阵元素的计算公式如式(2-38)～式(2-49)所示，以下亦分下标 $i \neq j$ 和 $i = j$ 两种情况表述。

1) $i \neq j$ 情况

$$H_{ij}^{(k)} = \left.\frac{\partial \Delta P_i}{\partial e_j}\right|_{\boldsymbol{e}=\boldsymbol{e}^{(k)}, \boldsymbol{f}=\boldsymbol{f}^{(k)}} = -(G_{ij} e_i^{(k)} + B_{ij} f_i^{(k)}) \tag{2-38}$$

$$N_{ij}^{(k)} = \left.\frac{\partial \Delta P_i}{\partial f_j}\right|_{\boldsymbol{e}=\boldsymbol{e}^{(k)}, \boldsymbol{f}=\boldsymbol{f}^{(k)}} = B_{ij} e_i^{(k)} - G_{ij} f_i^{(k)} \tag{2-39}$$

$$M_{ij}^{(k)} = \left.\frac{\partial \Delta Q_i}{\partial e_j}\right|_{\boldsymbol{e}=\boldsymbol{e}^{(k)}, \boldsymbol{f}=\boldsymbol{f}^{(k)}} = B_{ij} e_i^{(k)} - G_{ij} f_i^{(k)} \tag{2-40}$$

$$L_{ij}^{(k)} = \left.\frac{\partial \Delta Q_i}{\partial f_j}\right|_{\boldsymbol{e}=\boldsymbol{e}^{(k)}, \boldsymbol{f}=\boldsymbol{f}^{(k)}} = G_{ij} e_i^{(k)} + B_{ij} f_i^{(k)} \tag{2-41}$$

$$R_{ij}^{(k)} = \frac{\partial \Delta U_i^2}{\partial e_j}\bigg|_{e=e^{(k)},f=f^{(k)}} = 0 \tag{2-42}$$

$$S_{ij}^{(k)} = \frac{\partial \Delta U_i^2}{\partial f_j}\bigg|_{e=e^{(k)},f=f^{(k)}} = 0 \tag{2-43}$$

2) $i=j$ 情况

$$H_{ii}^{(k)} = \frac{\partial \Delta P_i}{\partial e_i}\bigg|_{e=e^{(k)},f=f^{(k)}} = -\sum_{j\in i}(G_{ij}e_j^{(k)} - B_{ij}f_j^{(k)}) - (G_{ii}e_i^{(k)} + B_{ii}f_i^{(k)})$$

$$\triangleq -a_i^{(k)} - b_i^{(k)} \tag{2-44}$$

$$N_{ii}^{(k)} = \frac{\partial \Delta P_i}{\partial f_i}\bigg|_{e=e^{(k)},f=f^{(k)}} = -\sum_{j\in i}(G_{ij}f_j^{(k)} + B_{ij}e_j^{(k)}) + (B_{ii}e_i^{(k)} - G_{ii}f_i^{(k)})$$

$$\triangleq -c_i^{(k)} + d_i^{(k)} \tag{2-45}$$

$$M_{ii}^{(k)} = \frac{\partial \Delta Q_i}{\partial e_i}\bigg|_{e=e^{(k)},f=f^{(k)}} = \sum_{j\in i}(G_{ij}f_j^{(k)} + B_{ij}e_j^{(k)}) + (B_{ii}e_i^{(k)} - G_{ii}f_i^{(k)})$$

$$\triangleq c_i^{(k)} + d_i^{(k)} \tag{2-46}$$

$$L_{ii}^{(k)} = \frac{\partial \Delta Q_i}{\partial f_i}\bigg|_{e=e^{(k)},f=f^{(k)}} = -\sum_{j\in i}(G_{ij}e_j^{(k)} - B_{ij}f_j^{(k)}) + (G_{ii}e_i^{(k)} + B_{ii}f_i^{(k)})$$

$$\triangleq -a_i^{(k)} + b_i^{(k)} \tag{2-47}$$

$$R_{ii}^{(k)} = \frac{\partial \Delta U_i^2}{\partial e_i}\bigg|_{e=e^{(k)},f=f^{(k)}} = -2e_i^{(k)} \tag{2-48}$$

$$S_{ii}^{(k)} = \frac{\partial \Delta U_i^2}{\partial f_i}\bigg|_{e=e^{(k)},f=f^{(k)}} = -2f_i^{(k)} \tag{2-49}$$

式中，符号 $a_i^{(k)}$、$b_i^{(k)}$、$c_i^{(k)}$ 和 $d_i^{(k)}$ 分别代表表达式 $\sum\limits_{j\in i}(G_{ij}e_j^{(k)} - B_{ij}f_j^{(k)})$、$G_{ii}e_i^{(k)} + B_{ii}f_i^{(k)}$、$\sum\limits_{j\in i}(G_{ij}f_j^{(k)} + B_{ij}e_j^{(k)})$ 和 $B_{ii}e_i^{(k)} - G_{ii}f_i^{(k)}$。

3. 雅可比矩阵的特点

由式(2-38)～式(2-49)可以总结直角坐标牛顿潮流算法雅可比矩阵的特点如下：

(1) 雅可比矩阵为 $2(n-1)$ 阶实系数方阵。

(2) 雅可比子矩阵 $\boldsymbol{H}^{(k)}$、$\boldsymbol{N}^{(k)}$、$\boldsymbol{M}^{(k)}$ 和 $\boldsymbol{L}^{(k)}$ 非对角元素是否为零，亦取决于相应节点导纳矩阵因素的 G_{ij} 和 B_{ij} 是否为零，因而直角坐标雅可比矩阵和节点导纳矩阵一样为稀疏矩阵，且雅可比矩阵非零元素在牛顿迭代中需要重新计算。

(3) 雅可比子矩阵 $\boldsymbol{H}^{(k)}$ 和 $\boldsymbol{L}^{(k)}$ 不具有对称性，但有关系式

$$\begin{cases} H_{ij}^{(k)} = -L_{ij}^{(k)} \\ N_{ij}^{(k)} = M_{ij}^{(k)} \end{cases}, \quad i \neq j \tag{2-50}$$

掌握这些关系式，另外注意 $H_{ii}^{(k)}$ 和 $L_{ii}^{(k)}$ 与 $N_{ii}^{(k)}$ 和 $M_{ii}^{(k)}$ 构成的特点，可提高计算雅可比矩阵的速度。

(4) 修正方程式(2-23)和式(2-35)可以采用标准的求解高维稀疏线性方程组的数学软件求解，本书不再涉及高维稀疏线性方程组的稀疏矩阵算法。

2.2.5 初值的设置与元件通过功率和电流的计算

1. 牛顿潮流计算初值的设置

牛顿潮流算法是否能可靠地收敛到合理的潮流解，取决于迭代初值的选择。对正常运行的电力系统，各节点电压一般都在额定值(相当于标幺值 1.0)附近，相邻节点相角差也不大，所以各种潮流计算中习惯采用以下“平直电压”法选择迭代初值电压。

“平直电压”法，对极坐标牛顿法的 PQ 节点选择 $U_i^{(0)}=1.0(i=1,2,\cdots,n-m-1)$；PQ 和 PV 节点选择 $\theta_i^{(0)}=0.0\text{rad}(i=1,2,\cdots,n-1)$，PV 节点和平衡节点电压的幅值是给定不变的；对直角坐标牛顿法的所有 PQ 和 PV 节点选择 $e_i^{(0)}=1.0(i=1,2,\cdots,n-1)$ 和 $f_i^{(0)}=0.0(i=1,2,\cdots,n-1)$。

一般情况下，“平直电压”启动法可得到满意的潮流结果，但若系统因无功不充分或分布不合理导致电压质量很差，或因存在重负载长距离输电线路导致系统节点间相角差过大的情况，“平直电压”启动法可能面临不收敛的问题。解决上述问题的方法可以先用直流潮流法(见 2.4 节)求得较好的相角分布，然后转入牛顿法迭代。

2. 元件通过功率和电流的计算

潮流迭代收敛后，一般直接采用图 2-2 所示 π 等值电路计算变压器和输电线元件两端通过的功率和电流。对照图 2-2 可按式(2-51)和式(2-52)计算元件两端流入的功率和电流。

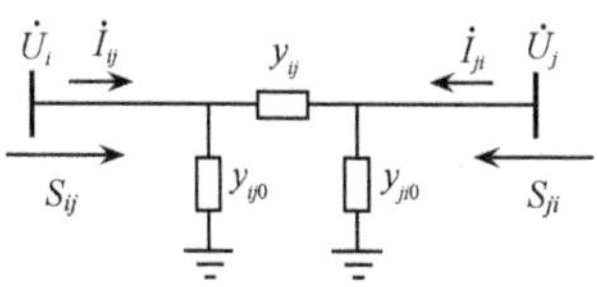

图 2-2　变压器和输电线 π 型等值电路的功率和电流

$$\begin{cases} S_{ij} \triangleq P_{ij}+\mathrm{j}Q_{ij}=U_i^2\overset{*}{y}_{ij0}+\dot{U}_i(\overset{*}{U}_i-\overset{*}{U}_j)\overset{*}{y}_{ij} \\ S_{ji} \triangleq P_{ji}+\mathrm{j}Q_{ji}=U_j^2\overset{*}{y}_{ji0}+\dot{U}_j(\overset{*}{U}_j-\overset{*}{U}_i)\overset{*}{y}_{ij} \end{cases} \tag{2-51}$$

$$\begin{cases} \dot{I}_{ij}=\dfrac{\overset{*}{S}_{ij}}{\overset{*}{U}_i} \\ \dot{I}_{ji}=\dfrac{\overset{*}{S}_{ji}}{\overset{*}{U}_j} \end{cases} \tag{2-52}$$

元件中的有功损耗和无功损耗为

$$\begin{cases} \Delta P_{ij}=|P_{ij}+P_{ji}| \\ \Delta Q_{ij}\triangleq\pm|Q_{ij}+Q_{ji}| \end{cases} \tag{2-53}$$

式中，无功损耗 ΔQ_{ij} 的符号取决于元件是感性的还是容性的。

2.2.6 牛顿潮流算法流程及评价

1. 牛顿潮流算法流程

与 2.2.1 节介绍的牛顿法对应的牛顿潮流算法计算流程图如图 2-3 所示。其中方框 1 所示输入的电网数据可与第 1 章表 1-1 所述的形成节点导纳矩阵的输入文件格式相同，节点输入数据的内容对 PQ 节点包括 P_{Gi}、Q_{Gi}、P_{Li} 和 Q_{Li}；对 PV 节点包括 P_{Gi}、P_{Li}、Q_{Li} 和 U_i；对平衡节点只有 U_i 为输入数据。方框 3 若采用“平直电压”法，对极坐标和直角坐标潮流算法的初值设置方法可参考 2.2.5 节。方框 5 中不平衡向量函数 $\boldsymbol{f}(\boldsymbol{x}^{(k)})$ 的计算，对极坐标潮流算法可参考式(2-10)～式(2-11)，对直角坐标潮流算法可参考式(2-13)～式(2-15)；雅可比矩阵 $\boldsymbol{J}^{(k)}$ 的参数计算，对极坐标潮流算法可参考式(2-26)～式(2-33)，对直角坐标潮流算法可参考式(2-38)～式(2-49)。方框 7求解的修正方程，对极坐标潮流算法可参考式(2-23)，对直角坐标潮流算法可参考式(2-35)，对实际电力系统，修正方程的求解应采用稀疏矩阵计算方法以提高牛顿潮流算法的计算效率。

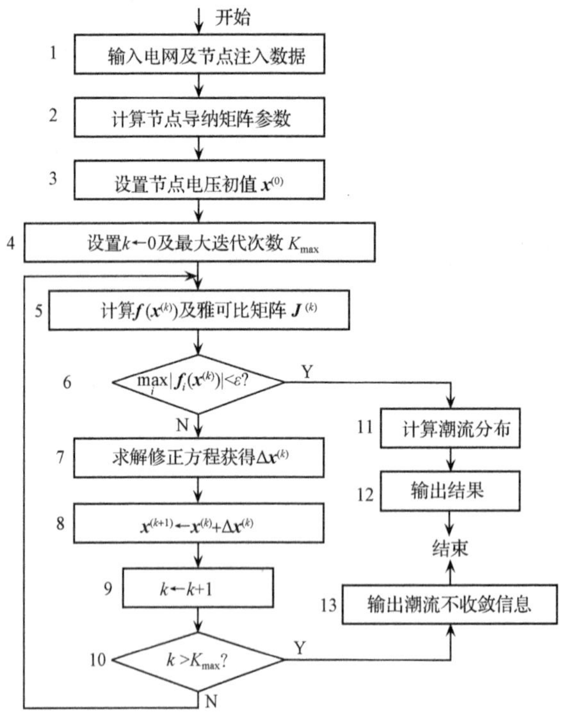

图 2-3 牛顿法潮流计算流程图

2. 牛顿潮流算法节点输入数据列表

以图 2-4 所示系统为例，说明系统潮流计算节点数据输入方法，图中电网各元件参数如表 1-1 所示，取节点 1 为平衡节点，节点 5 为 PV 节点，节点 2 与 4 为 PQ 节点，节点 3 为联络节点。

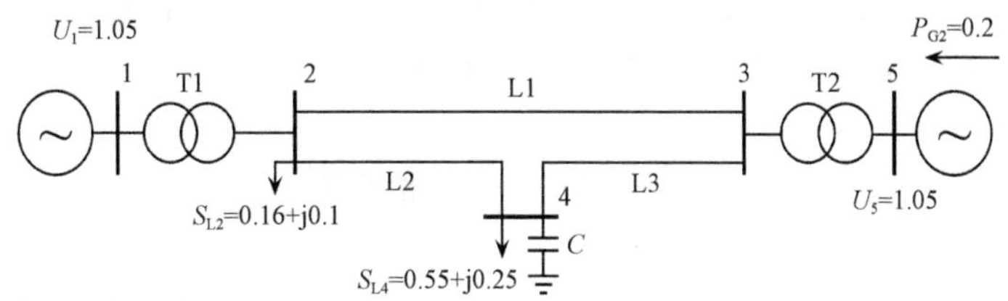

图 2-4　图 1-1 电力系统潮流计算节点注入及电压示意图

表 2-1 所示为图 2-4 的一种节点数据输入文件列写方法，该列表的特点是每一行数据对应一个节点。若节点发电机功率 P_{Gi} 和 Q_{Gi} 同时为空，而节点电压 U_i 和相角 θ_i 同时不为空，则该节点为平衡节点；若节点发电机功率 Q_{Gi} 和相角 θ_i 同时为空，而节点发电机功率 P_{Gi} 和电压 U 同时不为空，则该节点为 PV 节点；若节点电压 U_i 和相角 θ_i 同时为空，而其他节点功率不为空，则该节点为 PQ 节点。

表 2-1　图 1-1 所示电力网络潮流计算节点输入文件列表

首节点名	节点编号 i	P_{Gi} /(p. u.)	Q_{Gi} /(p. u.)	P_{Li} /(p. u.)	Q_{Li} /(p. u.)	U_i /(p. u.)	θ_i /rad
BUS1	1	—	—	—	—	1.05	0.0
BUS5	5	0.2	—	0.0	0.0	1.05	—
BUS2	2	0.0	0.0	0.16	0.1	—	—
BUS3	3	0.0	0.0	0.0	0.0	—	—
BUS4	4	0.0	0.0	0.55	0.25	—	—

3. 牛顿潮流算法的评价

牛顿法的突出优点是收敛速度快，若算法收敛，牛顿潮流法具有平方收敛特性，即迭代误差按平方的速率减小，一般迭代 4～6 次便可得到很精确的解，且迭代次数与电网规模的大小基本无关。牛顿法的缺点是每次迭代需要重新计算雅可比矩阵，计算量较大。

牛顿潮流算法在实际应用中会遇到计算不收敛，或收敛到实际上不能运行解的情况，例如，节点电压过低，出现上述情况的原因是多样的。初值选择不当会造成上述情况，若采用 2.2.5 节介绍的迭代初值选择方法，上述情况依然不能得到改善，则要考虑其他因素，例如，是否存在网络负荷过重或局部区域无功不足造成迭代不收敛或收敛的解不合理的情况。一般局部区域无功不足可通过适当增加 PV 节点数目的方法解决。

必须指出,潮流计算的结果是否合理需要考虑的内容包括:① 所有元件通过的功率是否超过其设计容量;② 所有节点电压的大小是否在合理范围内;③ PV 节点提供的无功功率是否超出其容许值;④ 平衡节点提供的有功功率和无功功率是否超出其发电能力。若上述内容不能满足,则要通过发电机有功出力或 PV 节点的电压给定值的调整来解决,不过这需要不断的试探,并具有耐心。

2.3 快速解耦潮流算法

快速解耦潮流算法(又称为 PQ 分解法)是在极坐标牛顿潮流法基础上发展起来的一种有功、无功解耦迭代算法。无论在内存占用量还是计算速度方面,它都比牛顿法有较大的改进,从而成为电力系统潮流计算中经常使用的方法。

2.3.1 快速解耦潮流算法的基本原理

由于构成高压电网的输电线和变压器元件都具有其串联电阻小于串联电抗的特点,因而电力网络元件通过的有功潮流主要取决于元件两端电压的相角差,而其通过的无功潮流主要取决于元件两端电压模值的大小。这个特性反映在牛顿法修正方程上,即式(2-23)中,$\boldsymbol{N}^{(k)}$ 及 $\boldsymbol{M}^{(k)}$ 两个雅可比子矩阵的元素的绝对值相对于 $\boldsymbol{H}^{(k)}$ 及 $\boldsymbol{L}^{(k)}$ 两个子矩阵元素的绝对值要小得多。于是简化的第一步,可以将 $\boldsymbol{N}^{(k)}$ 及 $\boldsymbol{M}^{(k)}$ 两个雅可比子矩阵略去不计,即用方程式(2-54)和式(2-55)来代替方程式(2-23)。

$$\Delta\boldsymbol{P}^{(k)} = -\boldsymbol{H}^{(k)}\Delta\boldsymbol{\theta}^{(k)} \tag{2-54}$$

$$\Delta\boldsymbol{Q}^{(k)} = -\boldsymbol{L}^{(k)}\frac{\Delta\boldsymbol{U}^{(k)}}{\boldsymbol{U}^{(k)}} \tag{2-55}$$

这一步简化相当于将原来一个 $n+m-1$ 维的修正方程,化为一个 $n-1$ 维和一个 m 维的修正方程,显著地节省了对计算机内存的需求和解题时间,但 $\boldsymbol{H}^{(k)}$ 和 $\boldsymbol{L}^{(k)}$ 的元素仍然是节点电压的函数且不对称,考虑到实际的电力网络中,一般元件两端的电压相角差小于 20°,另外,由于元件串联电阻小于串联电抗,节点导纳矩阵满足不等式 $|G_{ij}|<|B_{ij}|$,即有式(2-56)所示的近似等式及式(2-57)所示的不等式

$$\cos\theta_{ij} \approx 1 \tag{2-56}$$

$$|B_{ij}\cos\theta_{ij}| \gg |G_{ij}\sin\theta_{ij}| \tag{2-57}$$

由式(2-56)和式(2-57),式(2-26)和式(2-29)表达式可近似地简化为

$$H_{ij}^{(k)} = L_{ij}^{(k)} = U_i^{(k)}U_j^{(k)}B_{ij} \tag{2-58}$$

另外,在极坐标牛顿法迭代中对式(2-30)和式(2-33),有关系式

$$|(U_i^{(k)})^2B_{ii}| \gg |Q_i^s - \Delta Q_i^{(k)}| \tag{2-59}$$

因而式(2-30)和式(2-33)可近似地简化为

$$H_{ii}^{(k)} = L_{ii}^{(k)} = (U_i^{(k)})^2 B_{ii} \tag{2-60}$$

由式(2-58)和式(2-60)，式(2-54)和式(2-55)可近似地表示为

$$\frac{\Delta \boldsymbol{P}^{(k)}}{\boldsymbol{U}^{(k)}} = -\boldsymbol{B}'(\boldsymbol{U}^{(k)}\Delta\boldsymbol{\theta}^{(k)}) \tag{2-61}$$

$$\frac{\Delta \boldsymbol{Q}^{(k)}}{\boldsymbol{U}^{(k)}} = -\boldsymbol{B}''\Delta\boldsymbol{U}^{(k)} \tag{2-62}$$

式中

$$\frac{\Delta \boldsymbol{P}^{(k)}}{\boldsymbol{U}^{(k)}} = \left[\frac{\Delta P_1^{(k)}}{U_1^{(k)}} \quad \frac{\Delta P_2^{(k)}}{U_2^{(k)}} \quad \cdots \quad \frac{\Delta P_{n-1}^{(k)}}{U_{n-1}^{(k)}}\right]^{\mathrm{T}} \tag{2-63}$$

$$\boldsymbol{U}^{(k)}\Delta\boldsymbol{\theta}^{(k)} = [U_1^{(k)}\Delta\theta_1 \quad U_2^{(k)}\Delta\theta_2 \quad \cdots \quad U_{n-1}^{(k)}\Delta\theta_{n-1}]^{\mathrm{T}} \tag{2-64}$$

$$\frac{\Delta \boldsymbol{Q}^{(k)}}{\boldsymbol{U}^{(k)}} = \left[\frac{\Delta Q_1^{(k)}}{U_1^{(k)}} \quad \frac{\Delta Q_2^{(k)}}{U_2^{(k)}} \quad \cdots \quad \frac{\Delta Q_m^{(k)}}{U_m^{(k)}}\right]^{\mathrm{T}} \tag{2-65}$$

式(2-61)和式(2-62)中的系数矩阵 $\boldsymbol{B}'$ 和 $\boldsymbol{B}''$ 由节点导纳矩阵的虚部的元素组成，前者为 $n-1$ 阶，后者为 m 阶的常数系数的对称矩阵。

为了加速收敛，目前通用的快速解耦法又对 $\boldsymbol{B}'$ 和式(2-61)作了以下进一步修改。即在形成 $\boldsymbol{B}'$ 时略去那些对有功功率及电压相角影响很少的输电线元件 π 型等值电路的并联支路以及变压器非标准变比，并略去元件的串联电阻；将式(2-61)右端的 $\boldsymbol{U}^{(k)}\Delta\boldsymbol{\theta}^{(k)}$ 置换为 $\Delta\boldsymbol{\theta}^{(k)}$。于是，目前通用的快速解耦潮流算法的修正方程式可写成

$$\begin{cases} \dfrac{\Delta \boldsymbol{P}^{(k)}}{\boldsymbol{U}^{(k)}} = -\boldsymbol{B}'\Delta\boldsymbol{\theta}^{(k)} \\[2ex] \dfrac{\Delta \boldsymbol{Q}^{(k)}}{\boldsymbol{U}^{(k)}} = -\boldsymbol{B}''\Delta\boldsymbol{U}^{(k)} \end{cases} \tag{2-66}$$

式中，$\boldsymbol{B}'$ 按式(2-67)计算，式中符号 $j\in i, j\neq i$ 表示 $\sum$ 后 j 为所有和 i 节点相连但不包括 $i=j$ 的情况。

$$B'_{ij} = \frac{1}{x_{ij}}, \quad B'_{ii} = -\sum_{j\in i, j\neq i}\left(\frac{1}{x_{ij}}\right) \tag{2-67}$$

2.3.2　快速解耦潮流算法的评价

快速解耦法和牛顿法的不同，主要体现在修正方程式上。比较两种算法的修正方程式，快速解耦法具有以下特点：其一，用解两个维数分别为 $n-1$ 和 m 的修正方程代替牛顿法的一个 $n+m-1$ 维的修正方程，计算内存需求几乎是牛顿法的 60%；其二，不同于牛顿法的每次迭代都要重新形成雅可比矩阵，快速解耦法的雅可比矩阵 $\boldsymbol{B}'$ 和 $\boldsymbol{B}''$ 是两个常数对称阵，为此只需在进入迭代循环以前一次形成并进行三角分解组成因子表，在迭代过程中就可以反复应用，为此每次迭代所需的时间几乎是牛顿法的 1/5。

就收敛特性而言，由于 $\boldsymbol{B}'$ 和 $\boldsymbol{B}''$ 矩阵在迭代过程中保持不变，在数学上属于“等斜率的伪牛顿”法，因此，快速解耦法将从牛顿法的平方收敛特性退化为线性收敛特

性。即快速解耦法收敛所需的迭代次数要比牛顿法多，但由于每次迭代所需的时间远比牛顿法少，所以总的计算速度仍有大幅度提高。

快速解耦法也具有良好的收敛可靠性。除了当网络中出现元件串联电阻和串联电抗比值过大的病态情况之外，一般均能可靠地收敛。有些用牛顿法计算出现收敛困难的算例，转而采用快速解耦法反而可能成功。例如，当求解的非线性函数 $f(x)$ 不是单调变化而是具有图 2-1 所示的“驼峰”(即斜率为零情况)时，当初始值或迭代点正好落在这一范围内时，牛顿法的切线方程将使修正量出现异常的数值，其后果是减慢收敛速度，甚至发散，也有可能错误地收敛到一个不能运行的潮流解上去。而快速解耦法的“等斜率”求解过程却往往不会受类似的影响。

快速解耦法的程序流程可在图 2-3 牛顿法的基础上稍作修改实现，图 2-5 为修改后的快速解耦法程序流程。与图 2-3 比较可见，图 2-3 的方框 5 分开为图 2-5 的方框 5-1 和方框 5-2，其中方框 5-1 的计算移到了迭代循环外，包括了形成 $-\boldsymbol{B}'$ 与 $-\boldsymbol{B}''$ 和其因子表计算工作，方框 5-2 中的 $\boldsymbol{f}(\boldsymbol{x}^{(k)})/\boldsymbol{U}^{(k)}=[\Delta\boldsymbol{P}^{(k)}/\boldsymbol{U}^{(k)},\Delta\boldsymbol{Q}^{(k)}/\boldsymbol{U}^{(k)}]^{\mathrm{T}}$，方框 7 所示的求解修正方程转化为通过 $-\boldsymbol{B}'$ 和 $-\boldsymbol{B}''$ 的因子表求解两个修正方程。另外，

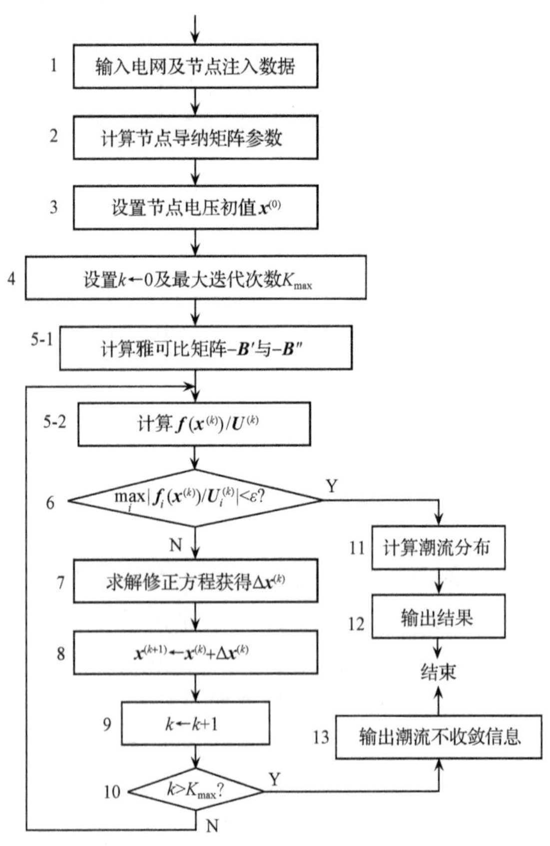

图 2-5　快速解耦法潮流计算流程图

图 2-5 中的 $\boldsymbol{f}(\boldsymbol{x}^{(k)})$ 和 $\boldsymbol{x}^{(k)}$ 的含义与图 2-3 一致。通过算法流程比较可见，快速解耦法采取的一系列简化，只影响迭代过程，而不影响潮流计算结果的精度，因为两种算法判断收敛的条件是基本一致的(见方框 6)。但是，当电网中存在串联电阻相对于串联电抗较大的元件时，快速解耦法往往存在收敛困难的问题。

最后需要指出的是快速解耦法可以采用和牛顿法相同的电网及节点注入输入文件，相同的“平直电压”启动计算初值。

2.4　直流潮流算法

前面介绍的牛顿和快速解耦潮流算法都是最常用的精确潮流算法，这里所谓精确是指潮流解是电力系统精确非线性潮流方程的数值解，但因迭代过程，其计算耗时都相对较多。在系统分析的某些场合，例如，在系统规划中，原始数据并不十分精确，但规划方案却十分众多，此时计算精度和速度比较，后者占了主导地位，于是产生了采用近似线性潮流模型的直流潮流算法。直流潮流算法关心的是电网的有功潮流分布，仅通过一次解 $n-1$ 维线性方程组便可得到有功潮流分布。直流潮流法的数学模型建立在以下假设条件之上。

(1) 正常运行的电力系统的节点电压模值在 1.0 附近，因而假定 $U_i=1.0(i=1,2,\cdots,n)$。

(2)正常运行的电力系统元件两端电压相角差 θ_{ij} 很小，因而有 $\sin\theta_{ij}\approx\theta_i-\theta_j$ 和 $\cos\theta_{ij}\approx 1.0$。

(3) 忽略变压器和输电线元件 π 型等值电路的并联支路，因其对元件传输的有功功率没有或几乎没有影响；认为 π 型等值电路串联支路的电导的绝对值 $|g_{ij}|$ 远远小于电纳的绝对值 $|b_{ij}|$。

这样系统所有元件简化为一个电抗 x_{ij}，即 $y_{ij}=g_{ij}+\mathrm{j}b_{ij}=-\mathrm{j}(1/x_{ij})$，于是电力网络元件通过有功功率可以表示为

$$P_{ij}=U_i^2 g_{ij}-U_iU_j(g_{ij}\cos\theta_{ij}+b_{ij}\sin\theta_{ij})\approx\frac{\theta_i-\theta_j}{x_{ij}} \tag{2-68}$$

将式(2-68)带入 $P_i=\sum\limits_{j\in i,j\neq i}P_{ij}$，考虑平衡节点的相角为 0°，则可得下述节点有功功率平衡方程：

$$\begin{aligned}P_i&=\sum_{j\in i,j\neq i}\frac{1}{x_{ij}}\theta_i+\sum_{j\in i,j\neq i,j\neq s}\left(-\frac{1}{x_{ij}}\right)\theta_j\\&=-B'_{ii}\theta_i+\sum_{j\in i,j\neq i,j\neq s}-B'_{ij}\theta_j,\quad i=1,2,\cdots,n-1\end{aligned} \tag{2-69}$$

式(2-69)写成矩阵的形式为

$$\boldsymbol{P}=-\boldsymbol{B}'\boldsymbol{\theta} \tag{2-70}$$

式中，$\boldsymbol{\theta}$ 是除了平衡节点的节点电压相角的 $n-1$ 维解向量；$\boldsymbol{B}'$ 矩阵与式(2-66)中的

$\boldsymbol{B}'$相同，其元素计算公式可参考式(2-67)。需要注意的是直流潮流法仅用于估算电网的有功潮流分布，误差一般在20%以内。

思 考 题

2-1　试列写极坐标和直角坐标形式的节点功率平衡方程。

2-2　试说明潮流计算中PV、PQ与平衡节点的概念。

2-3　试列写极坐标牛顿潮流算法的雅可比矩阵及修正方程，并由节点功率方程推导极坐标形式雅可比子矩阵元素的计算公式。

2-4　试列写直角坐标牛顿潮流算法的雅可比矩阵及修正方程，并由节点功率方程推导直角坐标形式雅可比子矩阵元素的计算公式。

2-5　试列写由节点电压计算输电线元件π等值电路各端通过功率和电流的表达式。

2-6　如果在潮流计算中发现某PV节点发出的无功功率超出了其容许数值，如何在此基础上继续进行潮流计算，并保证该节点的无功功率不超出其容许范围？

2-7　试列写快速解耦潮流算法的雅可比矩阵及修正方程，并说明$\boldsymbol{B}'$和$\boldsymbol{B}''$矩阵元素的计算方法。

2-8　试比较牛顿潮流算法与快速解耦潮流算法的优缺点。

第3章 电力系统的经济运行

3.1 电力系统经济运行的基本概念

在电力系统中发电厂有火力发电厂、水力发电厂和核能发电厂等多种类型;而在同一类发电厂中,由于锅炉、汽轮机的形式和燃料来源等参数的不同,或水轮机的形式和水头高度的不同,它们的发电成本各不相同。因此,系统的有功负荷(包括网络损耗)在电厂和机组间的不同分配,将影响到整个系统运行的经济性。同样地,系统的无功负荷和无功损耗在发电机和无功补偿设备间的不同分配,也将影响到系统有功功率损耗的大小,从而间接影响到系统运行的经济性。另外,如果发电机间提供的有功功率分配不当,或发电机以及补偿设备间提供的无功功率分配不当,将可能使发电机、变压器或线路过载,危及系统设备和运行的安全。另外发电机和补偿设备间的功率分配还要满足各个母线对电压的要求。在系统各母线的负荷都已知的情况下,如何分配发电机和补偿设备的有功功率和无功功率,使得所有设备不发生过载、全部母线电压都符合要求,且系统的运行最经济,上述问题属于电力系统运行方式的优化问题。显然,这一问题的解决将可以协调和统一电力系统稳态运行的安全性、经济性及用户对电能质量的要求。在上述问题中,全系统运行的经济性是优化问题的目标函数;而设备不发生过载和电压满足要求是优化问题需要满足的条件,通常称为约束条件;另外,保证供给全部负荷所需的有功功率和无功功率也是优化问题的约束条件之一。如果把这一问题用数学模型来描述,则表示成使变量的目标函数最小,设备不发生过载及母线电压满足要求可表示成变量或函数的不等式约束,满足全部负荷的要求则可表示成变量或函数的等式约束。于是,优化问题的数学描述是:求解问题的变量,在满足等式和不等式约束的条件下,使目标函数最小。

本章将首先介绍经典的有功功率经济分配方法,包括火力发电厂间的功率经济分配,以及水力发电厂和火力发电厂之间的经济分配;然后简要介绍电力系统最优潮流的基本概念、数学模型和基本求解方法。由于目前电力市场尚处于试验阶段,所以本书对于系统运行的经济性评价仍采用传统的方法。

3.2 火电厂间有功负荷的经济分配

经典的经济调度在决定全系统的总有功负荷和电力网络损耗在发电机间的经济分配时,只计及发电机组有功出力的限制,而不考虑其他安全约束和电压要求,其目标是使全系统的总燃料消耗量(或总费用)最少。

1. 火力发电机组的燃料消耗特性

在稳态运行情况下,火力发电机组在单位时间内所消耗的燃料与发电机发出有功功率之间的关系称为机组的燃料消耗特性,简称耗量特性。其中耗量特性的单位一般以每小时吨(t/h)计量,燃料消耗计量统一采用每千克含热量为 29.31MJ 的标准煤。耗量特性通常用实验的方法求得,在经济运行的分析中它常用如图 3-1 所示的一条光滑连续的多项式函数曲线拟合,图中的 P_{Gmax} 为机组有功的最大出力,P_{Gmin} 为最小出力,受锅炉和汽轮机的最小出力限制。计算中耗量特性常用式(3-1)所示的三次多项式函数近似地表示

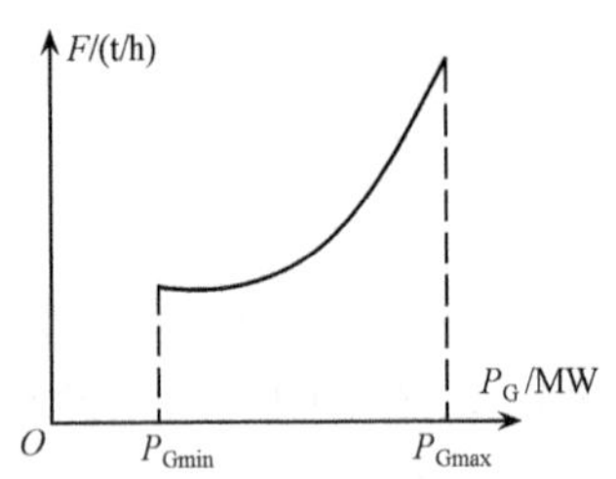

图 3-1 火力发电机组的燃料消耗特性

$$F_i(P_{\text{G}i}) = a_i + b_i P_{\text{G}i} + c_i P_{\text{G}i}^2 + d_i P_{\text{G}i}^3 \tag{3-1}$$

或者更简单地用以下二次多项式函数表示

$$F_i(P_{\text{G}i}) = a_i + b_i P_{\text{G}i} + c_i P_{\text{G}i}^2 \tag{3-2}$$

2. 不计网络损耗变化的有功功率经济分配

不计网络损耗变化的有功功率经济分配,是在假定系统中的总有功功率损耗与发电机之间的有功功率分配无关的情况下,来确定各个发电机的有功功率输出,达到全系统总的燃料消耗量最小的目标。上述假定条件近似地认为系统的总有功功率损耗是一个常数,所有发电机共同承担系统的全部有功负荷和网络有功损耗,而且各个发电机的有功出力都不超出其容许的范围。对此,包括目标函数和约束条件的有功功率经济分配模型为

$$\begin{aligned} &\min \sum_{i=1}^{g} F_i(P_{\text{G}i}) \\ &\text{s. t.} \quad \sum_{i=1}^{g} P_{\text{G}i} - P_{\Sigma\text{L}} - P_{\text{nl}} = 0 \\ &P_{\text{G}i\min} \leqslant P_{\text{G}i} \leqslant P_{\text{G}i\max}, \quad i = 1,2,\cdots,g \end{aligned} \tag{3-3}$$

式中,g 表示全系统火电机组个数,第一式表示各机组总的燃料消耗量最小;符号 s. t. 表示服从于以下约束条件的意思;$P_{\text{G}i}$ 为发电机 i 输出的有功功率;$P_{\Sigma\text{L}}$ 和 P_{nl} 分别表示系统所有的有功功率负荷和系统总的网络有功功率损耗,P_{nl} 的数值可以根据经验估算;$P_{\text{G}i\max}$ 和 $P_{\text{G}i\min}$ 分别为发电机 i 有功出力的上限和下限。对式(3-3)描述的优化问题,可采用先略去不等式约束,然后再计及其影响的方法求解。略去不等式

约束后，式(3-3)将转化成一个简单的条件极值问题，即在满足式(3-3)的等式约束下，求使式(3-3)目标函数极小的解 $P_{Gi}(i=1,2,\cdots,g)$。上述问题可应用求条件极值的拉格朗日乘数法求解。对此，引入一个拉格朗日乘子 λ，组成如下拉格朗日函数：

$$L=\sum_{i=1}^{g}F_i(P_{Gi})-\lambda\left(\sum_{i=1}^{g}P_{Gi}-P_{\Sigma L}-P_{nl}\right) \tag{3-4}$$

拉格朗日函数中的独立变量除各机组的有功出力 P_{Gi} 外还包含乘子 λ，从而原来的条件极值问题转换为拉格朗日函数的无条件极值问题。容易理解，拉格朗日函数取极值的必要条件是它对所有变量的偏导数都等于零，即

$$\begin{cases}\dfrac{\partial L}{\partial P_{Gi}}=0, & i=1,2,\cdots,g\\[2ex] \dfrac{\partial L}{\partial\lambda}=0\end{cases} \tag{3-5}$$

结合式(3-4)与式(3-5)可得

$$\begin{cases}\dfrac{\mathrm{d}F_i(P_{Gi})}{\mathrm{d}P_{Gi}}-\lambda=0, & i=1,2,\cdots,g\\[2ex] \displaystyle\sum_{i=1}^{g}P_{Gi}-P_{\Sigma L}-P_{nl}=0\end{cases} \tag{3-6}$$

注意，式(3-6)中的第二式与式(3-3)中的等式约束条件相同，而式(3-6)的第一式可重写为

$$\frac{\mathrm{d}F_i(P_{Gi})}{\mathrm{d}P_{Gi}}=\lambda,\quad i=1,2,\cdots,g \tag{3-7}$$

式中，$\mathrm{d}F_i(P_{Gi})/\mathrm{d}P_{Gi}(i=1,2,\cdots,g)$ 是机组 i 的耗量特性在 P_{Gi} 点的斜率，称为机组的煤耗微增率。式(3-7)说明，机组间有功功率获得最佳经济分配的必要条件是，各机组的煤耗微增率相等，这就是通常所说的等微增率准则。

为加深理解，对等微增率准则可解释如下：煤耗微增率是机组增加单位出力时所增加的燃料消耗量。如果在某一有功功率分配情况下，各机组的煤耗微增率不等，例如，机组 i 的煤耗微增率小于机组 j，在此情况下，若将机组 i 的出力增加一个微小增量并同时将机组 j 减少同一数量，使功率仍保持平衡，则其结果是机组 i 因此而增加的燃料消耗量将小于机组 j 减少的燃料消耗量，于是这种调节方式可以使全系统的燃料消耗量减少。因此，为了降低系统燃料消耗量，除非其中的一个机组已到达上限或下限，应该继续增加机组 i 的出力并减少机组 j 的出力，直至它们的煤耗微增率相等为止。

经典的有功功率分配计算机算法首先要求解方程式(3-6)(关于 $\lambda,P_{G1},P_{G2},\cdots,P_{Gg}$ 的方程)，如果机组的燃料消耗特性用式(3-1)表示，由式(3-6)得到的求解 $\lambda,P_{G1},P_{G2},\cdots,P_{Gg}$ 的非线性方程组为

$$\begin{cases} b_1 + 2c_1 P_{G1} + 3d_1 P_{G1}^2 - \lambda = 0 \\ b_2 + 2c_2 P_{G2} + 3d_2 P_{G2}^2 - \lambda = 0 \\ \qquad\qquad \vdots \\ b_g + 2c_g P_{Gg} + 3d_g P_{Gg}^2 - \lambda = 0 \\ P_{G1} + P_{G2} + \cdots + P_{Gg} - P_{\Sigma L} - P_{nl} = 0 \end{cases} \tag{3-8}$$

在此情况下，若不考虑机组的出力限制，则机组间有功功率的最优分配便可用牛顿法求解式(3-8)非线性方程组获得。当考虑机组的出力限制时，求解式(3-8)的算法可描述如下：

第一步：输入系统总有功负荷和损耗、各发电机组出力的上下限和耗量特性中的系数。

第二步：假定所有机组出力的初值都不超出式(3-3)中不等式约束条件。

第三步：用牛顿法迭代求解式(3-8)，得出在等煤耗微增率下各机组的有功出力。

第四步：检查各机组的出力是否满足式(3-3)中不等式的约束条件。如果所有机组都满足，则得出结果，计算停止；否则，继续进行下一步。

第五步：对于不满足不等式约束条件的机组，首先，在式(3-8)中去掉与越限机组对应的方程式；其次，按下述规则确定其发电量，"如果超过上限则用其上限代替，低于下限则用其下限代替，并将其代入等式约束方程(即式(3-8)中最后一个方程式)"；返回第三步。

需要指出，如果机组的耗量特性用其他可微函数表示，则可以导出相应的煤耗微增率表达式，同理可以得出与式(3-8)相似的非线性方程式，并用牛顿法求解。特别地，当机组的耗量特性用式(3-2)表示时，相应的煤耗微增率表达式为发电机输出有功功率 P_{Gi} 的线性函数。在此情况下，式(3-8)变为线性方程组，可以直接通过解线性方程组的方法求解。

例 3-1 三个火电厂共同发电运行，各电厂的燃料消耗特性及功率约束条件如下：

$$F_1 = 4 + 0.3P_{G1} + 0.0007P_{G1}^2\,(\text{t/h}), \quad 100\text{MW} \leqslant P_{G1} \leqslant 200\text{MW}$$

$$F_2 = 3 + 0.32P_{G2} + 0.0004P_{G2}^2\,(\text{t/h}), \quad 120\text{MW} \leqslant P_{G2} \leqslant 250\text{MW}$$

$$F_3 = 3.5 + 0.3P_{G3} + 0.00045P_{G3}^2\,(\text{t/h}), \quad 150\text{MW} \leqslant P_{G3} \leqslant 300\text{MW}$$

当包括网络损耗的总负荷为 700MW 和 400MW 时，试确定各发电厂功率的经济分配。

解 按所给耗量特性可得各厂的微增耗量特性为

$$\frac{\mathrm{d}F_1(P_{G1})}{\mathrm{d}P_{G1}} = 0.3 + 0.0014P_{G1}, \quad \frac{\mathrm{d}F_2(P_{G2})}{\mathrm{d}P_{G2}} = 0.32 + 0.0008P_{G2}$$

$$\frac{\mathrm{d}F_3(P_{G3})}{\mathrm{d}P_{G3}} = 0.3 + 0.0009P_{G3}$$

(1) 总损耗和负荷为 700MW 时，有线性方程组为

$$\begin{cases} 0.3 + 0.0014P_{G1} - \lambda = 0 \\ 0.32 + 0.0008P_{G2} - \lambda = 0 \\ 0.3 + 0.0009P_{G3} - \lambda = 0 \\ P_{G1} + P_{G2} + P_{G3} = 700 \end{cases}$$

其解为：$P_{G1}=170.9, P_{G2}=274, P_{G3}=255.1, \lambda=0.5392$，因为 $P_{G2}=274\text{MW}$，已越出其上限值250MW，故应取 $P_{G2}=250\text{MW}$，剩余的损耗和负荷为450MW，再由电厂1和电厂3进行经济分配。于是有线性方程组

$$\begin{cases}0.3+0.0014P_{G1}-\lambda=0\\0.3+0.0009P_{G3}-\lambda=0\\P_{G1}+P_{G3}=450\end{cases}$$

其解为：$P_{G1}=176, P_{G3}=274, \lambda=0.5466, P_{G1}=176\text{MW}, P_{G3}=274\text{MW}$，都在限值以内。因而总损耗和负荷为700MW时各发电厂功率的经济分配为：$P_{G1}=176\text{MW}, P_{G2}=250\text{MW}$ 和 $P_{G3}=274\text{MW}$。

(2) 总损耗和负荷为400MW时，有线性方程组

$$\begin{cases}0.3+0.0014P_{G1}-\lambda=0\\0.32+0.0008P_{G2}-\lambda=0\\0.3+0.0009P_{G3}-\lambda=0\\P_{G1}+P_{G2}+P_{G3}=400\end{cases}$$

其解为：$P_{G1}=98.77, P_{G2}=147.7, P_{G3}=153.53, \lambda=0.4382$，此时 $P_{G1}=98.77\text{MW}$ 已越出其下限值100MW，故应取 $P_{G1}=100\text{MW}$，剩余的损耗和负荷为300MW，再由电厂2和电厂3进行经济分配。于是有线性方程组

$$\begin{cases}0.32+0.0008P_{G2}-\lambda=0\\0.3+0.0009P_{G3}-\lambda=0\\P_{G2}+P_{G3}=300\end{cases}$$

其解为：$P_{G2}=147.05, P_{G3}=152.95, \lambda=0.4377$，此时 P_{G2} 和 P_{G3} 都在限值以内。因而总损耗和负荷为400MW时各发电厂功率的经济分配为：$P_{G1}=100\text{MW}, P_{G2}=147.05\text{MW}$ 和 $P_{G3}=152.95\text{MW}$。

3. 计及网络损耗的有功功率经济分配

实际上，网络中的有功功率损耗与发电机之间的功率分配情况有关，即式(3-3)中的网络损耗功率 P_{nl} 是各个发电机有功功率 P_{Gi} 的函数。在考虑这一因素的情况下，仍然可以应用式(3-4)，令拉格朗日函数对所有变量的偏导数都等于零，从而得出必要条件为

$$\begin{cases}\dfrac{\mathrm{d}F_i(P_{Gi})}{\mathrm{d}P_{Gi}}-\lambda\left(1-\dfrac{\partial P_{nl}}{\partial P_{Gi}}\right)=0, \quad i=1,2,\cdots,g\\\sum\limits_{i=1}^{g}P_{Gi}-P_{\Sigma L}-P_{nl}=0\end{cases} \tag{3-9}$$

并进一步导出相应的等微增率条件为

$$\frac{\mathrm{d}F_i(P_{Gi})}{\mathrm{d}P_{Gi}}\left(1-\frac{\partial P_{nl}}{\partial P_{Gi}}\right)^{-1}=\lambda, \quad i=1,2,\cdots,g \tag{3-10}$$

式中，$\partial P_{nl}/\partial P_{Gi}$ 称为网络损耗微增率（简称网损微增率）；$(1-\partial P_{nl}/\partial P_{Gi})^{-1}$ 称为网络损耗修正系数（简称网损修正系数）；式(3-10)的左边称为经过网络损耗修正后的

煤耗微增率(简称修正煤耗微增率)。式(3-10)说明,在考虑网络损耗影响的情况下,发电机间有功功率经济分配的条件是各机组的修正煤耗微增率相等。从物理概念上来说,如果某一个机组的网络损耗修正系数 $(1-\partial P_{nl}/\partial P_{Gi})^{-1}$ 较大,则增加这一机组的出力将使网络损耗有更多的增加,其结果是使所需要的总出力相应增加,说明这一机组应该减少出力。这在式(3-10)中的反映是,较大的网损微增率,网损修正系数也较大,从而使该机组的出力因修正煤耗微增率的增大而减少。

计及网络损耗有功功率经济分配的计算难点是网络损耗很难表示成 P_{Gi} 的解析函数,虽然在有关文献中曾提出过一些计算网损微增率的数值方法,但这需要在计算网损微增率与按照修正煤耗微增率相等的条件进行功率分配两者之间迭代。实践表明,后面将要介绍的最优潮流计算比这种简单迭代算法更容易收敛。

3.3 水火电厂间有功负荷的经济分配

水力发电厂本身不消耗燃料,因此,如果能与火力发电厂配合安排发电计划,则可以减少火力发电厂所需要的燃料消耗。主要原理是,大多数水力发电厂都具有水库,可以利用水库的调节能力,在一天中让水力发电厂在系统高峰负荷时多发电,在低谷负荷时少发甚至不发,以便尽量减少火力发电厂在高峰负荷时的出力。由于火电机组的出力越大其煤耗微增率越大,因此,减少高峰负荷时的出力便可以减少火电机组在耗量微增较大时的出力,从而可以减少一整天的总燃料消耗量。对于具有一定水库容量的水力发电厂,一般都根据来水量的变化情况通过水库的经济调度来决定每天的总耗水量,而每小时的耗水量则基本上可以根据发电要求来进行分配。对于无水库的水力发电厂,每小时的耗水量则完全决定于河流的天然流量,它在一天当中基本上是不变的,因此,这类水力发电厂在一天中将以恒定出力运行。同样,在丰水期,一些水力发电厂为了避免弃水,全天都满载运行。对于这些水电机组来说,它们的出力是已知的。

1. 水轮发电机组的耗水量特性

在稳态运行情况下,水轮发电机组在单位时间内所消耗的水量与发电机发出的有功功率之间的关系,称为水轮发电机组的耗水量特性。耗水量特性通常也通过实验求得,如图 3-2所示。耗水量特性与水轮机的实际工作水头有非常密切的关系,在相同出力下,耗水量几乎与水头成反比,因此,必须根据实际水头采用相应的耗水量特性曲线。在经济运行计算中,耗水量特性也常用光滑的函数表示,例如,表示成如下的三次多项式函数:

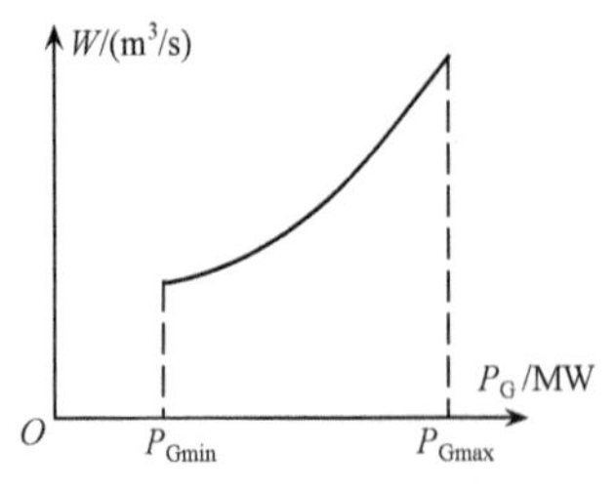

图 3-2 水轮发电机组的耗水量特性

$$W_i(P_{Gi}) = a_i + b_i P_{Gi} + c_i P_{Gi}^2 + d_i P_{Gi}^3 \tag{3-11}$$

另外,水轮发电机组也有最大和最小出力限制。最大出力除了受额定容量的限制以外,还可能是由于水头过低所致;最小出力主要与下游航运等要求的最小放水量有关。

2. 水火电机组间有功功率经济分配的数学模型

在满足负荷和网络损耗(不计网络损耗变化)要求的情况下,考虑各发电机组的出力不超过其容许范围及各水力发电厂一天中的总耗水量等于其日计划用水量,水火电机组间有功功率经济分配的原则是决定各个发电机组全天每小时的有功出力,使全系统的总燃料消耗量达到最小。令系统的 g 个机组中,前 h 个为火电机组,其他为水电机组;用下标 t 表示时间段,以下模型中一天分成 24 个时间段,于是可以列出以下水火电机组间有功功率经济分配的数学模型:

$$\begin{aligned}
&\min \sum_{t=1}^{24} \sum_{i=1}^{h} F_i(P_{Git}) \\
&\text{s.t.} \quad \sum_{i=1}^{g} P_{Git} - P_{\Sigma Lt} - P_{nlt} = 0, \quad t = 1,2,\cdots,24 \\
&\sum_{t=1}^{24} W_{jt}(P_{Git}) = W_{Tj}, \quad j = h+1, h+2, \cdots, g \\
&P_{Gimin} \leqslant P_{Git} \leqslant P_{Gimax}, \quad i = 1,2,\cdots,g, \quad t = 1,2,\cdots,24
\end{aligned} \tag{3-12}$$

式中,第一式为目标函数,表示系统一天发电的煤耗量最小;第二式为一天 24 个时段内的有功功率平衡方程,$\sum_{i=1}^{g} P_{Git}$、$P_{\Sigma Lt}$ 和 P_{nlt} 分别表示在时段 t 系统的总发电、总负荷和总网络消耗的有功功率;第三式为每个水电厂一天的用水量平衡方程,其中 W_{Tj} 表示水力发电厂 j 在一天中的计划用水量;第四式表示各发电机组的发电上下限约束。在不考虑第四式不等式约束条件的情况下(即去掉第四式),式(3-12)的条件极值问题也可以用拉格朗日乘数法求解,即对等式约束式分别引入拉格朗日乘子,可组成如下的拉格朗日函数:

$$L = \sum_{t=1}^{24} \sum_{i=1}^{h} F_i(P_{Git}) - \sum_{t=1}^{24} \lambda_t \left(\sum_{i=1}^{g} P_{Git} - P_{\Sigma Lt} - P_{nlt} \right) + \sum_{j=h+1}^{g} \mu_j \left[\sum_{t=1}^{24} W_{jt}(P_{Git}) - W_{Tj} \right] \tag{3-13}$$

令拉格朗日函数对所有变量的偏导数都等于零,得出其获得极值的必要条件如下:

$$\frac{\partial L}{\partial P_{Git}} = \frac{dF_i(P_{Git})}{dP_{Git}} - \lambda_t = 0, \quad i = 1,2,\cdots,h, \quad t = 1,2,\cdots,24 \tag{3-14}$$

$$\frac{\partial L}{\partial P_{Gjt}} = -\lambda_t + \mu_j \frac{dW_j(P_{Gjt})}{dP_{Gjt}} = 0, \quad j = h+1,\cdots,g, \quad t = 1,2,\cdots,24 \tag{3-15}$$

$$\frac{\partial L}{\partial \lambda_t} = -\left(\sum_{i=1}^{g} P_{Git} - P_{\Sigma Lt} - P_{nlt} \right) = 0, \quad t = 1,2,\cdots,24 \tag{3-16}$$

$$\frac{\partial L}{\partial \mu_j} = \sum_{t=1}^{24} W_{jt}(P_{Gjt}) - W_{Tj} = 0, \quad j = h+1,\cdots,g \tag{3-17}$$

显然,式(3-16)和式(3-17)就是式(3-12)中的两个等式约束条件。式(3-15)中的$\mathrm{d}W_j(P_{Gjt})/\mathrm{d}P_{Gjt}$是水轮机组$j$发电耗水特性的斜率,称为机组$j$的水耗微增率。对应于同一个时间段$t$,可以将式(3-14)和式(3-15)合并成

$$\frac{\mathrm{d}F_1(P_{G1t})}{\mathrm{d}P_{G1t}} = \cdots = \frac{\mathrm{d}F_h(P_{Ght})}{\mathrm{d}P_{Ght}} = \mu_{h+1}\frac{\mathrm{d}W_{h+1}(P_{Gh+1t})}{\mathrm{d}P_{Gh+1t}} = \cdots = \mu_g \frac{\mathrm{d}W_g(P_{Ggt})}{\mathrm{d}P_{Ggt}},\quad t = 1,2,\cdots,24 \tag{3-18}$$

式中,水电机组的水耗微增率$\mathrm{d}W_j(P_{Gjt})/\mathrm{d}P_{Gjt}$与拉格朗日乘子$\mu_j$的乘积称为水电机组的等值煤耗微增率,而$\mu_j$称为水煤转换系数。于是,由式(3-18)得出,水火电机组间有功功率经济分配的必要条件是:对于每个小时而言,各个火电机组的煤耗微增率和水电机组的等值煤耗微增率相等;而对于每个水电机组而言,每个小时的水煤转换系数不变。

具体的计算方法与前面所述仅由火电机组供电的电力系统相似。由各火电机组的煤耗微增率和各水电机组的水耗微增率表达式(即式(3-14)和式(3-15)),可以分别列出$24\times g$个非线性方程,它们再与式(3-16)所包含的24个方程和式(3-17)所包含的$g-h$个方程一起构成了一个完备的非线性方程组,方程组独立方程的个数为$24\times g+24+g-h$,可以应用牛顿法迭代求解,其解的内容包含$24\times g$个功率P_{Git}、24个乘子λ_t和$g-h$个水煤转换系数μ_j。至于式(3-12)中对机组有功功率的限制,同样可以在每次迭代得出结果后加以检查,对越限的机组将其取值限制在越限边界上。然后重新列写非线性方程组,继续重复上面解方程、检查迭代结果是否越限,直至收敛后所有机组(除了越限的机组之外)在每一时段发出的有功功率都在最大和最小限值范围内时为止。

3.4　电力系统最优潮流

电力系统最优潮流(optimal power flow,OPF)是目前电力系统运行方式优化中应用最多的一种方法。它既可用于进行离线计算,也可在线应用。在最优潮流中,采用不同的目标函数和约束条件可以解决不同性质和要求的问题。例如,当取目标函数为全系统的燃料消耗量时,最优潮流的解将可以同时是有功功率和无功功率的最优分配;而如果取全系统网络有功损耗为目标函数,约束条件包含各个节点的电压要求时,则可以用来解决无功功率最优分配和电压控制问题。本节首先介绍最优潮流的数学模型,然后通过降维梯度法(reduced gradient)介绍最优潮流的一般求解方法,最后介绍解耦最优潮流的数学模型及求解流程。

3.4.1　最优潮流的数学模型

1. 最优潮流的变量

最优潮流的计算中,常将所涉及的变量分类成控制变量($\boldsymbol{u}$)及状态变量($\boldsymbol{x}$)两类。控制变量通常指可由调度人员调整的变量。常用的控制变量有:① 发电机的有功出力(不包括平衡节点发电机);② 所有发电机(包括平衡节点发电机)及具有可调无功补偿设备节点的电压模值;③ 带负荷调压变压器的变比。

状态变量一般指需经潮流计算才能确定的变量,一般常见的有:① 除平衡节点外,其他所有节点的电压相角;② 除平衡节点、发电机节点和具有可调无功补偿设备节点外,其他所有节点的电压模值。

2. 最优潮流的目标函数

最优潮流的目标函数可以是任何一种按特定应用目的而定义的标量函数,例如,由式(3-19)表示的全系统发电燃料总耗量(或总费用)作最优潮流的目标函数。

$$f = \sum_{i=1}^{g} F_i(P_{Gi}) \tag{3-19}$$

式中,g 为全系统发电机的个数,其中包括平衡节点;$F_i(P_{Gi})$ 为发电机 i 的耗量特性,可以采用二次或更高次的多项式函数表示,对于水电机组可以采用与等值煤耗微增率相应的火电机组代替。由于平衡节点的电源有功出力不是控制变量,其节点注入功率必须通过潮流计算才能决定,是节点电压模值及相角的函数,于是式(3-19)可改写为

$$f = \sum_{i=1, i\neq s}^{g} F_i(P_{Gi}) + F_s(P_{Gs}) \tag{3-20}$$

式中,$F_s(P_{Gs})$ 表示平衡节点机组的耗量特性;$P_{Gs} = P_s(\boldsymbol{U},\boldsymbol{\theta}) + P_{sL}$,其中 P_{sL} 和 $P_s(\boldsymbol{U},\boldsymbol{\theta})$ 分别表示平衡节点上的有功负荷及注入电力网络的有功功率,下标 s 表示平衡节点。

此外,最优潮流问题根据应用场合的不同,还可采用其他类型的目标函数,如系统网络损耗、控制设备调节量、投资及年运行费用之和等。由上面分析可见,最优潮流的目标函数不仅与系统的控制变量($\boldsymbol{u}$)有关,同时也和系统的状态变量($\boldsymbol{x}$)有关,因此,可用简洁的形式表示为

$$f = f(\boldsymbol{u},\boldsymbol{x}) \tag{3-21}$$

3. 最优潮流的约束条件

1) 等式约束条件

最优潮流是经过优化的潮流,为此必须满足基本潮流方程,称为最优潮流问题的

等式约束条件，如式(3-22)所示。

$$\begin{cases} P_{Gi} - P_{Li} - U_i \sum_{j\in i} U_j (G_{ij}\cos\theta_{ij} + B_{ij}\sin\theta_{ij}) = 0 \\ Q_{Gi} - Q_{Li} - U_i \sum_{j\in i} U_j (G_{ij}\sin\theta_{ij} - B_{ij}\cos\theta_{ij}) = 0 \end{cases} \quad i = 1,2,\cdots,n \tag{3-22}$$

该式可进一步简化表示为

$$\boldsymbol{g}(\boldsymbol{u},\boldsymbol{x}) = \boldsymbol{0} \tag{3-23}$$

2) 不等式约束条件

最优潮流考虑的内容包括了系统运行的安全性及电能质量，另外可调控制变量本身也有一定的容许调节范围，为此在计算中要对控制变量以及通过潮流计算才能得到的其他量的取值加以限制。这就产生了大量的不等式约束条件，一般要考虑的不等式约束有以下 5 种。

(1) 有功电源出力的上下限约束；

(2) 可调无功电源出力的上下限约束；

(3) 带负荷调压变压器变比的调整范围约束；

(4) 节点电压模值的上下限约束；

(5) 输电线路或变压器等元件中通过的最大电流或视在功率约束等。

例如，发电机 i 的有功出力上下限约束 $P_{Gi\min} \leqslant P_{Gi} \leqslant P_{Gi\max}$ 可以转换为 $P_{Gi} - P_{Gi\max} \leqslant 0$ 和 $-P_{Gi} + P_{Gi\min} \leqslant 0$ 两个不等式约束条件。因而与有功电源出力的上下限约束处理方法类似，优化潮流要考虑的所有不等式约束条件可统一地表示为

$$\boldsymbol{h}(\boldsymbol{u},\boldsymbol{x}) \leqslant \boldsymbol{0} \tag{3-24}$$

综上所述，电力系统最优潮流的数学模型可以表示为

$$\begin{aligned} &\min f(\boldsymbol{u},\boldsymbol{x}) \\ &\text{s.t.}\quad \boldsymbol{g}(\boldsymbol{u},\boldsymbol{x}) = \boldsymbol{0} \\ &\qquad \boldsymbol{h}(\boldsymbol{u},\boldsymbol{x}) \leqslant \boldsymbol{0} \end{aligned} \tag{3-25}$$

通过以上讨论可以看到，目标函数 f 及等式、不等式约束向量函数 $\boldsymbol{g}$ 及 $\boldsymbol{h}$ 中的大部分约束都是变量的非线性函数，因此，电力系统的最优潮流计算是一个典型的有约束非线性规划问题。采用不同的目标函数并选择不同的控制变量，再和相应的约束条件相结合，就可以构成不同应用目的的最优潮流问题。例如：

(1) 以发电燃料耗量(或费用)为目标函数 $f(\boldsymbol{u},\boldsymbol{x})$，控制变量 $\boldsymbol{u}$ 包括除平衡节点以外的所有有功电源的出力、所有可调无功电源出力(或相应的节点电压)及带负荷调压变压器变比的优化问题，就是通常泛称的有功和无功综合最优潮流问题。

(2) 以发电燃料耗量(或费用)为目标函数 $f(\boldsymbol{u},\boldsymbol{x})$，控制变量 $\boldsymbol{u}$ 仅包括除平衡节点的有功电源的出力，而将无功出力(或相应的节点电压模值)处理为固定值的优化问题，就是通常所指的有功最优潮流问题。

(3) 以有功网损为目标函数 $f(\boldsymbol{u},\boldsymbol{x})$，控制变量 $\boldsymbol{u}$ 仅包括可调无功电源出力(或相应节点电压模值)及带负荷调压变压器的变比，而有功电源的出力处理为固定值的

优化问题，就是通常所指的无功优化潮流问题。

以上三种最优潮流问题应用得较多。

3.4.2　最优潮流计算的降维梯度法

由于电力系统的规模庞大，其节点数可以成百上千，最优潮流计算模型中包含的变量数及等式约束方程数极为巨大，至于不等式约束的数目则更多，同时变量之间又存在着复杂的函数关系，上述这些因素导致最优潮流计算属于大规模非线性规划问题。因此，虽经多年努力，寻求快速、有效地求解各种类型大规模最优潮流的计算方法仍然是一个巨大的挑战。下面介绍 1968 年由 H. W. Dommel 和 W. F. Tinney 提出的最优潮流计算的降维梯度法。这个算法在最优潮流计算中具有重要地位，能够成功地求解较大规模的最优潮流问题，是一种获得较广泛应用的方法。降维梯度最优潮流算法是以极坐标形式的牛顿潮流算法作为基础，其所采用的目标函数、等式及不等式约束条件均如上一节所述。下面先讨论，仅计及等式约束条件的算法过程，然后讨论计及不等式约束条件的处理方法。

1. 仅有等式约束条件的优化潮流算法

对于仅有等式约束的最优潮流计算，根据式(3-25)，优化模型退化为

$$\begin{aligned}&\min f(\boldsymbol{u},\boldsymbol{x})\\&\text{s. t.}\quad \boldsymbol{g}(\boldsymbol{u},\boldsymbol{x})=\boldsymbol{0}\end{aligned}\tag{3-26}$$

应用拉格朗日乘子法，引入和等式约束 $\boldsymbol{g}(\boldsymbol{u},\boldsymbol{x})=0$ 中方程式数同样多的拉格朗日乘子，则相应的拉格朗日函数为

$$L(\boldsymbol{u},\boldsymbol{x})=f(\boldsymbol{u},\boldsymbol{x})+\boldsymbol{\lambda}^{\mathrm{T}}\boldsymbol{g}(\boldsymbol{u},\boldsymbol{x})\tag{3-27}$$

式中，$\boldsymbol{\lambda}$ 为由拉格朗日乘子所构成的向量。

这样便把原来的有约束最优化问题变成了一个无约束最优化问题。采用经典的函数求极值的方法，将 L 分别对变量 $\boldsymbol{x}$、$\boldsymbol{u}$ 及 $\boldsymbol{\lambda}$ 求导并令其等于零，即得到求极值的必要条件为以下三式：

$$\frac{\partial L(\boldsymbol{u},\boldsymbol{x})}{\partial \boldsymbol{x}}=\frac{\partial f(\boldsymbol{u},\boldsymbol{x})}{\partial \boldsymbol{x}}+\left(\frac{\partial \boldsymbol{g}(\boldsymbol{u},\boldsymbol{x})}{\partial \boldsymbol{x}}\right)^{\mathrm{T}}\boldsymbol{\lambda}=\boldsymbol{0}\tag{3-28}$$

$$\frac{\partial L(\boldsymbol{u},\boldsymbol{x})}{\partial \boldsymbol{u}}=\frac{\partial f(\boldsymbol{u},\boldsymbol{x})}{\partial \boldsymbol{u}}+\left(\frac{\partial \boldsymbol{g}(\boldsymbol{u},\boldsymbol{x})}{\partial \boldsymbol{u}}\right)^{\mathrm{T}}\boldsymbol{\lambda}=\boldsymbol{0}\tag{3-29}$$

$$\frac{\partial L(\boldsymbol{u},\boldsymbol{x})}{\partial \boldsymbol{\lambda}}=\boldsymbol{g}(\boldsymbol{u},\boldsymbol{x})=\boldsymbol{0}\tag{3-30}$$

这是三个非线性代数方程组，每组的方程式个数分别等于向量 $\boldsymbol{x}$、$\boldsymbol{u}$ 与 $\boldsymbol{\lambda}$ 的维数。最优潮流的解必须同时满足式(3-28)～式(3-30)。直接联立求解这三个极值条件方程组，可以求得此非线性规划问题的最优解。本节采用的是一种迭代下降算法，其基本思想是从一个初始点开始，确定一个搜索方向，沿着这个方向移动一步，使目标函数有所下降，然后由这新的点开始，再重复进行上述步骤，直到满足一定的收敛判据

为止。结合上述模型，迭代算法的基本要点和基本流程阐述如下。

第一步：令迭代记数 $k=0$。

第二步：假定一组控制变量 $\boldsymbol{u}^{(k)}$。

第三步：由于式(3-30)就是潮流方程，所以通过潮流计算就可以由已知的 $\boldsymbol{u}^{(k)}$ 求得相应的 $\boldsymbol{x}^{(k)}$。

第四步：由式(3-28)求解如下线性方程：

$$\boldsymbol{\lambda}^{(k)}=-\left[\left(\frac{\partial \boldsymbol{g}(\boldsymbol{u}^{(k)},\boldsymbol{x}^{(k)})}{\partial \boldsymbol{x}}\right)^{\mathrm{T}}\right]^{-1}\frac{\partial f(\boldsymbol{u}^{(k)},\boldsymbol{x}^{(k)})}{\partial \boldsymbol{x}} \tag{3-31}$$

式中，$\partial \boldsymbol{g}(\boldsymbol{u}^{(k)},\boldsymbol{x}^{(k)})/\partial \boldsymbol{x}$ 就是牛顿法解潮流的雅可比矩阵。

第五步：将已经求得的 $\boldsymbol{u}^{(k)}$、$\boldsymbol{x}^{(k)}$ 和 $\boldsymbol{\lambda}^{(k)}$ 代入式(3-29)，有

$$\frac{\partial L(\boldsymbol{u}^{(k)},\boldsymbol{x}^{(k)})}{\partial \boldsymbol{u}}=\frac{\partial f(\boldsymbol{u}^{(k)},\boldsymbol{x}^{(k)})}{\partial \boldsymbol{u}}+\left(\frac{\partial \boldsymbol{g}(\boldsymbol{u}^{(k)},\boldsymbol{x}^{(k)})}{\partial \boldsymbol{u}}\right)^{\mathrm{T}}\boldsymbol{\lambda}^{(k)} \tag{3-32}$$

第六步：若 $\|\partial L(\boldsymbol{u}^{(k)},\boldsymbol{x}^{(k)})/\partial \boldsymbol{u}\|<\varepsilon$，则说明这组解是可以接受的最优解，计算结束，否则转入下一步。

第七步：这里 $\|\partial L(\boldsymbol{u}^{(k)},\boldsymbol{x}^{(k)})/\partial \boldsymbol{u}\|\geqslant\varepsilon$，为此必须按照能使目标函数 L(即 f)下降的方向对 $\boldsymbol{u}^{(k)}$ 进行修正，$\partial L(\boldsymbol{u}^{(k)},\boldsymbol{x}^{(k)})/\partial \boldsymbol{u}$ 称为目标函数在 $\boldsymbol{u}$ 空间上 $\boldsymbol{u}^{(k)}$ 点的降维梯度(reduced gradient)。由于某一点的梯度方向是该点函数值变化率最大的方向，因此，若沿着函数在该点的负梯度方向前进，函数值下降最快，所以最简单方便的办法就是取负梯度作为每次迭代的搜索方向，即取

$$\Delta \boldsymbol{u}^{(k)}=-\xi^{(k)}\partial L(\Delta \boldsymbol{u}^{(k)},\boldsymbol{x}^{(k)})/\partial \boldsymbol{u} \tag{3-33}$$

式中，$\xi^{(k)}$ 为大于 0 的正实数，称为步长因子，并按照式(3-34)对 $\boldsymbol{u}^{(k)}$ 进行修正。

$$\boldsymbol{u}^{(k+1)}=\boldsymbol{u}^{(k)}+\Delta \boldsymbol{u}^{(k)} \tag{3-34}$$

第八步：$k=k+1$，转第三步。

在非线性规划中，这种以负梯度作为搜索方向的算法，也称为梯度法或最速下降法。式(3-33)中步长因子 ξ 大小的选择对算法的收敛过程有很大影响，选得太小将使迭代次数增加，选得太大则将导致在最优点附近来回振荡。最优步长因子的选择是一个一维搜索问题，可以采用抛物线插值等方法估算。

2. 不等式约束条件的处理

最优潮流的不等式约束条件数目很多，按其性质的不同又可分成两大类：第一类是关于控制变量 $\boldsymbol{u}$ 的不等式约束；第二类是关于状态变量 $\boldsymbol{x}$ 和控制变量 $\boldsymbol{u}$ 函数的不等式约束。后一类约束条件通常称为函数不等式约束。以下分别讨论这两类不等式约束在算法中的处理方法。

1) 控制变量不等式约束

控制变量不等式约束的处理比较容易，若按照式(3-34)，对控制变量进行修正，如果得到的 $\Delta \boldsymbol{u}^{(k)}$ 使得某一 $u_i^{(k+1)}$ 超过其限值 $u_{i\max}$ 或 $u_{i\min}$ 时，则该越界的控制变量就

被强制在相应的界上，即按式(3-35)处理。

$$u_i^{(k+1)} = \begin{cases} u_{i\max}, & u_i^{(k)} + \Delta u_i^{(k)} > u_{i\max} \\ u_{i\min}, & u_i^{(k)} + \Delta u_i^{(k)} < u_{i\min} \\ u_i^{(k)} + \Delta u_i^{(k)}, & u_{i\min} \leqslant u_i^{(k)} + \Delta u_i^{(k)} \leqslant u_{i\max} \end{cases} \tag{3-35}$$

2）函数不等式约束

函数不等式约束 $\boldsymbol{h}(\boldsymbol{u},\boldsymbol{x}) \leqslant 0$ 无法采用与控制变量不等式约束相同的办法来处理。目前比较流行的一种方法是采用罚函数法处理。罚函数法的基本思路是将约束条件引入原来的目标函数，形成一个新的函数，将原来有约束最优化问题的求解转化成一系列无约束最优化问题的求解。具体做法如下。

将越界不等式约束以惩罚项的形式附加在原来的目标函数 $f(\boldsymbol{u},\boldsymbol{x})$ 上，从而构成一个新的目标函数 $F(\boldsymbol{u},\boldsymbol{x})$ 如下：

$$F(\boldsymbol{u},\boldsymbol{x}) = f(\boldsymbol{u},\boldsymbol{x}) + \sum_{i=1}^{s} w_i^{(k)} \triangleq f(\boldsymbol{u},\boldsymbol{x}) + W(\boldsymbol{u},\boldsymbol{x}) \tag{3-36}$$

式中，s 为函数不等式约束个数；w_i 为第 i 个不等式约束，原来的目标函数附加项 w_i 的取法分别由式(3-37)和式(3-38)说明。对于状态变量表示的不等式约束有

$$w_i^{(k)} = \begin{cases} \gamma_i^{(k)}(x_i^{(k)} - x_{i\max})^2, & x_i^{(k)} > x_{i\max} \\ \gamma_i^{(k)}(x_i^{(k)} - x_{i\min})^2, & x_i^{(k)} < x_{i\min} \\ 0, & x_{i\min} \leqslant x_i^{(k)} \leqslant x_{i\max} \end{cases} \tag{3-37}$$

对于表示成函数的不等式约束有

$$w_i^{(k)} = \begin{cases} \gamma_i^{(k)} h_i^2(\boldsymbol{u}^{(k)},\boldsymbol{x}^{(k)}), & h_i(\boldsymbol{u}^{(k)},\boldsymbol{x}^{(k)})x_i^{(k)} > 0 \\ 0, & h_i(\boldsymbol{u}^{(k)},\boldsymbol{x}^{(k)})x_i^{(k)} \leqslant 0 \end{cases} \tag{3-38}$$

上面两式中，$\gamma_i^{(k)}$ 为指定的正常数，称为罚因子，其数值随着迭代而改变。对这个新的目标函数按无不等式约束求极值的方法求解，使得最终求得的解在满足上述约束条件的前提下能使原来的目标函数达到最小。

对罚函数法的简单解释就是：当不等式约束满足时，对应惩罚项有 $w_i^{(k)} = 0$；当不等式约束不能满足时，将产生相应的惩罚项 $w_i^{(k)} \neq 0$，而且越界量越大，惩罚项的数值也越大，从而使目标函数(现在是函数 F)额外地增大，这就相当于对约束条件未能满足的一种惩罚。当罚因子 $\gamma_i^{(k)}$ 足够大时，惩罚项在惩罚函数中所占比重也大，优化过程只有使惩罚项逐步趋于零时，才能使惩罚函数达到最小值，这就迫使原来越界的变量或函数向其约束限值靠近或回到原来规定的限值之内。

惩罚项的数值和罚因子 $\gamma_i^{(k)}$ 的大小有关，对于一定的越界量，$\gamma_i^{(k)}$ 值取得越大，$w_i^{(k)}$ 的值也越大，从而使相应的越界约束条件重新得到满足的趋势也越强。但 $\gamma_i^{(k)}$ 不应在一开始便取很大的数值，以免使计算收敛性变差，而是随着迭代的进行，按照该不等式约束被违反的次数，逐步按照一定的倍数增加，$\gamma_i^{(k)}$ 是一个递增且趋于正无穷大的数列。

3. 降维梯度最优潮流算法流程

综合以上的讨论，现在可以研究同时计及等式及不等式约束条件的降维梯度最优潮流算法。在采用罚函数法处理函数不等式约束以后，原来以式(3-27)表示的仅计及等式约束的拉格朗日函数中的 $f(\boldsymbol{u},\boldsymbol{x})$ 将增添惩罚函数项，于是有

$$L(\boldsymbol{u},\boldsymbol{x}) = f(\boldsymbol{u},\boldsymbol{x}) + \boldsymbol{\lambda}^{\mathrm{T}}\boldsymbol{g}(\boldsymbol{u},\boldsymbol{x}) + W(\boldsymbol{u},\boldsymbol{x}) \tag{3-39}$$

相应的极值条件式(3-28)～式(3-30)将变为

$$\frac{\partial L(\boldsymbol{u},\boldsymbol{x})}{\partial \boldsymbol{x}} = \frac{\partial f(\boldsymbol{u},\boldsymbol{x})}{\partial \boldsymbol{x}} + \left(\frac{\partial \boldsymbol{g}(\boldsymbol{u},\boldsymbol{x})}{\partial \boldsymbol{x}}\right)^{\mathrm{T}}\boldsymbol{\lambda} + \frac{\partial W(\boldsymbol{u},\boldsymbol{x})}{\partial \boldsymbol{x}} = \boldsymbol{0} \tag{3-40}$$

$$\frac{\partial L(\boldsymbol{u},\boldsymbol{x})}{\partial \boldsymbol{u}} = \frac{\partial f(\boldsymbol{u},\boldsymbol{x})}{\partial \boldsymbol{u}} + \left(\frac{\partial \boldsymbol{g}(\boldsymbol{u},\boldsymbol{x})}{\partial \boldsymbol{u}}\right)^{\mathrm{T}}\boldsymbol{\lambda} + \frac{\partial W(\boldsymbol{u},\boldsymbol{x})}{\partial \boldsymbol{u}} = \boldsymbol{0} \tag{3-41}$$

$$\frac{\partial L(\boldsymbol{u},\boldsymbol{x})}{\partial \boldsymbol{\lambda}} = \boldsymbol{g}(\boldsymbol{u},\boldsymbol{x}) = \boldsymbol{0} \tag{3-42}$$

此时计算第 k 次迭代拉格朗日乘子 $\boldsymbol{\lambda}^{(k)}$ 的式(3-31)变成

$$\boldsymbol{\lambda}^{(k)} = -\left[\left(\frac{\partial \boldsymbol{g}(\boldsymbol{u}^{(k)},\boldsymbol{x}^{(k)})}{\partial \boldsymbol{x}}\right)^{\mathrm{T}}\right]^{-1}\left(\frac{\partial f(\boldsymbol{u}^{(k)},\boldsymbol{x}^{(k)})}{\partial \boldsymbol{x}} + \frac{\partial W(\boldsymbol{u}^{(k)},\boldsymbol{x}^{(k)})}{\partial \boldsymbol{x}}\right) \tag{3-43}$$

将 $\boldsymbol{\lambda}^{(k)}$ 代入式(3-41)，可得计算降维梯度的表达式如下：

$$\frac{\partial L(\boldsymbol{u}^{(k)},\boldsymbol{x}^{(k)})}{\partial \boldsymbol{u}} = \frac{\partial f(\boldsymbol{u}^{(k)},\boldsymbol{x}^{(k)})}{\partial \boldsymbol{u}} + \left(\frac{\partial \boldsymbol{g}(\boldsymbol{u}^{(k)},\boldsymbol{x}^{(k)})}{\partial \boldsymbol{u}}\right)^{\mathrm{T}}\boldsymbol{\lambda}^{(k)} + \frac{\partial W(\boldsymbol{u}^{(k)},\boldsymbol{x}^{(k)})}{\partial \boldsymbol{u}} \tag{3-44}$$

于是降维梯度最优潮流算法的流程可描述如下。

第一步：输入原始数据，指定一组控制变量 $\boldsymbol{u}^{(0)}$，令 $k=0$。

第二步：解潮流方程 $\boldsymbol{g}(\boldsymbol{u}^{(k)},\boldsymbol{x}^{(k)})=0$ 得到 $\boldsymbol{x}^{(k)}$。

第三步：根据函数不等式约束被违反的情况决定惩罚项 $W(\boldsymbol{u}^{(k)},\boldsymbol{x}^{(k)})$ 的组成，并由式(3-43)计算 $\boldsymbol{\lambda}^{(k)}$。

第四步：由式(3-44)计算降维梯度 $\partial L(\boldsymbol{u}^{(k)},\boldsymbol{x}^{(k)})/\partial \boldsymbol{u}$。

第五步：若 $\|\partial L(\boldsymbol{u}^{(k)},\boldsymbol{x}^{(k)})/\partial \boldsymbol{u}\| < \varepsilon$，则输出计算结果 $\boldsymbol{u}^{(k)}$ 和 $\boldsymbol{x}^{(k)}$ 并退出最优潮流计算。

第六步：确定步长因子 $\xi^{(k)}$，并按 $\boldsymbol{u}^{(k+1)} = \boldsymbol{u}^{(k)} - \xi^{(k)}\partial L(\Delta\boldsymbol{u}^{(k)},\boldsymbol{x}^{(k)})/\partial \boldsymbol{u}$ 修正 $\boldsymbol{u}^{(k)}$。

第七步：对越界的控制变量加以限制。

第八步：$k=k+1$，转第二步。

4. 降维梯度最优潮流算法的评价

以上介绍的降维梯度法是在牛顿潮流法的基础上发展起来的最优潮流解法。对极坐标形式的牛顿法潮流计算程序加以扩充，便可得到降维梯度最优潮流计算程序，因而这种算法的程序设计相对比较简单。

但这种算法也有一些缺点。首先是因为采用梯度法作为最优点的搜索方向，梯

度法前后两次迭代的搜索方向总是互相垂直的，所以迭代点在向最优点接近的过程中，走的是曲折的路径，因此，收敛速度很慢。另外，采用罚函数法处理不等式约束的过程中，罚因子数值的选择是否适当，对算法的收敛速度也影响很大，过大的罚因子会使计算过程收敛性变坏。为此许多参考文献对罚因子的选择方法进行了探讨，有兴趣的读者可参考有关文献。

3.4.3　解耦最优潮流

常规潮流计算中的快速解耦算法促使研究人员联想到，在最优潮流的计算中是否也可以引入有功、无功解耦技术，从而产生一类最优潮流计算模型，称为解耦最优潮流。与快速解耦潮流算法不同的是，解耦最优潮流是从问题的本身或问题的模型上把最优潮流这个整体的最优化问题分解成为有功优化和无功优化两个子优化问题，两个子优化问题可以独立地构成并求解，既可以独立地进行有功优化或无功优化，也可以组合起来交替地迭代求解，以实现有功、无功的综合优化。以下先讨论每个子优化问题模型的建立。

按照有功与无功问题的关联，先将控制变量 $\boldsymbol{u}$ 分解成 $\boldsymbol{u}_{\mathrm{p}}$ 及 $\boldsymbol{u}_{\mathrm{q}}$ 两组，状态变量 $\boldsymbol{x}$ 也分解成 $\boldsymbol{x}_{\mathrm{p}}$ 及 $\boldsymbol{x}_{\mathrm{q}}$ 两组。其中 $\boldsymbol{u}_{\mathrm{p}}$ 为除平衡节点外，其他发电机的有功出力；$\boldsymbol{x}_{\mathrm{p}}$ 为除平衡节点外，其他所有节点的电压相角；$\boldsymbol{u}_{\mathrm{q}}$ 为所有发电机（包括平衡节点）及具有无功补偿设备节点的电压模值，另外还有调压变压器变比；$\boldsymbol{x}_{\mathrm{q}}$ 为除上述 $\boldsymbol{u}_{\mathrm{q}}$ 中所列节点以外的节点电压模值。

此外，等式及不等式约束也分成两组。于是，两个子优化问题的数学模型分别表述如下。

1. *有功子优化问题*

有功子优化通常用全系统的发电燃料总耗量或总费用，即以式(3-19)作为目标函数。与无功有关的控制变量 $\boldsymbol{u}_{\mathrm{q}}$ 及状态变量 $\boldsymbol{x}_{\mathrm{q}}$ 均作为不变的常数处理（即用 $\boldsymbol{u}_{\mathrm{q}}^{0}$ 和 $\boldsymbol{x}_{\mathrm{q}}^{0}$ 表示），于是有功子优化问题的数学模型可表述如下：

$$
\begin{aligned}
&\min f_{\mathrm{p}}(\boldsymbol{u}_{\mathrm{p}},\boldsymbol{x}_{\mathrm{p}},\boldsymbol{u}_{\mathrm{q}}^{0},\boldsymbol{x}_{\mathrm{q}}^{0})\\
&\text{s. t.}\quad \boldsymbol{g}_{\mathrm{p}}(\boldsymbol{u}_{\mathrm{p}},\boldsymbol{x}_{\mathrm{p}},\boldsymbol{u}_{\mathrm{q}}^{0},\boldsymbol{x}_{\mathrm{q}}^{0})=\boldsymbol{0}\\
&\boldsymbol{h}_{\mathrm{p}}(\boldsymbol{u}_{\mathrm{p}},\boldsymbol{x}_{\mathrm{p}},\boldsymbol{u}_{\mathrm{q}}^{0},\boldsymbol{x}_{\mathrm{q}}^{0})\leqslant\boldsymbol{0}
\end{aligned}
\tag{3-45}
$$

式中，$f_{\mathrm{p}}(\cdot)$表示目标函数，等式约束 $\boldsymbol{g}_{\mathrm{p}}(\boldsymbol{u}_{\mathrm{p}},\boldsymbol{x}_{\mathrm{p}},\boldsymbol{u}_{\mathrm{q}}^{0},\boldsymbol{x}_{\mathrm{q}}^{0})=\boldsymbol{0}$ 表示不包括平衡节点的节点有功功率方程组；不等式约束的向量函数 $\boldsymbol{h}_{\mathrm{p}}(\boldsymbol{u}_{\mathrm{p}},\boldsymbol{x}_{\mathrm{p}},\boldsymbol{u}_{\mathrm{q}}^{0},\boldsymbol{x}_{\mathrm{q}}^{0})$ 包括以上提到的有关控制变量 $\boldsymbol{u}_{\mathrm{p}}$ 及状态变量 $\boldsymbol{x}_{\mathrm{p}}$ 的不等式约束，另外还包括能表示成 $\boldsymbol{x}_{\mathrm{p}}$ 函数（如平衡节点的有功功率以及线路有功潮流等）的不等式约束条件。

2. *无功子优化问题*

在无功子优化问题中，目标函数一般可采用平衡节点提供的有功功率作为无功子优化问题的目标函数。容易理解,在平衡节点消耗的有功负荷已知的情况下,上述目标函数最小,即网络损耗最小。与有功子优化问题类似,在无功子优化问题中,把控制变量 $\boldsymbol{u}_{\mathrm{p}}$ 及状态变量 $\boldsymbol{x}_{\mathrm{p}}$ 也作为不变的常量处理(即用 $\boldsymbol{u}_{\mathrm{p}}^{0}$ 和 $\boldsymbol{x}_{\mathrm{p}}^{0}$ 表示),于是无功子优化问题的数学模型可表述如下:

$$\begin{aligned}&\min f_{\mathrm{q}}(\boldsymbol{u}_{\mathrm{q}},\boldsymbol{x}_{\mathrm{q}},\boldsymbol{u}_{\mathrm{p}}^{0},\boldsymbol{x}_{\mathrm{p}}^{0})\\&\text{s.t.}\quad \boldsymbol{g}_{\mathrm{q}}(\boldsymbol{u}_{\mathrm{q}},\boldsymbol{x}_{\mathrm{q}},\boldsymbol{u}_{\mathrm{p}}^{0},\boldsymbol{x}_{\mathrm{p}}^{0})=\mathbf{0}\\&\boldsymbol{h}_{\mathrm{q}}(\boldsymbol{u}_{\mathrm{q}},\boldsymbol{x}_{\mathrm{q}},\boldsymbol{u}_{\mathrm{p}}^{0},\boldsymbol{x}_{\mathrm{p}}^{0})\leqslant\mathbf{0}\end{aligned}\tag{3-46}$$

式中,$f_{\mathrm{q}}(\cdot)$表示目标函数,等式约束 $\boldsymbol{g}_{\mathrm{q}}(\boldsymbol{u}_{\mathrm{q}},\boldsymbol{x}_{\mathrm{q}},\boldsymbol{u}_{\mathrm{p}}^{0},\boldsymbol{x}_{\mathrm{p}}^{0})=\mathbf{0}$ 表示节点的无功功率方程;不等式约束的向量函数 $\boldsymbol{h}_{\mathrm{q}}(\boldsymbol{u}_{\mathrm{q}},\boldsymbol{x}_{\mathrm{q}},\boldsymbol{u}_{\mathrm{p}}^{0},\boldsymbol{x}_{\mathrm{p}}^{0})\leqslant\mathbf{0}$ 中除包括以上提到的对有关 $\boldsymbol{u}_{\mathrm{q}}$ 及 $\boldsymbol{x}_{\mathrm{q}}$ 的限制以外,还包括变量 $\boldsymbol{u}_{\mathrm{q}}$ 和 $\boldsymbol{x}_{\mathrm{q}}$ 的函数不等式约束,例如,对平衡节点提供的无功功率及某些线路无功潮流限制的不等式约束条件。

3. 解耦最优潮流计算流程与实现方法

以上建立的有功及无功两个子优化问题可以独立地求解,以分别实现有功与无功优化。而要达到电力系统的有功和无功综合优化,解耦最优潮流计算则要交替迭代求解这两个子问题,其计算流程简述如下。

第一步:通过初始潮流计算,获得变量的初值 $\boldsymbol{u}_{\mathrm{p}}^{(0)}$ 和 $\boldsymbol{x}_{\mathrm{p}}^{(0)}$,$\boldsymbol{u}_{\mathrm{q}}^{(0)}$ 和 $\boldsymbol{x}_{\mathrm{q}}^{(0)}$。

第二步:令 $\boldsymbol{u}_{\mathrm{q}}^{0}=\boldsymbol{u}_{\mathrm{q}}^{(0)}$,$\boldsymbol{x}_{\mathrm{q}}^{0}=\boldsymbol{x}_{\mathrm{q}}^{(0)}$,置 $k=1$。

第三步:保持 $\boldsymbol{u}_{\mathrm{q}}^{0}$ 和 $\boldsymbol{x}_{\mathrm{q}}^{0}$ 不变,解式(3-45)有功优化子问题,得到 $\boldsymbol{u}_{\mathrm{p}}$ 的最优值 $\boldsymbol{u}_{\mathrm{p}}^{(k)}$ 及相应的 $\boldsymbol{x}_{\mathrm{p}}^{(k)}$。

第四步:令 $\boldsymbol{u}_{\mathrm{p}}^{0}=\boldsymbol{u}_{\mathrm{p}}^{(k)}$,$\boldsymbol{x}_{\mathrm{p}}^{0}=\boldsymbol{x}_{\mathrm{p}}^{(k)}$。

第五步:保持 $\boldsymbol{u}_{\mathrm{p}}^{0}$ 和 $\boldsymbol{x}_{\mathrm{p}}^{0}$ 不变,解式(3-46)无功子优化问题,得到 $\boldsymbol{u}_{\mathrm{q}}$ 的最优值 $\boldsymbol{u}_{\mathrm{q}}^{(k)}$ 及相应的 $\boldsymbol{x}_{\mathrm{q}}^{(k)}$。

第六步:检验 $\|\boldsymbol{u}_{\mathrm{p}}^{(k)}-\boldsymbol{u}_{\mathrm{p}}^{(k-1)}\|<\varepsilon$ 和 $\|\boldsymbol{u}_{\mathrm{q}}^{(k)}-\boldsymbol{u}_{\mathrm{q}}^{(k-1)}\|<\varepsilon$ 是否满足。

第七步:若上述两不等式都满足,计算结束;否则令 $\boldsymbol{u}_{\mathrm{q}}^{0}=\boldsymbol{u}_{\mathrm{q}}^{(k)}$,$\boldsymbol{x}_{\mathrm{q}}^{0}=\boldsymbol{x}_{\mathrm{q}}^{(k)}$。

第八步:置 $k=k+1$,转向第三步。

由上可见,通过解耦分解,优化过程变为两个规模近似减半的子优化问题的迭代求解,这样做的好处是能减少计算时间。因此,在对大规模电力系统进行实时最优潮流计算时,采用这种解耦的最优潮流计算模型是一种很好的选择。

由式(3-45)和式(3-46)子优化问题的数学模型可见,它和式(3-25)所讨论的最优潮流的模型是完全相似的,因此,求解最优潮流的各种方法都能用于式(3-45)和式(3-46)子优化问题的求解,例如,非线性规划、二次规划以及线性规划等各种优化算法。除此之外,解耦最优潮流的另一个优点是容许根据两个子优化问题各自的特点采用不同的求解算法,这样做能进一步提高算法的性能。例如,在数学规划领域内,线性规划较之非线性规划更为成熟,表现为求解过程十分稳定可靠、计算速度快、容易处理各种约束条件等。而电力系统的有功分量和有功潮流方程有着良好的线性关系,线性化的准确度一般较高，为此，实用的有功优化潮流问题往往采用线性规划方法来求解。而无功子优化问题则宜采用非线性规划的方法来实现。这两个子优化问题再交替迭代，就能进一步提高计算效率。

以上主要介绍了解耦最优潮流的基本概念。至于有关参考文献中提及的各种解耦最优潮流算法，它们在子优化问题中变量的划分、等式不等式约束条件的组成与处理以及采用的优化求解方法等方面都有一些不同，这里将不再对这些算法作进一步介绍。

思 考 题

3-1　令 P_{Gi} 为发电机 i 输出的有功功率，$F_i(P_{Gi})$ 为机组 i 的耗量特性，$P_{\Sigma L}$ 和 P_{nl} 表示系统所有的有功负荷和系统总的网络有功损耗，P_{Gimax} 和 P_{Gimin} 分别为发电机 i 有功出力的上限和下限。试列写不计网络损耗变化的电力系统有功功率经济分配的数学模型。

3-2　试用数学公式表示系统有功最佳经济分配的等微增率准则，并对其合理性进行物理解释。

3-3　重做例 3-1。

3-4　试写出式(3-25)电力系统最优潮流的数学模型中的等式约束，并对其中一般要考虑的 5 种不等式约束进行复述。

3-5　试结合数学模型解释最优潮流中的有功优化和无功优化两个子优化问题，并说明两个子优化问题的目标函数、等式及不等式约束的特点。

第 4 章　同步电机的数学模型

在第 1～3 章中介绍了电力系统稳态分析的基本内容和方法。电力系统稳态分析重点关注系统的潮流分布,而不关心同步发电机内部的电磁物理过程。电力系统运行中会遇到各种扰动,例如,大负荷的突然变化,机组和变压器的故障与投切,线路短路等。在扰动的作用下,电力系统的平衡状态将被打破而进入暂态过程。在暂态过程中,系统的频率和节点的电压都有可能随时间剧烈地变化,从而严重恶化系统的运行状态,使电力系统无法正常运行,严重情况下发电机之间可能失去同步,使系统瓦解。因此,在电力系统规划、设计和运行中都必须分析电力系统的暂态过程。

同步发电机的作用是将原动机的机械能转换为发电机输出的电能,因而同步发电机是电力系统的电源。在暂态过程中,发电机的转速将随时间变化,发电机内部将经历一系列复杂的机械和电磁过程,它们彼此之间互相作用,不但直接影响到同步发电机自身的运行状态,而且会进一步影响到整个电力系统的暂态行为,而系统的暂态行为反过来又会对同步发电机的运行状态产生影响。因而,掌握同步发电机内部机械和电磁暂态过程的机理是分析电力系统暂态行为的基础。

本章将介绍同步发电机的基本方程,建立同步发电机的数学模型,为电力系统稳定性和暂态过程的学习准备必要的基础知识。

4.1　abc 坐标系的同步电机数学模型

在电力系统暂态过程中,同步电机定子和转子各绕组的电压、电流和磁链都是随时间变化的。这些变化对机组的转子机械运动、外部系统的行为和发电机本身励磁系统的暂态过程都会产生影响。因此,对电力系统进行暂态过程分析,必须先建立同步电机各个绕组电压、电流和磁链之间关系的方程,即同步电机的数学模型。

4.1.1　理想同步电机

目前广泛使用的同步电机数学模型是在以下理想同步电机假设条件下建立起来的,本章在此基础上介绍同步电机的数学模型。读者在阅读有关同步电机文献时,需要注意不同文献采用的各物理量符号、参考正方向以及基准值选择方法等方面的不同。

1. 理想同步电机假设

(1) 线性磁路假设。忽略同步电机的磁路饱和效应,认为电机铁心的磁导率为常数。

(2) 转子对称假设。同步电机转子对自身的纵向 d 轴和横向 q 轴结构对称。

(3) 定子对称假设。同步电机定子 a、b、c 三相绕组结构对称,它们的磁轴在空间位置上依次相差 $2\pi/3$(rad)电角度。

(4) 气隙磁动势正弦分布假设。同步电机定子电流产生的磁动势在其气隙中按正弦分布。反之,当同步电机空载、转子恒速旋转时,转子绕组的磁动势在定子绕组感应产生的空载电动势是时间的正弦函数。

(5) 定子及转子表面光滑假设。该假设相当于认为定子及转子的槽和通风沟不影响定子及转子绕组的电感。

符合上述条件的电机称为理想同步电机。

2. 同步电机绕组电流、电压和绕组磁轴的正方向

图 4-1(a)和(b)所示分别为理想同步电机的电路图和结构示意图,同步电机正常运行时其转子以 ω 角速度逆时针方向旋转。图中给出了本书所采用的定子 a、b、c 三相绕组,转子励磁 f 绕组和阻尼 D、g、Q 绕组的电流、电压和磁轴的参考正方向,其规定说明如下:

(1) 电压和电流的正方向。在同步电机的电路中,定子三相电流正方向为由同步电机端子流向系统的方向,三相电压正方向为同步电机端子至中性点的方向;励磁绕组的电流正方向为励磁电源流出的方向。

(2) 定子三相绕组磁轴的正方向与其正向电流所产生磁通的方向(按右手法则)相反;转子各绕组磁轴的正方向与其正向电流所产生磁通的方向(按右手法则)相同。

(3) 定子和转子各绕组磁链的正方向与其磁轴的正方向相同,各绕组由磁链变化所产生的感应电动势服从楞次定律。

(4) 转子 d 轴的正方向与励磁 f 和阻尼 D 绕组的磁轴的正方向相同,规定为转子的 N 极;转子 q 轴的正方向是沿转子旋转方向超前 d 轴 90°,与阻尼 g 和 Q 绕组的磁轴的正方向相同。

(5) 转子的位置由转子位置角 α(简称转子角)确定,转子角为定子 a 绕组磁轴正方向与转子 d 轴磁轴正方向间的夹角。

考虑到暂态过程中电压、电流和磁链都随时间变化,因此,用小写字母表示它们的瞬时值。需要说明的是,定子 a、b、c 三相绕组和转子励磁 f 绕组是同步电机真实存在的绕组,而阻尼绕组是等值绕组。对于水轮发电机等凸极同步电机,阻尼绕组用于模拟分布在转子上的阻尼条所产生的阻尼作用;对于汽轮发电机等隐极同步电机,阻尼绕组则用于模拟整块转子铁心中涡流所产生的阻尼作用。在目前应用比较广泛的数学模型中,凸极同步电机一般在转子的纵轴和横轴上各设置 1 个等值阻尼绕组,分别记为 D 绕组和 Q 绕组;而对隐极同步电机,在横轴增加 1 个等值阻尼绕组,记为 g 绕组,g 绕组和 Q 绕组分别用于反映阻尼作用较强和较弱的涡流效应。基于模型

统一的考虑，本书先建立考虑转子为凸极并具有 D、Q、g 三个阻尼绕组的同步电机数学模型，而将隐极同步电机和转子仅有 D 和 Q 阻尼绕组的凸极同步电机分别处理为它的特殊情况。

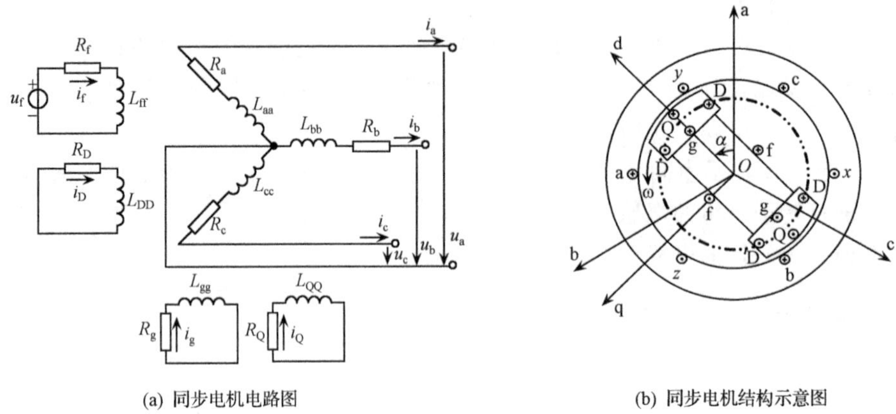

(a) 同步电机电路图　　(b) 同步电机结构示意图

图 4-1　同步电机电路及结构示意图

4.1.2　abc 坐标系的同步电机方程

1. 同步电机绕组的电压和磁链方程

由图 4-1(a)，可以列出各绕组的电压平衡方程如下：

$$\begin{bmatrix} u_a \\ u_b \\ u_c \\ u_f \\ 0 \\ 0 \\ 0 \end{bmatrix} = \begin{bmatrix} R_a & 0 & 0 & 0 & 0 & 0 & 0 \\ 0 & R_b & 0 & 0 & 0 & 0 & 0 \\ 0 & 0 & R_c & 0 & 0 & 0 & 0 \\ 0 & 0 & 0 & R_f & 0 & 0 & 0 \\ 0 & 0 & 0 & 0 & R_D & 0 & 0 \\ 0 & 0 & 0 & 0 & 0 & R_g & 0 \\ 0 & 0 & 0 & 0 & 0 & 0 & R_Q \end{bmatrix} \begin{bmatrix} -i_a \\ -i_b \\ -i_c \\ i_f \\ i_D \\ i_g \\ i_Q \end{bmatrix} + \begin{bmatrix} \dot{\psi}_a \\ \dot{\psi}_b \\ \dot{\psi}_c \\ \dot{\psi}_f \\ \dot{\psi}_D \\ \dot{\psi}_g \\ \dot{\psi}_Q \end{bmatrix} \tag{4-1}$$

式中，$\dot{\psi} \triangleq \mathrm{d}\psi/\mathrm{d}t$，$R_b = R_c = R_a$ 表示定子绕组的电阻，式(4-1)又简记为

$$\begin{bmatrix} \boldsymbol{u}_{abc} \\ \boldsymbol{u}_{fDgQ} \end{bmatrix} = \begin{bmatrix} \boldsymbol{R}_S & 0 \\ 0 & \boldsymbol{R}_R \end{bmatrix} \begin{bmatrix} -\boldsymbol{i}_{abc} \\ \boldsymbol{i}_{fDgQ} \end{bmatrix} + \begin{bmatrix} \dot{\boldsymbol{\psi}}_{abc} \\ \dot{\boldsymbol{\psi}}_{fDgQ} \end{bmatrix}$$

式中，$\boldsymbol{u}_{abc} = [u_a \quad u_b \quad u_c]^T$，$\boldsymbol{u}_{fDgQ} = [u_f \quad 0 \quad 0 \quad 0]^T$，$-\boldsymbol{i}_{abc} = [-i_a \quad -i_b \quad -i_c]^T$，$\boldsymbol{i}_{fDgQ} = [i_f \quad i_D \quad i_g \quad i_Q]^T$，$\dot{\boldsymbol{\psi}}_{abc} = [\dot{\psi}_a \quad \dot{\psi}_b \quad \dot{\psi}_c]^T$，$\dot{\boldsymbol{\psi}}_{fDgQ} = [\dot{\psi}_f \quad \dot{\psi}_D \quad \dot{\psi}_g \quad \dot{\psi}_Q]^T$，$\boldsymbol{R}_S$ 和 $\boldsymbol{R}_R$ 分别是以定子和转子绕组电阻为对角元素的对角矩阵。绕组磁链与电流的关系由式(4-2)表示。

$$\begin{bmatrix}\psi_a\\ \psi_b\\ \psi_c\\ \psi_f\\ \psi_D\\ \psi_g\\ \psi_Q\end{bmatrix}=\begin{bmatrix}L_{aa} & M_{ab} & M_{ac} & M_{af} & M_{aD} & M_{ag} & M_{aQ}\\ M_{ba} & L_{bb} & M_{bc} & M_{bf} & M_{bD} & M_{bg} & M_{bQ}\\ M_{ca} & M_{cb} & L_{cc} & M_{cf} & M_{cD} & M_{cg} & M_{cQ}\\ M_{fa} & M_{fb} & M_{fc} & L_{ff} & M_{fD} & M_{fg} & M_{fQ}\\ M_{Da} & M_{Db} & M_{Dc} & M_{Df} & L_{DD} & M_{Dg} & M_{DQ}\\ M_{ga} & M_{gb} & M_{gc} & M_{gf} & M_{gD} & L_{gg} & M_{gQ}\\ M_{Qa} & M_{Qb} & M_{Qc} & M_{Qf} & M_{QD} & M_{Qg} & L_{QQ}\end{bmatrix}\begin{bmatrix}-i_a\\ -i_b\\ -i_c\\ i_f\\ i_D\\ i_g\\ i_Q\end{bmatrix} \tag{4-2}$$

式(4-2)又简记为

$$\begin{bmatrix}\boldsymbol{\psi}_{abc}\\ \boldsymbol{\psi}_{fDgQ}\end{bmatrix}=\begin{bmatrix}\boldsymbol{L}_{SS} & \boldsymbol{L}_{SR}\\ \boldsymbol{L}_{RS} & \boldsymbol{L}_{RR}\end{bmatrix}\begin{bmatrix}-\boldsymbol{i}_{abc}\\ \boldsymbol{i}_{fDgQ}\end{bmatrix}$$

式中，$\boldsymbol{\psi}_{abc}=[\psi_a\quad\psi_b\quad\psi_c]^T$，$\boldsymbol{\psi}_{fDgQ}=[\psi_f\quad\psi_D\quad\psi_g\quad\psi_Q]^T$，$\boldsymbol{L}_{SS}$、$\boldsymbol{L}_{SR}$、$\boldsymbol{L}_{RS}$和$\boldsymbol{L}_{RR}$分别为式(4-2)中电感系数矩阵的定子与定子、定子与转子、转子与定子和转子与转子间电感系数分块子矩阵。

需要注意的是，式(4-1)和式(4-2)中的电压、电流和磁链皆指它们的瞬时值。式(4-2)中的系数矩阵是对称的，然而由于转子的转动，式(4-2)中一些绕组的自感和互感系数随转子的位置变化而变化。下面将分析式(4-2)中自感和互感系数的变化规律。

2. 磁链方程的电感系数

1) 定子绕组的自感系数

令 w_s 表示定子绕组的等值匝数，当定子 a 绕组通过电流 i_a 时，产生的磁动势为 $w_s(-i_a)$，该磁动势产生的磁通包括与转子交链的气隙磁通和与定子绕组交链的漏磁通。气隙磁通依 d 轴向和 q 轴向作正交分解可表示为

$$\begin{cases}\phi_{ad}=\lambda_{ad}w_s(-i_a)\cos\alpha=-\lambda_{ad}w_si_a\cos\alpha\\ \phi_{aq}=\lambda_{aq}w_s(-i_a)(-\sin\alpha)=\lambda_{aq}w_si_a\sin\alpha\end{cases} \tag{4-3}$$

式中，λ_{ad}和λ_{aq}分别为 d 轴和 q 轴向气隙磁通路径的磁导，对于凸极同步电机，由于 d 轴向气隙小于 q 轴向气隙，所以有$\lambda_{ad}>\lambda_{aq}$。与定子绕组交链的漏磁通可表示为

$$\phi_{a\sigma}=-\lambda_{s\sigma}w_si_a \tag{4-4}$$

式中，$\lambda_{s\sigma}$为定子绕组漏磁路径的磁导。于是，电流 i_a 产生的与 a 绕组交链的磁链为

$$\begin{aligned}\psi_{aa}&=w_s\phi_{a\sigma}+w_s\phi_{ad}\cos\alpha+w_s\phi_{aq}(-\sin\alpha)\\ &=-(\lambda_{s\sigma}w_s^2i_a+\lambda_{ad}w_s^2i_a\cos^2\alpha+\lambda_{aq}w_s^2i_a\sin^2\alpha)\end{aligned} \tag{4-5}$$

式中，等号右边第二项和第三项分别为气隙磁通ϕ_{ad}和ϕ_{aq}与 a 绕组交链的磁链，最后有

$$L_{aa}=\psi_{aa}/(-i_a)=w_s^2(\lambda_{s\sigma}+\lambda_{ad}\cos^2\alpha+\lambda_{aq}\sin^2\alpha)=l_0+l_2\cos2\alpha \tag{4-6}$$

其中

$$\begin{cases} l_0 = w_s^2\left[\lambda_{s\sigma} + \dfrac{1}{2}(\lambda_{ad} + \lambda_{aq})\right] \\ l_2 = \dfrac{1}{2}w_s^2(\lambda_{ad} - \lambda_{aq}) \end{cases} \tag{4-7}$$

式(4-6)表明，a 绕组的自感系数 L_{aa} 是在常量 l_0 的基础上叠加了一个幅度为 l_2 的 2 倍 α 角的余弦三角函数，由于 $l_0 > l_2$，因而 L_{aa} 恒为正值，在 $\alpha = k\pi(k = 0,1,2,\cdots)$ 和 $\alpha = \pi/2 + k\pi(k = 0,1,2,\cdots)$ 时，L_{aa} 分别获得其极大值和极小值。由于定子绕组是三相对称的，由式(4-6)可以导出

$$\begin{cases} L_{bb} = l_0 + l_2\cos 2(\alpha - 2\pi/3) \\ L_{cc} = l_0 + l_2\cos 2(\alpha + 2\pi/3) \end{cases} \tag{4-8}$$

2) 定子绕组的互感系数

类似地，容易理解当 a 绕组通过电流 i_a 时，交链到 b 绕组的磁链亦由气隙磁通和漏磁通两部分产生。令定子绕组间漏磁通路径的磁导为 $\lambda_{m\sigma}$，则定子 a、b 绕组间交链的漏磁通可表示为

$$\phi_{ba\sigma} = -\lambda_{m\sigma}w_s(-i_a) \tag{4-9}$$

式中的负号是由于 a、b 绕组轴线正方向超过了 $\pi/2$，而磁导 $\lambda_{m\sigma} > 0$。仿照式(4-5)，电流 i_a 产生的与 b 绕组交链的磁链可写为

$$\begin{aligned} \psi_{ba} &= w_s\phi_{ba\sigma} + w_s\phi_{ad}\cos(\alpha - 2\pi/3) + w_s\phi_{aq}[-\sin(\alpha - 2\pi/3)] \\ &= \lambda_{m\sigma}w_s^2 i_a - \lambda_{ad}w_s^2 i_a\cos\alpha\cos(\alpha - 2\pi/3) - \lambda_{aq}w_s^2 i_a\sin\alpha\sin(\alpha - 2\pi/3) \end{aligned} \tag{4-10}$$

式中，等号右边第二项和第三项分别为气隙磁通 ϕ_{ad} 和 ϕ_{aq} 贡献于与 b 绕组交链的磁链，最后有

$$\begin{aligned} M_{ba} &= \psi_{ba}/(-i_a) \\ &= -\lambda_{m\sigma}w_s^2 + \lambda_{ad}w_s^2\cos\alpha\cos(\alpha - 2\pi/3) + \lambda_{aq}w_s^2\sin\alpha\sin(\alpha - 2\pi/3) \\ &= -[m_0 + m_2\cos 2(\alpha + \pi/6)] \end{aligned} \tag{4-11}$$

其中

$$\begin{cases} m_0 = w_s^2\left[\lambda_{m\sigma} + \dfrac{1}{4}(\lambda_{ad} + \lambda_{aq})\right] \\ m_2 = \dfrac{1}{2}w_s^2(\lambda_{ad} - \lambda_{aq}) \end{cases} \tag{4-12}$$

式(4-11)表明，a、b 绕组间的互感系数 M_{ba} 是在常量 $-m_0(m_0 > 0)$ 上叠加了一个幅度为 m_2 的 2 倍 α 角的三角函数，由于 $m_0 > m_2$，因此 M_{ba} 恒为负值。容易验证 $M_{ab} = M_{ba}$，由于定子绕组是三相对称的，由式(4-11)可以导出

$$\begin{cases} M_{bc} = M_{cb} = -[m_0 + m_2\cos 2(\alpha - \pi/2)] \\ M_{ca} = M_{ac} = -[m_0 + m_2\cos 2(\alpha + 5\pi/6)] \end{cases} \tag{4-13}$$

对于隐极同步电机显然有 $\lambda_{ad} = \lambda_{aq}$，所以其定子绕组的自感和互感系数皆为常数。

3) 定子绕组与转子绕组的互感系数

同步电机定子绕组与转子绕组的互感系数都与转子位置角 α 有关。当定子 a 绕

组通过电流 i_a 时，交链到转子绕组的磁链只和其产生的气隙磁通有关，由式(4-3)，i_a 对 f 绕组产生的互感磁链为 $w_f\phi_{ad}$，于是可得

$$M_{af}=M_{fa}=\frac{w_f\phi_{ad}}{-i_a}=w_f w_s\lambda_{ad}\cos\alpha\triangleq m_{af}\cos\alpha \tag{4-14}$$

式中，w_f 为励磁绕组的匝数。式(4-14)表明，当 $\alpha=\pi/2$ 和 $\alpha=3\pi/2$ 时，即两绕组轴线垂直时，两绕组间的互感等于零；当 $\alpha=0$（或 $\alpha=\pi$）时，即两绕组轴线重合时，两绕组间的互感取得其极大值（或极小值）。由定子 a、b、c 绕组的对称性，b 和 c 绕组与 f 绕组的互感系数可写出为

$$\begin{cases}M_{bf}=M_{fb}=m_{af}\cos(\alpha-2\pi/3)\\M_{cf}=M_{fc}=m_{af}\cos(\alpha+2\pi/3)\end{cases} \tag{4-15}$$

类似地，定子各绕组与转子 D 绕组间的互感系数为

$$\begin{cases}M_{aD}=M_{Da}=m_{aD}\cos\alpha\\M_{bD}=M_{Db}=m_{aD}\cos(\alpha-2\pi/3)\\M_{cD}=M_{Dc}=m_{aD}\cos(\alpha+2\pi/3)\end{cases} \tag{4-16}$$

式中，$m_{aD}=w_D w_s\lambda_{ad}$，$w_D$ 表示 D 绕组的等值匝数。转子横轴方向与纵轴逆时针方向差 $\pi/2$，所以定子各绕组与转子横轴阻尼 g 和 Q 绕组间的互感系数为

$$\begin{cases}M_{ag}=M_{ga}=-m_{ag}\sin\alpha\\M_{bg}=M_{gb}=-m_{ag}\sin(\alpha-2\pi/3)\\M_{cg}=M_{gc}=-m_{ag}\sin(\alpha+2\pi/3)\end{cases} \tag{4-17}$$

$$\begin{cases}M_{aQ}=M_{Qa}=-m_{aQ}\sin\alpha\\M_{bQ}=M_{Qb}=-m_{aQ}\sin(\alpha-2\pi/3)\\M_{cQ}=M_{Qc}=-m_{aQ}\sin(\alpha+2\pi/3)\end{cases} \tag{4-18}$$

式中，$m_{ag}=w_g w_s\lambda_{aq}$，$m_{aQ}=w_Q w_s\lambda_{aq}$，$w_g$ 和 w_Q 分别表示 g 绕组和 Q 绕组的等值匝数。

4）转子各绕组的自感与彼此间的互感系数

由图 4-1(b)可见，同步电机转子各绕组磁路的磁导及各绕组间交链的磁链并不因转子位置的变化而变化。因此，转子各绕组的自感和彼此间的互感系数皆为常量。考虑到 f、D 绕组与 g、Q 绕组轴线彼此垂直，因而它们彼此间的互感为零，即

$$M_{fQ}=M_{Qf}=M_{fg}=M_{gf}=M_{DQ}=M_{QD}=M_{Dg}=M_{gD}=0 \tag{4-19}$$

励磁 f 绕组的自感系数可导出为

$$L_f\triangleq L_{ff}=\frac{w_f[w_f i_f(\lambda_{ad}+\lambda_{f\sigma})]}{i_f}=w_f^2(\lambda_{ad}+\lambda_{f\sigma}) \tag{4-20}$$

式中，分子表示 f 绕组通过电流 i_f 时的绕组磁链，$\lambda_{f\sigma}$ 为 f 绕组不通过气隙漏磁通路径的磁导。其他不为零的自感系数和互感系数可和式(4-20)一样写出，并分别表示为 $L_D\triangleq L_{DD}$，$L_g\triangleq L_{gg}$，$L_Q\triangleq L_{QQ}$，$M_{fD}=M_{Df}$，$M_{gQ}=M_{Qg}$。

4.2 dq0 坐标系的同步电机数学模型

由于式(4-2)中的许多自感和互感系数的数值都随转子角 α 变化，因此，如果将磁链方程式(4-2)代入电压方程式(4-1)将得到一个系数为 α 角函数的常微分方程组，即变系数的常微分方程组。这类方程的求解通常比较困难。因此，如能够将同步电机的变系数常微分方程组通过数学变换，转化为常系数的常微分方程组，则可给电力系统分析带来很大的便利。本节介绍的派克变换是一种普遍采用的将上述变系数常微分方程组转化为常系数常微分方程组的方法。

4.2.1 派克变换

派克变换是一种线性变换方法，该变换可以将同步电机定子 a、b、c 三相绕组的电流、电压或磁链变量变换成定子 d、q、0 三个假想等值绕组的电流、电压或磁链变量，即将同步电机 a、b、c 坐标系下的变量变换成 d、q、0 坐标系下的变量。式(4-21)以电流为例说明上述派克变换方法。

$$\begin{bmatrix} i_d \\ i_q \\ i_0 \end{bmatrix} = \frac{2}{3}\begin{bmatrix} \cos\alpha & \cos(\alpha - 2\pi/3) & \cos(\alpha + 2\pi/3) \\ -\sin\alpha & -\sin(\alpha - 2\pi/3) & -\sin(\alpha + 2\pi/3) \\ 1/2 & 1/2 & 1/2 \end{bmatrix}\begin{bmatrix} i_a \\ i_b \\ i_c \end{bmatrix} \triangleq \boldsymbol{P}\begin{bmatrix} i_a \\ i_b \\ i_c \end{bmatrix} \tag{4-21}$$

式中，i_d、i_q 和 i_0 为定子 d、q、0 假想等值绕组的电流；α 为同步电机的转子角。式(4-21)可以简写为

$$\boldsymbol{i}_{dq0} = \boldsymbol{P}\boldsymbol{i}_{abc} \tag{4-22}$$

式中，$\boldsymbol{i}_{dq0} \triangleq [i_d, i_q, i_0]^T$，$\boldsymbol{i}_{abc} \triangleq [i_a, i_b, i_c]^T$，$\boldsymbol{P}$ 称为派克变换矩阵，$\boldsymbol{P}$ 矩阵是可逆的，因而有

$$\boldsymbol{i}_{abc} = \boldsymbol{P}^{-1}\boldsymbol{i}_{dq0} \triangleq \begin{bmatrix} \cos\alpha & -\sin\alpha & 1 \\ \cos(\alpha - 2\pi/3) & -\sin(\alpha - 2\pi/3) & 1 \\ \cos(\alpha + 2\pi/3) & -\sin(\alpha + 2\pi/3) & 1 \end{bmatrix}\boldsymbol{i}_{dq0} \tag{4-23}$$

式(4-23)表明，d、q、0 坐标系下的电流、电压或磁链变量可反变换成 a、b、c 坐标系下的电流、电压或磁链变量。

4.2.2 dq0 坐标系的同步电机方程

1. dq0 坐标系的电压方程

将式(4-1)中的同步电机定子绕组电压方程单独表示为

$$\boldsymbol{u}_{abc} = \dot{\boldsymbol{\psi}}_{abc} + \boldsymbol{R}_s[-\boldsymbol{i}_{abc}] \tag{4-24}$$

式(4-24)两边左乘 $\boldsymbol{P}$ 矩阵可得

$$\boldsymbol{u}_{dq0} = \boldsymbol{P}\dot{\boldsymbol{\psi}}_{abc} + \boldsymbol{R}_s[-\boldsymbol{i}_{dq0}] \tag{4-25}$$

对磁链派克变换恒等式 $\boldsymbol{\psi}_{dq0}=\boldsymbol{P}\boldsymbol{\psi}_{abc}$，两边分别求取对时间 t 的一阶导数可得

$$\boldsymbol{P}\dot{\boldsymbol{\psi}}_{abc}=-\dot{\boldsymbol{P}}\boldsymbol{\psi}_{abc}+\dot{\boldsymbol{\psi}}_{dq0}=-\dot{\boldsymbol{P}}\boldsymbol{P}^{-1}\boldsymbol{\psi}_{dq0}+\dot{\boldsymbol{\psi}}_{dq0} \tag{4-26}$$

令 $\omega=\mathrm{d}\alpha/\mathrm{d}t$ 为转子的角速度，容易验证对式(4-26)有 $\dot{\boldsymbol{P}}\boldsymbol{P}^{-1}\boldsymbol{\psi}_{dq0}=[\omega\psi_q \quad -\omega\psi_d \quad 0]^{\mathrm{T}}\triangleq\boldsymbol{S}$，式(4-26)代入式(4-25)可得

$$\boldsymbol{u}_{dq0}=\boldsymbol{R}_s[-\boldsymbol{i}_{dq0}]+\dot{\boldsymbol{\psi}}_{dq0}-\boldsymbol{S} \tag{4-27}$$

即

$$\begin{bmatrix} u_d \\ u_q \\ u_0 \end{bmatrix}=\begin{bmatrix} R_a & 0 & 0 \\ 0 & R_a & 0 \\ 0 & 0 & R_a \end{bmatrix}\begin{bmatrix} -i_d \\ -i_q \\ -i_0 \end{bmatrix}+\begin{bmatrix} \dot{\psi}_d \\ \dot{\psi}_q \\ \dot{\psi}_0 \end{bmatrix}-\begin{bmatrix} \omega\psi_q \\ -\omega\psi_d \\ 0 \end{bmatrix} \tag{4-28}$$

式(4-28)为 d、q、0 坐标系下的定子绕组电压方程。式(4-28)表明，假想的 d 绕组和 q 绕组都包含了两个电动势分量，一个是磁链对时间的一阶导数，另一个是磁链与同步电机转子转速的乘积，前者称为变压器电动势，后者称为发电机电动势。

2. dq0 坐标系的磁链方程

类似地应用派克变换于式(4-2)同步电机磁链方程有

$$\begin{bmatrix} \boldsymbol{\psi}_{dq0} \\ \boldsymbol{\psi}_{fDgQ} \end{bmatrix}=\begin{bmatrix} \boldsymbol{P}\boldsymbol{L}_{SS}\boldsymbol{P}^{-1} & \boldsymbol{P}\boldsymbol{L}_{SR} \\ \boldsymbol{L}_{RS}\boldsymbol{P}^{-1} & \boldsymbol{L}_{RR} \end{bmatrix}\begin{bmatrix} -\boldsymbol{i}_{dq0} \\ \boldsymbol{i}_{fDgQ} \end{bmatrix} \tag{4-29}$$

由式(4-29)容易验证

$$\begin{bmatrix} \psi_d \\ \psi_q \\ \psi_0 \\ \psi_f \\ \psi_D \\ \psi_g \\ \psi_Q \end{bmatrix}=\begin{bmatrix} L_d & 0 & 0 & m_{af} & m_{aD} & 0 & 0 \\ 0 & L_q & 0 & 0 & 0 & m_{ag} & m_{aQ} \\ 0 & 0 & L_0 & 0 & 0 & 0 & 0 \\ 3m_{af}/2 & 0 & 0 & L_f & m_{fD} & 0 & 0 \\ 3m_{aD}/2 & 0 & 0 & m_{fD} & L_D & 0 & 0 \\ 0 & 3m_{ag}/2 & 0 & 0 & 0 & L_g & m_{gQ} \\ 0 & 3m_{aQ}/2 & 0 & 0 & 0 & m_{gQ} & L_Q \end{bmatrix}\begin{bmatrix} -i_d \\ -i_q \\ -i_0 \\ i_f \\ i_D \\ i_g \\ i_Q \end{bmatrix} \tag{4-30}$$

式中

$$\begin{cases} L_d=l_0+m_0+3l_2/2 \\ L_q=l_0+m_0-3l_2/2 \\ L_0=l_0-2m_0 \\ m_{fD}=M_{fD}=M_{Df} \\ m_{gQ}=M_{gQ}=M_{Qg} \end{cases} \tag{4-31}$$

这样，式(4-30)中系数矩阵的元素（与式(4-2)中系数矩阵的元素比较）皆为常数，因而通过派克变换，同步电机的数学模型变换成常系数微分代数混合方程组。需要注意的是，式(4-29)的系数矩阵是非对称的。这是由于坐标变换矩阵 $\boldsymbol{P}$ 为非正交矩阵造成的。

3. 功率方程

由图 4-1(a)可见,同步电机输出的瞬时功率为

$$p = \boldsymbol{u}_{abc}^{T}\boldsymbol{i}_{abc} = u_a i_a + u_b i_b + u_c i_c \tag{4-32}$$

对式(4-32)进行派克变换,可得 d、q、0 坐标系下的瞬时功率如下:

$$p = [\boldsymbol{P}^{-1}\boldsymbol{u}_{dq0}]^{T}[\boldsymbol{P}^{-1}\boldsymbol{i}_{dq0}] = 3u_0 i_0 + \frac{3}{2}(u_d i_d + u_q i_q) \tag{4-33}$$

4.2.3 派克变换的物理解释

考虑某一瞬间,a、b、c 三相绕组流过的电流分别为 i_a、i_b 和 i_c(假定这三个电流的瞬时值与它们随时间的变化无关)。由理想化同步电机假设条件(4),上述三相电流在气隙中产生的磁动势在空间的分布情况可表示为

$$\begin{cases} f_{ax} = -w_s i_a \cos x \\ f_{bx} = -w_s i_b \cos(x - 2\pi/3) \\ f_{cx} = -w_s i_c \cos(x + 2\pi/3) \end{cases}$$

式中,$x(0 \leqslant x \leqslant 2\pi)$ 表示气隙位置,为转子转轴中心至气隙处连线与定子 a 绕组轴线正方向张开的角度;w_s 为定子绕组的等值匝数。该瞬间 i_a、i_b 和 i_c 在 x 角气隙位置产生的合成磁动势可表示为

$$f_{abcx} = -w_s[i_a \cos x + i_b \cos(x - 2\pi/3) + i_c \cos(x + 2\pi/3)] \tag{4-34}$$

假定该瞬间转子的位置由转子角 α 描述,而定子上放置两个匝数为 w_d 的假想等值绕组 d 和 q,规定其正向电流 i_d 和 i_q 产生的磁动势分别与转子 d 轴和 q 轴的正方向相反,而这假想的定子等值绕组电流 i_d 和 i_q 产生的磁动势沿同步电机气隙亦可表示为

$$\begin{cases} f_{dx} = -w_d i_d \cos(x - \alpha) \\ f_{qx} = -w_d i_q \sin(x - \alpha) \end{cases} \tag{4-35}$$

该瞬间假想等值绕组电流 i_d 和 i_q 在 x 角气隙位置产生的合成磁动势可表示为

$$f_{dqx} = f_{dx} + f_{qx} = -w_d[i_d \cos(x - \alpha) + i_q \sin(x - \alpha)] \tag{4-36}$$

若 i_d 和 i_q 与 i_a、i_b 和 i_c 的关系满足派克变换式(4-21),则用 i_a、i_b 和 i_c 表示式(4-36)中 i_d 和 i_q 可得

$$\begin{aligned} f_{dqx} &= -w_d[i_d \cos(x - \alpha) + i_q \sin(x - \alpha)] \\ &= -\frac{2}{3}w_d[i_a \cos\alpha + i_b \cos(\alpha - 2\pi/3) + i_c \cos(\alpha + 2\pi/3)]\cos(x - \alpha) \\ &\quad + \frac{2}{3}w_d[i_a \sin\alpha + i_b \sin(\alpha - 2\pi/3) + i_c \sin(\alpha + 2\pi/3)]\sin(x - \alpha) \\ &= -\frac{2}{3}w_d[i_a \cos x + i_b \cos(x - 2\pi/3) + i_c \cos(x + 2\pi/3)] \end{aligned} \tag{4-37}$$

式(4-34)和式(4-37)表明,只要 $w_d = 3w_s/2$ 便有

$$f_{dqx} = f_{abcx}, \quad 0 \leqslant x \leqslant 2\pi \tag{4-38}$$

这一结果说明,在任一瞬间,由电流 i_a、i_b 和 i_c 在气隙中所产生的合成磁动势分

布，可以用假想的等值绕组电流 i_d 和 i_q 产生的合成磁动势分布来代替。而假想等值 d 和 q 绕组的磁轴正方向分别为此时的转子 d 轴和 q 轴的正方向，而其匝数为定子相绕组等效匝数的 3/2 倍。这一结果可以看作派克变换的物理解释。它表明电流 i_a、i_b 和 i_c 对 a、b、c 三相绕组本身以及对转子绕组产生的作用与假想等值绕组电流 i_d 和 i_q 产生的作用相同。

如果在这一瞬间三相电流 i'_a、i'_b 和 i'_c 满足 $i'_a = i'_b = i'_c$，由式(4-34)不难验证，该情况下 $f_{abcx} = 0$，即相等的定子三相瞬时电流产生的合成磁动势在空间分布为零。若令 $i''_a = i_a + i'_a$，$i''_b = i_b + i'_b$ 和 $i''_c = i_c + i'_c$，容易验证，对于磁动势分布来说，定子流过电流 i_a、i_b、i_c 与流过电流 i''_a、i''_b、i''_c 的结果是一样的，因此，由派克变换得到的 i_d 和 i_q 也是相同的。所以仅仅用 i_d 和 i_q 并不能充分反映定子三相电流。

当 i_a、i_b 和 i_c 的代数和不等于零时，三相电流中存在零序分量，为了反映这部分电流，需要引入一个在气隙中不产生合成磁动势的等值 0 绕组，等值 0 绕组的电流就是派克变换关系式(4-21)中的 i_0。代数和等于零的三相电流称为对称的三相电流，式(4-21)表明对称的三相电流通过派克变换所得的 i_0 等于零。

下面讨论当同步电机定子流过对称的直流、负序、正序和倍频电流时定子 d、q、0 绕组的电流。令对称定子电流表示为 $i_a = I\cos y$，$i_b = I\cos(y - 2\pi/3)$ 和 $i_c = I\cos(y + 2\pi/3)$，其中 $y = \omega' t + \varphi_0$，若同步电机转子以同步转速 ω 旋转，即转子角可表示为 $\alpha = \omega t + \alpha_0$，当 $\omega' = 0$，$\omega' = -\omega$，$\omega' = \omega$ 和 $\omega' = 2\omega$ 时，同步电机定子流过的电流分别为对称的直流、负序、正序和倍频电流。对上述各种情况分别应用式(4-21)计算可得式(4-39)，与各种情况对应的 i_d、i_q 和 i_0 结果列于表 4-1。

$$\begin{cases} i_d = I\cos(\alpha - y) = I\cos[(\omega - \omega')t + (\alpha_0 - \varphi_0)] \\ i_q = -I\sin(\alpha - y) = -I\sin[(\omega - \omega')t + (\alpha_0 - \varphi_0)] \\ i_0 = 0 \end{cases} \tag{4-39}$$

表 4-1　不同三相对称电流的 i_d、i_q 和 i_0

	a、b、c 坐标系	d、q、0 坐标系
$\omega' = 0$	$i_a = I\cos\varphi_0$ $i_b = I\cos(\varphi_0 - 2\pi/3)$ $i_c = I\cos(\varphi_0 + 2\pi/3)$	$i_d = I\cos(\omega t + \alpha_0 - \varphi_0)$ $i_q = -I\sin(\omega t + \alpha_0 - \varphi_0)$ $i_0 = 0$
$\omega' = -\omega$	$i_a = I\cos(-\omega t + \varphi_0)$ $i_b = I\cos(-\omega t + \varphi_0 + 2\pi/3)$ $i_c = I\cos(-\omega t + \varphi_0 - 2\pi/3)$	$i_d = I\cos(2\omega t + \alpha_0 - \varphi_0)$ $i_q = -I\sin(2\omega t + \alpha_0 - \varphi_0)$ $i_0 = 0$
$\omega' = \omega$	$i_a = I\cos(\omega t + \varphi_0)$ $i_b = I\cos(\omega t + \varphi_0 - 2\pi/3)$ $i_c = I\cos(\omega t + \varphi_0 + 2\pi/3)$	$i_d = I\cos(\alpha_0 - \varphi_0)$ $i_q = -I\sin(\alpha_0 - \varphi_0)$ $i_0 = 0$
$\omega' = 2\omega$	$i_a = I\cos(2\omega t + \varphi_0)$ $i_b = I\cos(2\omega t + \varphi_0 - 2\pi/3)$ $i_c = I\cos(2\omega t + \varphi_0 + 2\pi/3)$	$i_d = I\cos(-\omega t + \alpha_0 - \varphi_0)$ $i_q = -I\sin(-\omega t + \alpha_0 - \varphi_0)$ $i_0 = 0$

表 4-1 说明，对 a、b、c 三相对称直流和倍频交流经派克变换后，所得的 d 绕组和 q 绕组电流是基频电流，对 a、b、c 三相正序和负序基频电流派克变换后得到 d 绕组和 q 绕组电流的是直流和倍频交流。

对 $\omega' = \omega$ 情况，将表中 a、b、c 三相电流代入式(4-34)并经运算整理可得空间磁动势分布如下：

$$f_{\mathrm{abc}x} = -\frac{3}{2} w_{\mathrm{s}} I \cos(\omega t + \varphi_0 - x) \tag{4-40}$$

式(4-40)表明，在 $t=0$ 时刻，最大磁动势在空间的位置为 $x = \varphi_0$，而 φ_0 恰为 a 相电流的初相角。因而可得以下结论：三相正序电流产生的旋转磁动势，在 $t=0$ 时刻其最大值在空间相对于 a 相磁轴的角度与 a 相电流的初相角相等。如果令 $x = \omega t + \varphi_0$，则 $f_{\mathrm{abc}x} = -\frac{3}{2} w_{\mathrm{s}} I$。这说明定子正序基频电流产生的合成磁动势最大值为常量且和转子同步旋转。由于 d 绕组和 q 绕组与转子同步旋转，即 d 绕组和 q 绕组与定子产生的旋转磁场相对静止，所以可用 d 绕组和 q 绕组中的直流电流代替 a、b、c 三相正序交流产生相同的同步电机旋转磁场。不难理解，当 a 相电流初相角 $\varphi_0 = \alpha_0$ 时，旋转磁场的磁动势最大值将在 d 轴处；当 a 相电流初相角 $\varphi_0 = \alpha_0 + \pi/2$ 时，旋转磁场的磁动势最大值将在 q 轴处。一般情况下，将 a 相电流作正交分解，一个初相角 $\varphi_0 = \alpha_0$，另一个初相角 $\varphi_0 = \alpha_0 + \pi/2$，则前者产生的旋转磁场的磁动势最大值将在 d 轴处，而后者的则在 q 轴处，于是根据 a 相电流的初相角便可以找出转子的机械位置。

4.3 同步电机的标幺值基本方程

同步电机的方程式一般也采用标幺值表示，而且适当地选择基准值可以使同步电机的方程变得更加简洁。在《电力系统基础》的学习中，我们已经了解，全系统的基准容量 S_{B} 需取相同的数值，而基准电压 U_{B} 一般取作元件所在网络的额定电压。同步电机定子绕组基准值的选取也应服从这一规定，但需注意同步电机给定的参数是以同步电机容量为基准容量 S_{B} 的标幺值。为了阅读方便起见，将《电力系统基础》中介绍的系统基准值有关公式重写如下：

$$\begin{cases} I_{\mathrm{BS}} = S_{\mathrm{BS}} / (\sqrt{3}\, U_{\mathrm{BS}}) \\ Z_{\mathrm{BS}} = U_{\mathrm{BS}} / (\sqrt{3} I_{\mathrm{BS}}) = U_{\mathrm{BS}}^2 / S_{\mathrm{BS}} \end{cases} \tag{4-41}$$

式中，下标中的 S 表示系统基准值；U_{BS} 为元件所在电网的额定线电压；I_{BS} 和 Z_{BS} 为对应 S_{BS} 和 U_{BS} 的电流和阻抗的基准值。

对于同步电机，文献中有多种基准值的选取方法，本文介绍的是一种以定子额定电压为标准的基准值取法。定子绕组基准值的取法列于表 4-2。

表 4-2　定子绕组的基准值

	基准值	注释
电压	$u_B=\sqrt{2}U_{BS}/\sqrt{3}$	U_{BS} 为同步电机额定线电压，u_B 为其相电压的幅值
功率	$S_B=3u_Bi_B/2$	S_B 取系统基准容量功率或同步电机额定容量作基准
电流	$i_B=2S_B/(3u_B)$	当 S_B 为同步电机额定功率时，i_B 为同步电机定子额定电流的幅值
转子角速度	$\omega_B=\omega_0$	ω_0 为系统同步角速度
时间	$t_B=1/\omega_0$	
阻抗	$z_B=u_B/i_B$	S_B 为系统基准功率时有 $z_B=3u_B^2/(2S_B)=Z_{BS}$
电感	$L_B=z_B/\omega_B$	
磁链	$\psi_B=L_Bi_B$	$\psi_B=L_Bi_B=u_B/\omega_B$

转子方面功率基准值和定子功率基准值 S_B 相同，即对各阻尼绕组满足关系式

$$S_B=u_{fB}i_{fB}=u_{DB}i_{DB}=u_{gB}i_{gB}=u_{QB}i_{QB} \tag{4-42}$$

式(4-42)表明，各绕组电压和电流的基准值只要选定一个，另一个就可以用式(4-42)确定。转子各阻尼绕组本身是一种等值绕组，不妨假定转子各阻尼绕组的匝数和励磁绕组相同，并按下述方法选择各绕组电流基准值，即将同步电机视作变压器，并认为转子各绕组基准电流单独作用产生的磁动势应和幅值为 i_B 的定子三相对称电流产生相同的磁动势，由式(4-37)及上述假定可写出

$$i_{RB}\triangleq i_{fB}=i_{DB}=i_{gB}=i_{QB}=\frac{3}{2}\frac{w_s}{w_f}i_B=\frac{3}{2}ki_B \tag{4-43}$$

式中，$k=w_s/w_f$ 表示定子与转子的有效匝数比。由式(4-42)和式(4-43)可得转子绕组的基准值如表 4-3 所示。

表 4-3　转子绕组的基准值

	基准值	注释
电压	$u_{RB}=u_B/k$	$u_{RB}\triangleq u_{fB}=u_{DB}=u_{gB}=u_{QB}$，$u_B$ 为定子电压基准值
电流	$i_{RB}\triangleq 3ki_B/2$	$i_{RB}\triangleq i_{fB}=i_{DB}=i_{gB}=i_{QB}$，$i_B$ 为定子电流基准值
功率	$S_B=u_{RB}i_{RB}=3u_Bi_B/2$	S_B 取系统基准容量功率或同步电机额定容量作基准
阻抗	$z_{RB}=u_{RB}/i_{RB}$	$z_{RB}=u_{RB}/i_{RB}=2u_B/(3k^2i_B)=2z_B/(3k^2)$
电感	$L_{RB}=z_{RB}/\omega_B$	
磁链	$\psi_{RB}=L_{RB}i_{RB}$	$\psi_{RB}=L_{RB}i_{RB}=u_{RB}/\omega_B$

将式(4-28)两边除以定子电压基准值 u_B，式(4-1)转子电压方程两边除以转子电压基准值 u_{RB}，并应用表 4-2 和表 4-3 的基准值关系式，可导出同步电机标幺值电压基本方程如式(4-44)所示。应用相同的方法式(4-30)两边除以定子和转子各自的磁链基准值，并应用表 4-2和表 4-3 的基准值关系式，可导出同步电机标幺值磁链基本方程如式(4-46)所示。式(4-44)和式(4-46)中的变量和参数皆为标幺值(为简化略，去了符号下标的标幺值符号 *)。比较可见，标幺值电压基本方程式(4-44)与 d、q、0 坐标系下的同步电机电压方程有同样的形式，但标幺值下的磁链方程式(4-46)的系数矩阵变成对称的了，这说明转子和定子之间的互感用标幺值表示时是互易的。另外，同时用电抗符号来表示式(4-46)的标幺值自感和互感，这样表示的原因，其一是电抗的标幺值与其自感和互感的标幺值在数值上是相等的，其二是为了与其他文

献中的标幺值同步电机基本方程符号统一。

$$\begin{bmatrix} u_d \\ u_q \\ u_0 \\ u_f \\ 0 \\ 0 \\ 0 \end{bmatrix} = \begin{bmatrix} R_a & 0 & 0 & 0 & 0 & 0 & 0 \\ 0 & R_a & 0 & 0 & 0 & 0 & 0 \\ 0 & 0 & R_a & 0 & 0 & 0 & 0 \\ 0 & 0 & 0 & R_f & 0 & 0 & 0 \\ 0 & 0 & 0 & 0 & R_D & 0 & 0 \\ 0 & 0 & 0 & 0 & 0 & R_g & 0 \\ 0 & 0 & 0 & 0 & 0 & 0 & R_Q \end{bmatrix} \begin{bmatrix} -i_d \\ -i_q \\ -i_0 \\ i_f \\ i_D \\ i_g \\ i_Q \end{bmatrix} + \begin{bmatrix} \dot{\psi}_d \\ \dot{\psi}_q \\ \dot{\psi}_0 \\ \dot{\psi}_f \\ \dot{\psi}_D \\ \dot{\psi}_g \\ \dot{\psi}_Q \end{bmatrix} + \begin{bmatrix} -\omega\psi_q \\ \omega\psi_d \\ 0 \\ 0 \\ 0 \\ 0 \\ 0 \end{bmatrix} \tag{4-44}$$

式中

$$\begin{cases} R_{a*} = R_a / z_B \\ R_{f*} = R_f / z_{RB} = 3k^2 R_f / (2z_B) \\ R_{D*} = R_D / z_{RB} = 3k^2 R_D / (2z_B) \\ R_{g*} = R_g / z_{RB} = 3k^2 R_g / (2z_B) \\ R_{Q*} = R_Q / z_{RB} = 3k^2 R_Q / (2z_B) \end{cases} \tag{4-45}$$

$$\begin{bmatrix} \psi_d \\ \psi_q \\ \psi_0 \\ \psi_f \\ \psi_D \\ \psi_g \\ \psi_Q \end{bmatrix} = \begin{bmatrix} X_d & 0 & 0 & X_{af} & X_{aD} & 0 & 0 \\ 0 & X_q & 0 & 0 & 0 & X_{ag} & X_{aQ} \\ 0 & 0 & X_0 & 0 & 0 & 0 & 0 \\ X_{af} & 0 & 0 & X_f & X_{fD} & 0 & 0 \\ X_{aD} & 0 & 0 & X_{fD} & X_D & 0 & 0 \\ 0 & X_{ag} & 0 & 0 & 0 & X_g & X_{gQ} \\ 0 & X_{aQ} & 0 & 0 & 0 & X_{gQ} & X_Q \end{bmatrix} \begin{bmatrix} -i_d \\ -i_q \\ -i_0 \\ i_f \\ i_D \\ i_g \\ i_Q \end{bmatrix} \tag{4-46}$$

式中

$$\begin{cases} X_{d*} = \omega_B L_d / z_B \\ X_{q*} = \omega_B L_q / z_B \\ X_{0*} = \omega_B L_0 / z_B \\ X_{f*} = \omega_B L_f / z_{RB} = 3k^2 \omega_B L_f / (2z_B) \\ X_{D*} = \omega_B L_D / z_{RB} = 3k^2 \omega_B L_D / (2z_B) \\ X_{g*} = \omega_B L_g / z_{RB} = 3k^2 \omega_B L_g / (2z_B) \\ X_{Q*} = \omega_B L_Q / z_{RB} = 3k^2 \omega_B L_Q / (2z_B) \\ X_{af*} = 3k\omega_B m_{af} / (2z_B) \\ X_{aD*} = 3k\omega_B m_{aD} / (2z_B) \\ X_{ag*} = 3k\omega_B m_{ag} / (2z_B) \\ X_{aQ*} = 3k\omega_B m_{aQ} / (2z_B) \\ X_{fD*} = \omega_B m_{fD} / z_{RB} = 3k^2 \omega_B m_{fD} / (2z_B) \\ X_{gQ*} = \omega_B m_{gQ} / z_{RB} = 3k^2 \omega_B m_{gQ} / (2z_B) \end{cases} \tag{4-47}$$

此外对于(4-33)两边除以系统基准容量，可得同步电机标幺值瞬时功率方程如下：

$$p_* = \frac{p}{S_B} = \frac{3u_0 i_0 + \frac{3}{2}(u_d i_d + v_q i_q)}{\frac{3}{2}u_B i_B} = 2u_{0*} i_{0*} + u_{d*} i_{d*} + u_{q*} i_{q*} \quad (4\text{-}48)$$

4.4　电机参数表示的同步电机数学模型

4.4.1　同步电机参数

4.3 节介绍了采用标幺值的同步电机基本方程。本章以后各节如无特殊说明，所有量都为标幺值，但都和式(4-44)和式(4-46)一样，略去表示标幺值的下标"＊"。顺便指出，对于时间 t，有的文献采用标幺值，也有的采用有名值，两种情况下，所有方程的形式基本相同，只是当时间 t 取有名值时，时间常数参数亦为有名值。本章介绍的时间常数为标幺值。

在同步电机基本方程式(4-44)和式(4-46)中，涉及的参数有 R_a、R_f、R_D、R_g、R_Q、X_d、X_q、X_0、X_f、X_D、X_g、X_Q、X_{af}、X_{aD}、X_{ag}、X_{aQ}、X_{fD} 和 X_{gQ}，共 18 个，称为同步电机的原始参数，一般要获取同步电机这些原始参数的准确值是比较困难的。在电力系统分析中，同步电机方程通常采用的是由实验结果得出的参数，称为电机参数。同步电机的电机参数共有 12 个，包括定子绕组电阻 R_a、纵轴和横轴同步电抗 X_d 和 X_q、零序电抗 X_0、纵轴和横轴的暂态电抗 X_d' 和 X_q'、纵轴和横轴的次暂态电抗 X_d'' 和 X_q''、励磁及三个阻尼绕组的开路时间常数 T_{d0}'、T_{q0}'、T_{d0}'' 和 T_{q0}''。由于电机参数少于原始参数，因此只有在一定的假设条件下，才能将同步电机的原始参数方程转化成电机参数方程。

文献中所采用的假设条件通常有两种，一种称为假设条件 A，另一种称为假设条件 B。

假设条件 A　认为在纵轴向的 d、f 和 D 三个绕组间和横轴向的 q、g 和 Q 三个绕组间，分别只存在一个公共磁通，而不存在只同两个绕组交链的漏磁通。在该假设条件下可以导出如下关系式：

$$\begin{cases} X_{af} = X_{aD} = X_{fD} \triangleq X_{ad} \\ X_{ag} = X_{aQ} = X_{gQ} \triangleq X_{aq} \\ X_d = X_{\sigma a} + X_{ad} \\ X_f = X_{\sigma f} + X_{ad} \\ X_D = X_{\sigma D} + X_{ad} \\ X_q = X_{\sigma a} + X_{aq} \\ X_g = X_{\sigma g} + X_{aq} \\ X_Q = X_{\sigma Q} + X_{aq} \end{cases} \quad (4\text{-}49)$$

式中，X_{ad} 和 X_{aq} 分别称为 d 轴和 q 轴的电枢反应电抗；$X_{\sigma a}$、$X_{\sigma f}$、$X_{\sigma D}$、$X_{\sigma g}$ 和 $X_{\sigma Q}$ 分别表示定子、励磁及纵轴和横轴阻尼绕组的漏电抗。

假设条件 B　认为同步电机原始参数间存在以下关系：

$$\begin{aligned} X_{af}X_D &= X_{aD}X_{fD} \\ X_{ag}X_Q &= X_{aQ}X_{gQ} \end{aligned} \tag{4-50}$$

以上两种假设各有优缺点，本书将介绍采用假设条件 A 建立同步电机参数方程的方法。

另外，定子绕组中的电流分量 i_0 与转子绕组没有电磁联系，即零轴方程与其他方程互不相关，这一点由式(4-44)和式(4-46)可以看出，因而零轴的电压和磁链方程可以单独考虑，而不再包括在本节介绍的同步电机的电机参数方程中。

这样应用假设条件 A，去掉零轴方程，并按 d 轴和 q 轴分类，同步电机的基本方程式(4-44)和式(4-46)可以分别写成

$$\begin{cases} u_d = \dot{\psi}_d - R_a i_d - \omega\psi_q \\ u_f = \dot{\psi}_f + R_f i_f \\ 0 = \dot{\psi}_D + R_D i_D \end{cases} \tag{4-51}$$

$$\begin{cases} u_q = \dot{\psi}_q - R_a i_q + \omega\psi_d \\ 0 = \dot{\psi}_g + R_g i_g \\ 0 = \dot{\psi}_Q + R_Q i_Q \end{cases} \tag{4-52}$$

$$\begin{cases} \psi_d = -X_d i_d + X_{ad} i_f + X_{ad} i_D \\ \psi_f = -X_{ad} i_d + X_f i_f + X_{ad} i_D \\ \psi_D = -X_{ad} i_d + X_{ad} i_f + X_D i_D \end{cases} \tag{4-53}$$

$$\begin{cases} \psi_q = -X_q i_q + X_{aq} i_g + X_{aq} i_Q \\ \psi_g = -X_{aq} i_q + X_g i_g + X_{aq} i_Q \\ \psi_Q = -X_{aq} i_q + X_{aq} i_g + X_Q i_Q \end{cases} \tag{4-54}$$

将磁链视作电压源，电抗视作电阻，考虑式(4-49)，式(4-53)和式(4-54)所示 d 轴和 q 轴磁链方程的等值电路图如图 4-2(a)和(b)所示。

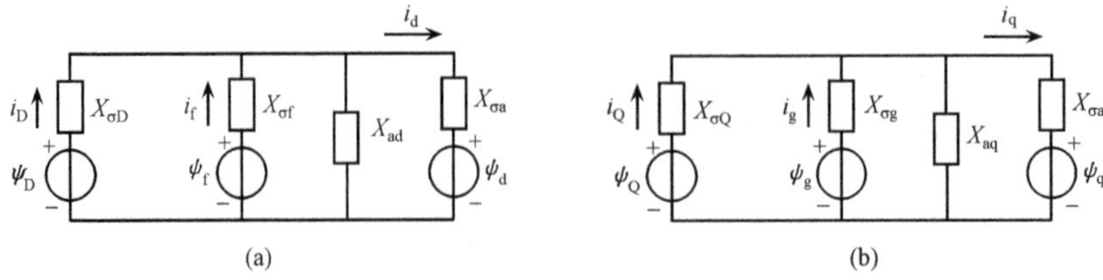

图 4-2　同步电机 d 轴和 q 轴的磁链方程等值电路图

4.4.2　同步电机参数与其原始参数的关系

1. 电机参数的定义

1) d 轴同步电抗 X_d

X_d 为当转子 f、D 绕组开路时，定子 d 绕组中的磁链与电流的比值。按此定义，在式(4-53)中，令 $i_f=0, i_D=0$，则有

$$X_d=\frac{-\psi_d}{i_d} \tag{4-55}$$

由此可见，原始参数 X_d 恰好是电机参数 X_d，即二者相同。

2) d 轴暂态电抗 X'_d

X'_d 为当 D 绕组开路和 f 绕组磁链保持为零条件下，定子 d 绕组中的磁链与电流的比值。按此定义，对照图 4-2(a)，令 $i_D=0$ 和 $\psi_f=0$，并在此条件下，计算定子 d 绕组中的磁链与电流的比值，即 $\psi_d/(-i_d)$，可得

$$X'_d=X_{\sigma a}+\frac{1}{\dfrac{1}{X_{ad}}+\dfrac{1}{X_{\sigma f}}}=X_{\sigma a}+\frac{X_{ad}X_{\sigma f}}{X_f}=X_d-\frac{X_{ad}^2}{X_f} \tag{4-56}$$

式(4-56)表明，d 轴暂态电抗 X'_d 小于 d 轴同步电抗 X_d。由于磁链与电流之间呈线性关系，因此 X'_d 也可以看成是：当 i_d 增加一个单位，i_D 和 ψ_f 皆保持不变时，d 绕组所产生的磁链增量。需要注意的是 X'_d 是同步电机的固有参数。

3) d 轴次暂态电抗 X''_d

X''_d 为当 f、D 绕组的磁链都保持为零时，定子 d 绕组中的磁链与电流的比值。按此定义，对照图 4-2(a)，令 $\psi_f=0$ 和 $\psi_D=0$，并在此条件下，计算定子 d 绕组中的磁链与电流的比值，即 $\psi_d/(-i_d)$，可得

$$X''_d=X_{\sigma a}+\frac{1}{\dfrac{1}{X_{ad}}+\dfrac{1}{X_{\sigma f}}+\dfrac{1}{X_{\sigma D}}}=X_d-\frac{X_{ad}^2(X_f+X_D-2X_{ad})}{X_fX_D-X_{ad}^2} \tag{4-57}$$

式(4-57)表明，d 轴次暂态电抗 X''_d 既小于 d 轴同步电抗 X_d 又小于 d 轴暂态电抗 X'_d。由于磁链与电流之间呈线性关系，因此 X''_d 也可以看成是：在 i_d 增加一个单位，ψ_D 和 ψ_f 皆保持不变情况下，d 绕组所产生的磁链增量。同样需要注意的是 X''_d 也是同步电机的固有参数。

4) d 轴开路暂态时间常数 T'_{d0}

T'_{d0} 为当 d、D 绕组都开路时，f 绕组电流 i_f 的衰减时间常数。按此定义，在图 4-2(a)中，令 d、D 绕组开路，可得

$$T'_{d0}=\frac{X_f}{R_f} \tag{4-58}$$

5) d 轴开路次暂态时间常数 T''_{d0}

T''_{d0} 为当 d 绕组开路，f 绕组磁链保持为零且忽略 f 绕组电阻时，D 绕组电流 i_D

的衰减时间常数。按此定义，在图 4-2(a)中，令 $i_d=0$ 和 $\psi_f=0$，得

$$T''_{d0}=\frac{X_{\sigma D}+\dfrac{X_{\sigma f}X_{ad}}{X_{\sigma f}+X_{ad}}}{R_D}=\frac{X_D-\dfrac{X_{ad}^2}{X_f}}{R_D} \tag{4-59}$$

对于 q 轴，用类似的定义和方法可以得到如下 q 轴电机参数与同步电机基本方程原始参数间的关系式：

$$\begin{cases}X_q=\dfrac{-\psi_q}{i_q}\\ X'_q=X_{\sigma a}+\dfrac{1}{\dfrac{1}{X_{aq}}+\dfrac{1}{X_{\sigma g}}}=X_{\sigma a}+\dfrac{X_{aq}X_{\sigma g}}{X_g}=X_q-\dfrac{X_{aq}^2}{X_g}\\ X''_q=X_{\sigma a}+\dfrac{1}{\dfrac{1}{X_{aq}}+\dfrac{1}{X_{\sigma g}}+\dfrac{1}{X_{\sigma Q}}}=X_q-\dfrac{X_{aq}^2(X_g+X_Q-2X_{aq})}{X_gX_Q-X_{aq}^2}\\ T'_{q0}=\dfrac{X_g}{R_g}\\ T''_{q0}=\dfrac{X_{\sigma Q}+\dfrac{X_{\sigma g}X_{aq}}{X_{\sigma g}+X_{aq}}}{R_Q}=\dfrac{X_Q-\dfrac{X_{aq}^2}{X_g}}{R_Q}\end{cases} \tag{4-60}$$

式中，X_q、X'_q 和 X''_q 分别称为 q 轴同步电抗、暂态电抗和次暂态电抗；T'_{q0} 和 T''_{q0} 分别为 q 轴开路时的暂态和次暂态时间常数。式(4-56)～式(4-60)给出了 8 个电机参数与 17 个原始参数之间的关系式，除 X_0 以外另外 3 个电机参数与原始参数相同，即

$$\begin{cases}R_a=R_a\\ X_d=X_d\\ X_q=X_q\end{cases} \tag{4-61}$$

2. 电机参数与原始参数的导出关系式

由式(4-56)～式(4-61)可以导出如下关系式：

$$\begin{cases}X_d-X'_d=\dfrac{X_{ad}^2}{X_f}\\ X'_d-X''_d=\dfrac{X_{ad}^2(X_f-X_{ad})^2}{X_f(X_fX_D-X_{ad}^2)}\\ X'_d-X_{\sigma a}=\dfrac{X_{ad}(X_f-X_{ad})}{X_f}\\ X''_d-X_{\sigma a}=\dfrac{X_{ad}(X_f-X_{ad})(X_D-X_{ad})}{X_fX_D-X_{ad}^2}\\ k_d\triangleq 1+\dfrac{(X'_d-X_{\sigma a})(X''_d-X_{\sigma a})}{(X'_d-X''_d)(X_d-X_{\sigma a})}=\dfrac{X_D}{X_{ad}}\\ \dfrac{(X'_d-X_{\sigma a})^2}{k_d(X'_d-X''_d)(X_d-X_{\sigma a})}=\dfrac{R_D}{X_D}T''_{d0}\end{cases} \tag{4-62}$$

$$
\begin{cases}
X_q - X'_q = \dfrac{X_{aq}^2}{X_g} \\
X'_q - X''_q = \dfrac{X_{aq}^2 (X_g - X_{aq})^2}{X_g (X_g X_Q - X_{aq}^2)} \\
X'_q - X_{\sigma a} = \dfrac{X_{aq} (X_g - X_{aq})}{X_g} \\
X''_q - X_{\sigma a} = \dfrac{X_{aq} (X_g - X_{aq})(X_Q - X_{aq})}{X_g X_Q - X_{aq}^2} \\
k_q \triangleq 1 + \dfrac{(X'_q - X_{\sigma a})(X''_q - X_{\sigma a})}{(X'_q - X''_q)(X_q - X_{\sigma a})} = \dfrac{X_Q}{X_{aq}} \\
\dfrac{(X'_q - X_{\sigma a})^2}{k_q (X'_q - X''_q)(X_q - X_{\sigma a})} = \dfrac{R_Q}{X_Q} T''_{q0}
\end{cases}
\tag{4-63}
$$

4.4.3 电机参数表示的同步电机方程

在电力系统的暂态过程分析中，通常并不直接关心转子各绕组的电流和磁链。为此，引入与转子各绕组电流成正比的空载电动势来代替电机方程中的转子绕组电流；引入与转子各绕组磁链成正比的暂态和次暂态电动势来代替电机方程中的磁链。空载电动势定义为

$$
\begin{cases}
e_{q1} \triangleq X_{ad} i_f \\
e_{d1} \triangleq - X_{aq} i_g \\
e_{q2} \triangleq X_{ad} i_D \\
e_{d2} \triangleq - X_{aq} i_Q
\end{cases}
\tag{4-64}
$$

由于这四个电动势都与同步电机的定子电流无关，称为空载电动势，其含义是当同步电机定子开路时，转子各绕组电流分别对定子 d 轴和 q 轴电动势的贡献，其中 e_{q1} 与《电机学》中定义的空载电动势相同。除了空载电动势，暂态和次暂态电动势分别定义如下：

$$
\begin{cases}
e'_q \triangleq \left(\dfrac{X_{ad}}{X_f}\right) \psi_f \\
e'_d \triangleq - \left(\dfrac{X_{aq}}{X_g}\right) \psi_g
\end{cases}
\tag{4-65}
$$

$$
\begin{cases}
e''_q \triangleq \left(\dfrac{X_{ad}}{X_D}\right) \psi_D \\
e''_d \triangleq - \left(\dfrac{X_{aq}}{X_Q}\right) \psi_Q
\end{cases}
\tag{4-66}
$$

这四个电动势都与转子绕组磁链成正比，通常将与励磁绕组 f 和阻尼绕组 g 的磁链成正比的电动势分别称为 q 轴和 d 轴暂态电动势；而与阻尼绕组 D 和 Q 的磁链成正比的电动势则分别称为 q 轴和 d 轴次暂态电动势。

在用原始参数表示的同步电机基本方程式(4-51)～式(4-54)中,将所有转子绕组的电流和磁链用式(4-64)～式(4-66)定义的电动势表示,应用原始参数与电机参数之间的关系式(4-56)～式(4-63),可以导出以下用电机参数表示的同步电机方程。

空载电动势表示的定子绕组磁链方程为

$$\begin{cases}\psi_d = -X_d i_d + e_{q1} + e_{q2} \\ \psi_q = -X_q i_q - e_{d1} - e_{d2}\end{cases} \tag{4-67}$$

转子绕组磁链方程为

$$\begin{cases} e'_q = -(X_d - X'_d) i_d + e_{q1} + \dfrac{X_d - X'_d}{X_d - X_{\sigma a}} e_{q2} \\ e''_q = -\dfrac{X_d - X_{\sigma a}}{k_d} i_d + \dfrac{1}{k_d} e_{q1} + e_{q2} \\ e'_d = (X_q - X'_q) i_q + e_{d1} + \dfrac{X_q - X'_q}{X_q - X_{\sigma a}} e_{d2} \\ e''_d = \dfrac{X_q - X_{\sigma a}}{k_q} i_q + \dfrac{1}{k_q} e_{d1} + e_{d2} \end{cases} \tag{4-68}$$

定子绕组电压方程为

$$\begin{cases} u_d = \dot{\psi}_d - \omega\psi_q - R_a i_d \\ u_q = \dot{\psi}_q + \omega\psi_d - R_a i_q \end{cases} \tag{4-69}$$

转子绕组电压方程为

$$\begin{cases} T'_{d0}\dot{e}'_q = E_{fq} - e_{q1} \\ T''_{d0}\dot{e}''_q = -\dfrac{(X'_d - X_{\sigma a})^2}{k_d (X'_d - X''_d)(X_d - X_{\sigma a})} e_{q2} \\ T'_{q0}\dot{e}'_d = -e_{d1} \\ T''_{q0}\dot{e}''_d = -\dfrac{(X'_q - X_{\sigma a})^2}{k_q (X'_q - X''_q)(X_q - X_{\sigma a})} e_{d2} \end{cases} \tag{4-70}$$

式中

$$E_{fq} = X_{ad} \frac{u_f}{R_f} \tag{4-71}$$

其中,u_f/R_f 相当于稳态时励磁绕组电压 u_f 和励磁绕组电阻 R_f 确定的励磁电流,因而由式(4-51)可见,在稳态运行情况下($\dot{\psi}_f=0$)同步电机的空载电动势 e_{q1}(见式(4-64))等于电动势 E_{fq}。在暂态过程中 e_{q1} 是变化的,为与空载电动势 e_{q1} 区别,E_{fq} 称为同步电机的假想空载电动势。

4.4.4 同步电机的电磁转矩方程

在电力系统机电仿真和稳定性分析中要涉及同步电机的电磁转矩或电磁功率,因此,必须导出它们的标幺值表达式。式(4-48)中已给出用标幺值表示的同步电机输出功率,但它并不是严格意义上的同步电机电磁功率。

从理论上可以证明，用标幺值表示的电磁转矩为

$$T_e = \psi_d i_q - \psi_q i_d \tag{4-72}$$

与其对应的电磁功率为

$$p_e = (\psi_d i_q - \psi_q i_d)\omega \tag{4-73}$$

用式(4-69)消掉式(4-73)中的 $\omega\psi_d$ 和 $\omega\psi_q$，可得

$$p_e = (u_d i_d + u_q i_q) + R_a(i_d^2 + i_q^2) - (i_d \dot{\psi}_d + i_q \dot{\psi}_q) \tag{4-74}$$

在应用式(4-74)中，有时忽略 d、q 轴磁链随时间的变化，即认为 $\dot{\psi}_d = \dot{\psi}_q = 0$，这样有

$$p_e = (u_d i_d + u_q i_q) + R_a(i_d^2 + i_q^2) \tag{4-75}$$

式中，右边第一项为同步电机送入电力系统的电磁功率，而第二项为同步电机定子绕组的电阻消耗的电磁功率。在电力系统机电仿真中，有时定子绕组的电阻消耗的电磁功率也被忽略掉。需要注意的是，上述电磁功率瞬时值表达式亦可用于计算稳态运行下同步电机的有关功率。

4.5　同步电机的简化数学模型

4.4 节导出了转子采用 f、g、D、Q 四个绕组的同步电机电机参数表示的数学模型式(4-67)～式(4-70)。在电力系统暂态过程的分析中，针对分析内容的不同，为了提高计算速度有时需要对同步电机的数学模型进行适当的简化。例如，在分析开关操作引起的过电压问题时，主要关心的是同步电机电磁量的变化对系统过电压的影响，由于同步电机转子转速变化对系统过电压的影响较小，所以可以忽略电机转速的变化，认为所有发电机均保持同步运行，这类过程通常称为电磁暂态过程。再如在分析电力系统功角稳定性时，主要关心的是同步电机转速与系统中变化相对缓慢的电磁量间的相互作用，而电磁量变化较快的部分对同步电机转速所产生的影响相对较小，这时就可以忽略定子绕组中的电磁暂态过程，这类过程通常称为机电暂态过程。总之，针对问题的种类和分析精度要求的不同，同步电机可以采用不同的简化模型。本节介绍电力系统稳定性分析中经常采用的同步电机简化模型。同步电机的简化，可以从定子电压磁链方程和转子电压磁链方程两个方面进行。

4.5.1　定子电压方程简化模型

定子电压方程式(4-69)的简化，其一是忽略其中的变压器电动势，即认为 $\dot{\psi}_d = \dot{\psi}_q = 0$，简化的理由是由于实际同步电机运行中有 $|\dot{\psi}_d| \ll |\omega\psi_q|$ 和 $|\dot{\psi}_q| \ll |\omega\psi_d|$；其二是在发电机电动势的计算中认为 $\omega = 1$，简化的理由是电力系统机电暂态中，发电机组的转速变化并不大。在上述简化条件下，式(4-69)定子绕组电压方程简化为式(4-76)。

$$\begin{cases} u_d = -\psi_q - R_a i_d \\ u_q = \psi_d - R_a i_q \end{cases} \tag{4-76}$$

与上述两点简化对应，在电力系统机电暂态分析中，电力网络中的电抗和电纳也都取作同步角频率下的数值。需要注意的是简化条件二并不意味着不考虑同步电机转速的变化，实际上电力系统机电暂态分析中关心的内容之一，就是同步电机转速随时间的变化，只不过认为简化条件二对系统机电暂态分析结果的影响，在工程上是可以接受的。

4.5.2 转子电压磁链方程简化模型

对转子电压方程的简化主要是减少转子绕组的个数。在实际应用中，常根据对分析计算精度和要求的不同，对同步电机的转子电压方程进行不同程度的简化。简化后的模型习惯上分别称为三绕组模型、两绕组模型、不计阻尼绕组模型、e'_q 恒定模型以及经典模型。这些简化模型都是从转子有四个绕组的同步电机模型导出的。

1. 三绕组(f、D、Q)转子模型

对凸极同步电机，转子 q 轴通常只考虑一个等值 Q 绕组，即认为转子阻尼 g 绕组不存在。这相当于在四绕组模型中，令 $X_g=\infty, i_g=\psi_g=0$，由式(4-60)有 $X'_q=X_q$，同时式(4-64)定义的空载电动势只有 e_{q1}、e_{q2} 和 e_{d2}；式(4-65)定义的暂态电动势只有 e'_q，即认为 $e_{d1}=e'_d=0$，于是三绕组转子模型的转子磁链方程和转子电压方程如式(4-77)和式(4-78)所示。

$$\begin{cases} e'_q=-(X_d-X'_d)i_d+e_{q1}+\dfrac{X_d-X'_d}{X_d-X_{\sigma a}}e_{q2} \\ e''_q=-\dfrac{X_d-X_{\sigma a}}{k_d}i_d+\dfrac{1}{k_d}e_{q1}+e_{q2} \\ e''_d=\dfrac{X_q-X_{\sigma a}}{k_q}i_q+e_{d2} \end{cases} \tag{4-77}$$

$$\begin{cases} T'_{d0}\dot{e}'_q=E_{fq}-e_{q1} \\ T''_{d0}\dot{e}''_q=-\dfrac{(X'_d-X_{\sigma a})^2}{k_d(X'_d-X''_d)(X_d-X_{\sigma a})}e_{q2} \\ T''_{q0}\dot{e}''_d=-\dfrac{(X_q-X_{\sigma a})^2}{k_q(X_q-X''_q)(X_q-X_{\sigma a})}e_{d2} \end{cases} \tag{4-78}$$

2. 两绕组(f、g)转子模型(又称为双轴模型)

两绕组转子简化模型只考虑 q 轴上的阻尼 g 绕组，并认为阻尼 D 绕组和阻尼 Q 绕组不存在。这相当于在四绕组模型中 $X_D=X_Q=\infty, i_D=\psi_D=i_Q=\psi_Q=0$，由式(4-64)定义的空载电动势只有 e_{q1} 和 e_{d1}；由式(4-66) 定义的次暂态电动势不存在，即认为 $e_{d2}=e_{q2}=e''_d=e''_q=0$，于是两绕组转子模型的转子磁链方程和转子电压方程如式(4-79)和式(4-80)所示。

$$\begin{cases} e'_q = -(X_d - X'_d)i_d + e_{q1} \\ e'_d = (X_q - X'_q)i_q + e_{d1} \end{cases} \tag{4-79}$$

$$\begin{cases} T'_{d0}\dot{e}'_q = E_{fq} - e_{q1} = E_{fq} - e'_q - (X_d - X'_d)i_d \\ T'_{q0}\dot{e}'_d = -e_{d1} = -e'_d + (X_q - X'_q)i_q \end{cases} \tag{4-80}$$

同时定子绕组磁链方程式(4-67)退化为

$$\begin{cases} \psi_d = -X_d i_d + e_{q1} \\ \psi_q = -X_q i_q - e_{d1} \end{cases} \tag{4-81}$$

式(4-79)代入式(4-81)，可得用暂态电机参数表示的定子绕组磁链方程如下：

$$\begin{cases} \psi_d = e'_q - X'_d i_d \\ \psi_q = -e'_d - X'_q i_q \end{cases} \tag{4-82}$$

3. 不计阻尼绕组模型(又称为 e'_q 变化模型)

不计阻尼绕组转子简化模型相当于在四绕组模型中 $X_D = X_g = X_Q = \infty, i_g = \psi_g = 0, i_D = \psi_D = 0$ 和 $i_Q = \psi_Q = 0$，由式(4-64)定义的空载电动势只有 e_{q1}；由式(4-65)定义的暂态电动势只有 e'_q；由式(4-66) 定义的次暂态电动势不存在，即认为 $e_{d1} = e_{d2} = e_{q2} = 0, e'_d = e''_d = e''_q = 0$，于是不计阻尼绕组简化模型的转子磁链方程和转子电压方程如式(4-83)和式(4-84)所示。

$$e'_q = -(X_d - X'_d)i_d + e_{q1} \tag{4-83}$$

$$T'_{d0}\dot{e}'_q = E_{fq} - e_{q1} = E_{fq} - e'_q - (X_d - X'_d)i_d \tag{4-84}$$

同时定子绕组磁链方程式用以下暂态电机参数表示：

$$\begin{cases} \psi_d = e'_q - X'_d i_d \\ \psi_q = -X_q i_q \end{cases} \tag{4-85}$$

4. e'_q 恒定模型与经典模型

e'_q 恒定模型与经典模型是电力系统机电暂态过程分析中早期采用的两种同步电机模型。它们粗略地考虑了励磁绕组和励磁调节器的作用，现在电力系统规划中仍经常被采用。这两种模型都不计阻尼绕组对暂态过程的影响。

e'_q 恒定模型认为励磁绕组暂态过程和励磁调节器的共同作用使得式(4-84)中的 $\dot{e}'_q = 0$，从而有 $e'_q = -(X_d - X'_d)i_d + E_{fq}$ 为常数。这样，同步电机的数学模型仅为定子电压平衡方程式(4-76)和定子磁链方程式(4-85)，而不出现描述转子绕组暂态过程的微分方程。

经典模型是将同步电机看成是一个带内阻抗的简单电源，内阻抗的电阻部分等于定子绕组的电阻 R_a，电抗部分等于 d 轴暂态电抗 X'_d，而电源电动势的大小(用 E' 表示)在暂态过程中保持不变。电动势 E' 与端电压 U_t 及定子电流 I_t 的相量关系满足

$$\dot{E}' = \dot{U}_t + (R_a + jX'_d)\dot{I}_t \tag{4-86}$$

式中，E' 是一个虚构的等值电动势，没有明确的物理意义。经典模型是在假定“励磁调节器能使 E' 保持恒定”的条件下导出的同步电机单相等值电路模型。

4.6 同步电机的稳态数学模型及相量图

在稳态运行情况下，同步电机三相完全对称且转子以同步转速旋转。在此情况下，同步电机中各阻尼绕组的电流和相应的空载电动势都等于零，即 $i_D = i_g = i_Q = 0$，$e_{q2} = e_{d1} = e_{d2} = 0$，而其他绕组的电流 i_d、i_q、i_f 和对应于 i_f 的空载电动势 e_{q1}，以及各个绕组的磁链都保持恒定。应用这些条件，本节将导出各种形式的同步电机稳态方程式。由于在前几章有关稳态运行分析中，电压、电流等运行参数都用大写字母表示，为了统一起见，这里也用大写字母 U、E、I、Ψ 来表示同步电机相应电磁量的稳态值。

4.6.1 用同步电抗表示的同步电机稳态模型

由式(4-67)，可得以下稳态磁链方程：

$$\begin{cases} \Psi_d = -X_d I_d + E_q \\ \Psi_q = -X_q I_q \end{cases} \tag{4-87}$$

式中，E_q 即为空载电动势 e_{q1}，当励磁绕组外施电压为 u_f 时其值等于式(4-70)中的 E_{fq}。式(4-87)代入定子绕组电压方程式(4-76)，整理后得

$$\begin{cases} U_q = E_q - R_a I_q - X_d I_d \\ U_d = -R_a I_d + X_q I_q \end{cases} \tag{4-88}$$

将式(4-88)中的第一式两边乘以 $\mathrm{j}\left(\mathrm{j} \triangleq \exp\left(\mathrm{j}\,\dfrac{\pi}{2}\right)\right)$以后与第二式两边相加，得

$$jE_q = U_d + jU_q + R_a(I_d + jI_q) - X_q I_q + jX_d I_d \tag{4-89}$$

若选 q 轴为虚轴，d 轴为实轴，并用相量表示式(4-89)中的各变量，则有 $\dot{E}_q = jE_q$，$\dot{U}_q = jU_q$，$\dot{I}_q = jI_q$，$\dot{U}_d = U_d$，$\dot{I}_d = I_d$。于是定子绕组的电压和电流相量可表示为

$$\begin{cases} \dot{U}_t = \dot{U}_d + \dot{U}_q = U_d + jU_q \\ \dot{I}_t = \dot{I}_d + \dot{I}_q = I_d + jI_q \end{cases} \tag{4-90}$$

则式(4-89)可以改写为

$$\dot{U}_t = \dot{E}_Q - (R_a + jX_q)\dot{I}_t \tag{4-91}$$

式中，$\dot{E}_Q$ 是一个虚构的计算用的电动势，其值按式(4-92)计算。

$$\dot{E}_Q = \dot{E}_q - j(X_d - X_q)\dot{I}_d \tag{4-92}$$

与式(4-91)对应的凸极同步电机单相等值电路如图 4-3(a)所示，即实际的凸极同步

电机可表示为具有内阻抗 $R_a + jX_q$ 和内电动势 $\dot{E}_Q$ 的串联等值电路。这种处理方法称为等值隐极同步电机法。

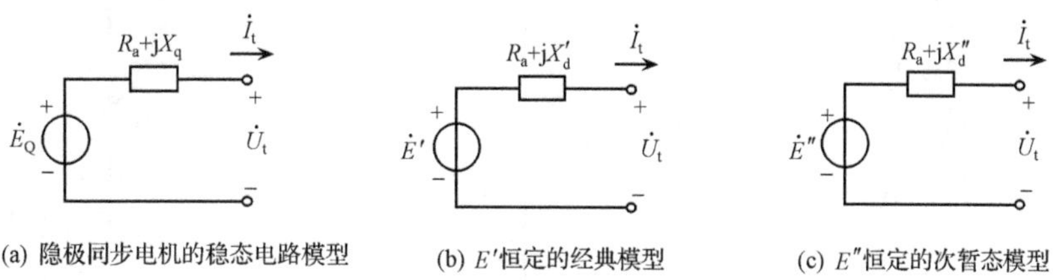

(a) 隐极同步电机的稳态电路模型　(b) E'恒定的经典模型　(c) E''恒定的次暂态模型

图 4-3　同步电机的单相等值电路模型

由式(4-91)和式(4-92)可以画出同步电机以同步电抗表示的相量图，如图 4-4(a)所示。在相量图中 $\dot{E}_Q$ 和 $\dot{E}_q$ 同相位，但式(4-92)表明 E_Q 既和 E_q 的大小有关，也和 I_d 的大小有关，因此，即使 E_q 不变，E_Q 的数值也会随着运行状态 I_d 的变化而变化。

图 4-4(a)中各相量皆以同步电机的 d 轴作实轴定义，因此，各个相量都以 $\dot{I}_d$ 为参考相量。然而，电力系统分析中往往需要采用统一的参考相量，例如，潮流分析中我们选择平衡节点的相电压作参考相量。令图 4-4 (a)中的 x 轴为全系统相量的参考轴，即电力系统潮流分析中平衡节点的相电压恰好落在 x 轴的正方向上。x 轴和超前于它 90°的 y 轴与同步电机的 d 轴和 q 轴对应构成了另外一个直角坐标系，电力系统稳态运行中，这两个直角坐标系围绕转子轴同步(向左)旋转。这样图 4-4(a)中的各个相量，既可以分解为 x 轴和 y 轴两个分量，又可以分解为 d 轴和 q 轴两个分量。显然图 4-4(a)中各个相量之间的相对关系并不因为参考相量的不同而改变。习惯上，常用 q 轴的位置，即其与 x 轴间的夹角(图 4-4(a)中的 δ 角)来表示转子的空间位置。这样各相量的实部和虚部变量对应上述两个坐标系间的转换关系可用式(4-93)和式(4-94)表示。

$$\begin{cases} A_x = A_d \sin\delta + A_q \cos\delta \\ A_y = -A_d \cos\delta + A_q \sin\delta \end{cases} \tag{4-93}$$

$$\begin{cases} A_d = A_x \sin\delta - A_y \cos\delta \\ A_q = A_x \cos\delta + A_y \sin\delta \end{cases} \tag{4-94}$$

式中，A 分别代表同步电机定子的各种电动势、电压、电流和磁链。

由 4.2.3 节派克变换的物理解释可以推知，电流 $\dot{I}_t$ 的相角正好等于 $t=0$ 时刻定子三相电流产生的旋转磁动势最大值与 a 相磁轴之间的角度，所以 x 轴恰好与同步电机 a 相的磁轴 Oa 重合，这样式(4-90)中的 $\dot{U}_t$ 和 $\dot{I}_t$ 变换为 x、y 直角坐标系相量后，其含义即为同步电机定子 a 相的标幺值相量，在此意义上，图 4-3(a)所示为同步电机的隐极同步电机单相等值稳态电路模型。假定同步电机的电压相量 $\dot{U}_t$ 和电流相量 $\dot{I}_t$ 通过潮流分析已得到，其值代入式(4-91)可求得 $\dot{E}_Q$，$\dot{E}_Q$ 的相角即为图 4-4(a)

中的 δ 角，然后通过式(4-94)可求出同步电机的 U_d、U_q 和 I_d、I_q。

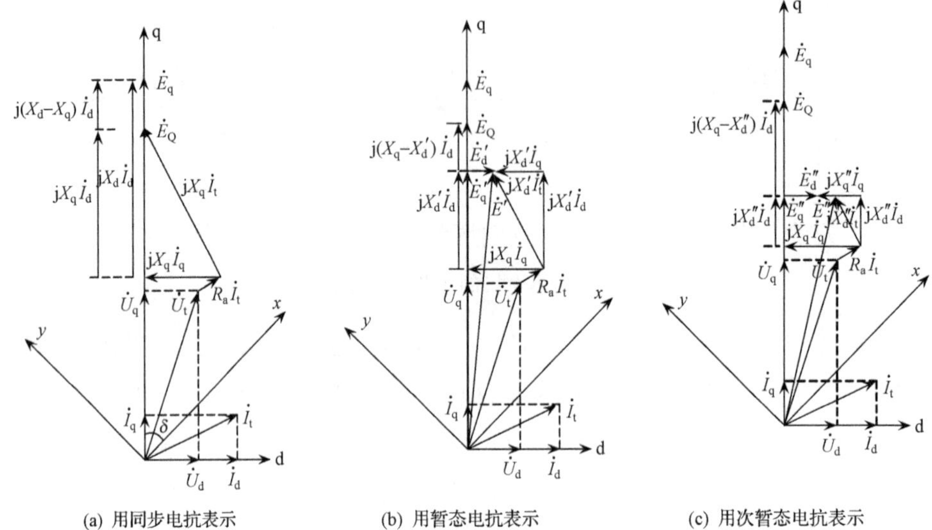

(a) 用同步电抗表示　(b) 用暂态电抗表示　(c) 用次暂态电抗表示

图 4-4　同步电机稳态相量图

4.6.2　用暂态电抗表示的同步电机稳态模型

由转子绕组磁链方程式(4-68)的第一式和第三式，考虑稳态情况下 $e_{q2}=e_{d1}=e_{d2}=0$，有

$$\begin{cases}E'_q=-(X_d-X'_d)I_d+E_q\\E'_d=(X_q-X'_q)I_q\end{cases}\tag{4-95}$$

式(4-87)结果代入式(4-95)，可得用暂态电动势和暂态电抗表示的定子绕组稳态磁链方程如下：

$$\begin{cases}\Psi_d=E'_q-X'_dI_d\\\Psi_q=-E'_d-X'_qI_q\end{cases}\tag{4-96}$$

式(4-96)代入定子绕组电压方程式(4-76)，整理后得

$$\begin{cases}U_q=E'_q-R_aI_q-X'_dI_d\\U_d=E'_d-R_aI_d+X'_qI_q\end{cases}\tag{4-97}$$

式中，第一式两边乘以 $\mathrm{j}\left(\mathrm{j}\triangleq\exp\left(\mathrm{j}\,\dfrac{\pi}{2}\right)\right)$后加第二式两边可得

$$U_d+\mathrm{j}U_q=E'_d+\mathrm{j}E'_q-\mathrm{j}X'_dI_d-R_a(I_d+\mathrm{j}I_q)+X'_qI_q\tag{4-98}$$

令 $\dot{E}'=E'_d+\mathrm{j}E'_q$，并假定 $X'_d=X'_q$，式(4-98)可简化为

$$\dot{U}_t=\dot{E}'-(R_a+\mathrm{j}X'_d)\dot{I}_t\tag{4-99}$$

式(4-99)即式(4-86)所示的同步电机经典模型，其单相等值电路示于图 4-3(b)，与式(4-98)和式(4-99)对应的相量图如图 4-4(b)所示。

4.6.3　用次暂态电抗表示的同步电机稳态模型

为了绘制用次暂态电抗表示的同步电机稳态相量图，先定义横轴复合次暂态电动势 E''_q 和纵轴复合次暂态电动势 E''_d 如下：

$$E''_q = \frac{\dfrac{\Psi_f}{X_{\sigma f}} + \dfrac{\Psi_D}{X_{\sigma D}}}{\dfrac{1}{X_{ad}} + \dfrac{1}{X_{\sigma f}} + \dfrac{1}{X_{\sigma D}}} = \sigma_{eq} X_{ad} \left(\frac{\Psi_f}{X_{\sigma f}} + \frac{\Psi_D}{X_{\sigma D}} \right) \tag{4-100}$$

式中

$$\sigma_{eq} = \frac{\dfrac{X_{\sigma f} X_{\sigma D}}{X_{\sigma f} + X_{\sigma D}}}{X_{ad} + \dfrac{X_{\sigma f} X_{\sigma D}}{X_{\sigma f} + X_{\sigma D}}} = \frac{\sigma_f \sigma_D}{1 - (1 - \sigma_f)(1 - \sigma_D)}$$

$$\sigma_f = \frac{X_{\sigma f}}{X_{ad} + X_{\sigma f}}, \quad \sigma_D = \frac{X_{\sigma D}}{X_{ad} + X_{\sigma D}}$$

$$E''_d = - \frac{\dfrac{\Psi_g}{X_{\sigma g}} + \dfrac{\Psi_Q}{X_{\sigma Q}}}{\dfrac{1}{X_{aq}} + \dfrac{1}{X_{\sigma g}} + \dfrac{1}{X_{\sigma Q}}} = - \sigma_{ed} X_{aq} \left(\frac{\Psi_g}{X_{\sigma g}} + \frac{\Psi_Q}{X_{\sigma Q}} \right) \tag{4-101}$$

式中

$$\sigma_{ed} = \frac{\dfrac{X_{\sigma g} X_{\sigma Q}}{X_{\sigma g} + X_{\sigma Q}}}{X_{aq} + \dfrac{X_{\sigma g} X_{\sigma Q}}{X_{\sigma g} + X_{\sigma Q}}} = \frac{\sigma_g \sigma_Q}{1 - (1 - \sigma_g)(1 - \sigma_Q)}$$

$$\sigma_g = \frac{X_{\sigma g}}{X_{aq} + X_{\sigma g}}, \quad \sigma_Q = \frac{X_{\sigma Q}}{X_{aq} + X_{\sigma Q}}$$

E''_q 和 E''_d 称为横轴和纵轴的复合次暂态电动势是为了与 4.4 节引入的次暂态电动势 e''_q 和 e''_d 的称谓区别，有的教科书亦将式(4-100)定义的 E''_q 称为横轴次暂态电动势，读者在阅读有关书籍的时候要注意其含义不同。若将磁链视作电压源，电抗视作电阻，式(4-53)和式(4-54)所示 d 轴和 q 轴磁链方程的稳态等值电路如图 4-5(a)和图 4-6(a)所示，其对应的用复合次暂态电动势及次暂态电抗表示的简化等值电路图如图 4-5(b)和图 4-6(b)所示。简化等值电路图相当于作虚线左边电路的戴维南等值电路后所

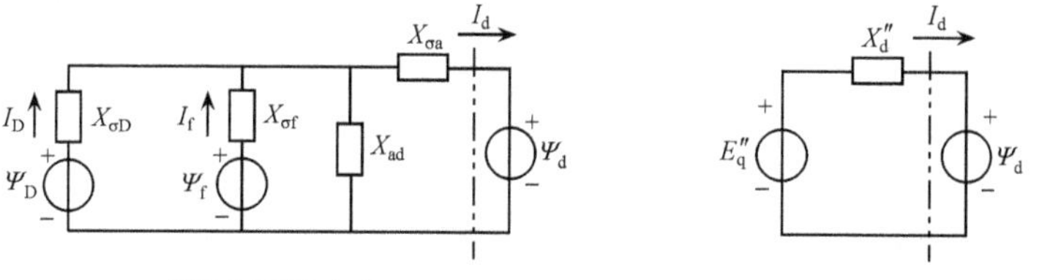

(a) 纵轴磁链等值电路　　(b) 用 E''_q 及 X''_d 表示的纵轴磁链等值电路

图 4-5　同步电机稳态纵轴磁链等值电路

得的电路。图中 E''_q 和 X''_d 由式(4-100)和式(4-57)计算，E''_d 和 X''_q 由式(4-101)和式(4-60)计算。

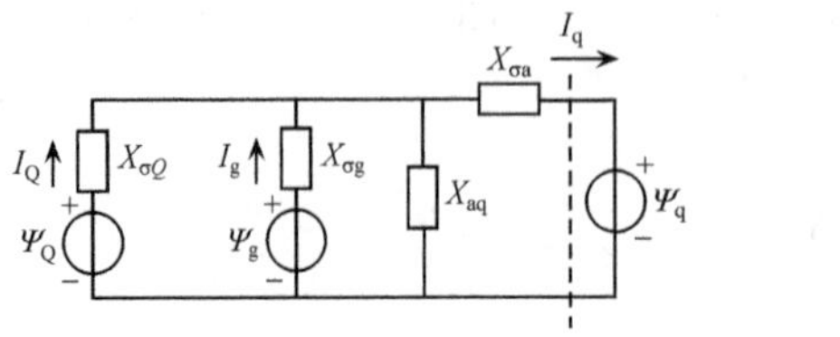

(a) 横轴磁链等值电路

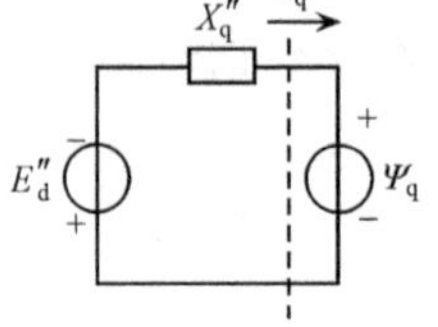

(b) 用E''_d及X''_q表示的横轴磁链等值电路

图 4-6　同步电机稳态横轴磁链等值电路

引入横轴复合次暂态电动势 E''_q 和纵轴复合次暂态电动势 E''_d 后，定子绕组的磁链方程可表示为

$$\begin{cases}\Psi_d = E''_q - X''_d I_d \\ \Psi_q = -E''_d - X''_q I_q\end{cases} \tag{4-102}$$

式(4-102)代入定子绕组电压方程式(4-76)，整理后得

$$\begin{cases}U_q = E''_q - R_a I_q - X''_d I_d \\ U_d = E''_d - R_a I_d + X''_q I_q\end{cases} \tag{4-103}$$

式中，第一式两边乘以 $\mathrm{j}\left(\mathrm{j} \triangleq \exp\left(\mathrm{j}\,\dfrac{\pi}{2}\right)\right)$后加第二式两边可得

$$U_d + \mathrm{j}U_q = E''_d + \mathrm{j}E''_q - \mathrm{j}X''_d I_d - R_a(I_d + \mathrm{j}I_q) + X''_q I_q \tag{4-104}$$

若令 $\dot{E}'' = E''_d + \mathrm{j}E''_q$，并假定 $X''_d = X''_q$，式(4-104)可简化为

$$\dot{U}_t = \dot{E}'' - (R_a + \mathrm{j}X''_d)\dot{I}_t \tag{4-105}$$

式(4-105)即同步电机 $\dot{E}''$ 恒定的单相等值电路模型，其单相等值电路示于图 4-3(c)，与式(4-104)和式(4-105)对应的相量图如图 4-4 (c)所示。

例 4-1　已知同步电机的标幺值参数为 $R_a = 0.0, X_d = 1.0, X_q = 0.6, X'_d = 0.3, X'_q = 0.3, X''_d = 0.2, X''_q = 0.2, U_t = 1, I_t = 1, \cos\varphi = 0.85$，试计算该同步电机的 E_q, E'_q, E'_d, E''_q 和 E''_d。

解　选 $\dot{U}_t = 1.0\angle 0°$ 为参考相量，忽略了定子电阻的同步电机相量图如图 4-7 所示。由图可计算

$$E_Q = \sqrt{(U_t + X_q I_t \sin\varphi)^2 + (X_q I_t \cos\varphi)^2}$$
$$= \sqrt{(1 + 0.6 \times 1 \times 0.5268)^2 + (0.6 \times 1 \times 0.85)^2} = 1.41$$

$$\delta = \arctan\frac{X_q I_t \cos\varphi}{U_t + X_q I_t \sin\varphi} = \arctan\frac{0.6 \times 1 \times 0.85}{1 + 0.6 \times 1 \times 0.5268} = 21.18°$$

$$\varphi = \arccos 0.85 = 31.78°,\quad \delta + \varphi = 52.96°$$

$$I_d = I_t \sin(\delta + \varphi) = 0.7982,\quad I_q = I_t \cos(\delta + \varphi) = 0.6023$$

$$U_d = U_t \sin\delta = 0.3613,\quad U_q = U_t \cos\delta = 0.9324$$

$$E_q = U_q + X_d I_d = 0.9324 + 1 \times 0.7982 = 1.7306$$

$$E'_q = U_q + X'_d I_d = 0.9324 + 0.3 \times 0.7982 = 1.1719$$
$$E'_d = U_d - X'_q I_q = 0.3613 - 0.3 \times 0.6023 = 0.1806$$
$$E''_q = U_q + X''_d I_d = 0.9324 + 0.2 \times 0.7982 = 1.092$$
$$E''_d = U_d - X''_q I_q = 0.3613 - 0.2 \times 0.6023 = 0.2408$$

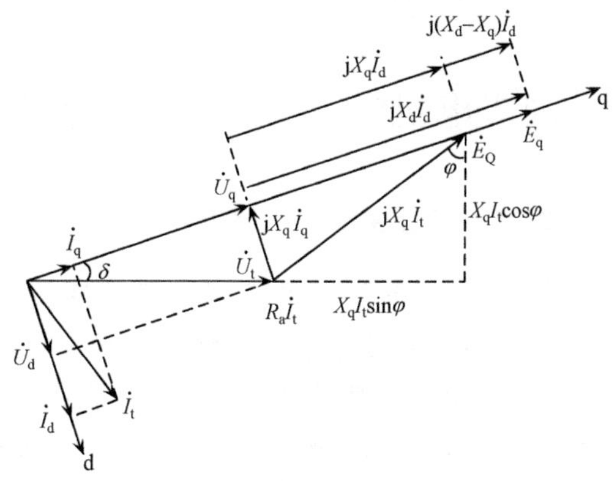

图 4-7　忽略了定子电阻的同步电机相量图

思　考　题

4-1　试分别叙述式(4-2)中，定子绕组的自感系数、定子绕组间的互感系数、定子绕组与转子绕组间的互感系数、转子绕组的自感系数和转子绕组间的互感系数的特征，并说明哪些自感系数和互感系数与转子角有关，哪些自感系数和互感系数与转子角无关。

4-2　试应用式(4-21)及以下三角恒等式说明式(4-39)及表 4-1 所列结果：

$$\cos(\alpha - x) = \frac{2}{3}[\cos\alpha\cos x + \cos(\alpha - 2\pi/3)\cos(x - 2\pi/3) + \cos(\alpha + 2\pi/3)\cos(x + 2\pi/3)]$$

$$\sin(\alpha - x) = \frac{2}{3}[\sin\alpha\cos x + \sin(\alpha - 2\pi/3)\cos(x - 2\pi/3) + \sin(\alpha + 2\pi/3)\cos(x + 2\pi/3)]$$

4-3　试由图 4-2(a)和(b)所示的同步电机 d 轴和 q 轴的磁链方程等值电路图，列写同步电机 d 轴和 q 轴的磁链方程式(4-53)和式(4-54)。

4-4　已知一凸极同步电机的标幺值参数为 $R_a = 0.0$，$X_d = 1.0$，$X_q = 0.6$，$X'_d = X'_q = 0.3$，$X''_d = 0.15$，$X''_q = 0.12$，该同步电机的稳态运行参数为 $\dot{U}_t = 1\angle 1.2^\circ$，$P + jQ = 1.0 + j0.1$，试计算该同步电机的 E_q，E'_q，E'_d，E''_q 和 E''_d，并以 d 轴为参考轴，对照图 4-4 绘制同步电机稳态运行相量图。

第 5 章　同步电机三相短路暂态过程分析

5.1　同步电机三相短路物理过程分析

5.1.1　同步电机三相短路的特点及磁链守恒原理

同步电机由多个有磁耦合关系的绕组构成,定子绕组同转子绕组之间还有相对运动,同步电机三相短路的冲击电流可能达到其额定电流的十几倍。这样大的冲击电流有可能造成同步电机本身和有关电气设备的损坏。同步电机稳态对称运行(包括稳态对称短路)时,三相定子电流产生的电枢磁动势其最大值不随时间变化,在空间以同步速度旋转,同转子没有相对运动,因此,不会在转子绕组中感应电流。突然短路时,定子电流在数值上发生急剧的变化,电枢反应磁通也随着变化,并在转子绕组中感应出电流,这种电流反过来又影响定子电流的变化。定子和转子绕组电流的互相作用是同步电机突然短路的主要特点。

对同步电机突然短路暂态过程进行物理分析的理论基础是磁链守恒原理。从电压的观点来看,绕组磁链的跃变意味着 $\mathrm{d}\psi/\mathrm{d}t$ 为无限大,即同步电机电路中要有电动势为无限大的电源,实际上这是不可能的。根据楞次定律,任何电感线圈在换路(即接线方式突然变化)的瞬间,都能维持磁链不变,这就是磁链守恒原理。

在同步电机里存在着多个彼此间存在强电磁耦合关系的绕组,这些绕组的电阻相对于其电抗来说是很小的,因而在进行分析时,我们假定在短路后的一小段时间内,各绕组电流几乎没有衰减,然后对每一个绕组应用磁链守恒原理,确定每一个绕组在同步电机突然短路后将出现哪些电流分量,分清哪些是自由电流,哪些是强制电流,然后确定每一个自由电流将按什么规律衰减。在分析中我们应用了第 4 章介绍的同步电机数学模型,并认为同步电机的转速不变,除了时间常数同步电机的各种参数都用标幺值表示。

5.1.2　无阻尼绕组同步电机空载三相短路的物理过程

1. 定子短路电流分量分析

无阻尼同步电机突然短路,定子各相绕组出现的电流,可以根据定子绕组磁链守恒原理来确定。因此,先必须确定定子和励磁绕组短路前的电流和磁链。假定短路前电机处于空载状态,则短路前有 $I_d=I_q=0$, $i_g=i_D=i_Q=0$, $i_{f[0]}=u_f/R_f$,同时由磁链方程式(4-53)和式(4-54)可得出

$$\begin{cases}\Psi_0 \triangleq \psi_d = X_{ad} i_{f[0]} \\ \psi_q = 0\end{cases} \tag{5-1}$$

式中，Ψ_0 表示同步电机转子通过气隙与定子交链的磁链；$i_{f[0]}$ 和 u_f 表示励磁绕组短路前的电流和电压(见图 4-1(a))。当转子以同步转速 ω 旋转时，定子各相绕组的磁链将随转子位置角 $\alpha = \omega t + \alpha_0$ 作正弦变化，即

$$\begin{cases}\psi_a = \Psi_0 \cos(\omega t + \alpha_0) \\ \psi_b = \Psi_0 \cos(\omega t + \alpha_0 - 2\pi/3) \\ \psi_c = \Psi_0 \cos(\omega t + \alpha_0 + 2\pi/3)\end{cases} \tag{5-2}$$

如果短路在 $t=0$ 时刻发生，转子位置角 $\alpha = \alpha_0$，由式(5-2)定子各相绕组的磁链应为

$$\begin{cases}\psi_{a0} = \Psi_0 \cos\alpha_0 \\ \psi_{b0} = \Psi_0 \cos(\alpha_0 - 2\pi/3) \\ \psi_{c0} = \Psi_0 \cos(\alpha_0 + 2\pi/3)\end{cases} \tag{5-3}$$

为了维持磁链初值不变，定子三相绕组中将出现电流，其所产生的磁链 $\Delta\psi_a$、$\Delta\psi_b$、$\Delta\psi_c$ 必须满足

$$\begin{cases}\psi_{a0} = \Delta\psi_a + \psi_a \\ \psi_{b0} = \Delta\psi_b + \psi_b \\ \psi_{c0} = \Delta\psi_c + \psi_c\end{cases} \tag{5-4}$$

将式(5-2)和式(5-3)代入式(5-4)，整理后可得

$$\begin{cases}\Delta\psi_a = \psi_{a0} - \psi_a = \Psi_0 \cos\alpha_0 - \Psi_0 \cos(\omega t + \alpha_0) \\ \Delta\psi_b = \psi_{b0} - \psi_b = \Psi_0 \cos(\alpha_0 - 2\pi/3) - \Psi_0 \cos(\omega t + \alpha_0 - 2\pi/3) \\ \Delta\psi_c = \psi_{c0} - \psi_c = \Psi_0 \cos(\alpha_0 + 2\pi/3) - \Psi_0 \cos(\omega t + \alpha_0 + 2\pi/3)\end{cases} \tag{5-5}$$

式(5-5)说明，在短路发生后，定子三相绕组电流中至少包括两种电流，一种是同步频率($f = \omega/(2\pi)$)的交流(以下称为基频电流)，三相绕组的基频电流直接产生式(5-5)中的按正弦变化的磁链，用以抵消转子主磁场对定子各相绕组产生的交变磁链；另一种是恒定电流(以下称为直流)，分别产生式(5-5)中不变的磁链。这两种电流共同来维持定子三相绕组的磁链初值不变。需要指出的是，定子各相的直流只在空间形成静止的恒定磁动势，对凸极电机，当转子旋转时由于转子纵轴向和横轴向的磁阻不同，转子每转过 180°电角度，磁阻便经历一个变化周期，因而只有在这个恒定的磁动势上叠加一个适应磁阻变化、具有两倍同步频率的交变分量，才可能维持式(5-5)中的磁链 ψ_{a0}、ψ_{b0} 和 ψ_{c0} 不变。因此，对凸极同步电机，定子三相电流中还应有两倍同步频率的电流(以下称为倍频电流)与直流分量共同作用，来维持定子绕组的磁链初值不变。

2. 转子短路电流分量分析

突然短路后，定子电流将对转子产生强烈的电枢反应作用。定子三相对称基频

电流产生的电枢旋转磁场，对转子相对静止。当定子绕组的电阻略去不计时，定子电流产生的电枢旋转磁场的方向恰好与转子 d 轴反向，并产生纯去磁性的电枢反应。为了抵消该电枢反应的影响，维持励磁绕组磁链初值不变，励磁绕组将产生一项直流电流，它的方向与原有的励磁电流相同，使励磁绕组的磁场得到加强。这项附加的直流分量产生的磁通也有一部分要穿过定子绕组，从而激起定子基频电流的更大增长。这就是同步电机在突然短路的暂态过程中，定子电流要大大地超过其稳态短路电流的原因。

定子电流中的直流分量，产生一个在空间静止的磁场，它对于以同步转速旋转的励磁绕组将产生一个同步频率的交变磁链。定子电流倍频分量所产生的两倍同步转速的旋转磁场，也使转子励磁绕组产生同步频率的交变磁链（见表 4.1）。为了抵消定子的直流和倍频电流产生的电枢反应，在转子绕组中也将出现一种同步频率的基频电流。励磁绕组中的这项基频电流也要施反作用于定子。这个基频电流在转子中产生一个以同步频率变化的磁场，这个磁场又可以分解为两个相反方向相对于转子以同步速度旋转的磁场。其中，反转磁场对于定子绕组相对静止，它会影响定子绕组直流分量的数值，另一个正转磁场相对于定子绕组以两倍同步转速旋转，对定子绕组产生两倍同步频率的交变磁链，并对定子绕组中倍频电流的大小产生影响。

3. 定子、转子短路电流分量间的关系

从以上分析可见，无阻尼绕组同步电机突然短路时，定子电流将包含基频分量 i'、直流分量 i_{ap} 和倍频分量 $i_{2\omega}$。基频和倍频分量都是周期电流，但在工程计算中常略去倍频分量，所谓周期分量习惯上是指基频电流。直流分量也称为非周期分量。倍频电流和非周期电流都是为了维持定子磁链守恒而出现的，都属于自由分量。定子短路电流的稳态值 i_∞ 是短路电流的强制分量，因此，基频电流 i' 同稳态电流 i_∞ 之差（即 $\Delta i' = i' - i_\infty$），也是一种自由电流。与恒电压源电路的突然短路相比较，同步电机突然短路时，在自由电流中除了非周期分量外，还包含周期分量和倍频分量。转子绕组的自由电流中包含直流分量 Δi_{fa} 和同步频率交流分量 $\Delta i_{f\omega}$，由励磁电压 u_f（假定其值不变）产生的励磁电流 $i_{f[0]} = u_f/R_f$ 属于强制分量。定子、转子励磁绕组中的各种电流分量及它们之间互相依存的关系如表 5-1 所示。

表 5-1　定子、转子各种电流之间的关系

	强制分量	自由分量	
定子	稳态短路电流 i_∞	基频电流 $\Delta i' = i' - i_\infty$	直流和倍频电流 $i_{ap} \rightarrow i_{2\omega}$
	↑	↑	↓　↑
转子	励磁电流 $i_{f[0]}$	直流 Δi_{fa}	基频电流 $\Delta i_{f\omega}$

必须指出，在以上同步电机短路电流的定性分析中，将定子、转子短路电流分解为各种分量，实际上每个绕组都只有一个短路电流。搞清楚短路时定子、转子各种短路电流分量出现的原因及它们之间的相互关系，对短路分析计算是很有帮助的。

5.2　无阻尼绕组同步电机三相短路电流计算

对于无阻尼绕组同步电机其磁链方程由式(4-53)和式(4-54)退化成式(5-6)和式(5-7)。

$$\begin{cases}\psi_d = -X_d i_d + X_{ad} i_f \\ \psi_f = -X_{ad} i_d + X_f i_f\end{cases} \tag{5-6}$$

$$\psi_q = -X_q i_q \tag{5-7}$$

磁链方程式(5-6)和式(5-7)对短路前后的同步电机都成立。

5.2.1　不计衰减时同步电机空载短路电流计算

对空载情况，由式(5-3)表示的定子 a、b、c 绕组磁链初值，通过派克变换式(4-21)计算，可求出

$$\begin{cases}\psi_{d\omega} = \Psi_0 \cos\omega t \\ \psi_{q\omega} = -\Psi_0 \sin\omega t\end{cases} \tag{5-8}$$

短路前定子开路，即 $I_{d[0]} = 0, I_{q[0]} = 0$ 和 $E_{q[0]} = U_{q[0]}$，由式(4-87)和式(5-1)可推知 $\Psi_0 = E_q$，即 $\Psi_0 = U_{q[0]} = U_{t[0]}$（见图 5-2(a)的相量图），式中下标[0]表示短路发生前的变量，所以式(5-8)可以改写成

$$\begin{cases}\psi_{d\omega} = U_{t[0]} \cos\omega t \\ \psi_{q\omega} = -U_{t[0]} \sin\omega t\end{cases} \tag{5-9}$$

另外，考虑短路前 $I_{d[0]} = 0, I_{q[0]} = 0$，所以由式(5-6)的第二式，短路后励磁绕组的磁链可由短路前磁链方程求出如下：

$$\psi_{f0} = X_f i_{f[0]} \tag{5-10}$$

将式(5-10)中的 ψ_{f0} 和式(5-9)中的 $\psi_{d\omega}$、$\psi_{q\omega}$ 代入短路后的式(5-6)和式(5-7)（注意式(5-6)和式(5-7)是线性方程），应用叠加原理可得

$$\begin{cases}0 = -X_d i'_d + X_{ad}(i_{f[0]} + \Delta i_{fa}) \\ \psi_{f0} = -X_{ad} i'_d + X_f(i_{f[0]} + \Delta i_{fa})\end{cases} \tag{5-11}$$

$$\begin{cases}\psi_{d\omega} = -X_d i_{d\omega} + X_{ad}\Delta i_{f\omega} \\ 0 = -X_{ad} i_{d\omega} + X_f \Delta i_{f\omega}\end{cases} \tag{5-12}$$

$$\psi_{q\omega} = -X_q i_{q\omega} \tag{5-13}$$

式中，i'_d 和 $i_{f[0]} + \Delta i_{fa}$ 表示以 ψ_{f0} 作激励的电流响应（即维持励磁绕组磁链守恒的电流响应，$i_{f[0]}$ 和 Δi_{fa} 分别表示励磁绕组的强制分量和非周期自由分量）；$i_{d\omega}$、$\Delta i_{f\omega}$ 与 $i_{q\omega}$ 表示分别以 $\psi_{d\omega}$ 与 $\psi_{q\omega}$ 作激励的电流响应（即维持定子绕组磁链守恒的电流响应）。

不计衰减的定子、转子电流可通过求解方程式(5-11)~式(5-13)获得。

1. 定子基频电流和励磁绕组直流分量计算

由式(5-11)可绘制其等值电路图如图 5-1(a),其用暂态电动势 E'_q(见式(4-65)第一式)和暂态电抗 X'_d(见式(4-56))表示的等值电路如图 5-1(b)所示。图中 E'_{q0} 表示短路后同步电机的暂态电动势,式(4-65)表明暂态电动势 E'_{q0} 和励磁绕组的磁链 ψ_{f0} 成正比,所以短路发生时,暂态电动势 E'_q 和 ψ_f 同样满足守恒原理,即 E'_{q0} 可用短路前开路情况的同步电机稳态电路计算(见图 5-2(a))。由图 5-1 可得

$$i'_d = \frac{X_{ad}/X_f}{X'_d}\psi_{f0} = \frac{E'_{q0}}{X'_d} \tag{5-14}$$

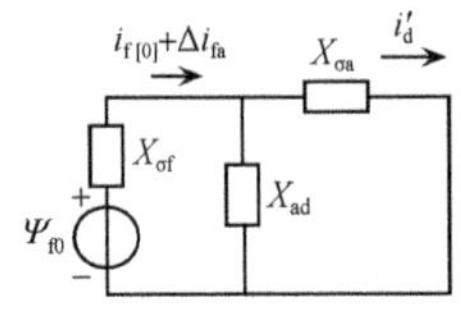

(a) 等值电路

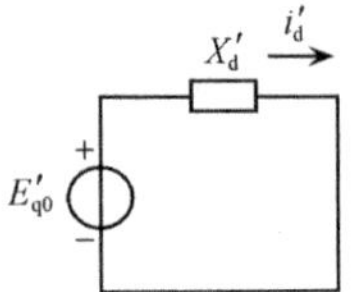

(b) 用暂态电动势和暂态电抗表示的等值电路

图 5-1 式(5-11)磁链方程等值电路

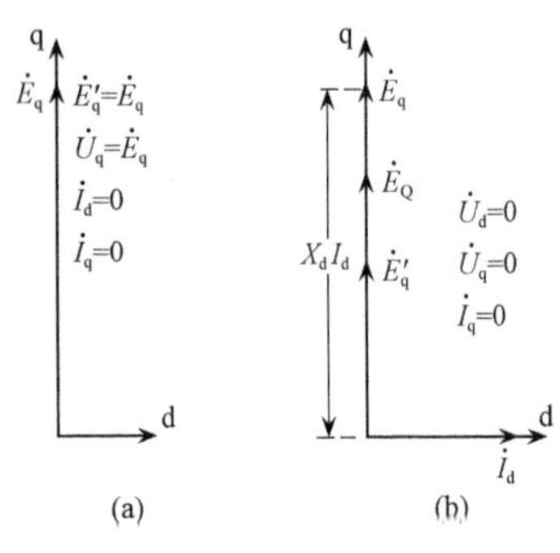

图 5-2 无阻尼绕组同步电机空载及短路相量图

将式(5-10)和式(5-14)的结果代入式(5-11)的第二式可得

$$\Delta i_{fa} = \left(\frac{X_{ad}}{X_f}\right)i'_d \tag{5-15}$$

考虑式(4-56),式(5-15)亦可写成

$$\Delta i_{fa} = \frac{X_d - X'_d}{X_{ad}}\frac{E'_{q0}}{X'_d} \tag{5-16}$$

短路进入稳态后,如果励磁电压没有变化,励磁绕组的电流将恢复初值,于是稳态短路电流可表示为(见图 5-2(b))

$$i_{d\infty} = \frac{E_{q\infty}}{X_d} = \frac{E_{q[0]}}{X_d} \tag{5-17}$$

$E_{q\infty}$ 表示短路进入稳态后的空载电动势;$E_{q[0]}$ 表示短路前的空载电动势。由式(5-14)和式(5-17),定子基频电流的自由分量可表示为

$$i'_d - i_{d\infty} = \frac{E'_{q0}}{X'_d} - \frac{E_{q[0]}}{X_d} \tag{5-18}$$

2. 定子绕组直流和转子绕组基频电流分量计算

由式(5-12)可绘制等值电路图如图 5-3(a),其用暂态电抗表示的等值电路如图 5-3(b)所示。$\psi_{d\omega}$ 在等值电路图 5-3 中相当于电压源,$i_{d\omega}$ 和 $\Delta i_{f\omega}$ 表示 $\psi_{d\omega}$ 作激励的

电流响应。由图5-3(b)可以解出 $i_{d\omega}$，并用式(5-9)表示 $\psi_{d\omega}$ 可得

$$i_{d\omega}=-\frac{\psi_{d\omega}}{X'_d}=-\frac{U_{t[0]}}{X'_d}\cos\omega t \tag{5-19}$$

式(5-19)代入式(5-12)的第二式有

$$\Delta i_{f\omega}=\frac{X_{ad}}{X_f}i_{d\omega}=-\frac{X_d-X'_d}{X_{ad}}\frac{U_{t[0]}}{X'_d}\cos\omega t \tag{5-20}$$

式(5-20)由第二步到第三步的变换应用了式(4-56)的结果。

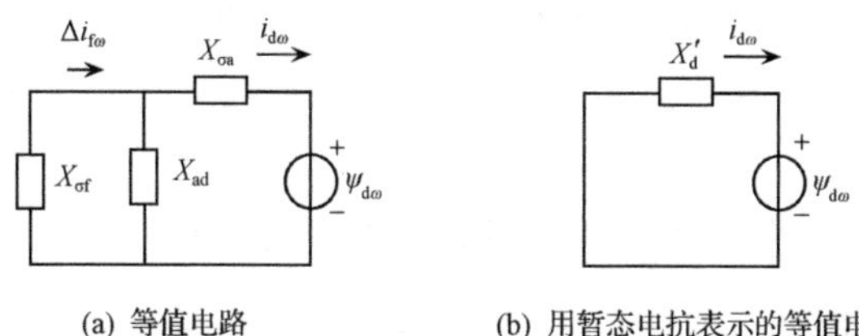

(a) 等值电路　(b) 用暂态电抗表示的等值电路

图5-3　式(5-12)磁链方程等值电路

类似地，由式(5-13)直接可以解出 $i_{q\omega}$，用式(5-9)表示 $\psi_{q\omega}$ 可得

$$i_{q\omega}=-\frac{\psi_{q\omega}}{X_q}=\frac{U_{t[0]}}{X_q}\sin\omega t \tag{5-21}$$

3. 不计衰减定子三相绕组和励磁绕组短路电流

将定子d绕组各电流分量合成可得

$$i_d=i_{d\infty}+(i'_d-i_{d\infty})+i_{d\omega}=\frac{E_{q[0]}}{X_d}+\left(\frac{E'_{q0}}{X'_d}-\frac{E_{q[0]}}{X_d}\right)-\frac{U_{t[0]}}{X'_d}\cos\omega t \tag{5-22}$$

式(5-22)右边第二项对应维持励磁绕组磁链守恒的自由分量，第三项对应维持定子三相绕组磁链守恒的自由分量。定子q绕组只有维持定子三相绕组磁链守恒的自由分量，由式(5-21)可写出如下表达式：

$$i_q=i_{q\omega}=\frac{U_{t[0]}}{X_q}\sin\omega t \tag{5-23}$$

式(5-22)和式(5-23)表明，在d、q、0坐标系中定子短路电流包含直流分量和基频分量。经过派克坐标反变换(见式(4-23))，定子d、q、0坐标系中的直流便转化为a、b、c坐标系中的基频交流，而d、q、0坐标系中的基频交流则转化为a、b、c坐标系中的非周期电流和倍频电流。例如，定子a相电流为

$$\begin{aligned}i_a&=i_d\cos(\omega t+\alpha_0)-i_q\sin(\omega t+\alpha_0)=\left[\frac{E_{q[0]}}{X_d}+\left(\frac{E'_{q0}}{X'_d}-\frac{E_{q[0]}}{X_d}\right)\right]\cos(\omega t+\alpha_0)\\&\quad-\frac{U_{t[0]}}{X'_d}\cos\omega t\cos(\omega t+\alpha_0)-\frac{U_{t[0]}}{X_q}\sin\omega t\sin(\omega t+\alpha_0)\end{aligned} \tag{5-24}$$

式(5-24)经数学变换可得

$$i_a = \frac{E_{q[0]}}{X_d}\cos(\omega t+\alpha_0)+\left(\frac{E'_{q0}}{X'_d}-\frac{E_{q[0]}}{X_d}\right)\cos(\omega t+\alpha_0)$$
$$-\frac{U_{t[0]}}{2}\left(\frac{1}{X'_d}+\frac{1}{X_q}\right)\cos\alpha_0-\frac{U_{t[0]}}{2}\left(\frac{1}{X'_d}-\frac{1}{X_q}\right)\cos(2\omega t+\alpha_0) \quad (5\text{-}25)$$

式(5-25)就是不计衰减时同步电机空载机端三相短路定子 a 相短路电流的解析表达式。其中直流分量的出现与合闸角 α_0 有关。当 $\alpha_0=\pi/2$ 时，a 相电流中将没有非周期分量，但倍频分量的出现则同 α_0 的数值无关，它只是由于转子纵轴向和横轴向的磁阻不同而产生的。类似地不计衰减时励磁绕组电流的表达式可写为

$$i_f = i_{f[0]}+\Delta i_{fa}+\Delta i_{f\omega} = i_{f[0]}+\frac{X_d-X'_d}{X_{ad}}\frac{E'_{q0}}{X'_d}-\frac{X_d-X'_d}{X_{ad}}\frac{U_{t[0]}}{X'_d}\cos\omega t \quad (5\text{-}26)$$

5.2.2 不计衰减时同步电机负载状态下的短路电流计算

若短路前同步电机带负载，突然短路以后的短路电流计算仍然应用短路后的磁链方程式(5-11)～式(5-13)，但要注意同步电机负载情况下的 ψ_{f0}、$\psi_{d\omega}$ 和 $\psi_{q\omega}$ 与空载情况下的不同。

1. 定子基频电流和励磁绕组直流分量计算

由纵轴向磁链方程式(5-6)的第二式，负载情况下的短路时刻励磁绕组磁链 ψ_{f0} 如下：

$$\psi_{f0} = -X_{ad}I_{d[0]}+X_f i_{f[0]} \quad (5\text{-}27)$$

式中 $I_{d[0]}$ 可由相量图 5-4 按下式求出：

$$I_{d[0]} = \frac{E'_{q0}-U_{t[0]}\cos\delta_0}{X'_d} \quad (5\text{-}28)$$

为求解式(5-11)磁链方程，先由图 5-1(b)求出 i'_d 如下式所示：

$$i'_d = \frac{X_{ad}/X_f}{X'_d}\psi_{f0} = \frac{E'_{q0}}{X'_d} \quad (5\text{-}29)$$

将式(5-27)、式(5-28)和式(5-29)的结果代入式(5-11)第二式可得

$$\Delta i_{fa} = \frac{X_{ad}U_{t[0]}\cos\delta_0}{X_f X'_d} = \frac{(X_d-X'_d)U_{t[0]}\cos\delta_0}{X_{ad}X'_d} \quad (5\text{-}30)$$

式(5-30)的推导中考虑了式(4-56)的结果。

2. 定子直流和励磁绕组基频电流分量计算

由式(4-76)可知，若忽略了定子绕组的电阻，短路时刻同步电机磁链 $\psi_{d[0]}$ 和 $\psi_{q[0]}$ 可计算如下：

$$\begin{cases}\psi_{d[0]} = u_{q[0]} = U_{t[0]}\cos\delta_0\\ \psi_{q[0]} = -u_{d[0]} = -U_{t[0]}\sin\delta_0\end{cases} \quad (5\text{-}31)$$

对照图 5-4，当相量 $\dot{U}_t$ 围绕坐标轴原点，逆时针方向按同步转速 ω 旋转时，其在 d 轴

和 q 轴上的投影即为 $\psi_{d\omega}$ 和 $\psi_{q\omega}$，于是考虑式(5-31)有如下关系式：

$$\begin{cases}\psi_{d\omega} = U_{t[0]}\cos(\omega t + \delta_0) \\ \psi_{q\omega} = -U_{t[0]}\sin(\omega t + \delta_0)\end{cases} \tag{5-32}$$

将式(5-32)与式(5-9)比较，可见，式(5-9)是 $\delta_0 = 0$ 情况下式(5-32)的特例。

将式(5-32)结果代入式(5-12)的磁链方程，由图 5-3(b)解出 $i_{d\omega}$，并用式(5-32)的第一式表示 $\psi_{d\omega}$ 可得

$$i_{d\omega} = -\frac{\psi_{d\omega}}{X'_d} = -\frac{U_{t[0]}}{X'_d}\cos(\omega t + \delta_0) \tag{5-33}$$

将式(5-33)结果代入式(5-12)的第二式可得

$$\Delta i_{f\omega} = \left(\frac{X_{ad}}{X_f}\right) i_{d\omega} = -\frac{X_d - X'_d}{X_{ad}}\frac{U_{t[0]}}{X'_d}\cos(\omega t + \delta_0) \tag{5-34}$$

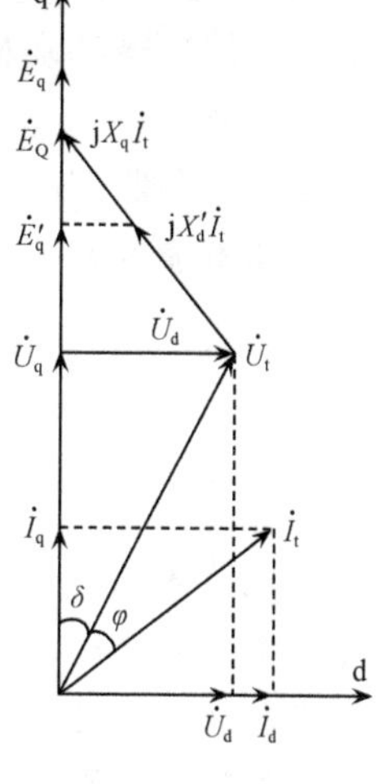

图 5-4　无阻尼绕组同步电机负荷状态相量图

式(5-34)由第二步到第三步的变换应用了式(4-56)的结果。类似地，将式(5-32)的第二式表示的 $\psi_{q\omega}$ 代入式(5-13)可以解出 $i_{q\omega}$ 如下：

$$i_{q\omega} = -\frac{\psi_{q\omega}}{X_q} = \frac{U_{t[0]}}{X_q}\sin(\omega t + \delta_0) \tag{5-35}$$

3. 不计衰减定子三相绕组和励磁绕组短路电流

将式(5-17)、式(5-29)和式(5-33)表示的定子 d 绕组各电流分量合成可得

$$\begin{aligned} i_d &= i_{d\infty} + (i'_d - i_{d\infty}) + i_{d\omega} \\ &= \frac{E_{q[0]}}{X_d} + \left(\frac{E'_{q0}}{X'_d} - \frac{E_{q[0]}}{X_d}\right) - \frac{U_{t[0]}}{X'_d}\cos(\omega t + \delta_0) \end{aligned} \tag{5-36}$$

定子 q 绕组只包括基频分量，由式(5-35)可写出

$$i_q = i_{q\omega} = \frac{U_{t[0]}}{X_q}\sin(\omega t + \delta_0) \tag{5-37}$$

对上面所得的 i_d 和 i_q 经过派克坐标反变换(见式(4-23))和整理，可得定子 a 相不计衰减时短路电流解析表达式为

$$\begin{aligned} i_a = &\frac{E_{q[0]}}{X_d}\cos(\omega t + \alpha_0) + \left(\frac{E'_{q0}}{X'_d} - \frac{E_{q[0]}}{X_d}\right)\cos(\omega t + \alpha_0) \\ &- \frac{U_{t[0]}}{2}\left(\frac{1}{X'_d} + \frac{1}{X_q}\right)\cos(\alpha_0 - \delta_0) - \frac{U_{t[0]}}{2}\left(\frac{1}{X'_d} - \frac{1}{X_q}\right)\cos(2\omega t + \alpha_0 + \delta_0) \end{aligned} \tag{5-38}$$

当 $\alpha_0 - \delta_0 = \pi/2$ 时，a 相电流中将没有非周期分量。类似地，将式(5-30)和式(5-34)表示的各电流分量合成，可得不计衰减时的励磁绕组电流的解析表达式如下：

$$\begin{aligned} i_f &= i_{f[0]} + \Delta i_{fa} + \Delta i_{f\omega} \\ &= i_{f[0]} + \frac{X_d - X'_d}{X_{ad}}\frac{U_{t[0]}\cos\delta_0}{X'_d} - \frac{X_d - X'_d}{X_{ad}}\frac{U_{t[0]}}{X'_d}\cos(\omega t + \delta_0) \end{aligned} \tag{5-39}$$

将式(5-38)、式(5-39)与式(5-25)、式(5-26)比较可见,同步电机空载时,不计衰减的定子 a 相短路电流及励磁绕组电流解析表达式仅是负载状态相应短路电流解析表达式的特例,其主要区别在于负载状态下,短路前同步电机的 $\delta_0 \neq 0$ (见图 5-4),而同步电机空载状态的 $\delta_0 = 0$,将 $\delta_0 = 0$ 代入式(5-38)和式(5-39),便得到空载状态下相应短路电流的解析表达式。

5.2.3　自由电流衰减的时间常数

1. 自由电流时间常数计算

同步电机短路后,由于存在电阻,所有绕组的自由电流都将按不同的时间常数衰减到零。对一独立的电感线圈回路,自由电流衰减的时间常数等于其电感除以其电阻。对彼此间有互感的几个电感线圈构成的电路,自由电流的衰减时间常数由电路微分方程的特征根确定。同步电机的定子、转子绕组间存在着磁耦合关系,用严格的数学方法分析各自由电流衰减的时间常数是相当烦琐的。对无阻尼绕组同步电机,在实用计算中,为了确定自由电流衰减的时间常数,常采用以下简化原则。

(1) 在短路瞬间为了保持本绕组磁链不变而出现的自由电流,如果它产生的磁通对本绕组相对静止,那么这个自由电流即按本绕组的时间常数衰减。一切同该自由电流发生依存关系(见表 5-1)的其他自由电流均按同一时间常数衰减。

(2) 绕组的时间常数按该绕组的电感(考虑了同其他绕组磁耦合关系后的电感)和电阻之比计算,而忽略其他绕组电阻的影响。

根据以上两原则,定子自由电流的非周期分量产生的磁通对定子绕组相对静止,它将按照定子绕组的时间常数 T_a 衰减,同它有依存关系的定子倍频分量及转子电流的基频分量电流都按时间常数 T_a 衰减。励磁绕组的非周期自由电流产生的磁通对励磁绕组相对静止,它将按励磁绕组的时间常数 T'_d 衰减,同它有依存关系的定子基频电流的自由分量也按时间常数 T'_d 衰减。

时间常数 T_a 由定子绕组的电感(计及定子绕组同转子励磁绕组的磁耦合关系)和电阻计算。定子直流分量产生的磁通在空间上是静止的,而转子以同步转速旋转,使该磁通路径的磁导不断变化,也就是使定子绕组的等效电抗不断变化,当此磁通通过转子纵轴和横轴时,定子绕组的等效电抗分别为 X'_d 和 X_q。所以定子绕组的电抗介于 X'_d 与 X_q 之间。从定子电流解析表达式(5-25)和式(5-38)也可以看到,限制定子直流分量的电抗为 X'_d 与 X_q 并联值的 2 倍,我们就取它作为定子绕组的等效电抗,于是 T_a 由下式估算:

$$T_a = \frac{2X'_d X_q}{\omega R_a (X'_d + X_q)} \tag{5-40}$$

式中的电抗和电阻采用标幺值,$\omega = 2\pi f$ 单位为 rad/s,f 的单位为 Hz,T_a 的单位为 s。

励磁绕组自由直流的时间常数 T'_d 利用图 5-5(a)所示的变压器等值电路确定，其中励磁绕组作为原方，短路的定子绕组作为副方，于是时间常数 T'_d 的计算公式推导过程如下所示：

$$T'_d = \frac{1}{\omega R_f}\left(X_{\sigma f} + \frac{X_{ad}X_{\sigma a}}{X_{ad}+X_{\sigma a}}\right) = \frac{X_f}{\omega R_f}\left(\frac{X_{\sigma f}X_{ad}+X_{\sigma f}X_{\sigma a}+X_{ad}X_{\sigma a}}{X_f X_d}\right)$$
$$= \frac{X_f}{\omega R_f}\frac{1}{X_d}\left(\frac{X_{\sigma f}X_{ad}}{X_{\sigma f}+X_{ad}} + X_{\sigma a}\right) = \frac{X_f}{\omega R_f}\frac{X'_d}{X_d} \triangleq T'_{d0}\frac{X'_d}{X_d} \tag{5-41}$$

式中，T'_{d0} 为 d 轴定子绕组开路情况下励磁绕组的暂态时间常数(见图 5-5(b))。需要指出的是式(4-58)定义的 T'_{d0} 为标幺值，而本节介绍的 T'_d 和 T'_{d0} 皆是以秒为单位的有名值。

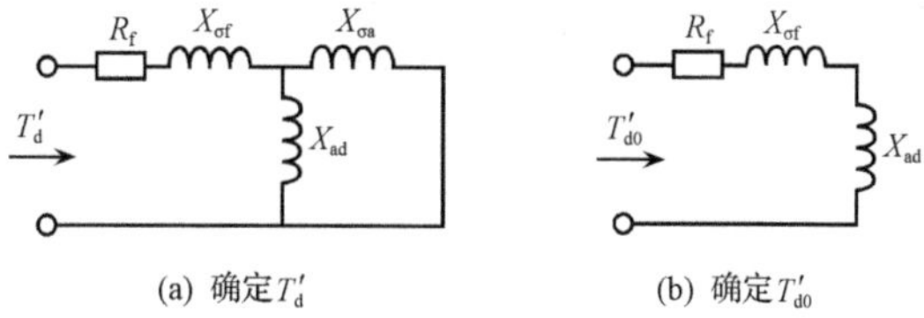

图 5-5　确定纵轴暂态时间常数的等值电路

2. 计及衰减的同步电机短路电流解析表达式

计及自由电流衰减后，同步电机定子 a 相短路电流及短路后励磁绕组电流的解析表达式如式(5-42)和式(5-43)所示。

$$i_a = \frac{E_{q[0]}}{X_d}\cos(\omega t+\alpha_0) + \left(\frac{E'_{q0}}{X'_d} - \frac{E_{q[0]}}{X_d}\right)\exp\left(-\frac{t}{T'_d}\right)\cos(\omega t+\alpha_0)$$
$$-\frac{U_{t[0]}}{2}\left(\frac{1}{X'_d}+\frac{1}{X_q}\right)\exp\left(-\frac{t}{T_a}\right)\cos(\alpha_0-\delta_0)$$
$$-\frac{U_{t[0]}}{2}\left(\frac{1}{X'_d}-\frac{1}{X_q}\right)\exp\left(-\frac{t}{T_a}\right)\cos(2\omega t+\alpha_0+\delta_0) \tag{5-42}$$

$$i_f = i_{f[0]} + \frac{X_d - X'_d}{X_{ad}}\frac{U_{t[0]}\cos\delta_0}{X'_d}\exp\left(-\frac{t}{T'_d}\right)$$
$$-\frac{X_d - X'_d}{X_{ad}}\frac{U_{t[0]}}{X'_d}\exp\left(-\frac{t}{T_a}\right)\cos(\omega t+\delta_0) \tag{5-43}$$

例 5-1　给定 225MW 汽轮同步发电机以额定容量为基准的标幺值参数为 $X_d = 1.932$，$X_q = 1.932$，$X'_d = 0.240$，$R_a = 0.00514$，$T'_{d0} = 6.58\text{s}$，$\cos\varphi = 0.85$。试计算下列情况下定子电流解析表达式：(1)空载机端三相短路，短路前定子空载电压 $U_{t[0]} = 1.0$；(2)额定满载机端三相短路(即 $U_{t[0]} = 1.0$，$I_{t[0]} = 1.0$)，短路前同步电机功率因数 $\cos\varphi = 0.85$。

解　(1) 空载机端三相短路。

$$T_a = \frac{2X'_d X_q}{\omega R_a(X'_d + X_q)} = \frac{2\times 0.24\times 1.932}{314\times 0.00514\times(0.24+1.932)} = 0.265 = \frac{1}{3.78}(\text{s})$$

$$T'_d = T'_{d0}\frac{X'_d}{X_d} = 6.58\times\frac{0.24}{1.932} = 0.817 = \frac{1}{1.22}(\text{s})$$

空载时

$$E_{q[0]}=E'_{q0}=U_{t[0]}=1.0,\quad \frac{E_{q[0]}}{X_d}=\frac{1}{1.932}=0.518$$

$$\frac{E'_{q0}}{X'_d}-\frac{E_{q[0]}}{X_d}=\frac{1}{0.24}-\frac{1}{1.932}=3.65$$

$$\frac{U_{t[0]}}{2}\left(\frac{1}{X'_d}+\frac{1}{X_q}\right)=\frac{1}{2}\left(\frac{1}{0.24}+\frac{1}{1.932}\right)=2.34$$

$$\frac{U_{t[0]}}{2}\left(\frac{1}{X'_d}-\frac{1}{X_q}\right)=\frac{1}{2}\left(\frac{1}{0.24}-\frac{1}{1.932}\right)=1.82$$

$$\begin{aligned}i_a&=\frac{E_{q[0]}}{X_d}\cos(\omega t+\alpha_0)+\left(\frac{E'_{q0}}{X'_d}-\frac{E_{q[0]}}{X_d}\right)\exp\left(-\frac{t}{T'_d}\right)\cos(\omega t+\alpha_0)\\&\quad-\frac{U_{t[0]}}{2}\left(\frac{1}{X'_d}+\frac{1}{X_q}\right)\exp\left(-\frac{t}{T_a}\right)\cos\alpha_0-\frac{U_{t[0]}}{2}\left(\frac{1}{X'_d}-\frac{1}{X_q}\right)\exp\left(-\frac{t}{T_a}\right)\cos(2\omega t+\alpha_0)\\&=0.518\cos(\omega t+\alpha_0)+3.65e^{-1.22t}\cos(\omega t+\alpha_0)-2.34e^{-3.78t}\cos\alpha_0-1.82e^{-3.78t}\cos(2\omega t+\alpha_0)\end{aligned}$$

(2) 额定满载机端三相短路。

额定满载时

$$U_{t[0]}=1.0,\quad I_{[0]}=1.0$$

$$\begin{aligned}E_{Q[0]}&=\sqrt{(U_{t[0]}+X_qI_{[0]}\sin\varphi)^2+(X_qI_{[0]}\cos\varphi)^2}\\&=\sqrt{(1+1.932\times1\times0.5268)^2+(1.932\times1\times0.85)^2}=2.60\end{aligned}$$

$$\delta_0=\arctan\frac{X_qI_{[0]}\cos\varphi}{U_{t[0]}+X_qI_{[0]}\sin\varphi}=\arctan\frac{1.932\times1\times0.85}{1+1.932\times1\times0.5268}=39.1^\circ$$

$$\varphi=\arccos0.85=31.8^\circ$$

$$I_{d[0]}=I_{[0]}\sin(\varphi+\delta_0)=1\times\sin(31.8^\circ+39.1^\circ)=0.945$$

因 $X_d=X_q$，隐极同步电机

$$E_{q[0]}=E_{Q[0]}=2.60$$

$$E'_{q0}=E_{Q[0]}-(X_q-X'_d)I_{d[0]}=2.60-(1.932-0.24)\times0.945=1.0$$

$$\frac{E_{q[0]}}{X_d}=\frac{2.60}{1.932}=1.35,\quad \frac{E'_{q0}}{X'_d}-\frac{E_{q[0]}}{X_d}=\frac{1.0}{0.24}-\frac{2.60}{1.932}=2.82$$

$$\frac{U_{t[0]}}{2}\left(\frac{1}{X'_d}+\frac{1}{X_q}\right)=\frac{1}{2}\left(\frac{1}{0.24}+\frac{1}{1.932}\right)=2.34$$

$$\frac{U_{t[0]}}{2}\left(\frac{1}{X'_d}-\frac{1}{X_q}\right)=\frac{1}{2}\left(\frac{1}{0.24}-\frac{1}{1.932}\right)=1.82$$

$$\begin{aligned}i_a&=(1.35+2.82e^{-1.22t})\cos(\omega t+\alpha_0)-2.34e^{-3.78t}\cos(\alpha_0-39.1^\circ)\\&\quad-1.82e^{-3.78t}\cos(2\omega t+\alpha_0+39.1^\circ)\end{aligned}$$

例 5-2 给定 225MW 水轮发电机以额定容量为基准的标幺值参数为 $X_d=0.97$，$X'_d=0.312$，$X_q=0.66$，$R_a=0.00441$，$T'_{d0}=8.94\text{s}$，$\cos\varphi=0.85$。试计算额定满载距发电机机端有电抗 $X_e=0.5$ 和电阻 $R_e=0.05$ 处发生三相短路定子电流解析表达式。

解 先计算时间常数

$$\begin{aligned}T_a&=\frac{2(X'_d+X_e)(X_q+X_e)}{\omega(R_a+R_e)(X'_d+X_q+2X_e)}\\&=\frac{2\times(0.312+0.5)\times(0.66+0.5)}{314\times(0.00441+0.05)\times(0.312+0.66+2\times0.5)}=0.0559=\frac{1}{17.88}(\text{s})\end{aligned}$$

$$T'_d = T'_{d0}\frac{X'_d + X_e}{X_d + X_e} = 8.94\times\frac{0.312+0.5}{0.97+0.5} = 4.9383 = \frac{1}{0.202}(\mathrm{s})$$

然后计算同步电机的各种电动势和短路点短路前的电压，额定满载时有

$$U_{t[0]} = 1.0,\quad I_{[0]} = 1.0$$

$$E_{Q[0]} = \sqrt{(U_{t[0]} + X_q I_{[0]}\sin\varphi)^2 + (X_q I_{[0]}\cos\varphi)^2}$$

$$= \sqrt{(1+0.66\times1\times0.5268)^2 + (0.66\times1\times0.85)^2} = 1.460$$

$$\delta_0 = \arctan\frac{X_q I_{[0]}\cos\varphi}{U_{t[0]} + X_q I_{[0]}\sin\varphi} = \arctan\frac{0.66\times1\times0.85}{1+0.66\times1\times0.5268} = 22.60°$$

$$\varphi = \arccos 0.85 = 31.8°$$

$$I_{d[0]} = I\sin(\varphi+\delta_0) = 1\times\sin(31.8°+22.60°) = 0.813$$

$$E_{q[0]} = E_{Q[0]} + (X_d - X_q)I_{d[0]} = 1.460 + (0.97-0.66)\times0.813 = 1.712$$

$$E'_{q0} = E_{Q[0]} - (X_q - X'_d)I_{d[0]} = 1.460 - (0.66-0.312)\times0.813 = 1.177$$

$$U_{k[0]} = \sqrt{(U_{t[0]} - X_e I_{[0]}\sin\varphi)^2 + (X_e I_{[0]}\cos\varphi)^2}$$

$$= \sqrt{(1-0.5\times1\times0.5268)^2 + (0.5\times1\times0.85)^2} = 0.850$$

$$\theta = \arctan\frac{X_e I_{[0]}\cos\varphi}{U_{t[0]} - X_e I_{[0]}\sin\varphi} = \arctan\frac{0.5\times1\times0.85}{1-0.5\times1\times0.5268} = 29.98°$$

$$\delta'_0 = \delta_0 + \theta = 52.58°$$

$$\frac{E_{q[0]}}{X_d + X_e} = \frac{1.712}{1.47} = 1.165,\quad \frac{E'_{q0}}{X'_d + X_e} - \frac{E_{q[0]}}{X_d + X_e} = \frac{1.177}{0.812} - \frac{1.712}{1.47} = 0.284$$

$$\frac{U_{k[0]}}{2}\left(\frac{1}{X'_d + X_e} + \frac{1}{X_q + X_e}\right) = \frac{0.850}{2}\left(\frac{1}{0.812} + \frac{1}{1.16}\right) = 0.889$$

$$\frac{U_{k[0]}}{2}\left(\frac{1}{X'_d + X_e} - \frac{1}{X_q + X_e}\right) = \frac{0.850}{2}\left(\frac{1}{0.812} - \frac{1}{1.16}\right) = 0.157$$

合成定子 a 相短路电流

$$i_a = (1.165 + 0.284e^{-0.202t})\cos(\omega t + \alpha_0) - 0.889e^{-17.88t}\cos(\alpha_0 - 52.58°)$$
$$- 0.157e^{-17.88t}\cos(2\omega t + \alpha_0 + 52.58°)$$

输电线短路及短路前同步电机运行相量图如图 5-6 所示。

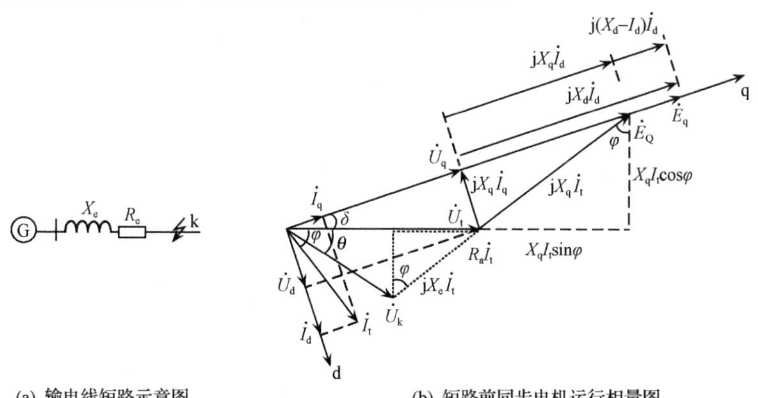

图 5-6　输电线短路及短路前同步电机运行相量图

例题 5-2 说明，如果短路不是发生在机端，而是发生在外接阻抗 R_e+jX_e 之后，则在应用式(5-42)和式(5-43)时，可以认为是发电机定子的各种电抗增大了 X_e。在计算电流和时间常数时，要用 X_d+X_e、X'_d+X_e、X_q+X_e 和 R_a+R_e 分别代替 X_d、X'_d、X_q 和 R_a。由于 X_e 已计入了定子电抗，式(5-42)和式(5-43)中的 $U_{t[0]}$ 将不再是短路前的机端电压，而应取作短路点短路前的电压。

5.3 有阻尼绕组同步电机三相短路电流计算

将空载视作负载情况下的特例，本节直接研究负载情况下有阻尼同步电机定子、转子短路电流计算，为简单起见，本书只考虑只存在阻尼 D、Q 绕组的情况（即认为阻尼 g 绕组不存在）。

5.3.1 不计衰减定子转子短路电流计算

磁链方程式(4-53)和式(4-54)为有阻尼绕组同步电机不计衰减三相短路电流计算的基础。令符号 $\psi_{d\omega}$、$\psi_{q\omega}$ 表示短路瞬时定子 d、q 等值绕组的磁链，ψ_{f0} 和 ψ_{D0} 表示短路瞬时励磁 f 绕组和纵轴阻尼 D 绕组的磁链，ψ_{Q0} 表示短路瞬时横轴阻尼 Q 绕组的磁链，其值可根据磁链守恒原理分别由短路前瞬时的磁链方程确定。对短路后瞬时的纵轴磁链方程式(4-53)，应用叠加原理可写出式(5-44)和式(5-45)按直流和交流激励分类的磁链方程。

$$\begin{cases}0=-X_d i''_d+X_{ad}(i_{f[0]}+\Delta i_{fa})+X_{ad}\Delta i_{Da}\\ \psi_{f0}=-X_{ad}i''_d+X_f(i_{f[0]}+\Delta i_{fa})+X_{ad}\Delta i_{Da}\\ \psi_{D0}=-X_{ad}i''_d+X_{ad}(i_{f[0]}+\Delta i_{fa})+X_D\Delta i_{Da}\end{cases} \tag{5-44}$$

$$\begin{cases}\psi_{d\omega}=-X_d i_{d\omega}+X_{ad}\Delta i_{f\omega}+X_{ad}\Delta i_{D\omega}\\ 0=-X_{ad}i_{d\omega}+X_f\Delta i_{f\omega}+X_{ad}\Delta i_{D\omega}\\ 0=-X_{ad}i_{d\omega}+X_{ad}\Delta i_{f\omega}+X_D\Delta i_{D\omega}\end{cases} \tag{5-45}$$

式(5-44)中的电流变量为以 ψ_{f0} 和 ψ_{D0} 作激励的“直流”电流响应，式(5-45)中的电流变量为以 $\psi_{d\omega}$ 作激励的“交流”电流响应。对应式(5-44)和式(5-45)的磁链方程的等值电路如图 5-7(a)和图 5-8(a)所示，图 5-7(b)和图 5-8(b)分别为图 5-7(a)和图 5-8(a)的戴维南等值电路，其中的 X''_d 按式(4-57)计算。

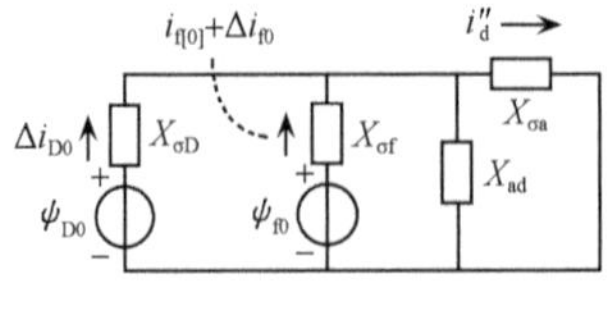

(a) 式(5-44)的等值电路

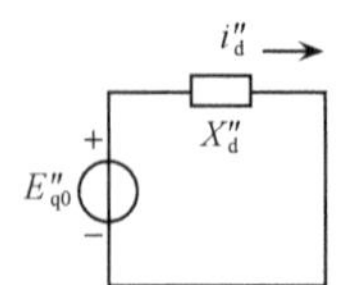

(b) 用复合次暂态电动势和次暂态电抗表示的等值电路

图 5-7 式(5-44)磁链方程等值电路

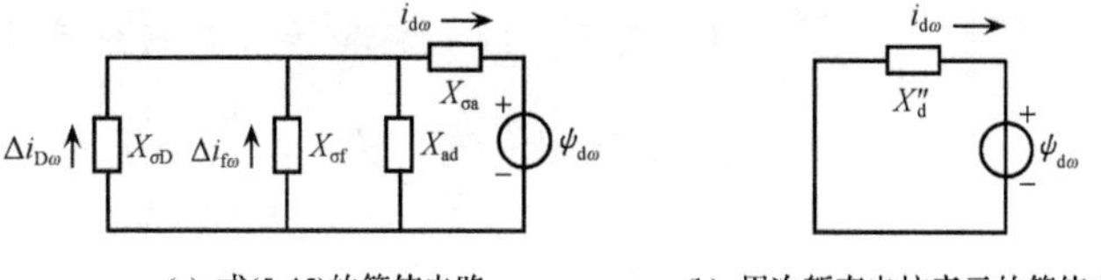

(a) 式(5-45)的等值电路　(b) 用次暂态电抗表示的等值电路

图 5-8　式(5-45)磁链方程等值电路

类似地，对短路后瞬时的横轴磁链方程式(4-54)，应用叠加原理可写出式(5-46)和式(5-47)按直流和交流激励分类的磁链方程。

$$\begin{cases} 0 = -X_q i''_q + X_{aq}\Delta i_{Qa} \\ \psi_{Q0} = -X_{aq} i''_q + X_Q \Delta i_{Qa} \end{cases} \tag{5-46}$$

$$\begin{cases} \psi_{q\omega} = -X_d i_{q\omega} + X_{aq}\Delta i_{Q\omega} \\ 0 = -X_{aq} i_{q\omega} + X_Q \Delta i_{Q\omega} \end{cases} \tag{5-47}$$

式(5-46)中的电流变量为以 ψ_{Q0} 作激励的“直流”电流响应，式(5-47)中的电流变量为以 $\psi_{q\omega}$ 作激励的“交流”电流响应。对应式(5-46)和式(5-47)的磁链方程的等值电路如图 5-9(a)和图 5-10(a)所示，图 5-9(b)和图 5-10(b)分别为图 5-9(a)和图 5-10(a)的戴维南等值电路，其中的 X''_q 在横轴没有阻尼 g 绕组的情况下按式(5-48)计算。

$$\begin{aligned} X''_q &= X_{\sigma a} + \frac{X_{aq}X_{\sigma Q}}{X_{aq}+X_{\sigma Q}} \\ &= X_{\sigma a} + X_{aq} - X_{aq} + \frac{X_{aq}X_{\sigma Q}}{X_{aq}+X_{\sigma Q}} = X_q - \frac{X_{aq}^2}{X_Q} \end{aligned} \tag{5-48}$$

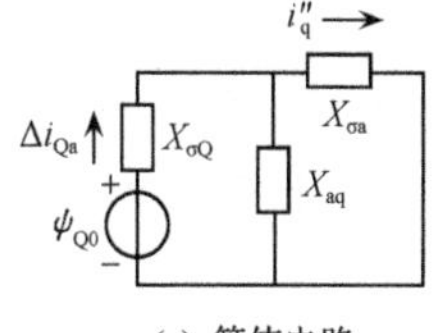

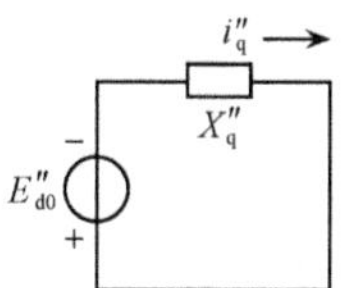

(a) 等值电路　(b) 用次暂态电动势和次暂态电抗表示的等值电路

图 5-9　式(5-46)磁链方程等值电路

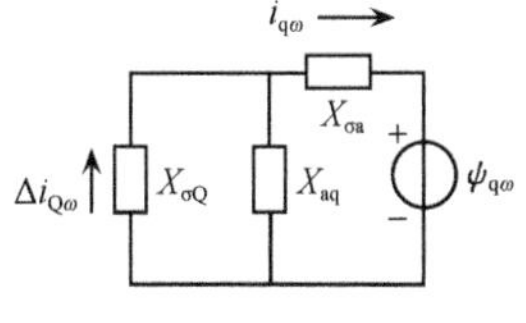

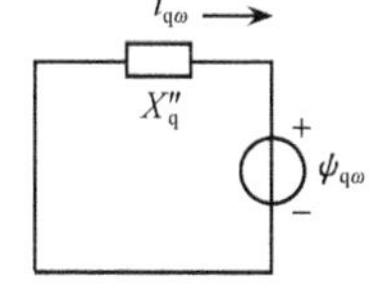

(a) 等值电路　(b) 用次暂态电抗表示的等值电路

图 5-10　式(5-47)磁链方程等值电路

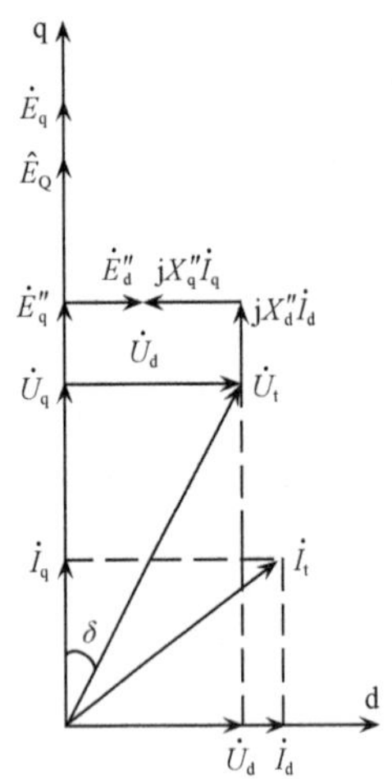

图 5-11 有阻尼绕组同步电机包括次暂态电动势相量图

1. 定子基频电流和转子直流分量计算

定子基频电流和转子直流分量的计算应用磁链方程式(5-44)和式(5-46)。对短路前的同步发电机，当忽略定子绕组电阻 R_a 且考虑 x 轴与相量 $\dot{U}_t$ 重合的情况，其稳态运行相量图如图 5-11 所示。由该相量图，短路前瞬时的复合次暂态电动势 E''_{q0} 和 E''_{d0} 可由式(5-49)和式(5-50)计算。

$$E''_{q0} = U_{t[0]}\cos\delta_0 + X''_d I_{d[0]} \tag{5-49}$$

$$E''_{d0} = \frac{X_q - X''_q}{X_q} U_{t[0]}\sin\delta_0 \tag{5-50}$$

由第 4 章的式(4-100)可以说明复合次暂态电动势 E''_{q0} 是 ψ_{f0} 和 ψ_{D0} 的线性组合，所以短路发生时，复合次暂态电动势 E''_{q0} 与 ψ_{f0} 和 ψ_{D0} 同样满足磁链守恒原理，即同样地能维持短路前的值不变。同样地，由图 5-9 也可以说明短路发生后 E''_{d0} 也满足磁链守恒原理，能维持短路前的值不变。这样利用图 5-7(b)和图 5-9(b)两个用复合次暂态电动势和次暂态电抗表示的磁链方程等值电路，直接可计算 i''_d 和 i''_q 如下：

$$\begin{cases} i''_d = \dfrac{E''_{q0}}{X''_d} \\ i''_q = \dfrac{-E''_{d0}}{X''_q} \end{cases} \tag{5-51}$$

另外，短路前同步电机处于稳态运行状态，所有阻尼绕组电流为零(即 $i_{D[0]} = 0$，$i_{Q[0]} = 0$)，于是由磁链方程式(4-53)和式(4-54)可计算短路前瞬时励磁绕组和阻尼 D、Q 绕组的磁链如下两式所示：

$$\begin{cases} \psi_{f0} = -X_{ad} I_{d[0]} + X_f i_{f[0]} \\ \psi_{D0} = -X_{ad} I_{d[0]} + X_{ad} i_{f[0]} \end{cases} \tag{5-52}$$

$$\psi_{Q0} = -X_{aq} I_{q[0]} \tag{5-53}$$

将式(5-52)代入式(5-44)的第二、三式可得

$$\begin{cases} X_{ad}(i''_d - I_{d[0]}) = X_f \Delta i_{fa} + X_{ad}\Delta i_{Da} \\ X_{ad}(i''_d - I_{d[0]}) = X_{ad}\Delta i_{fa} + X_D \Delta i_{Da} \end{cases} \tag{5-54}$$

由式(5-51)和式(5-49)可求出

$$i''_d - I_{d[0]} = \frac{U_{t[0]}\cos\delta_0}{X''_d} \tag{5-55}$$

式(5-55)代入式(5-54)，并解方程可得

$$\begin{cases}\Delta i_{\mathrm{fa}}=\dfrac{X_{\mathrm{D}}X_{\mathrm{ad}}-X_{\mathrm{ad}}^{2}}{X_{\mathrm{f}}X_{\mathrm{D}}-X_{\mathrm{ad}}^{2}}\cdot\dfrac{U_{\mathrm{t}[0]}\cos\delta_{0}}{X_{\mathrm{d}}''}=\dfrac{X_{\sigma\mathrm{D}}X_{\mathrm{ad}}}{X_{\mathrm{f}}X_{\mathrm{D}}-X_{\mathrm{ad}}^{2}}\cdot\dfrac{U_{\mathrm{t}[0]}\cos\delta_{0}}{X_{\mathrm{d}}''}\\ \Delta i_{\mathrm{Da}}=\dfrac{X_{\mathrm{f}}X_{\mathrm{ad}}-X_{\mathrm{ad}}^{2}}{X_{\mathrm{f}}X_{\mathrm{D}}-X_{\mathrm{ad}}^{2}}\cdot\dfrac{U_{\mathrm{t}[0]}\cos\delta_{0}}{X_{\mathrm{d}}''}=\dfrac{X_{\sigma\mathrm{f}}X_{\mathrm{ad}}}{X_{\mathrm{f}}X_{\mathrm{D}}-X_{\mathrm{ad}}^{2}}\cdot\dfrac{U_{\mathrm{t}[0]}\cos\delta_{0}}{X_{\mathrm{d}}''}\end{cases}\tag{5-56}$$

在 q 轴方向，由图 5-9(a)可得

$$\begin{aligned}\Delta i_{\mathrm{Qa}}&=\frac{\psi_{\mathrm{Q0}}}{X_{\sigma\mathrm{Q}}+\dfrac{X_{\sigma\mathrm{a}}X_{\mathrm{aq}}}{X_{\mathrm{q}}}}=\frac{X_{\mathrm{q}}\psi_{\mathrm{Q0}}}{X_{\mathrm{q}}X_{\sigma\mathrm{Q}}+X_{\sigma\mathrm{a}}X_{\mathrm{aq}}}=\frac{X_{\mathrm{q}}\psi_{\mathrm{Q0}}}{X_{\sigma\mathrm{a}}X_{\sigma\mathrm{Q}}+X_{\mathrm{aq}}X_{\sigma\mathrm{Q}}+X_{\sigma\mathrm{a}}X_{\mathrm{aq}}}\\&=\frac{X_{\mathrm{q}}\psi_{\mathrm{Q0}}}{X_{\sigma\mathrm{Q}}X_{\mathrm{aq}}+X_{\mathrm{Q}}X_{\sigma\mathrm{a}}}=\frac{X_{\mathrm{q}}\psi_{\mathrm{Q0}}}{X_{\mathrm{Q}}\left(\dfrac{X_{\sigma\mathrm{Q}}X_{\mathrm{aq}}}{X_{\mathrm{Q}}}+X_{\sigma\mathrm{a}}\right)}=\frac{X_{\mathrm{q}}\psi_{\mathrm{Q0}}}{X_{\mathrm{Q}}X_{\mathrm{q}}''}\end{aligned}\tag{5-57}$$

由式(5-53)可得

$$\psi_{\mathrm{Q0}}=-X_{\mathrm{aq}}I_{\mathrm{q}[0]}=-X_{\mathrm{aq}}\frac{U_{\mathrm{d}[0]}}{X_{\mathrm{q}}}=-\frac{X_{\mathrm{aq}}}{X_{\mathrm{q}}}U_{\mathrm{t}[0]}\sin\delta_{0}\tag{5-58}$$

式(5-58)代入式(5-57)求出

$$\Delta i_{\mathrm{Qa}}=-\frac{X_{\mathrm{aq}}}{X_{\mathrm{Q}}X_{\mathrm{q}}''}U_{\mathrm{t}[0]}\sin\delta_{0}=-\frac{X_{\mathrm{q}}-X_{\mathrm{q}}''}{X_{\mathrm{aq}}X_{\mathrm{q}}''}U_{\mathrm{t}[0]}\sin\delta_{0}\tag{5-59}$$

式(5-59)的推导中应用了式(5-48)的结果。

2. 定子绕组直流和转子绕组基频电流分量的计算

定子绕组直流分量和转子绕组基频分量的计算应用磁链方程式(5-45)和式(5-47)。式中 $\psi_{\mathrm{d}\omega}$ 和 $\psi_{\mathrm{q}\omega}$ 由式(5-32)计算，由图 5-8(b)可以解出 $i_{\mathrm{d}\omega}$，并用式(5-32)的第一式表示 $\psi_{\mathrm{d}\omega}$ 可得

$$i_{\mathrm{d}\omega}=-\frac{\psi_{\mathrm{d}\omega}}{X_{\mathrm{d}}''}=-\frac{U_{\mathrm{t}[0]}}{X_{\mathrm{d}}''}\cos(\omega t+\delta_{0})\tag{5-60}$$

由图 5-10(b)可以解出 $i_{\mathrm{q}\omega}$，并用式(5-32)的第二式表示 $\psi_{\mathrm{q}\omega}$ 可得

$$i_{\mathrm{q}\omega}=-\frac{\psi_{\mathrm{q}\omega}}{X_{\mathrm{q}}''}=\frac{U_{\mathrm{t}[0]}}{X_{\mathrm{q}}''}\sin(\omega t+\delta_{0})\tag{5-61}$$

由式(5-45)的第二、三式，可得关于 $\Delta i_{\mathrm{f}\omega}$ 和 $\Delta i_{\mathrm{D}\omega}$ 的方程组如下：

$$\begin{cases}X_{\mathrm{ad}}i_{\mathrm{d}\omega}=X_{\mathrm{f}}\Delta i_{\mathrm{f}\omega}+X_{\mathrm{ad}}\Delta i_{\mathrm{D}\omega}\\ X_{\mathrm{ad}}i_{\mathrm{d}\omega}=X_{\mathrm{ad}}\Delta i_{\mathrm{f}\omega}+X_{\mathrm{D}}\Delta i_{\mathrm{D}\omega}\end{cases}\tag{5-62}$$

式(5-60)代入式(5-62)可得

$$\begin{cases}\Delta i_{\mathrm{f}\omega}=\dfrac{X_{\mathrm{D}}X_{\mathrm{ad}}-X_{\mathrm{ad}}^{2}}{X_{\mathrm{f}}X_{\mathrm{D}}-X_{\mathrm{ad}}^{2}}\cdot i_{\mathrm{d}\omega}=-\dfrac{X_{\sigma\mathrm{D}}X_{\mathrm{ad}}}{X_{\mathrm{f}}X_{\mathrm{D}}-X_{\mathrm{ad}}^{2}}\cdot\dfrac{U_{\mathrm{t}[0]}}{X_{\mathrm{d}}''}\cos(\omega t+\delta_{0})\\ \Delta i_{\mathrm{D}\omega}=\dfrac{X_{\mathrm{f}}X_{\mathrm{ad}}-X_{\mathrm{ad}}^{2}}{X_{\mathrm{f}}X_{\mathrm{D}}-X_{\mathrm{ad}}^{2}}\cdot i_{\mathrm{d}\omega}=-\dfrac{X_{\sigma\mathrm{f}}X_{\mathrm{ad}}}{X_{\mathrm{f}}X_{\mathrm{D}}-X_{\mathrm{ad}}^{2}}\cdot\dfrac{U_{\mathrm{t}[0]}}{X_{\mathrm{d}}''}\cos(\omega t+\delta_{0})\end{cases}\tag{5-63}$$

类似地，将式(5-61)代入式(5-47)的第二式，可得关于 $\Delta i_{\mathrm{Q}\omega}$ 的方程如下：

$$\Delta i_{\mathrm{Q}\omega}=\frac{X_{\mathrm{aq}}}{X_{\mathrm{Q}}}i_{\mathrm{q}\omega}=\frac{X_{\mathrm{q}}-X_{\mathrm{q}}''}{X_{\mathrm{aq}}}\frac{U_{\mathrm{t}[0]}}{X_{\mathrm{q}}''}\sin(\omega t+\delta_{0})\tag{5-64}$$

上式的推导中应用了式(5-48)的结果。

3. 定子三相绕组和励磁绕组不计衰减短路电流

不计衰减定子 d 轴等值绕组电流 i_d 可利用式(5-51)第一式和式(5-60)的结果合成如下：

$$\begin{aligned} i_d &= i_{d\infty} + (i''_d - i_{d\infty}) + i_{d\omega} \\ &= \frac{E_{q[0]}}{X_d} + \left(\frac{E''_{q0}}{X''_d} - \frac{E_{q[0]}}{X_d}\right) - \frac{U_{t[0]}}{X''_d}\cos(\omega t + \delta_0) \end{aligned} \tag{5-65}$$

利用式(5-51)第二式和式(5-61)，不计衰减定子 q 轴等值绕组电流 i_q 解析表达式可合成为

$$i_q = i''_q + i_{q\omega} = -\frac{E''_{d0}}{X''_q} + \frac{U_{t[0]}}{X''_q}\sin(\omega t + \delta_0) \tag{5-66}$$

对 i_d 和 i_q 经过派克坐标反变换(见式(4-23))和整理，可得定子 a 相不计衰减短路电流解析表达式如式(5-67)所示。

$$\begin{aligned} i_a &= i_d\cos(\omega t + \alpha_0) - i_q\sin(\omega t + \alpha_0) \\ &= \frac{E_{q[0]}}{X_d}\cos(\omega t + \alpha_0) + \left(\frac{E''_{q0}}{X''_d} - \frac{E_{q[0]}}{X_d}\right)\cos(\omega t + \alpha_0) + \frac{E''_{d0}}{X''_q}\sin(\omega t + \alpha_0) \\ &\quad - \frac{U_{t[0]}}{2}\left(\frac{1}{X''_d} + \frac{1}{X''_q}\right)\cos(\alpha_0 - \delta_0) - \frac{U_{t[0]}}{2}\left(\frac{1}{X''_d} - \frac{1}{X''_q}\right)\cos(2\omega t + \alpha_0 + \delta_0) \end{aligned} \tag{5-67}$$

前面曾指出，定子电流的倍频分量出现是为了补偿由于转子旋转产生的磁阻变化。这里的“磁阻”应理解为暂态过程中的一种等效磁阻。在暂态过程中，计及转子各轴向的各种闭合回路的作用，同步电机在两个轴向的等效电抗应为 X''_d 和 X''_q(或者在无阻尼绕组时为 X'_d 和 X_q)，磁阻反比于电抗，上述等效磁阻正是对应于这些次暂态(或暂态)电抗的。对于凸极同步电机，次暂态电抗 X''_d 和 X''_q 的数值一般都有一些差别(至于 X'_d 和 X_q 其差别就更明显了)，相应的等效磁阻也就不相等了。所以凸极同步电机在短路暂态过程中其定子电流常含有倍频分量。隐极式汽轮发电机的 X''_d 和 X''_q 接近于相等，倍频分量可以略去不计。

不计衰减的励磁绕组电流的表达式可利用式(5-56)和式(5-63)的结果合成如下：

$$\begin{aligned} i_f &= i_{f[0]} + \Delta i_{fa} + \Delta i_{f\omega} \\ &= i_{f[0]} + \frac{X_{\sigma D}X_{ad}}{X_f X_D - X_{ad}^2} \cdot \frac{U_{t[0]}}{X''_d}[\cos\delta_0 - \cos(\omega t + \delta_0)] \end{aligned} \tag{5-68}$$

各阻尼绕组不计衰减的电流表达式亦可类似地合成，其内容留给读者作为练习完成。由于阻尼绕组是同步电机虚拟的绕组，工程计算中更关心三相短路后定子和励磁绕组的电流变化过程。

5.3.2　自由电流分量的衰减时间常数

1. 自由电流时间常数的计算

对有阻尼绕组的情况下，T_a 按式(5-69)计算，定子电流中的直流分量和倍频分量以及转子各绕组中的基频电流都依定子绕组的时间常数 T_a 衰减。

$$T_a = \frac{2X''_d X''_q}{\omega R_a(X''_d + X''_q)} \tag{5-69}$$

定子横轴基频电流的自由分量与横轴阻尼绕组的自由直流相对应，都按横轴阻尼绕组(在定子绕组短路情况下)的时间常数 T''_q 衰减。确定 T''_q 的等值电路示于图 5-12(a)，计算 T''_q的公式如式(5-70)所示，其中计算 T''_{q0} 的等值电路如图 5-12(b)所示。

$$T''_q = \frac{X_Q}{\omega R_Q}\frac{X''_q}{X_q} \triangleq T''_{q0}\frac{X''_q}{X_q} \tag{5-70}$$

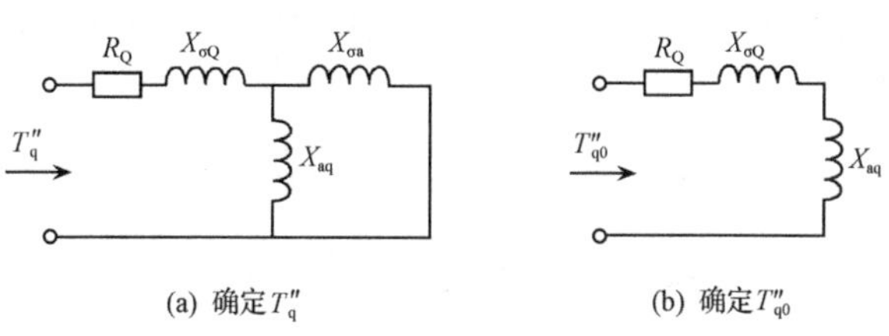

(a) 确定T''_q　　(b) 确定T''_{q0}

图 5-12　确定纵轴暂态时间常数的等值电路

定子纵横轴基频电流的自由分量同励磁绕组和纵轴阻尼绕组的自由直流相对应，其衰减规律比较复杂。图 5-13 是根据实际同步电机机端三相短路录制的定子短路电流波形图所绘制基频电流峰值的变化曲线。由图中曲线可见，定子基频电流，可以近似地分为按不同的时间常数衰减的两个分量，其中迅速衰减的分量称为次暂态分量，其时间常数为 T''_d；衰减比较缓慢的分量称为暂态分量，其衰减的时间常数为 T'_d。由此可推知，励磁绕组和转子阻尼 D 绕组的自由直流也含有两个分量，次暂态分量和暂态分量，其时间常数分别和定子基频分量的时间常数对应。精确计算 T''_d 和 T'_d 的数学公式十分烦琐，本书介绍的是一组工程计算中经常采用的近似计算公式(5-71)。

$$\begin{cases} T'_d = \dfrac{X_f}{\omega R_f}\dfrac{X'_d}{X_d} \triangleq T'_{d0}\dfrac{X'_d}{X_d} \\ T''_d = \dfrac{\left(X_{\sigma D} + \dfrac{X_{\sigma f}X_{ad}}{X_f}\right)}{\omega R_D}\dfrac{X''_d}{X'_d} \triangleq T''_{d0}\dfrac{X''_d}{X'_d} \end{cases} \tag{5-71}$$

式中，T'_d 的计算公式与式(5-41)相同；T''_{d0} 是定子绕组开路，励磁 f 绕组磁链保持为零时，纵轴阻尼 D 绕组的时间常数。需要指出的是式(4-58)、式(4-59)和式(4-60)定义的 T'_{d0}、T''_{d0} 和 T''_{q0} 为标幺值，而本节定义的时间常数皆以秒为单位。

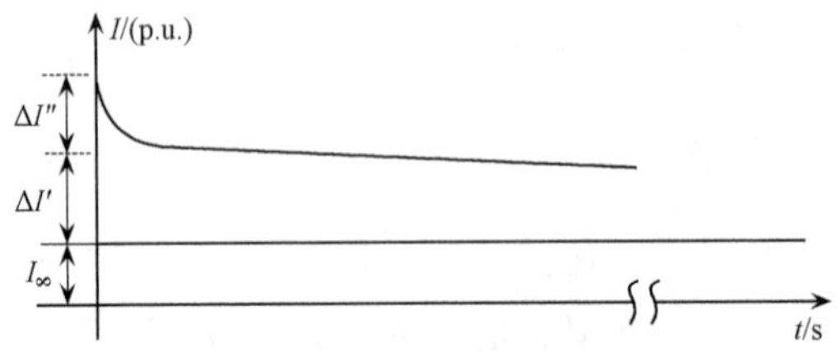

图 5-13　同步电机机端三相短路定子基频电流峰值曲线

2. 计及衰减的同步电机短路电流解析表达式

一般情况下，暂态时间常数 T_d' 与次暂态时间常数 T_d'' 数值相差较大，即当次暂态分量迅速衰减时，暂态分量变化甚小，或者说次暂态分量大部分衰减时，暂态分量还很少变化，因此，在实际计算定子绕组的 d 轴的自由暂态分量时，常假设阻尼 D 绕组电流为零(相当于阻尼 D 绕组开路)，并仍应用励磁绕组磁链守恒条件，于是定子 d 绕组短路电流可解析地表示为

$$\begin{aligned} i_d &= i_{d\infty} + (i_d' - i_{d\infty})\exp\left(-\frac{t}{T_d'}\right) + (i_d'' - i_d')\exp\left(-\frac{t}{T_d''}\right) + i_{d\omega}\exp\left(-\frac{t}{T_a}\right) \\ &= \frac{E_{q[0]}}{X_d} + \left(\frac{E_{q0}'}{X_d'} - \frac{E_{q[0]}}{X_d}\right)\exp\left(-\frac{t}{T_d'}\right) + \left(\frac{E_{q[0]}''}{X_d''} - \frac{E_{q0}'}{X_d'}\right)\exp\left(-\frac{t}{T_d''}\right) \\ &\quad - \frac{U_{t[0]}}{X_d''}\exp\left(-\frac{t}{T_a}\right)\cos(\omega t + \delta_0) \end{aligned} \tag{5-72}$$

式(5-72)右边第二项对应暂态自由分量，第三项对应次暂态自由分量。定子 q 绕组短路电流的解析表达式由式(5-66)可写出如下：

$$\begin{aligned} i_q &= i_q''\exp\left(-\frac{t}{T_q''}\right) + i_{q\omega}\exp\left(-\frac{t}{T_a}\right) \\ &= -\frac{E_{d0}''}{X_q''}\exp\left(-\frac{t}{T_q''}\right) + \frac{U_{t[0]}}{X_q''}\exp\left(-\frac{t}{T_a}\right)\sin(\omega t + \delta_0) \end{aligned} \tag{5-73}$$

式(5-73)右边第一项对应维持阻尼 Q 绕组磁链守恒的次暂态自由分量。对上面所得的 i_d 和 i_q 经过坐标变换(见式(4-23))和整理，可得定子 a 相短路电流的解析表达式如下：

$$\begin{aligned} i_a &= i_d\cos(\omega t + \alpha_0) - i_q\sin(\omega t + \alpha_0) \\ &= \frac{E_{q[0]}}{X_d}\cos(\omega t + \alpha_0) + \left(\frac{E_{q[0]}'}{X_d'} - \frac{E_{q[0]}}{X_d}\right)\exp\left(-\frac{t}{T_d'}\right)\cos(\omega t + \alpha_0) \\ &\quad + \left(\frac{E_{q0}''}{X_d''} - \frac{E_{q[0]}'}{X_d'}\right)\exp\left(-\frac{t}{T_d''}\right)\cos(\omega t + \alpha_0) + \frac{E_{d0}''}{X_q''}\exp\left(-\frac{t}{T_q''}\right)\sin(\omega t + \alpha_0) \\ &\quad - \frac{U_{t[0]}}{2}\left(\frac{1}{X_d''} + \frac{1}{X_q''}\right)\exp\left(-\frac{t}{T_a}\right)\cos(\alpha_0 - \delta_0) \\ &\quad - \frac{U_{t[0]}}{2}\left(\frac{1}{X_d''} - \frac{1}{X_q''}\right)\exp\left(-\frac{t}{T_a}\right)\cos(2\omega t + \alpha_0 + \delta_0) \end{aligned} \tag{5-74}$$

对于励磁绕组的自由直流，也以阻尼 D 绕组开路为条件，计算其暂态分量，于是短路后励磁绕组电流的解析式可表示为

$$
\begin{aligned}
i_{\mathrm{f}} &= i_{\mathrm{f}[0]} + \Delta i'_{\mathrm{fa}} + \Delta i''_{\mathrm{fa}} + \Delta i_{\mathrm{f}\omega} \\
&= i_{\mathrm{f}[0]} + \frac{X_{\mathrm{d}} - X'_{\mathrm{d}}}{X_{\mathrm{ad}}} \cdot \frac{U_{\mathrm{t}[0]}\cos\delta_0}{X'_{\mathrm{d}}}\exp\left(-\frac{t}{T'_{\mathrm{d}}}\right) \\
&\quad + \left(\frac{X_{\sigma\mathrm{D}}X_{\mathrm{ad}}}{X_{\mathrm{f}}X_{\mathrm{D}} - X_{\mathrm{ad}}^2} \cdot \frac{U_{\mathrm{t}[0]}\cos\delta_0}{X''_{\mathrm{d}}} - \frac{X_{\mathrm{d}} - X'_{\mathrm{d}}}{X_{\mathrm{ad}}} \cdot \frac{U_{\mathrm{t}[0]}\cos\delta_0}{X'_{\mathrm{d}}}\right)\exp\left(-\frac{t}{T''_{\mathrm{d}}}\right) \\
&\quad - \frac{X_{\sigma\mathrm{D}}X_{\mathrm{ad}}}{X_{\mathrm{f}}X_{\mathrm{D}} - X_{\mathrm{ad}}^2} \cdot \frac{U_{\mathrm{t}[0]}}{X''_{\mathrm{d}}}\exp\left(-\frac{t}{T_{\mathrm{a}}}\right)\cos(\omega t + \delta_0)
\end{aligned}
\tag{5-75}
$$

例 5-3　给定 225MW 水轮发电机以额定容量为基准的标幺值参数为 $X_{\mathrm{d}} = 0.97, X'_{\mathrm{d}} = 0.312, X''_{\mathrm{d}} = 0.2004, X_{\mathrm{q}} = 0.66, X''_{\mathrm{q}} = 0.2037, R_{\mathrm{a}} = 0.00441, T'_{\mathrm{d0}} = 8.94\mathrm{s}, T''_{\mathrm{d0}} = 0.0936\mathrm{s}, T''_{\mathrm{q0}} = 0.125\mathrm{s}, \cos\varphi = 0.85$。试计算下列情况下定子电流解析式：(1) 额定满载机端三相短路（即 $U_{\mathrm{t}[0]} = 1.0, I_{\mathrm{t}[0]} = 1.0$），短路前同步电机功率因数 $\cos\varphi = 0.85$；(2) 空载机端三相短路，短路前定子空载电压 $U_{\mathrm{t}[0]} = 1.0$。

解　(1)计算时间常数。

$$T_{\mathrm{a}} = \frac{2X''_{\mathrm{d}}X''_{\mathrm{q}}}{\omega R_{\mathrm{a}}(X''_{\mathrm{d}} + X''_{\mathrm{q}})} = \frac{2 \times 0.2004 \times 0.2037}{314 \times 0.00441 \times (0.2004 + 0.2037)} = 0.1459 = \frac{1}{6.854}(\mathrm{s})$$

$$T'_{\mathrm{d}} = T'_{\mathrm{d0}}\frac{X'_{\mathrm{d}}}{X_{\mathrm{d}}} = 8.94 \times \frac{0.312}{0.97} = 2.876 = \frac{1}{0.348}(\mathrm{s})$$

$$T''_{\mathrm{d}} = T''_{\mathrm{d0}}\frac{X''_{\mathrm{d}}}{X'_{\mathrm{d}}} = 0.0936 \times \frac{0.2004}{0.312} = 0.0601 = \frac{1}{16.63}(\mathrm{s})$$

$$T''_{\mathrm{q}} = T''_{\mathrm{q0}}\frac{X''_{\mathrm{q}}}{X_{\mathrm{q}}} = 0.125 \times \frac{0.2037}{0.66} = 0.0386 = \frac{1}{25.92}(\mathrm{s})$$

计算同步电机的各种电动势和短路点短路前的电压，额定满载时有

$$U_{\mathrm{t}[0]} = 1.0,\quad I_{[0]} = 1.0,\quad \varphi = \arccos 0.85 = 31.8^\circ$$

$$
\begin{aligned}
E_{\mathrm{Q}[0]} &= \sqrt{(U_{\mathrm{t}[0]} + X_{\mathrm{q}}I_{[0]}\sin\varphi)^2 + (X_{\mathrm{q}}I_{[0]}\cos\varphi)^2} \\
&= \sqrt{(1 + 0.66 \times 1 \times 0.5268)^2 + (0.66 \times 1 \times 0.85)^2} = 1.460
\end{aligned}
$$

$$\delta_0 = \arctan\frac{X_{\mathrm{q}}I_{[0]}\cos\varphi}{U_{\mathrm{t}[0]} + X_{\mathrm{q}}I_{[0]}\sin\varphi} = \arctan\frac{0.66 \times 1 \times 0.85}{1 + 0.66 \times 1 \times 0.5268} = 22.6^\circ$$

$$I_{\mathrm{d}[0]} = I_{[0]}\sin(\varphi + \delta_0) = 1 \times \sin(31.8^\circ + 22.6^\circ) = 0.813$$

$$I_{\mathrm{q}[0]} = I_{[0]}\cos(\varphi + \delta_0) = 1 \times \cos(31.8^\circ + 22.6^\circ) = 0.582$$

$$E_{\mathrm{q}[0]} = E_{\mathrm{Q}[0]} + (X_{\mathrm{d}} - X_{\mathrm{q}})I_{\mathrm{d}[0]} = 1.46 + (0.97 - 0.66) \times 0.813 = 1.712,\quad \frac{E_{\mathrm{q}[0]}}{X_{\mathrm{d}}} = 1.765$$

$$E'_{\mathrm{q}[0]} = E_{\mathrm{Q}[0]} - (X_{\mathrm{q}} - X'_{\mathrm{d}})I_{\mathrm{d}[0]} = 1.46 - (0.66 - 0.312) \times 0.813 = 1.177,\quad \frac{E'_{\mathrm{q}[0]}}{X'_{\mathrm{d}}} = 3.772$$

$$E''_{\mathrm{q0}} = E_{\mathrm{Q}[0]} - (X_{\mathrm{q}} - X''_{\mathrm{d}})I_{\mathrm{d}[0]} = 1.46 - (0.66 - 0.2004) \times 0.813 = 1.086,\quad \frac{E''_{\mathrm{q0}}}{X''_{\mathrm{d}}} = 5.419$$

$$E''_{\mathrm{d0}} = U_{\mathrm{t}[0]}\sin\delta_0 - X''_{\mathrm{q}}I_{\mathrm{q}[0]} = 1 \times \sin 22.6^\circ - 0.2037 \times 0.582 = 0.266,\quad \frac{E''_{\mathrm{d0}}}{X''_{\mathrm{q}}} = 1.306$$

$$\frac{E'_{\mathrm{q}[0]}}{X'_{\mathrm{d}}} - \frac{E_{\mathrm{q}[0]}}{X_{\mathrm{d}}} = 2.007,\quad \frac{E''_{\mathrm{q0}}}{X''_{\mathrm{d}}} - \frac{E'_{\mathrm{q}[0]}}{X'_{\mathrm{d}}} = 1.647$$

$$\frac{U_{\mathrm{t}[0]}}{2}\left(\frac{1}{X''_{\mathrm{d}}} + \frac{1}{X''_{\mathrm{q}}}\right) = 4.95,\quad \frac{U_{\mathrm{t}[0]}}{2}\left(\frac{1}{X''_{\mathrm{d}}} - \frac{1}{X''_{\mathrm{q}}}\right) = 0.04$$

将上述结果代入式(5-74)可得定子 a 相短路电流解析表达式如下：

$$i_a = (1.765 + 2.007e^{-0.348t} + 1.647e^{-16.63t})\cos(\omega t + \alpha_0) + 1.306e^{-25.92t}\sin(\omega t + \alpha_0) - 4.95e^{-6.854t}\cos(\alpha_0 - 22.6°) - 0.04e^{-6.854t}\cos(2\omega t + \alpha_0 + 22.6°)$$

(2) 同步电机空载时各时间常数与负载时相同。

计算同步电机的各种电动势和短路点短路前的电压，额定满载时有

$$E_{q[0]} = E'_{q[0]} = E''_{q0} = U_{t[0]} = 1.0,\quad \frac{E_{q[0]}}{X_d} = 1.031,\quad \frac{E'_{q[0]}}{X'_d} = 3.205$$

$$\frac{E''_{q0}}{X''_d} = 4.99,\quad \delta_0 = 0,\quad E''_{d0} = 0,\quad \frac{E'_{q[0]}}{X'_d} - \frac{E_{q[0]}}{X_d} = 2.174$$

$$\frac{E''_{q0}}{X''_d} - \frac{E'_{q[0]}}{X'_d} = 1.785,\quad \frac{U_{t[0]}}{2}\left(\frac{1}{X''_d} + \frac{1}{X''_q}\right) = 4.95,\quad \frac{U_{t[0]}}{2}\left(\frac{1}{X''_d} - \frac{1}{X''_q}\right) = 0.04$$

将上述结果代入式(5-74)可得定子 a 相短路电流解析表达式如下：

$$i_a = (1.031 + 2.174e^{-0.348t} + 1.785e^{-16.63t})\cos(\omega t + \alpha_0) - 4.95e^{-6.854t}\cos\alpha_0 - 0.04e^{-6.854t}\cos(2\omega t + \alpha_0)$$

5.4 强行励磁对同步电机短路暂态过程的影响

在前面的讨论中，我们曾假定励磁电压不变。实际上，同步发电机都配有自动励磁调节装置。强行励磁装置是自动励磁调节系统的一个组成部分，当电力系统发生短路或由于其他原因使机端电压显著下降时，强行励磁装置启动，使施加于励磁绕组的电压 u_f 增大，通过增大励磁电流的方式，恢复发电机的机端电压。强行励磁系统能够提供的最大的励磁绕组电压称为强励顶值电压，记作 U_{fm}。当强行励磁装置动作时，励磁绕组电压 u_f 的上升规律比较复杂，严格地分析强行励磁装置的动态过程已超出了本书的范围。通常电力系统发生短路故障后，在强行励磁的作用下，电动势 E_q 将增大，从而与 E_q 相关的发电机机端电压和短路电流的强制分量都将随着 E_q 的增大而增大。一旦发电机的机端电压恢复到其额定值 U_N，自动调节励磁装置便将机端电压维持在额定值 U_N 上。这时，励磁电流、电动势 E_q 和定子电流的强制增量将不再按原有的规律增长，而是按机端电压保持为额定值的条件变化。

短路过程中"机端电压能否恢复到额定值 U_N？何时恢复到额定值 U_N？"同短路点距离发电机的远近有关。当短路点很远，即电抗 X_e 很大(见图 5-14，在忽略线路电阻的情况下，电抗 X_e 表示短路点至发电机的电气距离)时，短路对发电机的影响比较小，端电压机 U_t 的下降不大，强行励磁动作后，在暂态过程的一段时间 t_{cr}（称为临界时间）之后，机端电压便能恢复到其额定值 U_N。如果短路发生在近处，即 X_e 很小，短路电流很大，在整个暂态过程中强行励磁装置则始终不能克服短路电流的作用，使机端电压恢复到额定值。在上述两种情况之间，将能找到一个电抗值 X_{cr}，当在 $X_e = X_{cr}$ 处发生短路时，机端电压刚好在暂态过程结束时恢复到其额定值 U_N，这个电抗 X_{cr} 就称为临界电抗。图 5-14 表示了电抗 X_e 取不同值时定子基频电流幅值和机端电压的变化曲线(图中的虚线为不考虑强励作用时的曲线)。由图 5-14 可见，当

$X_e \geqslant X_{cr}$ 时，由于强行励磁的作用，短路电流基频分量的稳态值要大于它的起始值。

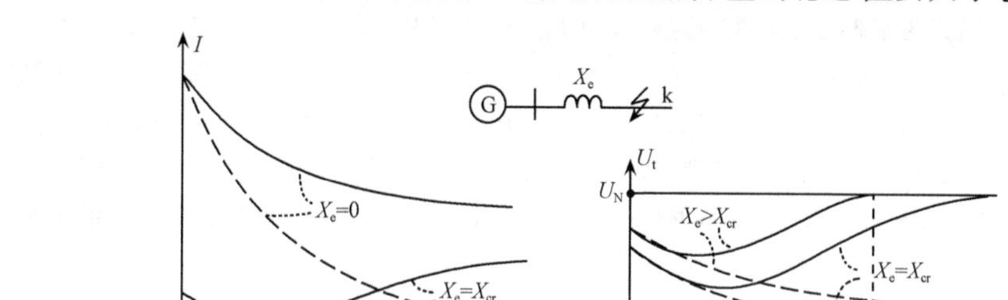

图 5-14　强行励磁对短路电流和机端电压的影响

在同步电机的短路分析中，对于每一种给定的三相短路条件，都可以找到一个相应的临界电抗 X_{cr}，如果 $X_e = X_{cr}$，则稳态短路电流值即为 $I_\infty = U_N/X_e$；如果 $X_e > X_{cr}$，则又可找到一个相对应的临界时间 t_{cr}，当 $t \geqslant t_{cr}$ 时，短路电流的基频分量将保持不变，其值为 $I = U_N/X_e$。

从以上的分析可见，强行励磁对短路过程有着显著的影响，在计算中不能不加以考虑。但是强行励磁的作用却又同许多因素有关，这些因素包括强励顶值电压的大小、励磁系统的时间常数、发电机励磁绕组的时间常数以及短路点的远近（即 X_e 的大小）等。

思　考　题

5-1　同步电机短路的主要特点是什么？

5-2　试说明为何凸极电机发生机端三相短路时，定子短路电流中包括两倍同步频率的交流分量。

5-3　同步电机在机端三相短路时短路的暂态过程中，定子电流的基频分量大大地超过其稳态短路电流的原因是什么？

5-4　试说明无阻尼绕组凸极同步电机机端发生三相短路时，定子和转子励磁绕组电流中都包括哪些电流成分，并说明哪些是自由电流，哪些电流成分既包括自由电流成分又包括强制电流成分。

5-5　试列写无阻尼绕组凸极同步电机机端发生三相短路时，对应转子绕组直流分量和定子绕组基频电流分量的磁链方程；对应转子绕组基频电流分量和定子绕组直流和倍频电流分量的磁链方程。

5-6　试说明为何无阻尼绕组凸极同步电机的暂态电动势 E'_q 在发生三相短路时不突变，为何有阻尼绕组凸极同步电机的复合次暂态电动势 E''_q 和 E''_d 在发生三相短路时不突变。

5-7　试列写无阻尼和有阻尼绕组（不包括 g 绕组）凸极同步电机发生机端三相短路时，各自由电流的时间常数的近似计算公式。

5-8　试列写无阻尼和有阻尼绕组（不包括 g 绕组）凸极同步电机发生机端三相短路定子 a 相

短路电流表达式。

5-9　已知一台无阻尼同步电机的额定参数为 $P_N = 150\text{MW}$，$\cos\varphi_N = 0.85$，$U_N = 15.75\text{kV}$；其他参数为 $R_a = 0.005$，$X_d = 1.0$，$X_q = 0.66$，$X'_d = 0.3$，$T'_{d0} = 7.1\text{s}$，同步电机满载运行时发生机端三相短路，试计算该同步电机短路前的 E_q、E'_q、E' 及定子 a 相短路电流随时间变化的表达式。

5-10　某同步电机包括强行励磁装置，机端电压为 U_N，在离该同步电机电气距离为 X_e 处发生三相短路，试说明临界电抗 X_{cr} 和临界时间 t_{cr} 的概念，并写出 $X_e \geqslant X_{cr}$ 时的稳态短路电流的表达式。

第 6 章　电力系统故障的计算机算法

电力系统故障计算的基本原理和方法，已在《电力系统基础》部分作了详细的讨论。一般情况下，为解决设备选择、继电保护整定以及运行分析等问题，往往只要计算系统故障后某一时刻（一般是故障后瞬间）的基频电流。因此，在这一章里仅讨论故障后 $t=0$s 电网的电流和电压基频周期分量的计算机计算方法。

本章介绍的方法基于以下两条基本假设：

(1) 除了发生不对称故障的局部以外，系统其余部分各元件的三相参数是对称的，因而对故障点可作三相电力网络的单相等值序网络。

(2) 故障计算中的电力网络是参数恒定的线性系统，因而分析中可以应用叠加原理。

做故障计算前，需先形成系统的节点导纳矩阵并计算节点阻抗矩阵的有关参数。在起始次暂态电流的计算中，同步电机用其次暂态参数表示的阻抗 $R+\mathrm{j}X''$ 与电流源相量 $\dot{I}_{\mathrm{G}}$ 并联的等值电路处理，其中电流源相量由系统的运行状态按下式计算：

$$\dot{I}_{\mathrm{G}}=\frac{\dot{E}''}{R_{\mathrm{a}}+\mathrm{j}X''_{\mathrm{d}}} \tag{6-1}$$

式中，$\dot{E}''$ 表示同步电机的复合次暂态电势相量。节点的负荷在短路计算中一般是用恒定阻抗来表示，它的数值由下式计算：

$$Z_{\mathrm{LD}}=\frac{U_{\mathrm{LD}}^{2}}{\overset{*}{S}_{\mathrm{LD}}} \tag{6-2}$$

式中，Z_{LD} 表示恒定阻抗的数值；U_{LD} 和 $\overset{*}{S}_{\mathrm{LD}}$ 分别表示短路前负荷节点的电压幅值和负荷从系统吸收的复功率 S_{LD} 的共轭复数。在不对称故障计算中，电力系统各元件的负序和零序参数的确定以及负序和零序等值网络的绘制，已在《电力系统基础》中讨论过，在此不再重复。

6.1　三相对称短路故障计算

发生非金属性短路时，故障节点 f 经过渡阻抗 z_{f} 发生短路。图 6-1 等号左边为对称三相短路单相等值电路，$\dot{I}_{\mathrm{f}}$ 表示短路电流相量，$\dot{U}_{\mathrm{f}}$ 为短路点对地电压，分析中过渡阻抗 z_{f} 不参与形成网络的节点导纳矩阵。现根据电路理论中的替代定理，将 z_{f} 用其值为 $\dot{I}_{\mathrm{f}}$ 的电流源置换，原网络中的电流电压响应与置换前相同，于是图 6-1 等号左

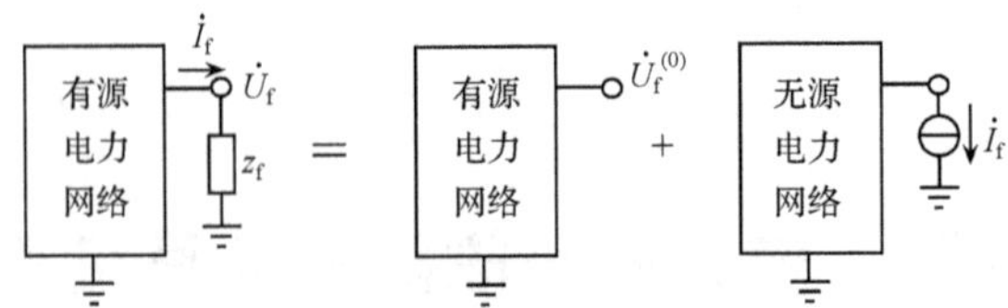

图 6-1　对称三相短路单相等值电路分解示意图

边单相等值电路按叠加原理可分解为等号右边两个电路。其中有源电力网络表示网络中所有电源作激励的电路，无源电力网络仅电流源 $\dot{I}_f$ 作激励。因此，根据叠加原理，网络中任一节点 i 的电压可按式(6-3)计算。

$$\dot{U}_i = \sum_{j \in G} Z_{ij} \dot{I}_j - Z_{if} \dot{I}_f \tag{6-3}$$

式中，G 为网络内有源节点的集合；Z_{ij} 和 Z_{if} 为节点阻抗矩阵的相应元素，称为节点间的互阻抗。由式(6-3)可见，任一节点的电压都由两项叠加而成。第一项是 $\sum$ 符号下的总和，它表示网络内所有电源对节点 i 电压的贡献，也就是短路前正常运行状态下的节点电压相量，称为节点电压的正常分量，记为 $\dot{U}_i^{(0)}$；第二项是短路电流 $\dot{I}_f$ 对节点 i 电压的贡献，称为节点电压的故障分量。上述两个分量的叠加，就等于发生短路后节点 i 的实际电压，即

$$\dot{U}_i = \dot{U}_i^{(0)} - Z_{if} \dot{I}_f \tag{6-4}$$

式(6-4)也适用于故障节点 f，于是有

$$\dot{U}_f = \dot{U}_f^{(0)} - Z_{ff} \dot{I}_f \tag{6-5}$$

式中，$\dot{U}_f^{(0)}$ 是短路前故障点的电压相量；Z_{ff} 是对应故障节点 f 的节点阻抗矩阵的对角元素，称为节点 f 的输入阻抗，亦称为节点 f 的自阻抗。方程式(6-5)也可以根据戴维南定理直接写出，与这个方程相适应的等值电路示于图 6-2。图 6-2 中的 $\dot{U}_f$ 与 $\dot{I}_f$ 满足关系式(6-6)。

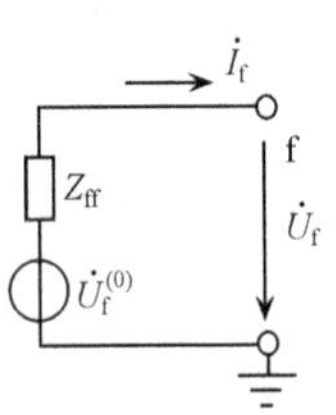

$$\dot{U}_f - z_f \dot{I}_f = 0 \tag{6-6}$$

由方程式(6-5)和式(6-6)可解出

$$\dot{I}_f = \frac{\dot{U}_f^{(0)}}{Z_{ff} + z_f} \tag{6-7}$$

图 6-2　等值有源一端口电路

将式(6-7)代入式(6-4)可得计算网络中任一节点电压的表达式如下：

$$\dot{U}_i = \dot{U}_i^{(0)} - Z_{if} \left(\frac{\dot{U}_f^{(0)}}{Z_{ff} + z_f} \right) \tag{6-8}$$

任一支路(见图 6-3)的电流由式(6-9)计算(对于非变压器支路，$k_{ji} = 1$)。

$$\dot{I}_{ij} = \frac{\dot{U}_i - \dfrac{\dot{U}_j}{k_{ji}}}{z_{ij}} \tag{6-9}$$

从计算式(6-7)和式(6-8)可以看到,式中所用到的节点阻抗矩阵元素都带有列标 f,这就是说,进行短路状态计算,只用到节点阻抗矩阵中与故障点 f 对应的一列元素。因此,并不需要计算全部节点阻抗矩阵。在短路的实际计算中,一般只需形成网络的节点导纳矩阵,并根据具体要求,用第 1 章介绍的方法求出节点阻抗矩阵的某一列或某几列元素即可。在本章的以下各节中,都是采用这种方法计算所用到的节点阻抗矩阵元素。

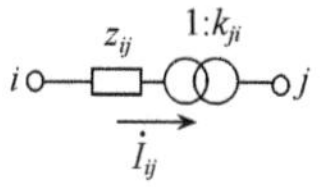

图 6-3　理想变压器支路电流

这样三相对称短路故障计算的算法流程可描述如下。

第一步：解潮流,计算正常状态下的节点电压。

第二步：形成包括发电机内阻抗和负荷阻抗的节点导纳矩阵。

第三步：对指定的故障点 f,计算节点阻抗矩阵的第 f 列元素。

第四步：利用式(6-7)、式(6-8)和式(6-9)分别计算短路电流 $\dot{I}_{\mathrm{f}}$、各节点电压和支路的电流,并输出计算结果。

第五步：结束。

在不要求精确计算结果的场合,可以不计负荷电流的影响。在形成节点导纳矩阵时,忽略所有节点的负荷,即短路前网络处于空载状态,各节点电压都取为 1(标幺值)。这样,式(6-7)和式(6-8)分别简化成

$$\dot{I}_{\mathrm{f}} = \frac{1}{Z_{\mathrm{ff}} + z_{\mathrm{f}}} \tag{6-10}$$

$$\dot{U}_i = 1 - \frac{Z_{i\mathrm{f}}}{Z_{\mathrm{ff}} + z_{\mathrm{f}}} \tag{6-11}$$

6.2　简单不对称故障计算

6.2.1　序网络端口电压方程

不对称故障分析的基本原理和方法,已在《电力系统基础》中作了介绍。不论是发生横向故障(短路故障)还是纵向故障(线路断开故障),都可以从故障处把正、负和零序网络看成是某种等值的一端口网络,如图 6-4 所示。正序网络是有源一端口网络,负序和零序网络都是无源一端口网络。端口的两个节点记为 f 和 k,横向故障(即短路故障)时节点 k 即是零电位点,纵向故障(即线路断开故障)时节点 k 是故障断口的另一个节点。故障端口的各序电流记为 $\dot{I}_{\mathrm{F}(1)}$、$\dot{I}_{\mathrm{F}(2)}$ 和 $\dot{I}_{\mathrm{F}(0)}$,以流出 f 节点(流入节点 k)的方向为电流的正方向。故障端口的各序电压记为 $\dot{U}_{\mathrm{F}(1)}$、$\dot{U}_{\mathrm{F}(2)}$ 和 $\dot{U}_{\mathrm{F}(0)}$,

且 $\dot{U}_{F(q)}=\dot{U}_{f(q)}-\dot{U}_{k(q)}\ (q=1,2,0)$。

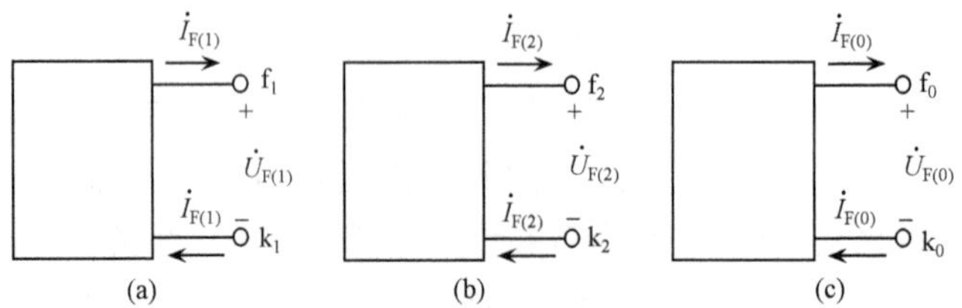

图 6-4　序网络端口电流电压定义

仿照 6.1 节所讲对称短路的分析方法，对于正序网络，发生故障可以看作是在故障端口的节点 f 和 k 分别出现了注入电流 $\dot{I}_{F(1)}$ 和 $\dot{I}_{F(1)}$。因此，仿照式(6-3)，任一节点的正序电压可表示为

$$\dot{U}_{i(1)}=\sum_{j\in G}Z_{ij(1)}\dot{I}_{j(1)}-Z_{if(1)}\dot{I}_{F(1)}+Z_{ik(1)}\dot{I}_{F(1)}=\dot{U}_{i(1)}^{(0)}-Z_{iF(1)}\dot{I}_{F(1)} \tag{6-12}$$

式中，$Z_{ij(1)}$、$Z_{if(1)}$ 和 $Z_{ik(1)}$ 表示正序网络节点阻抗矩阵的相应元素；$\dot{U}_{i(1)}^{(0)}=\sum_{j\in G}Z_{ij(1)}\dot{I}_{j(1)}$，$Z_{iF(1)}=Z_{if(1)}-Z_{ik(1)}$。

式(6-12)表明，正序网络中任一节点的电压由两个分量组成。一个分量是 $\dot{U}_{i(1)}^{(0)}$，它代表在故障端口开路(即 $\dot{I}_{F(1)}=0$)时由网络中所有的电源在节点 i 产生的电压。对于横向故障，$\dot{U}_{i(1)}^{(0)}$ 就是节点 i 电压的正常分量。但在纵向故障时，$\dot{U}_{i(1)}^{(0)}$ 则是故障线路三相断开时节点 i 的正常电压。考虑到正常运行中的电力系统并无负序和零序电源，以后将省去 $\dot{U}_{i(1)}^{(0)}$ 中表示正序的下标(1)。另一个分量是 $-Z_{iF(1)}\dot{I}_{F(1)}$，它表示当网络中所有的电势源都短接，电流源都断开，只在故障口的节点 f 流出和在节点 k 注入电流 $\dot{I}_{F(1)}$ 时，在节点 i 产生的电压。不限定正序网络，我们称 Z_{iF} 为故障端口 F 同节点 i 之间的互阻抗。

横向故障时，k 为零电位点，按照节点自阻抗和互阻抗的定义，零电位点同任何节点间的互阻抗都等于零，故有 $Z_{iF}=Z_{if}$，此时 Z_{iF} 就是节点 i 和故障节点 f 间的互阻抗。对纵向故障，k 代表故障点 f 发生断线故障后产生的新节点。

方程式(6-12)适用于正序网中的任何节点，对于故障端口的两个节点 f 和 k 应有

$$\dot{U}_{f(1)}=\dot{U}_{f}^{(0)}-Z_{fF(1)}\dot{I}_{F(1)} \tag{6-13}$$

$$\dot{U}_{k(1)}=\dot{U}_{k}^{(0)}-Z_{kF(1)}\dot{I}_{F(1)} \tag{6-14}$$

因此，正序网络故障端口的电压方程式可写出为

$$\dot{U}_{F(1)}=\dot{U}_{f(1)}-\dot{U}_{k(1)}=\dot{U}_{f}^{(0)}-\dot{U}_{k}^{(0)}-(Z_{fF(1)}-Z_{kF(1)})\dot{I}_{F(1)}=\dot{U}_{F}^{(0)}-Z_{FF(1)}\dot{I}_{F(1)} \tag{6-15}$$

式中，$\dot{U}_{\mathrm{F}}^{(0)}$ 是正序网络中故障端口的开路电压。对于横向故障 $\dot{U}_{\mathrm{F}}^{(0)}=\dot{U}_{\mathrm{f}}^{(0)}$，这就是故障点 f 的正常电压。对于纵向故障，$\dot{U}_{\mathrm{F}}^{(0)}$ 是故障端口开路时节点 f 和节点 k 之间的电压差。$Z_{\mathrm{FF}(1)}$ 是正序网络从故障端口看进去的等值阻抗，称为故障端口的自阻抗。端口自阻抗的定义可推广至负序和零序网，一般情况下，端口自阻抗与节点阻抗矩阵元素的关系为

$$Z_{\mathrm{FF}(q)}=Z_{\mathrm{fF}(q)}-Z_{\mathrm{kF}(q)}=Z_{\mathrm{ff}(q)}+Z_{\mathrm{kk}(q)}-2Z_{\mathrm{kf}(q)},\quad q=1,2,0 \tag{6-16}$$

特别地，对横向故障 $Z_{\mathrm{FF}(q)}=Z_{\mathrm{ff}(q)}$。

对于正序网络的电压方程讨论清楚以后，注意到负序和零序网络内部没有电源，套用公式(6-12)，可以写出网络中任一节点 i 的负序和零序电压为

$$\begin{cases}\dot{U}_{i(2)}=-Z_{i\mathrm{F}(2)}\dot{I}_{\mathrm{F}(2)}\\ \dot{U}_{i(0)}=-Z_{i\mathrm{F}(0)}\dot{I}_{\mathrm{F}(0)}\end{cases} \tag{6-17}$$

式中，$Z_{i\mathrm{F}(2)}=Z_{i\mathrm{f}(2)}-Z_{i\mathrm{k}(2)}$，$Z_{i\mathrm{F}(0)}=Z_{i\mathrm{f}(0)}-Z_{i\mathrm{k}(0)}$。类似地套用公式(6-15)可得

$$\begin{cases}\dot{U}_{\mathrm{F}(2)}=-Z_{\mathrm{FF}(2)}\dot{I}_{\mathrm{F}(2)}\\ \dot{U}_{\mathrm{F}(0)}=-Z_{\mathrm{FF}(0)}\dot{I}_{\mathrm{F}(0)}\end{cases} \tag{6-18}$$

式中，$Z_{\mathrm{FF}(2)}$ 和 $Z_{\mathrm{FF}(0)}$ 按负序和零序网的式(6-16)计算。

方程式(6-15)和式(6-18)是序网络端口电压方程的统一写法。为了求解不对称故障，还必须列写三个反映故障端口边界条件的方程式。由于采用了计算机，可以把故障处的情况考虑得略微复杂一些，以下我们分别讨论不对称短路和断线故障端口的边界条件方程式。

6.2.2　不对称短路故障计算

1. 单相接地短路故障

不失一般性选 a 相为基准相，由图 6-5(a)，a 相接地短路的边界条件可写出如下：

$$\begin{cases}\dot{I}_{\mathrm{b}}=\dot{I}_{\mathrm{c}}=0\\ \dot{U}_{\mathrm{a}}-z_{\mathrm{f}}\dot{I}_{\mathrm{a}}=0\end{cases} \tag{6-19}$$

用对称分量表示的边界条件为

$$\begin{cases}\dot{I}_{\mathrm{F}(1)}=\dot{I}_{\mathrm{F}(2)}=\dot{I}_{\mathrm{F}(0)}\\ (\dot{U}_{\mathrm{F}(1)}-z_{\mathrm{f}}\dot{I}_{\mathrm{F}(1)})+(\dot{U}_{\mathrm{F}(2)}-z_{\mathrm{f}}\dot{I}_{\mathrm{F}(2)})+(\dot{U}_{\mathrm{F}(0)}-z_{\mathrm{f}}\dot{I}_{\mathrm{F}(0)})=0\end{cases} \tag{6-20}$$

与式(6-20)边界条件相对应的复合序网示于图 6-5(b)，于是各序网络的端口电流按通用表达式(6-21)计算。

$$\begin{cases}\dot{I}_{F(1)}=\dfrac{\dot{U}_F^{(0)}}{Z_{FF(1)}+Z_{\triangle}}\\ \dot{I}_{F(2)}=K_2\dot{I}_{F(1)}\\ \dot{I}_{F(0)}=K_0\dot{I}_{F(1)}\end{cases}\tag{6-21}$$

式中，$Z_{\triangle}=Z_{FF(2)}+Z_{FF(0)}+3z_f$，$K_2=1$，$K_0=1$。求得故障端口电流的各序分量后，利用式(6-12)和式(6-17)可算出网络中任一节点电压的各序分量，支路 ij 的各序电流按下式计算：

$$\dot{I}_{ij(q)}=\frac{\dot{U}_{i(q)}-\dot{U}_{j(q)}}{z_{ij(q)}},\quad q=1,2,0\tag{6-22}$$

其中，$z_{ij(q)}$，$q=1,2,0$ 表示支路 ij 的各序串联复阻抗。

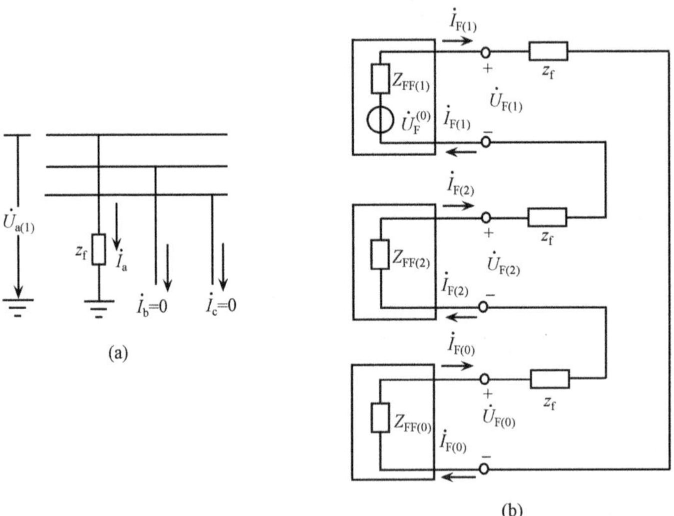

图 6-5　单相接地短路及复合序网络

对于零序网络中的互感支路，可先算出消去互感的等值网络中的支路电流，经网络还原再求出互感支络的实际电流。对于变压器支路，需要考虑理想变压器变比时应按式(6-9)计算支路电流。Y/△接法的变压器还应计及电流和电压的正序和负序对称分量的相位移动。算出了各序电压和电流分量在网络中的分布，再按对称分量合成公式计算指定节点的各相电压和指定支路的各相电流。由此可见，不对称短路和对称短路的计算步骤是一致的。首先计算故障端口的电流，然后计算网络中各节点的电压，由节点电压再计算支路电流。不同的是，前者要按三个序网络分别进行计算。

2. 两相接地短路故障

不失一般性选 a 相为基准相，由图 6-6(a)，b 相和 c 相两相短路接地的边界条件可写出如下：

$$\begin{cases}\dot{I}_a = 0 \\ \dot{U}_b - z_f\dot{I}_b - z_g(\dot{I}_b + \dot{I}_c) = 0 \\ \dot{U}_c - z_f\dot{I}_c - z_g(\dot{I}_b + \dot{I}_c) = 0\end{cases} \tag{6-23}$$

用对称分量表示式(6-23)的第二、三式可得

$$\begin{cases}a^2\dot{U}_{F(1)} + a\dot{U}_{F(2)} + \dot{U}_{F(0)} - z_f(a^2\dot{I}_{F(1)} + a\dot{I}_{F(2)} + \dot{I}_{F(0)}) - 3z_g\dot{I}_{F(0)} = 0 \\ a\dot{U}_{F(1)} + a^2\dot{U}_{F(2)} + \dot{U}_{F(0)} - z_f(a\dot{I}_{F(1)} + a^2\dot{I}_{F(2)} + \dot{I}_{F(0)}) - 3z_g\dot{I}_{F(0)} = 0\end{cases} \tag{6-24}$$

式(6-24)的推导中应用了 $\dot{I}_a + \dot{I}_b + \dot{I}_c = \dot{I}_b + \dot{I}_c = 3\dot{I}_{F(0)}$ 的条件，式(6-24)整理后可得

$$\begin{cases}a^2(\dot{U}_{F(1)} - z_f\dot{I}_{F(1)}) + a(\dot{U}_{F(2)} - z_f\dot{I}_{F(2)}) + [\dot{U}_{F(0)} - (z_f + 3z_g)\dot{I}_{F(0)}] = 0 \\ a(\dot{U}_{F(1)} - z_f\dot{I}_{F(1)}) + a^2(\dot{U}_{F(2)} - z_f\dot{I}_{F(2)}) + [\dot{U}_{F(0)} - (z_f + 3z_g)\dot{I}_{F(0)}] = 0\end{cases} \tag{6-25}$$

式(6-23)的第一式和式(6-25)等价于

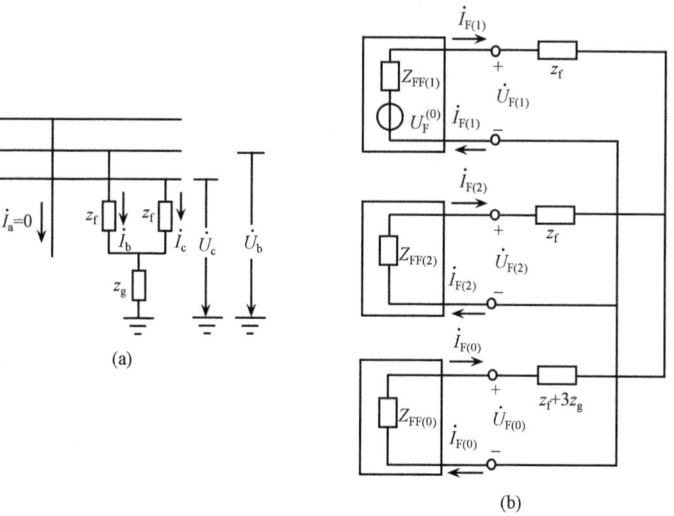

图 6-6　两相短路接地及复合序网络

$$\begin{cases}\dot{I}_{F(1)}+\dot{I}_{F(2)}+\dot{I}_{F(0)}=0\\ \dot{U}_{F(1)}-z_f\dot{I}_{F(1)}=\dot{U}_{F(0)}-(z_f+3z_g)\dot{I}_{F(0)}\\ \dot{U}_{F(2)}-z_f\dot{I}_{F(2)}=\dot{U}_{F(0)}-(z_f+3z_g)\dot{I}_{F(0)}\end{cases}\tag{6-26}$$

与式(6-26)边界条件相对应的复合序网示于图6-6(b)。于是,b相和c相两相短路接地各序网络的端口电流亦可按通用表达式(6-21)计算,但其中参数$Z_\triangle$、K_2和K_0按下式计算:

$$\begin{cases}Z_\triangle=z_f+\dfrac{(Z_{FF(2)}+z_f)(Z_{FF(0)}+z_f+3z_g)}{Z_{FF(2)}+Z_{FF(0)}+2z_f+3z_g}\\ K_2=-\dfrac{Z_{FF(0)}+z_f+3z_g}{Z_{FF(2)}+Z_{FF(0)}+2z_f+3z_g}\\ K_0=-\dfrac{Z_{FF(2)}+z_f}{Z_{FF(2)}+Z_{FF(0)}+2z_f+3z_g}\end{cases}\tag{6-27}$$

3. 两相短路故障

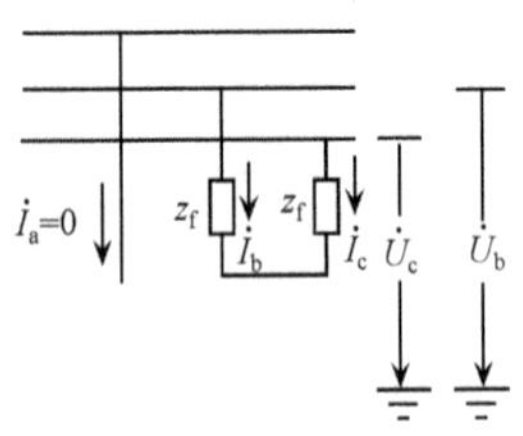

图6-7 两相短路

不失一般性选a相为基准相,b相和c相两相短路的边界条件可由图6-7写出。两相短路可以作为两相短路接地时阻抗z_g趋于无限大的特例处理。将图6-6(b)中的零序网络断开,即得两相短路的复合序网。于是b相和c相两相短路接地各序网络的端口电流亦可按通用表达式(6-21)计算,但其中参数$Z_\triangle$、K_2和K_0按下式计算:

$$\begin{cases}Z_\triangle=Z_{FF(2)}+2z_f\\ K_2=-1\\ K_0=0\end{cases}\tag{6-28}$$

6.2.3 不对称断线故障计算

1. 单相断线故障

如图6-8所示,不失一般性选a相为基准相,设故障处a相断线,b相和c相的阻抗为z_f,则边界条件为

$$\begin{cases}\dot{I}_a=0\\ \dot{U}_b-z_f\dot{I}_b=0\\ \dot{U}_c-z_f\dot{I}_c=0\end{cases}\tag{6-29}$$

容易看出，上述边界条件同 $z_g=0$ 时两相短路接地的边界条件完全相同。因此，两相短路接地的复合序网及各序故障端口电流的算式，都可用于单相断线的计算，但要注意故障序网路构造的不同。断线故障相当于在故障点 f 处将线路切断，原来的 f 节点分开为 f 和 k 节点，序网络端口电压为 f 和 k 节点间的电压(见图 6-8)。

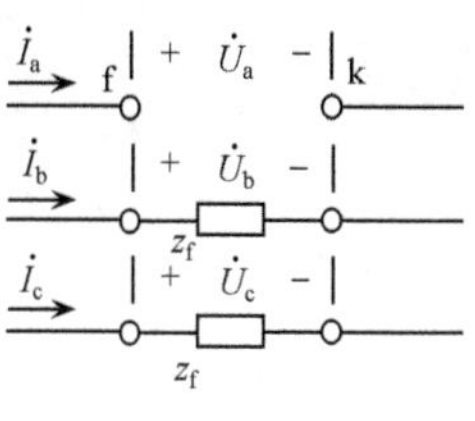

图 6-8　单相断线

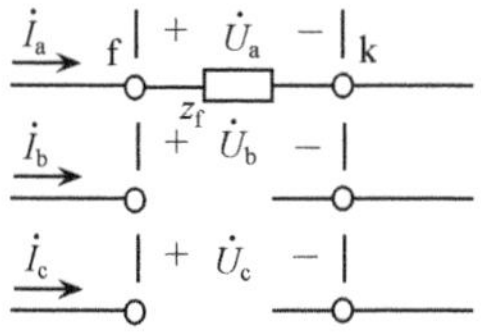

2. 两相断线故障

如图 6-9 所示，不失一般性选 a 相为基准相，设故障处 b 相和 c 相断线，a 相的阻抗为 z_f，则边界条件为

图 6-9　两相断线

$$
\begin{cases}
\dot{I}_b=\dot{I}_c=0 \\
\dot{U}_a-z_f\dot{I}_a=0
\end{cases}
\tag{6-30}
$$

上述边界条件同单相短路的边界条件完全相同。因此，复合序网的接法以及故障端口各序电流的算式也同单相短路的一样，需要注意的是，短路横向故障和断线纵向故障序网络构造的不同。

6.3　复杂故障的计算

复杂故障是指网络中有两处或两处以上同时发生不对称故障的情况。复杂故障的计算原理与简单不对称故障的情况类似。对简单故障，系统中只有一处故障，在用序分量表示故障的边界条件时总可以选择 a 相作基准相。但对多重故障，只能对一个故障选择 a 相作基准相，其余故障的基准相视多重故障的具体情况可以为 a 相、b 相或 c 相，因而对复杂故障首先要考虑，当 a 相、b 相或 c 相为基准相时的通用边界条件。

6.3.1　不对称故障的通用边界条件

简单故障的计算中，习惯上都选 a 相为基准相，即假定单相故障都发生在 a 相，两相故障都发生在 b 相和 c 相。单相故障时的故障相和两相故障时的非故障相通常称为特殊相。对单相故障，把 a 相当作特殊相，同选取 a 相作为对称分量的基准相是一样的。当网络中只有一处故障时，总可以把故障的特殊相选作对称分量的基准相，在这种条件下，用对称分量表示的边界条件最简单。电力网络同时发生多处故障时，全网只能选定统一的基准相，这样有的故障的特殊相就会和基准相不一致。例如，单相接地短路，不管短路发生在哪一相，都以 a 相作为对称分量的基准相，当 a 相发生金属性短路时，用对称分量表示的边界条件为

$$\begin{cases}\dot{I}_{F(1)} = \dot{I}_{F(2)} = \dot{I}_{F(0)} \\ \dot{U}_{F(1)} + \dot{U}_{F(2)} + \dot{U}_{F(0)} = 0\end{cases} \tag{6-31}$$

当 b 相或 c 相发生金属性短路时，对应的边界条件分别为式(6-32)或式(6-33)。

$$\begin{cases}a^2\dot{I}_{F(1)} = a\dot{I}_{F(2)} = \dot{I}_{F(0)} \\ a^2\dot{U}_{F(1)} + a\dot{U}_{F(2)} + \dot{U}_{F(0)} = 0\end{cases} \tag{6-32}$$

$$\begin{cases}a\dot{I}_{F(1)} = a^2\dot{I}_{F(2)} = \dot{I}_{F(0)} \\ a\dot{U}_{F(1)} + a^2\dot{U}_{F(2)} + \dot{U}_{F(0)} = 0\end{cases} \tag{6-33}$$

这种带有旋转算子 a 和 a^2 作移相系数的边界条件就能考虑特殊相和基准相不一致的情况。

复杂故障计算中通常都选 a 相作为对称分量的基准相，分析表明，不论是单相故障还是相间故障，当 a 相为特殊相时，各序分量的移相系数都等于 1；当 b 相为特殊相时，正序、负序和零序分量的移相系数分别为 a^2、a 和 1；当 c 相为特殊相时，正序、负序和零序分量的移相系数分别为 a、a^2 和 1。

还有一种情况也必须在边界条件中引入移相系数。发生多处故障时，故障出现在“中性点接地星形-三角形”接法变压器的两侧，在建立边界条件时必须注意到不同序对称分量经过“星形-三角形接法变压器”后要发生不同的相位移动。现假定在某 YN，d11 变压器中性点接地星形(YN)侧的 f 点发生 a 相接地金属性短路，同时在三角形侧的 k 点发生 b、c 两相金属性短路。当选 a 相为对称分量基准相时，两处都没有必要引入因特殊相和基准相不一致而产生的移相系数。

显然用对称分量表示的短路点 f 的边界条件为式(6-31)。对短路点 k，必须在边界条件中反映，由于 YN，d11 变压器引起的相位移动，这样用对称分量表示的短路点 k 的边界条件就要表示为

$$\begin{cases}\dot{U}_{k(1)}e^{j30^\circ} = \dot{U}_{k(2)}e^{-j30^\circ} \\ \dot{I}_{k(1)}e^{j30^\circ} + \dot{I}_{k(2)}e^{-j30^\circ} = 0\end{cases} \tag{6-34}$$

在多重故障计算中，可以根据星形三角形接法变压器的分布情况将整个系统的单相等值序网络划分为不同的移相分区，只要指定其中的一个分区作为参考，就可依次确定各个分区的移相系数。上述两种情况的移相系数在实际应用中可以合并成一个，本节以下论述中涉及的移相系数指的是合并后的移相系数。

从本章前几节对边界条件的论述中可以看到，不对称故障处的边界条件可以归纳成两种类型，一种是故障电流的各序分量(或乘以相应的移相系数)相等，故障端口电压的各序分量(或乘以相应移相系数)之和为零，这类故障又称为串联型故障。单相接地短路和两相断线时故障属于串联型故障。另一种是故障电流的各序分量(或乘以相应移相系数)之和为零，故障端口电压的各序分量(或乘以相应移相系数)相

等，这类故障称为并联型故障。两相短路接地和单相断线故障属于并联型故障。两相短路可以作为两相短路接地时阻抗 z_g 趋于无限大的特例。

为了便于以后的讨论，串联型故障口的各量都赋以下标 S，并联型故障口的各量都赋以下标 P。在引入移相系数后，串联型与并联型故障的边界条件方程式分别如式(6-35)与式(6-36)所示。

$$\begin{cases} n_{S(1)}\dot{I}_{S(1)} - n_{S(2)}\dot{I}_{S(2)} = 0 \\ n_{S(1)}\dot{I}_{S(1)} - n_{S(0)}\dot{I}_{S(0)} = 0 \\ n_{S(1)}(\dot{U}_{S(1)} - z_S\dot{I}_{S(1)}) + n_{S(2)}(\dot{U}_{S(2)} - z_S\dot{I}_{S(2)}) + n_{S(0)}(\dot{U}_{S(0)} - z_S\dot{I}_{S(0)}) = 0 \end{cases} \tag{6-35}$$

$$\begin{cases} n_{P(1)}\dot{I}_{P(1)} + n_{P(2)}\dot{I}_{P(2)} + n_{P(0)}\dot{I}_{P(0)} = 0 \\ n_{P(1)}(\dot{U}_{P(1)} - z_P\dot{I}_{P(1)}) - n_{P(2)}(\dot{U}_{P(2)} - z_P\dot{I}_{P(2)}) = 0 \\ n_{P(1)}(\dot{U}_{P(1)} - z_P\dot{I}_{P(1)}) - n_{P(0)}(\dot{U}_{P(0)} - z_{P0}\dot{I}_{P(0)}) = 0 \end{cases} \tag{6-36}$$

与式(6-35)和式(6-36)对应的通用复合序网络分别示于图 6-10(a)和(b)。需要指出的是串联型故障对应单相接地和两相断线故障，其中图 6-10(a)中的 z_S 即图 6-5(a)和图 6-9 中的 z_f；并联型故障对应两相短路接地和单相断线故障，其中图 6-10(a)中的 z_P 即图 6-6(a)和图 6-8 中的 z_f，$z_{P0} = z_f + 3z_g$。

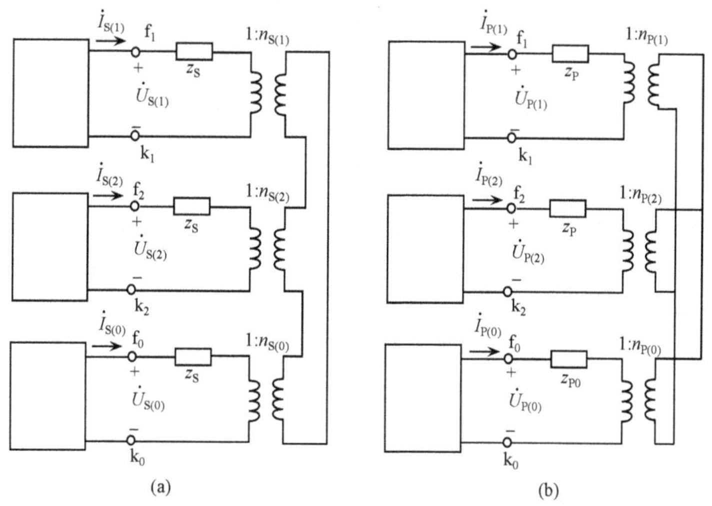

图 6-10　串联型与并联型通用复合序网络

6.3.2　多重故障计算

本节假定系统中同时发生了一处串联型故障和一处并联型故障，并通过其计算过程介绍多重故障的计算思路。其中串联型故障端口记为端口 S，它的两个节点为 s

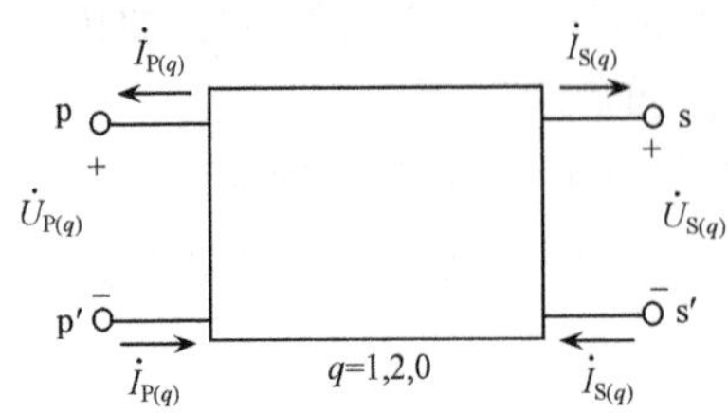

图 6-11　描述两重故障的序网络二端口

和 s′;并联型故障端口记为端口 P,它的两个节点为 p 和 p′。描述两重故障的序网络二端口如图 6-11所示,发生上述两重故障相当于从故障端口分别向各序网络注入了故障电流的该序分量。

对正序网络中任一节点 i 的电压可写出为

$$\dot{U}_{i(1)}=\sum_{j\in G}Z_{ij(1)}\dot{I}_{j(1)}-(Z_{is(1)}-Z_{is'(1)})\dot{I}_{S(1)}-(Z_{ip(1)}-Z_{ip'(1)})\dot{I}_{P(1)}$$
$$=\dot{U}_i^{(0)}-Z_{iS(1)}\dot{I}_{S(1)}-Z_{iP(1)}\dot{I}_{P(1)} \tag{6-37}$$

式中,$\dot{U}_i^{(0)}$ 是正序网络中当故障端口都开路(即 $\dot{I}_{S(1)}=0$ 和 $\dot{I}_{P(1)}=0$)时,由网络内的电源在节点 i 产生的电压。不限于正序网络,$Z_{iS}=Z_{is}-Z_{is'}$ 和 $Z_{iP}=Z_{ip}-Z_{ip'}$ 分别为故障端口 S 和 P 同节点 i 之间的互阻抗,Z_{is}、$Z_{is'}$、Z_{ip} 和 $Z_{ip'}$ 为节点阻抗矩阵的元素。将方程式(6-37)应用于故障端口的两对节点可得

$$\dot{U}_{S(1)}=\dot{U}_{s(1)}-\dot{U}_{s'(1)}$$
$$=(\dot{U}_s^{(0)}-\dot{U}_{s'}^{(0)})-(Z_{sS(1)}-Z_{s'S(1)})\dot{I}_{S(1)}-(Z_{sP(1)}-Z_{s'P(1)})\dot{I}_{P(1)}$$
$$=\dot{U}_S^{(0)}-Z_{SS(1)}\dot{I}_{S(1)}-Z_{SP(1)}\dot{I}_{P(1)} \tag{6-38}$$

$$\dot{U}_{P(1)}=\dot{U}_{p(1)}-\dot{U}_{p'(1)}$$
$$=(\dot{U}_p^{(0)}-\dot{U}_{p'}^{(0)})-(Z_{pS(1)}-Z_{p'S(1)})\dot{I}_{S(1)}-(Z_{pP(1)}-Z_{p'P(1)})\dot{I}_{P(1)}$$
$$=\dot{U}_P^{(0)}-Z_{SP(1)}\dot{I}_{S(1)}-Z_{PP(1)}\dot{I}_{P(1)} \tag{6-39}$$

式中,$\dot{U}_S^{(0)}$ 和 $\dot{U}_P^{(0)}$ 分别为故障端口 S 和 P 的开路电压;$Z_{SS(1)}$ 和 $Z_{PP(1)}$ 分别称为正序网端口 S 和 P 的自阻抗;$Z_{SP(1)}$ 和 $Z_{SP(1)}$ 分别称作正序网端口 S 和端口 P 之间的互阻抗,其值分别由节点阻抗矩阵元素计算如下:

$$\begin{aligned}Z_{SS(q)}&=Z_{ss(q)}+Z_{s's'(q)}-2Z_{ss'(q)}\\Z_{PP(q)}&=Z_{pp(q)}+Z_{p'p'(q)}-2Z_{pp'(q)},\qquad q=1,2,0\\Z_{SP(q)}&=Z_{PS(q)}=Z_{ps(q)}+Z_{p's'(q)}-Z_{ps'(q)}-Z_{p's(q)}\end{aligned} \tag{6-40}$$

式(6-38)和式(6-39)写成矩阵的形式如式(6-41)所示。

$$\begin{bmatrix}\dot{U}_{S(1)}\\\dot{U}_{P(1)}\end{bmatrix}=\begin{bmatrix}\dot{U}_S^{(0)}\\\dot{U}_P^{(0)}\end{bmatrix}-\begin{bmatrix}Z_{SS(1)}&Z_{SP(1)}\\Z_{SP(1)}&Z_{PP(1)}\end{bmatrix}\begin{bmatrix}\dot{I}_{S(1)}\\\dot{I}_{P(1)}\end{bmatrix} \tag{6-41}$$

式(6-41)可看作是正序网二端口戴维南等值网络的端口电压电流方程。同样地可写出负序和零序网络的二端口戴维南等值网络端口电压电流方程如下:

$$\begin{bmatrix}\dot{U}_{S(2)}\\\dot{U}_{P(2)}\end{bmatrix}=-\begin{bmatrix}Z_{SS(2)}&Z_{SP(2)}\\Z_{SP(2)}&Z_{PP(2)}\end{bmatrix}\begin{bmatrix}\dot{I}_{S(2)}\\\dot{I}_{P(2)}\end{bmatrix} \tag{6-42}$$

$$\begin{bmatrix} \dot{U}_{S(0)} \\ \dot{U}_{P(0)} \end{bmatrix} = -\begin{bmatrix} Z_{SS(0)} & Z_{SP(0)} \\ Z_{SP(0)} & Z_{PP(0)} \end{bmatrix} \begin{bmatrix} \dot{I}_{S(0)} \\ \dot{I}_{P(0)} \end{bmatrix} \tag{6-43}$$

式中，端口 S 与 P 的自阻抗和互阻抗由各自序网络的节点阻抗矩阵元素按式(6-40)计算。方程式(6-41)、式(6-42)和式(6-43)，再加上边界条件方程式(6-35)和式(6-36)，包括了求解两个故障端口电流和电压各序分量所需的 12 个方程式。这些方程式中包含了 12 个待求量。应用计算机求解时，直接求解上述 12 维线性方程组，可同时获得所有故障端口电压和电流的各序分量。掌握了多端口阻抗矩阵的概念，双重故障的分析方法可以推广设计更多重故障的计算机算法。

思　考　题

6-1　列写计算电力网络三相短路的短路电流分布的算法流程及相应的计算公式。

6-2　列写三相短路的短路电压及电流分布的工程近似计算公式，并复述其简化计算条件。

6-3　列写单相接地短路故障用对称分量表示的边界条件，并绘制与其对应的复合序网络。

6-4　列写两相接地短路故障用对称分量表示的边界条件，并绘制与其对应的复合序网络。

6-5　列写两相短路故障用对称分量表示的边界条件，并绘制与其对应的复合序网络。

第 7 章　电力系统稳定性分析中的元件模型

本章简单介绍电力系统稳定性分析中常用元件的机电暂态模型,内容包括发电机转子运动方程、发电机功率特性、励磁和调速系统模型、负荷模型等。

7.1　概　　述

电力系统稳定性分析的主要目的是研究电力系统受到各种扰动之后,是否能保持合理运行状态的能力。电力系统稳定性分析的方法大致分为两类:实验分析方法和数值仿真方法。

(1) 实验分析方法,又可进一步细分为现场试验和物理模拟两种方式。现场试验是指在电力系统的运行现场设置需分析研究的扰动场景,通过观察系统在扰动发生后的运行变化规律来判断其稳定性的分析方法。2004 年 3 月 24 日我国在东北电网组织的大扰动试验就是一个典型的例子。现场试验结论准确,现象直观,但因风险和代价都非常高,很难经常采用。物理模拟也称动态模拟,它利用相似性原理,首先建立电力系统关键设备的物理(动态)模型,搭建物理模拟试验平台,然后利用它研究电力系统受扰后的运动变化规律。物理模拟可以较准确地反映电力系统的真实运行状况,但由于投资较高,难以实现对大规模电力系统的物理模拟。此外,物理模拟设备的参数调整较为困难,也是制约该方法大范围推广应用的重要原因。

(2) 数值仿真方法,是指通过计算机仿真来研究电力系统稳定性的一种方法。随着现代电力系统的规模不断扩大,用实验分析手段已很难对其进行稳定性分析,而计算机技术的迅猛发展则为电力系统数值仿真提供了十分便利的分析手段,因此,现代电力系统的各类分析主要以数值仿真为主。

建立描述电力系统运动变化规律的数学模型,是进行数值仿真的基础,而电力系统数学模型的正确性和准确性,直接决定数值仿真结果的正确性和准确性。电力系统仿真模型的建立涉及两方面的问题:第一是系统建模,即确立待研究对象的数学模型,通常有理论建模和试验建模两种方式。理论建模是在深入掌握所研究对象的基础上,直接列解其数学模型,描述电磁波的麦克斯韦方程、基于 Park 变换建立的发电机基本方程,是理论建模的成功典范;试验建模是通过实验数据,采用数值方法,直接估计待研究对象的近似模型,在电力系统中,试验建模又常称为系统辨识。第二是参数确定,即确定系统模型中的所需参数,以电力系统为例,线路的 X、R、B,发电机的 X_{d}、X_{q}、X'_{d}、X'_{q} 等参数,在数值模型使用时均需准确确定。参数的确定,同样可通过理论分析和试验研究获得。

电力系统在故障(扰动)后的一般发展过程如下:故障出现后→故障点出现短暂的电磁暂态过程,系统出现非周期和高次谐波分量,并迅速衰减→线路潮流出现变化→发电机输出的电磁功率受到影响→因发电机调速系统动作特性较慢(几秒到几分钟),发电机转子转矩出现失衡,导致部分发电机加速或减速,从而导致网络中的潮流出现振荡型变化→引起 FACTS/HVDC/励磁系统/调速器等环节的进一步变化,故障元件可能被切除,人为的或预先设定的一些控制环节也会动作→系统故障后运行状态(稳定或不稳定)。在上述过程中,电力系统需考虑的参数变化包括如下三种。① 电磁暂态过程:电磁暂态过程变化较快,时间跨度在几个毫秒以内,如网络和相关设备的电磁暂态过程、故障点的电弧和高次谐波、长线波过程、继电保护装置动作后的电磁暂态过程等;② 机电暂态过程:时间跨度在数个周波到数秒,主要关注由发电机转子轴不平衡转矩引发的系统暂态过程,涉及发电机转子运动和绕组动态、励磁系统和 PSS 控制回路动态、FACTS 元件的控制过程、动态负荷的变化等;③ 慢动态过程:时间跨度在数十秒到数十分钟,主要包括发电机原动机及调速器控制过程、负荷恢复过程等。

在进行电力系统稳定性分析时,往往只考虑电力系统的机电暂态过程,忽略其电磁暂态过程,并将慢动态过程用代数方程进行描述,这样电力系统的数学模型,通常可表示为如下的微分-代数方程(DAE):

$$\begin{aligned} \dot{\boldsymbol{x}} &= \boldsymbol{f}(\boldsymbol{x},\boldsymbol{y}) \\ 0 &= \boldsymbol{g}(\boldsymbol{x},\boldsymbol{y}) \end{aligned} \tag{7-1}$$

式中,$\boldsymbol{x} \in \mathbf{R}^n$ 为系统的状态变量,由电力系统的动态参量构成,如发电机角度、角速度、暂态和次暂态电势、励磁和 PSS 系统回路的动态参数、动态负荷参数等;$\boldsymbol{y} \in \mathbf{R}^m$ 为系统的代数变量,由电力系统的静态参量构成,如节点电压和相角、支路功率等。电力系统建模的目的,就是准确确定上述微分-代数方程的数学模型和所涉及的系统参数。

本章将依次介绍发电机机电暂态模型,包括转子运动方程、发电机功率特性、励磁系统模型、原动机及调速器模型、动态负荷模型等内容。

7.2　发电机的转子运动方程

保持发电机同步是电力系统稳定运行的基础,判断发电机的同步性,需要了解发电机的运行变化规律。作为典型的旋转设备,发电机转子运动方程描述了发电机的基本运行规律,是研究电力系统同步稳定性的基础。

7.2.1　转子运动方程的推导

发电机转子运动方程列解的理论基础,是牛顿第二定律在轴系运动中的具体应用。根据牛顿第二定律,质量为 m 的平面运动物体,其加速度与所受外力之间的关

系为

$$F = ma \tag{7-2}$$

式中，F 为物体所受外力之和，单位为 N；m 为物体质量，单位为 kg；a 为物体的加速度，单位为 $\mathrm{m/s^2}$。

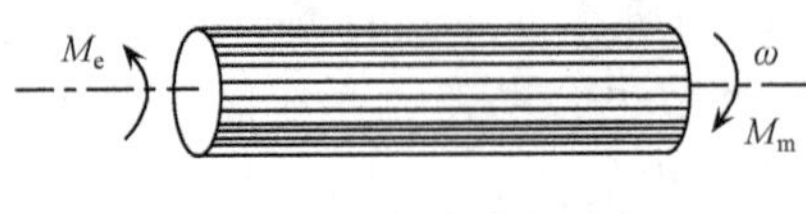

图 7-1 转子受力示意

发电机转子可近似考虑为图 7-1 所示实心圆柱体，围绕其几何轴旋转。运行过程中转子轴受到两个转矩作用，一是来自原动机的推动转矩 M_m，另一个则是来自电气回路的电动转矩 M_e。与式(7-2)类似，式(7-3)给出了转子角加速度与所受转矩之间的关系。

$$\Delta M = M_m - M_e = JA \tag{7-3}$$

式中，$\Delta M = M_m - M_e$，为发电机转子轴受到的不平衡转矩，单位为 N · m；J 为发电机转子转动惯量，单位为 kg · $\mathrm{m^2}$；A 为发电机转子机械角加速度，单位为 $\mathrm{rad/s^2}$，与转子机械角速度 Ω 和角位移 Θ 的关系为

$$A = \frac{\mathrm{d}\Omega}{\mathrm{d}t} = \frac{\mathrm{d}^2\Theta}{\mathrm{d}t^2} \tag{7-4}$$

由于不同类型的发电机转子的极对数不尽相同，机械角速度和角加速度之间存在很大差别，难以横向比较，因此，在进行电力系统稳定性分析时，需推导用电气角度 θ、角速度 ω 和加速度 a 表示的转子运动方程，其中

$$\begin{aligned} a &= pA \\ \omega &= p\Omega \\ \theta &= p\Theta \end{aligned} \tag{7-5}$$

式中，p 为同步电机转子磁极的极对数。

用电气量表示的发电机转子运动方程的形式与参考系选择有关。常用的两种参考系为静止参考系和同步参考系，如图 7-2 所示，其中静止参考系下的参考轴在空间上静止不动，而同步参考轴则随时间以同步角速度 ω_N 旋转。当一台发电机的转子以角速度 ω 旋转时，在两种坐标系下的角度关系如下。

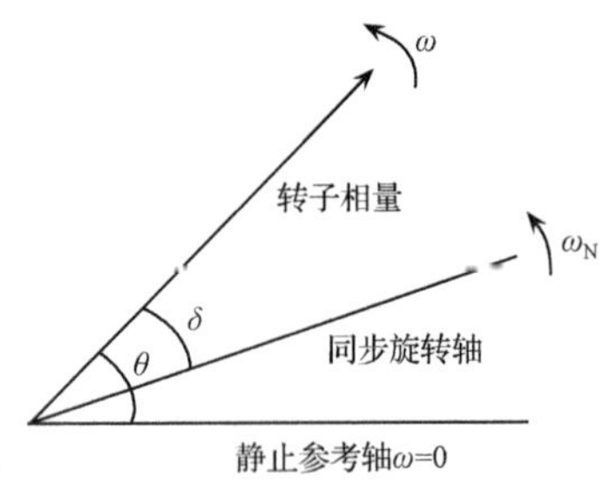

图 7-2 不同参考系的转子角

(1) 在静止参考系下的电角度：$\theta = \int_0^t \omega \mathrm{d}t + \theta_0$，其中 θ_0 为转子与静止参考轴的初始夹角，角速度为 ω，而角加速度为 $a = \dfrac{\mathrm{d}\omega}{\mathrm{d}t}$。

(2) 在同步参考系下的电角度：$\delta = \int_0^t (\omega - \omega_N)\mathrm{d}t + (\theta_0 - \phi_0)$，其中 ϕ_0 是同步参考轴与静止参考轴的初始夹角，角速度为 $\dfrac{\mathrm{d}\delta}{\mathrm{d}t} = \Delta\omega = \omega - \omega_N$，而角加速度为 $a = \dfrac{\mathrm{d}\omega}{\mathrm{d}t}$。

尽管在两个参考系下转子角和角速度有较大差别，但角加速度与参考系的选择无关。在多机系统中，也可选择一台发电机作为参考，如以第 j 台发电机为参考，则第 i 台发电机的相对位移角和角速度可表示为 $\delta_{ij}=\delta_i-\delta_j$，$\Delta\omega_{ij}=\omega_i-\omega_j$。此时常将 δ_{ij} 和 $\Delta\omega_{ij}$ 称为发电机 i 的相对角和相对角速度，而将发电机 i 相对于同步参考轴的 δ_i 和 $\Delta\omega_i$ 称为其绝对角和绝对角速度。

以同步参考系为例，用电气量表示的发电机转子运动方程为

$$p\Delta M=Ja=J\frac{\mathrm{d}\omega}{\mathrm{d}t}=J\frac{\mathrm{d}^2\delta}{\mathrm{d}t^2} \tag{7-6}$$

7.2.2　转子运动方程的标幺值表示

先选取发电机功率基准 S_{B}，并以同步转速 $\omega_{\mathrm{N}}=2\pi f_{\mathrm{N}}$ 为角速度基准，则可得发电机转矩基准为

$$M_{\mathrm{B}}=\frac{S_{\mathrm{B}}}{\Omega_{\mathrm{N}}}=\frac{pS_{\mathrm{B}}}{\omega_{\mathrm{N}}} \tag{7-7}$$

式(7-6)两边同除以 M_{B} 可得

$$\frac{T_{\mathrm{J}}}{\omega_{\mathrm{N}}}\cdot\frac{\mathrm{d}^2\delta}{\mathrm{d}t^2}=\Delta M_* \tag{7-8}$$

式中，$T_{\mathrm{J}}\triangleq\frac{J\omega_{\mathrm{N}}^2}{p^2S_{\mathrm{B}}}=\frac{J\Omega_{\mathrm{N}}^2}{S_{\mathrm{B}}}$ 定义为发电机的惯性时间常数，单位为 s；下标 * 表示变量标幺值。一些文献还引入惯性时间常数 $H=0.5T_{\mathrm{J}}$，此时式(7-8)可表示为

$$\frac{2H}{\omega_{\mathrm{N}}}\cdot\frac{\mathrm{d}^2\delta}{\mathrm{d}t^2}=\Delta M_* \tag{7-9}$$

需要说明的是：

(1) 为便于研究，式(7-8)常被表示为一阶微分方程的形式，即

$$\begin{aligned}\frac{\mathrm{d}\delta}{\mathrm{d}t}&=\Delta\omega=\omega-\omega_{\mathrm{N}}\\ \frac{\mathrm{d}\Delta\omega}{\mathrm{d}t}&=\frac{\omega_{\mathrm{N}}}{T_{\mathrm{J}}}\Delta M_*\end{aligned} \tag{7-10}$$

(2) 可以将发电机转子转差率 s 引入公式(7-10)，其中 $s\triangleq(\omega-\omega_{\mathrm{N}})/\omega_{\mathrm{N}}=\Delta\omega/\omega_{\mathrm{N}}$，此时转子运动方程的形式为

$$\begin{aligned}\frac{\mathrm{d}\delta}{\mathrm{d}t}&=s\omega_{\mathrm{N}}\\ \frac{\mathrm{d}s}{\mathrm{d}t}&=\frac{\Delta M_*}{T_{\mathrm{J}}}\end{aligned} \tag{7-11}$$

(3) 考虑到电力系统研究的习惯，常将发电机转子运动方程中的转矩用发电机的机械功率 $P_{\mathrm{m}*}$ 和电磁功率 $P_{\mathrm{e}*}$ 表示。由 $\Delta M_*=\frac{P_{\mathrm{m}*}-P_{\mathrm{e}*}}{\omega_*}$，其中 $\omega_*\triangleq\frac{\omega}{\omega_{\mathrm{N}}}$，则转

子运动方程可表示为

$$\begin{aligned}\frac{\mathrm{d}\delta}{\mathrm{d}t} &= \Delta\omega = \omega - \omega_{\mathrm{N}} \\ \frac{\mathrm{d}\Delta\omega}{\mathrm{d}t} &= \frac{\omega_{\mathrm{N}}}{T_{\mathrm{J}}\omega_{*}}(P_{\mathrm{m}*} - P_{\mathrm{e}*})\end{aligned} \tag{7-12}$$

当式(7-12)中的发电机角速度用标幺值表示，同时发电机角速度变化范围不大，即 $\omega_{*} \approx 1$ 时，式(7-12)可近似表示为

$$\begin{aligned}\frac{\mathrm{d}\delta}{\mathrm{d}t} &= \omega_{\mathrm{N}}\Delta\omega_{*} \\ \frac{\mathrm{d}\Delta\omega_{*}}{\mathrm{d}t} &= \frac{1}{T_{\mathrm{J}}}(P_{\mathrm{m}*} - P_{\mathrm{e}*})\end{aligned} \tag{7-13}$$

从式(7-12)和式(7-13)可见，发电机角加速度的瞬间变化与转子轴所受机械功率和电磁功率的偏差直接相关。

7.2.3 惯性时间常数及物理含义

惯性时间常数 T_{J} 是反映发电机转子机械惯性的重要参量。取发电机额定容量 S_{N} 为功率基准 S_{B}，此时发电机的惯性时间常数用 T_{JN} 表示，称为额定惯性时间常数，用其表示发电机转子运动方程如下：

$$\frac{T_{\mathrm{JN}}}{\omega_{\mathrm{N}}} \cdot \frac{\mathrm{d}\omega}{\mathrm{d}t} = \Delta M_{*} \tag{7-14}$$

进一步可变形为

$$\mathrm{d}t = \frac{T_{\mathrm{JN}}}{\omega_{\mathrm{N}}\Delta M_{*}}\mathrm{d}\omega \tag{7-15}$$

令 $M_{\mathrm{m}*} = 1.0$，$M_{\mathrm{e}*} = 0$，则 $\Delta M_{*} = 1.0$，其含义是断开发电机与外部系统的电气联络，并使发电机转子轴受到额定转矩的推动，此时对式(7-15)两端进行积分可得

$$t = \int_0^{\omega_{\mathrm{N}}} \frac{T_{\mathrm{JN}}}{\omega_{\mathrm{N}}\Delta M_{*}}\mathrm{d}\omega = T_{\mathrm{JN}} \tag{7-16}$$

这一结果说明，当发电机空载运行时，若发电机转子轴受到一个额定转矩的持续推动，转子轴从静止状态加速到额定转速所需时间，数值上等于 T_{JN}。

在发电机铭牌上通常由制造厂家提供反映发电机转动部分质量和尺寸的转子飞轮转矩 GD^2，它与 T_{JN} 之间的关系为

$$T_{\mathrm{JN}} = \frac{\mathrm{GD}^2 \cdot 10^3}{4}\frac{\omega_{\mathrm{N}}^2}{p^2 S_{\mathrm{N}} \cdot 10^3} = \frac{\mathrm{GD}^2}{4}\frac{\left(\dfrac{2\pi np}{60}\right)^2}{p^2 S_{\mathrm{N}}} = \frac{2.74\mathrm{GD}^2 n^2}{1000 S_{\mathrm{N}}} \tag{7-17}$$

式中，GD^2 为转子飞轮转矩，单位为 $\mathrm{T \cdot m^2}$；S_{N} 为发电机额定容量，单位为 kV · A；n 为发电机额定转速，单位为 r/min。

在进行复杂电力系统稳定性分析时，需将发电机的惯性时间常数归算到统一功率基准下，设系统中存在 n 台发电机，第 i 台发电机的额定容量为 $S_{\mathrm{N},i}$，额定惯性时

间常数为 $T_{JN,i}$，则在统一基准下的惯性时间常数的标幺值为

$$T_{J,i*} = T_{JN,i}\frac{S_{N,i}}{S_B} \tag{7-18}$$

有时需将多台发电机合并等值为一台发电机，则等值发电机的惯性时间常数为

$$T_{J\Sigma *} = \frac{T_{JN,1}S_{N,1} + T_{JN,2}S_{N,2} + \cdots + T_{JN,m}S_{N,m}}{S_B} = \sum_{i=1}^{m} T_{J,i*} \tag{7-19}$$

由上面的推导可以看到，发电机转子的动态行为主要由转子不平衡转矩(或不平衡功率)决定，其中机械转矩 M_m（或机械功率 P_m）由发电机原动机提供，其变化特性由原动机及其调速器所决定；电磁转矩 M_e（或电磁功率 P_e）则由发电机电磁回路、调控环节(如励磁系统、PSS)以及接入系统的运行工况所决定，是电力系统稳定性分析计算过程中最为复杂的部分。

7.3　发电机功角及功率特性

由 7.2 节可知，电力系统的同步稳定性可通过不同发电机间的相对角度来判断，发电机电气角 δ 反映了发电机转子的位置，并与发电机的电磁输出功率存在密切联系。

7.3.1　发电机功角

判断电力系统的同步性，需考察不同发电机转子间的相对运动和相对位置，为此需引入一个角度用于刻画发电机转子的工作位置。

以图 7-3 所示的简单电力系统为例加以说明，假设两台隐极同步电机（$X_d = X_q$）G-A 和 G-B 分别接在母线 A 和 B 上，通过两段等值支路与无穷大母线相连，忽略发电机及等值支路中的电阻及对地导纳的影响。选无穷大母线电压相量 $\dot{U}$ 为参考轴(理想状态下，$\dot{U}$ 以同步转速 ω_N 恒速旋转)，假设 $X_{a\Sigma} > X_{b\Sigma}$，图 7-4 给出了发电机 G-A 和 G-B 稳态运行内电势相量的示意，其中

$$\begin{aligned} X_{a\Sigma} &= X_{ea} + X_{da} \\ X_{b\Sigma} &= X_{eb} + X_{db} \end{aligned} \tag{7-20}$$

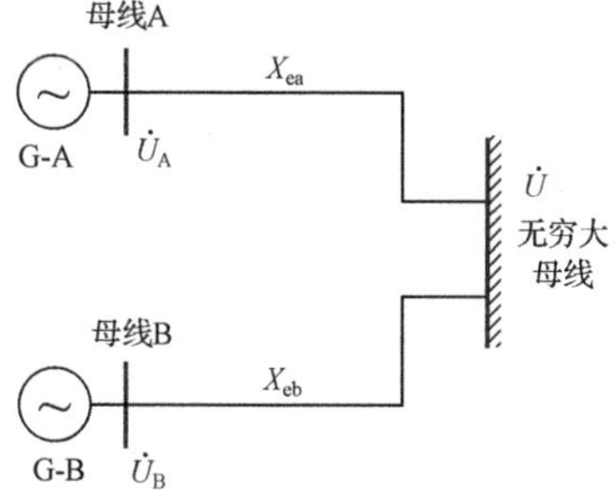

图 7-3　简单电力系统

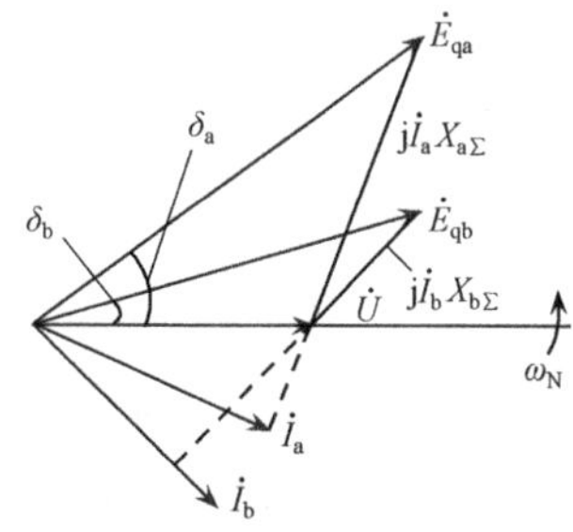

图 7-4　两发电机的内电势

$\dot{E}_{qa}$ 和 $\dot{E}_{qb}$ 分别位于 G-A 和 G-B 两台发电机转子的 q 轴上，当无穷大母线电压相量 $\dot{U}$ 确定后，通过 δ_a 和 δ_b 角(即发电机转子 q 轴相对同步旋转轴的角度)就可确定两台发电机转子的相对位置。

在稳态运行情况下，发电机 G-A 和 G-B 的转子轴受到平衡转矩的作用，处于匀速旋转状态，转速为额定转速 ω_N。此时，$\dot{E}_{qa}$，$\dot{E}_{qb}$ 与 $\dot{U}$ 之间的夹角固定不变，G-A 和 G-B 两发电机之间的转子相对位置也固定不变，系统保持同步稳定运行。

假设由于某种故障，导致发电机 G-A 向系统输出的电磁功率突然减少，原动机输出机械功率保持不变。由 7.2 节的分析可知，此时 G-A 转子的电磁转矩同时变小，而机械转矩不变，由此导致 G-A 转子受到一个不平衡加速转矩的作用，在此转矩的作用下，G-A 转子转速将增大，从而导致它与 $\dot{U}$ 轴之间的夹角 δ_a 也增大。而在此过程中，发电机 G-B 仍处于稳定运行状态，夹角 δ_b 保持不变。若这一故障未得到消除，则 δ_a 将持续增大，G-A 和 G-B 间相对角 $\delta_{ab}(t)=\delta_a(t)-\delta_b(t)=\delta_a(t)-\delta_{b0}$ 也持续增大，从而指示两发电机之间的同步性被破坏。

通过上面的分析可知，相量 $\dot{U}$ 与发电机转子 q 轴之间的夹角 δ 可用来指示发电机转子的相对位置。

7.3.2 功角及简单电力系统稳态功率特性

相量 $\dot{U}$ 与发电机内电势之间的夹角 δ 不仅可用作指示发电机转子的位置，与发电机的功率输出之间还存在密切联系。下面以图 7-5 所示简单电力系统为例加以说明(所谓简单电力系统，一般指由发电机通过变压器、输电线路与无穷大母线相连的输电系统，也常被称为单机无穷大系统)。为简单起见，分析中忽略各电气设备的电阻，同时忽略发电机阻尼绕组的影响。

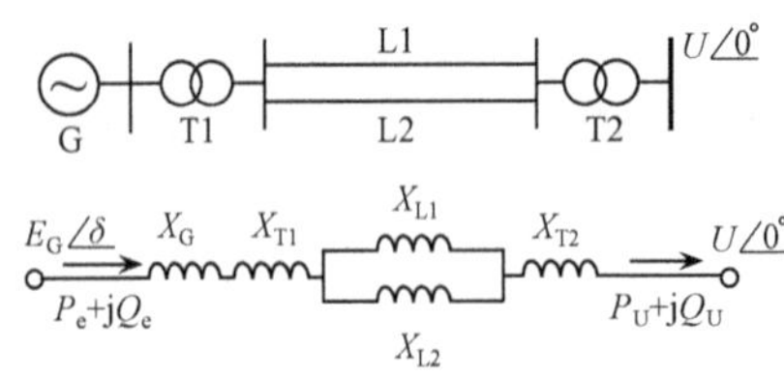

图 7-5 简单电力系统

1. 发电机为隐极同步电机($X_d=X_q$)的情况

当发电机为隐极同步电机时，由于 d、q 轴磁路近似相同，即 $X_d=X_q=X_G$，发电机内电势满足 $E_G=E_q=E_Q$。分别在发电机内节点和无穷大母线处列解潮流方程，并采用图 7-6 所示坐标系，可得发电机发出的电磁功率和系统接收电磁功率表达式为

$$S_e=P_e+jQ_e=\dot{E}_G\dot{I}^*=jE_q(I_d-jI_q)=E_qI_q+jE_qI_d \tag{7-21}$$

$$\begin{aligned}S_U=P_U+jQ_U=\dot{U}\dot{I}^*&=U(\sin\delta+j\cos\delta)(I_d-jI_q)\\&=U_dI_d+U_qI_q+j(U_qI_d-U_dI_q)\end{aligned} \tag{7-22}$$

在稳态运行情况下，发电机内电势与电压之间的关系为

$$U_d = I_q X_{q\Sigma} \tag{7-23}$$

$$U_q = E_q - I_d X_{d\Sigma} \tag{7-24}$$

式中，$X_{d\Sigma} = X_{q\Sigma} = X_d + X_{TL}, X_{TL} = X_{T1} + X_{L1}//X_{L2} + X_{T2}$，从两式中解出 I_d、I_q，然后代入式(7-21)和式(7-22)可得

$$P_e = E_q \frac{U_d}{X_{d\Sigma}} = \frac{E_q U}{X_{d\Sigma}} \sin\delta \tag{7-25}$$

$$Q_e = E_q \frac{E_q - U_q}{X_{d\Sigma}} = \frac{E_q^2}{X_{d\Sigma}} - \frac{E_q U}{X_{d\Sigma}} \cos\delta \tag{7-26}$$

$$P_U = U_d I_d + U_q I_q = U_d \frac{E_q - U_q}{X_{d\Sigma}} + \frac{U_d U_q}{X_{d\Sigma}} = \frac{E_q U}{X_{d\Sigma}} \sin\delta \tag{7-27}$$

$$Q_U = U_q I_d - U_d I_q = U_q \frac{E_q - U_q}{X_{d\Sigma}} - U_d \frac{U_d}{X_{d\Sigma}} = \frac{E_q U}{X_{d\Sigma}} \cos\delta - \frac{U^2}{X_{d\Sigma}} \tag{7-28}$$

可见，发电机输出的有功功率和无功功率，无穷大母线所接收的有功功率和无功功率，都与角度 δ 密切相关(图 7-7 示意了在发电机内电势和无穷大母线节点电压恒定时，上述功率随发电机功角变化的曲线)，因此，δ 角又常被称为“功角”或“功率角”。发电机向外输出的电磁功率与 δ 角之间的函数关系式，常被称为发电机的“功角特性”或“功率特性”。而图 7-7中的 P_e-δ 曲线则被称为发电机“功角特性曲线”。从图 7-7 可以看出：

(1) 由于忽略了所有电气设备的电阻，图 7-5 系统变为一个无损网络，由此可推导出 $P_e = P_U = \frac{E_q U}{X_{d\Sigma}} \sin\delta$。当 $\delta = 90°$时，发电机向外输出(系统接收)的有功功率达到最大(极限)值 $P_{emax} = P_{Umax} = \frac{E_q U}{X_{d\Sigma}}$。

(2) Q_e 随发电机功角 δ 的增大而增大，并在 $\delta = 180°$时达到最大值。

(3) Q_U 随发电机功角 δ 的增大而减小，并在 $\delta = 180°$时达到最小值。其原因在于，随着 δ 数值的增大，支路电流不断增加，各电气设备消耗的无功功率不断增加。

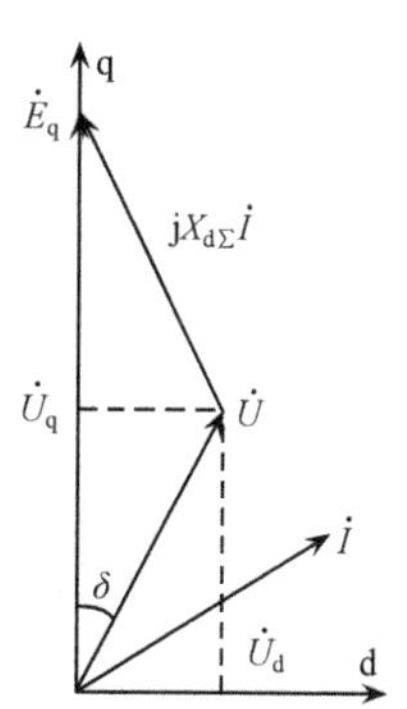

图 7-6　隐极同步电机稳态相图

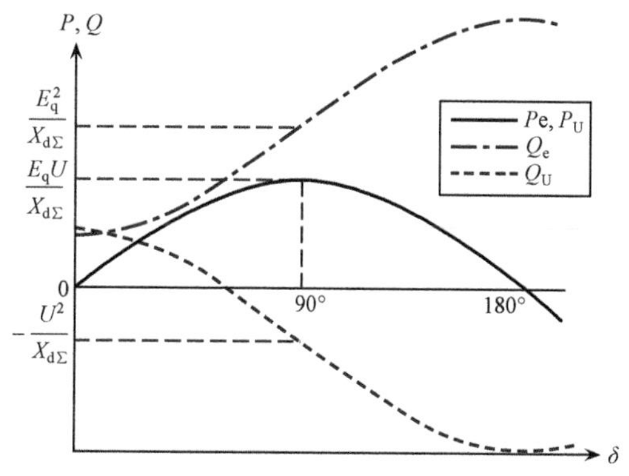

图 7-7　隐极同步电机稳态功率特性曲线

利用 $\mathrm{d}P_e/\mathrm{d}\delta=0$,$\mathrm{d}P_U/\mathrm{d}\delta=0$,$\mathrm{d}Q_e/\mathrm{d}\delta=0$,$\mathrm{d}Q_U/\mathrm{d}\delta=0$,可确定各功率极值对应的功角。在电力系统稳定分析中,多数情况下,人们主要关心发电机的有功输出 P_e,因此,在后面章节中将主要讨论 P_e 与 δ 的关系。

2. 发电机为凸极同步电机($X_d>X_q$)的情况

当发电机为凸极同步电机时(见图 7-8),由于 $X_d\neq X_q$,发电机内电势 $E_G=E_q\neq E_Q$,由于忽略了回路中的电阻,仍存在 $P_e=P_U$,为此在无穷大母线处列解功率方程可得

$$P_e=P_U=\mathrm{Re}(\dot{U}\dot{I}^*)=U_dI_d+U_qI_q \tag{7-29}$$

同样从式(7-23)和式(7-24)解出 I_d 和 I_q,代入式(7-29)经推导可得

$$P_e=P_U=\frac{E_qU}{X_{d\Sigma}}\sin\delta+\frac{1}{2}U^2\frac{X_{d\Sigma}-X_{q\Sigma}}{X_{d\Sigma}X_{q\Sigma}}\sin 2\delta \tag{7-30}$$

当发电机内电势 E_q 和无穷大母线电压 U 固定不变时,发电机输出功率 P_e、P_U 仅由功角 δ 决定,如图 7-9 所示。与式(7-25)和式(7-27)比较,凸极同步电机功率特性较隐极同步电机多出一项与 E_q 无关、随 δ 角按二倍正弦变动的部分。由其表达式可以看出,该项是由发电机 d、q 轴磁阻不同引起的,故称为磁阻功率项。由图 7-9 可见,因为磁阻功率的存在,发电机最大输出功率出现在小于 90°的地方,利用 $\mathrm{d}P_e/\mathrm{d}\delta=0$ 可精确求解发电机最大输出功率及对应的功角。

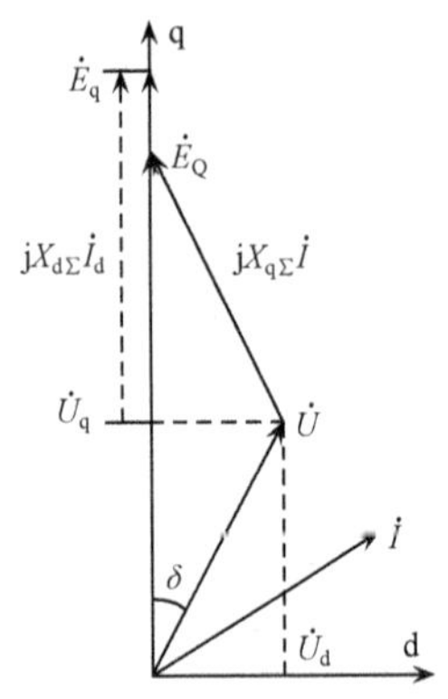

图 7-8 凸极同步电机稳态相图

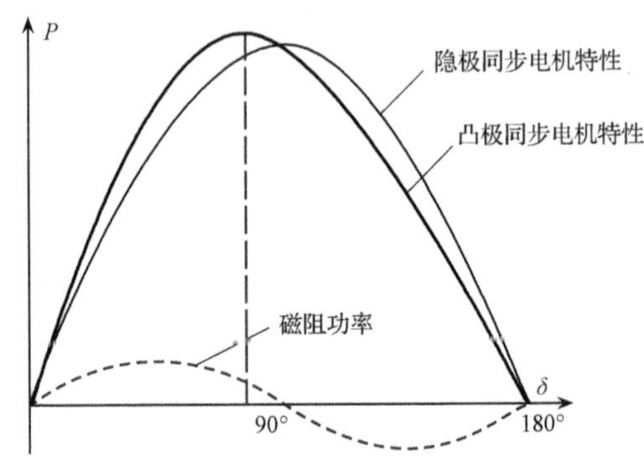

图 7-9 凸极同步电机功角特性

7.3.3 用其他电势表示的发电机功率特性

在进行稳定性分析时,有时需要用发电机暂态电势、机端电压、暂态电抗后电势等表示发电机的功率特性。

1. 用 E'_q、E' 和机端电压 U_G 表示的功率特性

图 7-10 给出了简单电力系统各电势和电压的相量图,同时考虑式(7-23)和

式(7-24)的关系，并注意到 $E'_d=0$，可得到如下结果：

$$I_d=\frac{E'_q-U\cos\delta}{X'_{d\Sigma}}=\frac{U_{Gq}-U\cos\delta}{X_{TL}} \quad (7\text{-}31)$$

$$I_q=\frac{U\sin\delta}{X_{q\Sigma}} \quad (7\text{-}32)$$

由于不考虑电气设备电阻的影响，利用式(7-29)，采用 E'_q 和 U_{Gq} 表示的发电机功率特性如下：

$$P_e(E'_q)=P_U(E'_q)=\frac{E'_qU}{X'_{d\Sigma}}\sin\delta+\frac{1}{2}U^2\frac{X'_{d\Sigma}-X_{q\Sigma}}{X'_{d\Sigma}X_{q\Sigma}}\sin2\delta \quad (7\text{-}33)$$

$$P_e(U_{Gq})=P_U(U_{Gq})=\frac{U_{Gq}U}{X_{TL}}\sin\delta+\frac{1}{2}U^2\frac{X_{TL}-X_{q\Sigma}}{X_{TL}X_{q\Sigma}}\sin2\delta \quad (7\text{-}34)$$

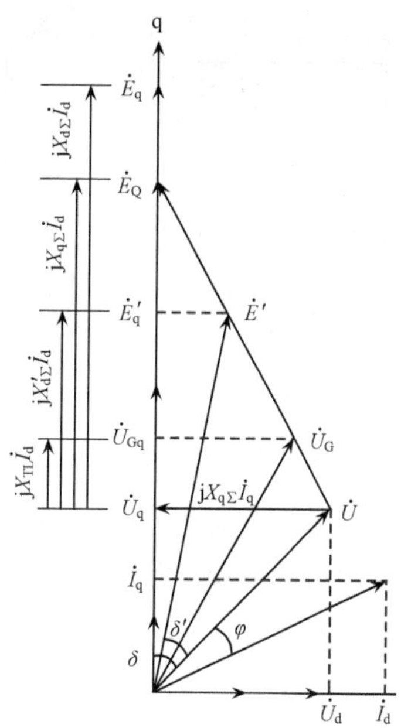

图 7-10　不计阻尼绕组时简单电力系统的相量图

式中，$X_{TL}=X_{T1}+X_{L1}//X_{L2}+X_{T2}$，$X'_{d\Sigma}=X'_d+X_{TL}$，当发电机为隐极同步电机时，式(7-33)将变为

$$P_e(E'_q)=P_U(E'_q)=\frac{E'_qU}{X'_{d\Sigma}}\sin\delta+\frac{1}{2}U^2\frac{X'_{d\Sigma}-X_{d\Sigma}}{X'_{d\Sigma}X_{d\Sigma}}\sin2\delta \quad (7\text{-}35)$$

在电力系统运行的某一时刻，E'_q、U_{Gq} 和 U 均给定时，发电机的输出功率 P_e 和系统接收的功率 P_U 均为功角 δ 的函数。与式(7-30)类似，用 E'_q 和 U_{Gq} 表示的功率特性函数中存在磁阻功率项，由于 $X_{TL}<X'_{d\Sigma}<X_{q\Sigma}<X_{d\Sigma}$ 关系的存在，磁阻功率项系数为负，由此决定极限功率 P_{emax} 对应的 δ 角将大于 90°(如图 7-11 所示)。

当发电机近似考虑为暂态电抗后电势恒定时，系统的功率特性与处理隐极同步电机情况类似，只需将隐极同步电机中的 E_q，δ 用 E'，δ' 代替即可，功率特性如下：

$$P_e(E')=P_U(E')=\frac{E'U}{X'_{d\Sigma}}\sin\delta' \quad (7\text{-}36)$$

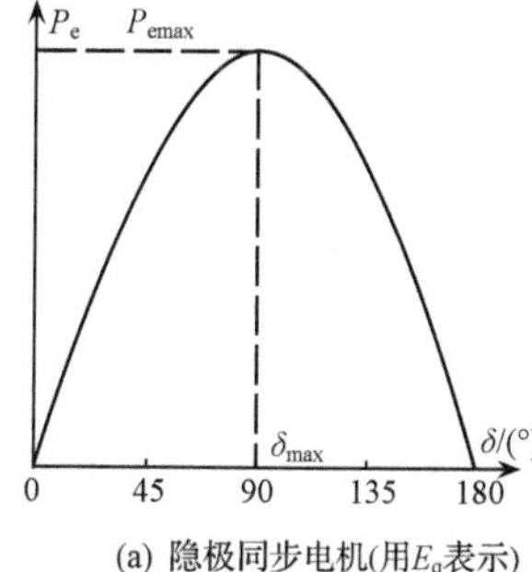

(a) 隐极同步电机(用 E_q 表示)

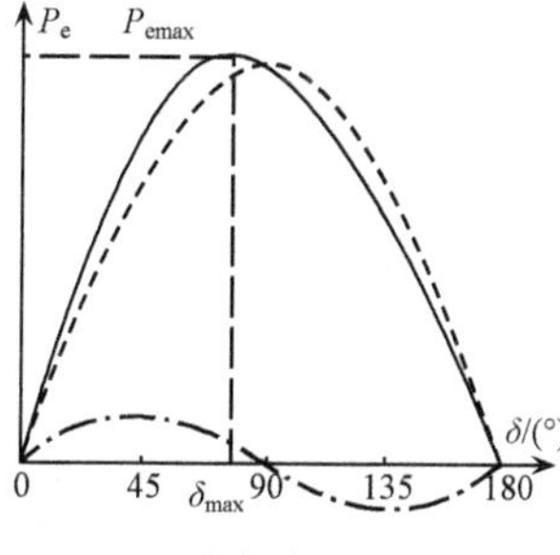

(b) 凸极同步电机(用 E_q 表示)

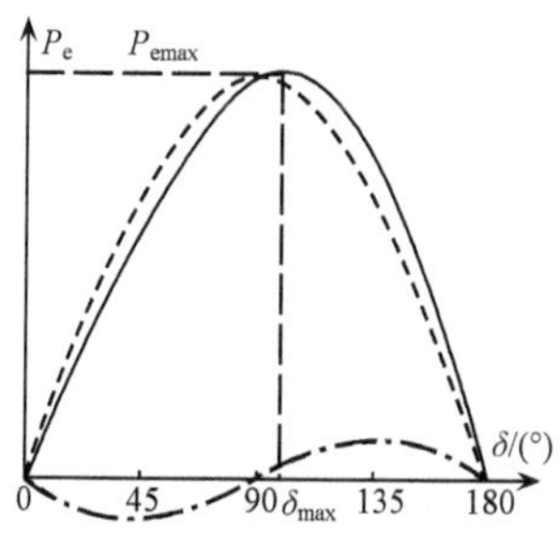

(c) 隐极同步电机(用 E'_q 表示)

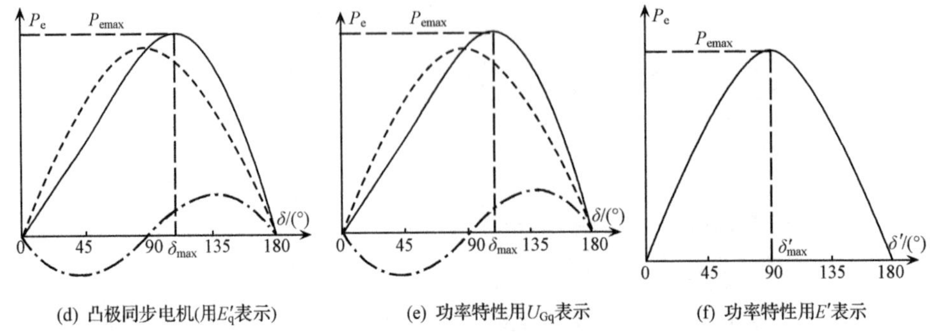

(d) 凸极同步电机(用E'_q表示)　(e) 功率特性用U_{Gq}表示　(f) 功率特性用E'表示

图 7-11　用不同电势表示的简单电力系统功率特性曲线(不计阻尼绕组)

需要指出的是,式(7-36)中的 δ' 角已不是发电机的功角 δ,但它的变化仍能反映发电机转子的相对运行,因此,在电力系统稳定性分析中也经常使用。尽管认为 E' 恒定时,P_e、P_U 与 δ' 角存在正弦关系,但与功角 δ 却存在较为复杂的关系,经推导可得

$$P_e = P_U = \frac{E'U}{X'_{d\Sigma}}\sin\left\{\arcsin\left[\frac{U}{E'}\left(\frac{X'_{d\Sigma}}{X_{q\Sigma}}-1\right)\sin\delta\right]+\delta\right\} \tag{7-37}$$

2. 用次暂态电势 E''_d、E''_q 表示的功率特性

当忽略定子回路电磁暂态过程和回路电阻后,定子回路电势方程简化为如下形式:

$$\begin{cases} U_d = -\Psi_q \\ U_q = \Psi_d \end{cases} \tag{7-38}$$

由第 4 章内容可知

$$\begin{cases} U_d = E''_d + X''_q I_q \\ U_q = E''_q - X''_d I_d \end{cases} \tag{7-39}$$

进一步可得

$$P_e = P_U = U_d I_d + U_q I_q = E''_d I_d + E''_q I_q - (X''_d - X''_q) I_d I_q \tag{7-40}$$

注意式(7-39)和式(7-40)中的 E''_d 和 E''_q 是发生机的稳态相量,当发电机采用不同模型时,其表达式会有所有所不同,如采用不计阻尼绕组模型时,U_d 和 U_q 的表达式如下:

$$\begin{cases} U_d = X_q I_q \\ U_q = E'_q - X'_d I_d \end{cases} \tag{7-41}$$

进一步可得

$$P_e = P_U = U_d I_d + U_q I_q = E'_q I_q - (X'_d - X_q) I_d I_q \tag{7-42}$$

注意,在电力系统实际运算过程中,一般并不直接利用上述功率特性求解发电机的电磁输出功率,而往往直接利用 $P_e = P_U = u_d i_d + u_q i_q$(瞬时值),将输出功率表示为发电机状态量的函数,以实现每一步的求解。

7.3.4 复杂系统的功率特性

现代电力系统由众多的发电机、输电线路和各种电气设备构成，分析计算较为复杂，本节仅以一种简化方式来说明复杂电力系统的功率特性。

(1) 发电机均采用一个内电势和相应阻抗来表示，此时发电机需要用两个节点来描述，一个为发电机端节点，另一个为发电机内节点。当 i 为发电机(端)节点时，其内节点则用 i' 来表示。这样处理后，在形成系统的节点导纳矩阵时，矩阵维数将增加 i' 对应的一维，同时，潮流计算时节点 i 上的注入电流将被移至内节点 i' 上。

(2) 负荷均以对地导纳表示，当负荷点的运行电压为 U_{LD}，吸收的功率为 P_{LD}、Q_{LD} 时，负荷导纳可按下式求得：

$$Y_{\mathrm{LD}} = G_{\mathrm{LD}} + \mathrm{j}B_{\mathrm{LD}} = \frac{P_{\mathrm{LD}} - \mathrm{j}Q_{\mathrm{LD}}}{U_{\mathrm{LD}}^2} \tag{7-43}$$

当节点 k 上存在负荷时，经上述简化处理后，相当于在该节点增加了一条对地支路，系统节点导纳矩阵主对角元素需按下式修正：

$$Y_{kk} = \widetilde{Y}_{kk} + Y_{\mathrm{LD},k} \tag{7-44}$$

式中，$\widetilde{Y}_{kk}$ 为原节点导纳矩阵对角元素；$Y_{\mathrm{LD},k}$ 为负荷等效阻抗。

设系统存在 n 个节点和 m 台发电机，假设在形成系统节点导纳矩阵时，先排列发电机的内节点，则用节点导纳矩阵表示的系统节点电压方程形式如下：

$$\begin{bmatrix} \boldsymbol{I}_{\mathrm{G}} \\ \boldsymbol{0} \end{bmatrix} = \begin{bmatrix} \boldsymbol{Y}_{\mathrm{GG}} & \boldsymbol{Y}_{\mathrm{GN}} \\ \boldsymbol{Y}_{\mathrm{NG}} & \boldsymbol{Y}_{\mathrm{NN}} \end{bmatrix} \begin{bmatrix} \boldsymbol{E}_{\mathrm{G}} \\ \boldsymbol{U}_{\mathrm{N}} \end{bmatrix} \tag{7-45}$$

式中，$\boldsymbol{I}_{\mathrm{G}} \in \mathbf{R}^m$ 为发电机注入电流向量；$\boldsymbol{E}_{\mathrm{G}} \in \mathbf{R}^m$ 为发电机内电势向量，$\boldsymbol{U}_{\mathrm{N}} \in \mathbf{R}^n$ 为系统节点电压向量。对式(7-45)进行等效变换可得

$$\boldsymbol{I}_{\mathrm{G}} = \boldsymbol{Y}_{\mathrm{G}} \cdot \boldsymbol{E}_{\mathrm{G}} \tag{7-46}$$

式中，$\boldsymbol{Y}_{\mathrm{G}} = \boldsymbol{Y}_{\mathrm{GG}} - \boldsymbol{Y}_{\mathrm{GN}} \cdot \boldsymbol{Y}_{\mathrm{NN}}^{-1} \cdot \boldsymbol{Y}_{\mathrm{NG}}$。

由式(7-46)可得各发电机注入电流与内电势之间的关系为

$$\dot{I}_i = \sum_{j=1}^{m} Y_{ij} \cdot \dot{E}_j, \quad i = 1,2,\cdots,m \tag{7-47}$$

发电机输出的电功率为

$$S_{\mathrm{e}i} = P_{\mathrm{e}i} + \mathrm{j}Q_{\mathrm{e}i} = \dot{E}_i \cdot \dot{I}_i^* = \dot{E}_i \cdot \sum_{j=1}^{m} Y_{ij}^* \cdot \dot{E}_j^*, \quad i = 1,2,\cdots,m \tag{7-48}$$

进一步

$$P_{\mathrm{e}i} = \mathrm{Re}(\dot{E}_i \cdot \dot{I}_i^*) = E_i^2 \cdot G_{ii} + \sum_{\substack{j=1 \\ j\neq i}}^{m} (C_{ij}\sin\delta_{ij} + D_{ij}\cos\delta_{ij}) \tag{7-49}$$

$$Q_{\mathrm{e}i} = \mathrm{Im}(\dot{E}_i \cdot \dot{I}_i^*) = -E_i^2 \cdot B_{ii} - \sum_{\substack{j=1 \\ j\neq i}}^{m} (C_{ij}\cos\delta_{ij} - D_{ij}\sin\delta_{ij}) \tag{7-50}$$

式中，$Y_{ij}=G_{ij}+\mathrm{j}B_{ij}$，$i,j=1,2,\cdots,m$ 为 $\boldsymbol{Y}_G$ 元素，$C_{ij}=E_iE_jB_{ij}$，$D_{ij}=E_iE_jG_{ij}$。由式(7-49)和式(7-50)不难看到，复杂电力系统的功率特性具有如下特点：

(1) 任意一台发电机的输出功率，均与其他发电机电势有关，因此，在复杂电力系统中，任意一台发电机运行状态的变化，都会对其他发电机的功率输出产生影响。

(2) 任意一台发电机的功角特性，都是它与其余所有发电机的转子间相对角 δ_{ij} 的函数，因此，不可能在 P_e-δ 平面上画出各发电机的功角特性。同时，发电机功率极限的概念也不明确，一般不能直接通过式(7-49)和式(7-50)确定发电机的功率极限。

7.4 功率特性影响因素分析

了解影响发电机功率特性的因素，有利于定性地分析和估计电力系统的稳定性，同时对了解电力系统故障的危害及控制设备的设计原理具有一定帮助。本节将主要讨论网络参数和自动励磁调节器(AVR)对发电机功率特性的影响。为简单起见，讨论中均针对简单电力系统，同时考虑发电机为无阻尼隐极同步电机。

7.4.1 网络参数的影响

1. 串联电阻的影响

当考虑图 7-5 中设备电阻的影响时，系统等值网络如图 7-12 所示，其中 R_Σ 为回路等值电阻，经简单推导可以得到发电机输出功率 P_e 与系统接收功率 P_U 的表达式如下：

$$P_e=\frac{E_q^2}{|Z|}\sin\alpha+\frac{E_qU}{|Z|}\sin(\delta-\alpha) \tag{7-51}$$

$$P_U=-\frac{U^2}{|Z|}\sin\alpha+\frac{E_qU}{|Z|}\sin(\delta+\alpha) \tag{7-52}$$

式中，$Z=R_\Sigma+\mathrm{j}X_{d\Sigma}=|Z|\angle\psi$，$\alpha=90°-\psi$。与不考虑系统电阻情况相比，考虑 R_Σ 后，发电机的功率特性 P_e 曲线向上移动了 $\dfrac{E_q^2}{|Z|}\sin\alpha$，向右移动了 α 角；而系统接收的功率 P_U 则刚好相反，向下移动了 $\dfrac{U^2}{|Z|}\sin\alpha$，同时向左移动了 α 角，系统功率特性曲线如图 7-12 所示。进一步，在 δ 角给定时，P_e 与 P_U 之差即为系统网损

$$\Delta P=P_e-P_U=\frac{E_q^2+U^2-2E_qU\cos\delta}{|Z|}\sin\alpha=I^2R_\Sigma \tag{7-53}$$

由图 7-12 和式(7-53)看到，随着 δ 角在 0～180°不断增大，回路电流也不断增大，电阻上的损耗随之增加。进一步由 $\partial P_e/\partial\delta=0$ 和 $\partial P_U/\partial\delta=0$ 可得到 P_e 与 P_U 曲线极限值分别为

$$P_{emax}=\frac{E_q^2}{|Z|}\sin\alpha+\frac{E_qU}{|Z|} \tag{7-54}$$

$$P_{\text{Umax}} = -\frac{U^2}{|Z|}\sin\alpha + \frac{E_q U}{|Z|} \tag{7-55}$$

对应的角度分别为 $90° + \alpha$ 和 $90° - \alpha$，由 α 的定义可知，前者略大于 90°，后者则略小于 90°。

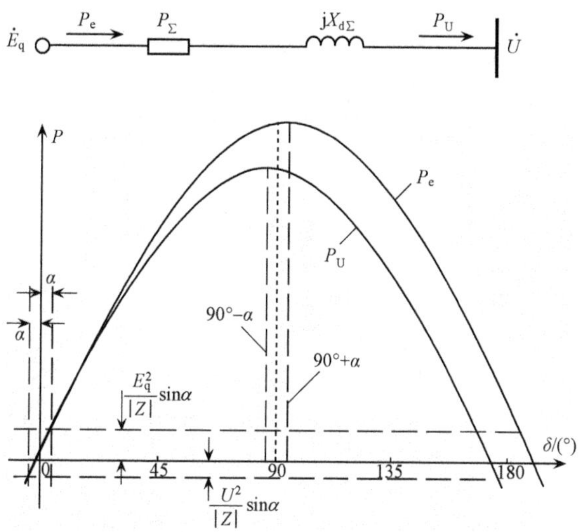

图 7-12　考虑串联电阻影响的简单电力系统等值网络和功率特性

2. 并联电阻的影响

在实际系统中，发电机侧可能存在本地负载，这里以发电机存在机端电阻型负荷（如图 7-13 所示）为例，来讨论并联电阻对简单电力系统功率特性的影响。经推导得出发电机输出功率 P_e 与系统接收功率 P_U 的表达式为

$$P_e = \frac{E_q^2}{|Z_{11}|}\sin\alpha_{11} + \frac{E_q U}{|Z_{12}|}\sin(\delta - \alpha_{12}) \tag{7-56}$$

$$P_U = -\frac{U^2}{|Z_{22}|}\sin\alpha_{22} + \frac{E_q U}{|Z_{12}|}\sin(\delta + \alpha_{12}) \tag{7-57}$$

式中

$$Z_{11} = jX_1 + R//jX_2 = |Z_{11}|\angle\psi_{11},\quad \alpha_{11} = 90° - \psi_{11} \tag{7-58}$$

$$Z_{22} = jX_2 + R//jX_1 = |Z_{22}|\angle\psi_{22},\quad \alpha_{22} = 90° - \psi_{22} \tag{7-59}$$

$$\begin{aligned} Z_{12} &= jX_1 + jX_2 + \frac{jX_1 \cdot jX_2}{R} = -\frac{X_1 \cdot X_2}{R} + jX_{d\Sigma} \\ &= |Z_{12}|\angle\psi_{12},\quad \alpha_{12} = 90° - \psi_{12} \end{aligned} \tag{7-60}$$

由 Z_{11}、Z_{22}、Z_{12} 的定义可知，$\alpha_{11} > 0$，$\alpha_{22} > 0$，$\alpha_{12} < 0$，由式(7-56)和式(7-57)绘出 P_e 和 P_U 对应的功率特性曲线如图 7-13 所示。与无并联电阻情况相比，P_e 向上移动了 $\frac{E_q^2}{|Z_{11}|}\sin\alpha_{11}$，同时向左移动了 $|\alpha_{12}|$；而 P_U 则向下移动了 $\frac{U^2}{|Z_{22}|}$，同时向右移动了

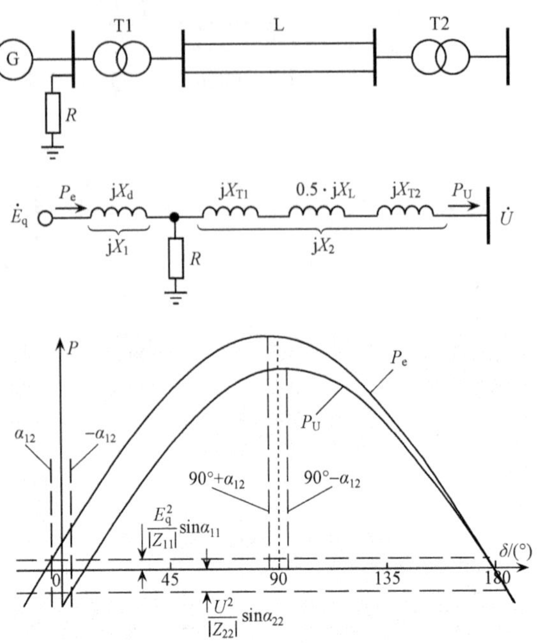

图 7-13　考虑并联电阻影响的简单电力系统等值网络和功率特性

$|\alpha_{12}|$。进一步可得 P_e 和 P_U 极限点对应的极限角分别为 $90°+\alpha_{12}$ 和 $90°-\alpha_{12}$，极限功率分别为

$$P_{emax} = \frac{E_q^2}{|Z_{11}|}\sin\alpha_{11} + \frac{E_q U}{|Z_{12}|} \tag{7-61}$$

$$P_{Umax} = -\frac{U^2}{|Z_{22}|}\sin\alpha_{22} + \frac{E_q U}{|Z_{12}|} \tag{7-62}$$

P_e 和 P_U 之差，即为本地用户 R 上消耗的功率，其数值为

$$P_{local} = P_e - P_U = \frac{E_q^2}{|Z_{11}|}\sin\alpha_{11} + \frac{U^2}{|Z_{22}|}\sin\alpha_{22} - \frac{E_q U}{|Z_{12}|}\sin\alpha_{12}\cos\delta \tag{7-63}$$

由式(7-63)可知，由于数值上 $\alpha_{12} < 0$，当 δ 在 $0°\sim180°$变动时，本地用户所得负荷 P_{local} 随 δ 的增大不断减少。其原因在于 $P_{local} = \frac{U_R^2}{R}$，随着 δ 的增加，发电机向右侧系统输送的功率不断增加，电压 U_R 幅值不断下降，本地负荷获得的功率随之减少。

3. 并联电抗的影响

在实际运行中，当系统出现短路故障时，往往可以用一个在短路点接入的并联电抗来近似考虑，如图 7-14 所示。经推导得

$$P_e = P_U = \frac{E_q U}{X_{12}}\sin\delta \tag{7-64}$$

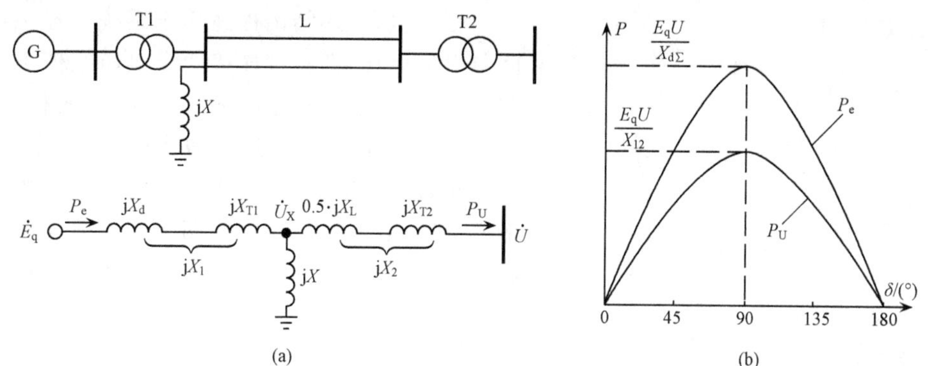

图 7-14　考虑并联电抗影响的简单电力系统等值网络和功率特性

式中

$$X_{12} = |Z_{12}| = X_1 + X_2 + \Delta X = X_{d\Sigma} + \Delta X, \quad \Delta X = \frac{X_1 X_2}{X} \tag{7-65}$$

我们知道，当并联电抗不存在时，系统的功率特性为 $P_e = P_U = \frac{E_q U}{X_{d\Sigma}} \sin\delta$。由式(7-65)可知，$X_{d\Sigma} < X_{12}$，由此决定含并联电抗的功率特性曲线总是位于原功率特性曲线之下(如图 7-14 所示)。两种情况下的极限功率分别为 $P_{emax} = P_{Umax} = \frac{E_q U}{X_{d\Sigma}}$ 和 $P_{emax} = P_{Umax} = \frac{E_q U}{X_{12}}$。当 X 减小时，X_{12} 数值将增大，从而导致发电机向外输出功率随之降低。极端情况下，当 $X=0$ 时，发电机外送功率将变为 0。对于实际电力系统，短路故障越严重，短路点处的等效电抗 X 越小，当系统发生金属三相短路时，$X \approx 0$。此时发电机向外输出的功率接近为零，这将导致发电机转子轴受到较大的不平衡转矩而加速，从而引发系统失稳。

7.4.2　自动励磁调节器的影响

现代电力系统的发电机都安装有自动励磁调节器(AVR)，当系统运行工况发生变化时，AVR 通过调整励磁电流，达到稳定发电机机端电压的目的。

如图 7-15 所示，当发电机无 AVR 时，发电机的内电势 E_q 幅值将保持恒定，当发电机输出功率缓慢增大时，功角 δ 将随之增大，而发电机机端电压的幅值 U_G 将减小。例如，在初始时刻，发电机机端电压为 $\dot{U}_{G0}$，其位置由 X_d 与 X_{TL} 的比例来确定；当发电机外送功率增加时，发电机 δ 角由 δ_0 增大为 δ_1，发电机机端电压变为 $\dot{U}_{G1}$，不难看到，由于回路电压降的增大，发电机机端电压幅值在此过程中减小了。此外，还可以看到，在初始时刻 ($\dot{U}_{G0}$ 的情况)，一部分无功潮流经回路输送给无穷大系统，而在第二种情况下 ($\dot{U}_{G1}$ 的情况)，由于网络无功损耗的增大，不仅没有无功送入无穷大系统，输送回路还从右端系统吸收一些无功。

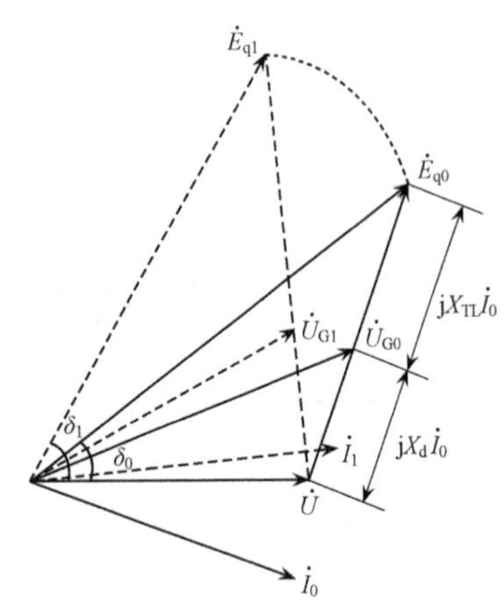

图 7-15　不同运行工况下的发电机相量图

很明显，上述结论也适用于系统中任一中间节点的电压，即直接连接两个电压幅值不变节点间的输电线路，其上任一处电压的幅值，都随着两个节点间相角的增大（在 0°～180°）而减小，减小的程度取决于该点与两节点之间的电气距离。可以验证，当两个节点电压幅值相等时，两节点电气距离的中点电压减小得最多；当两个节点分别代表两个相互失步（或大幅度振荡）的等值发电机时，两节点间相角将随时间由小到大不断变化，电气中点的电压则将由大到小不断变化。当两个节点间的相角为 0°时，电气中点的电压最高；当两节点间相角为 180°时，电气中点的电压最低。沿线各点电压也按此规律变化。当两节点间的相角为 180°时，线路上电压最低的点称为其振荡中心。

如前所述，当功角增大时，发电机机端电压 U_G 将下降，如果发电机装有 AVR，则 AVR 可增大励磁电流，从而使电势 E_q 增大，进一步使发电机机端电压逐步恢复（或接近）原来的整定值。由发电机功率特性

$$P_e = P_U = \frac{E_q U}{X_{d\Sigma}}\sin\delta \tag{7-66}$$

可知，调节器使 E_q 随功角 δ 的增大而增大，发电机的功率特性与功角 δ 将不再呈正弦关系。为定性说明 AVR 对功率特性的影响，令式(7-66)中的 E_q 取不同数值，从而绘出一组功率特性曲线，如图 7-16 所示。当发电机由某一给定的运行初态，逐渐增加输出功率时，若调节器能够保持端电压的设定值，即 $U_G=U_{G0}$，则 δ 增大时，E_q 也增大，运行点将从较低的正弦曲线上过渡到较高的正弦曲线上。反之，当发电机输出功率减小时，功角也随之减小，为了维持机端电压 $U_G=U_{G0}$，AVR 将减少励磁电流，E_q 随之减小，发电机的工作点，将从较高的正弦曲线过渡到较低的正弦曲线上。图 7-16 绘出 $U_G=U_{G0}=\text{const}$ 时对应的系统特征曲线，此时的极限功率比无 AVR 时的极限功率大很多，同时极限功率对应的角度大于 90°，可参考 7.3.3 节和图 7-11 了解该特征曲线的相关规律。

在实际电力系统中，一般 AVR 并不能完全保证 $U_G=U_{G0}=\text{const}$，因此，机端电压 U_G 将随着发电机输出功率的变化而变化，例如，当发电机输出功率增加时，发电机机端电压会有所降低，在此过程中，发电机内电势会随着 δ 的增大而增大。因此，在实际分析计算中，可根据 AVR 的调节特性，假设它能保持发电机内某一电势（如 E'_q 或 E'）恒定，并按此条件计算发电机的功率特性（这一假设通常称为发电机的计算条件或称为发电机维持电压的能力）。图 7-16 用点划线示意了 $E'_q=E'_{q0}=\text{const}$

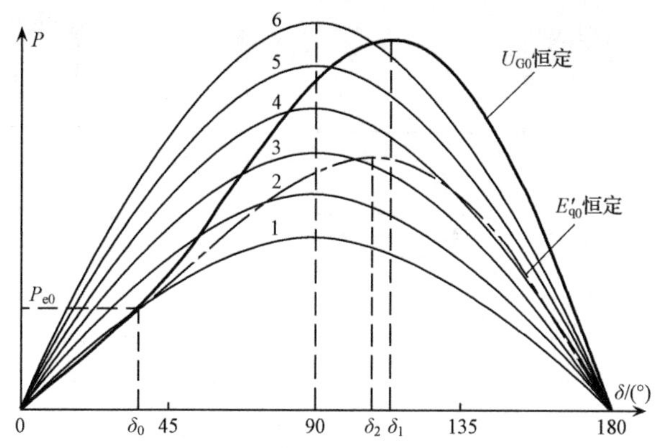

图 7-16　AVR 对功率特性的影响

曲线 1-$E_{q0}=100\%$；曲线 2-$E_{q0}=125\%$；曲线 3-$E_{q0}=150\%$；曲线 4-$E_{q0}=175\%$；曲线 5-$E_{q0}=200\%$；曲线 6-$E_{q0}=225\%$；δ_1-U_{G0}恒定极限；δ_2-E'_q恒定极限

的发电机功率特性曲线，该曲线介于 U_G 恒定和 E_q 恒定两种功率特性曲线之间，其极限功率对应的角度也大于 90°，同样可参考 7.3.3 节和图 7-11 了解该特征曲线的相关规律。

7.5　发电机励磁系统

发电机励磁系统最基本的功能是为发电机励磁绕组提供直流电流(励磁电流)，以形成发电机内部磁场，从而实现能量的转换。早期的发电机，曾通过手动调节励磁电流来维持其端电压。20 世纪 20 年代，人们开始认识到控制励磁电流对提高电力系统稳定性的积极作用，自此，各种自动励磁调节器(AVR)被不断提出并被广泛采用。60 年代，电力系统稳定器(PSS)的出现，进一步扩展了励磁控制系统对提高电力系统稳定性的作用。90 年代后，逐渐兴起的 PMU/WAMS 技术，使基于全局信息的电力系统协调控制成为可能。已有研究表明，通过对励磁系统的有效协调，可极大地提升电力系统的运行稳定性。因此，有关励磁系统的相关研究是电力系统稳定性研究中的重要内容，为此本节简单介绍发电机励磁系统的基本工作原理和数学模型。

7.5.1　发电机励磁系统的构成

图 7-17 给出了现代同步发电机励磁系统的功能构成示意图，主要包括主励磁系统、自动励磁调节器、电压量测与负载补偿环节、保护与限幅环节、辅助调节环节几部分。

主励磁系统：主要负责为发电机励磁绕组提供适合的励磁电流，根据实现机理的不同，主励磁系统一般分为直流励磁系统、交流励磁系统和静止励磁系统三种。直流励磁系统和交流励磁系统一般利用与发电机同轴运行的主励磁机实现，不同之处在

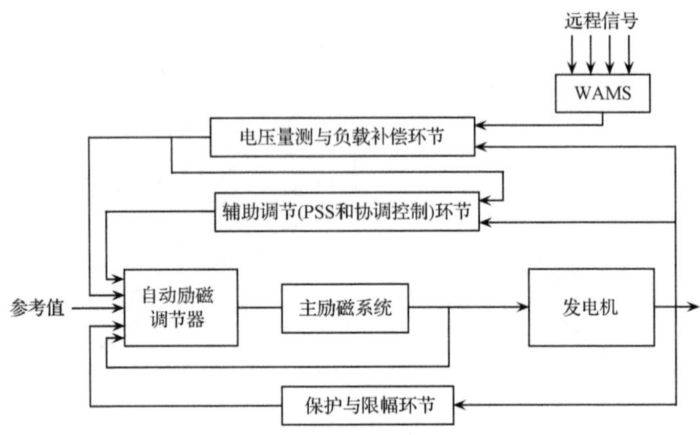

图 7-17　发电机励磁系统原理图

前者励磁机为直流发电机，后者则为交流发电机。直流励磁系统由于需经电刷传递励磁电流，可靠性较差，一般在早期发电设备上采用；交流励磁系统则需经可控硅整流，将励磁机输出电流转换为励磁绕组所需的直流。

自动励磁调节器：用于对发电机励磁电流进行自动调节，保证发电机机端电压运行在理想值，一般包含综合放大和反馈环节。同时与 PSS 等环节一起实现发电机最优运行及提高电力系统运行稳定性的目的。励磁调节器有机械型、电磁型和电子型三类。在我国，大部分发电机都采用电磁型和电子型的励磁调节装置。

电压量测与负载补偿环节：如图 7-18 所示，电压量测把发电机的测量电压（通常为发电机机端电压）$\dot{U}_t$ 经降压、整流和滤波等环节后处理为一个直流信号 U_M。负载补偿环节是对发电机负载电流 $\dot{I}_t$ 进行补偿，以使稳态时负载发生变化仍能保持控制点电压基本不变，图 7-18 中的 R_c+jX_c 模拟了控制点到发电机机端之间的阻抗。当 R_c、X_c 为正时，控制点在发电机内部；反之，控制点在发电机外部。另外，电气距离很近的发电机之间的无功负载的自动分配与发电机的电压调差特性有关，而发电机的电压调差特性就是通过调整参数 R_c、X_c 来实现的。简化处理时，R_c 常被忽略，此时 X_c 大于零，为正调差，即控制结果为负载电流越大机端电压越高；反之，X_c 小于零，则为负调差，即机端电压随负载增大而降低。通常用一个一阶惯性环节来描述整个励磁系统的电压量测和负载补偿环节。

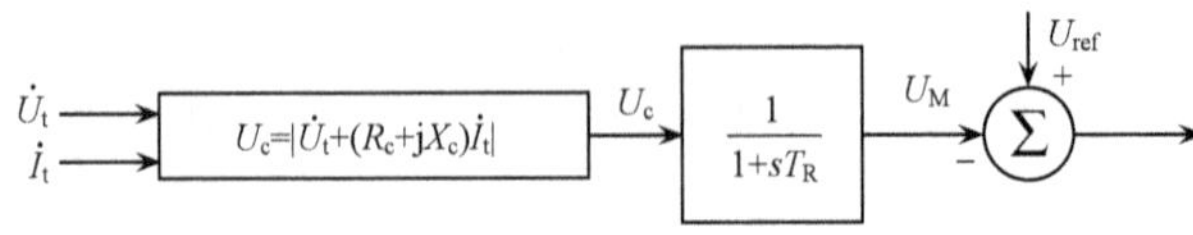

图 7-18　励磁系统电压量测与负载补偿环节

保护与限幅环节：在励磁系统控制回路中，出于设备保护的目的以及近似考虑系统某些饱和特性的需要，通常在积分、一阶惯性和超前-滞后等环节中增加限幅环节。常见的限幅环节包括终端限幅和非终端限幅两种，前者直接对受限环节的输出变量进行限制，后者不仅对输出变量进行限制，同时考虑环节输入变量的变化规律。

辅助调节环节：电力系统稳定器(PSS)是一种常见的辅助调节环节，其功能是通过在励磁回路增加辅助控制信号，达到抑制电力系统的低频振荡或增加系统阻尼的目的。其基本原理是通过对 AVR 提供一个辅助控制信号 U_s，从而使发电机产生一个与转子电角速度偏差同相位的电磁转矩(阻尼转矩)分量，如图 7-19 所示，通常包含信号放大、延时滞后、高通滤波、超前滞后和限幅等环节。PSS 的输入信号 U_{Is} 通常可取发电机角速度、端电压、电磁功率和系统频率中的一个或者它们的组合，输出信号 U_s 则作为励磁调节器的一个输入信号，直接参与励磁回路控制。有关 PSS 安装地点和输入信号的优选、PSS 控制律的优化、PSS 之间以及 PSS 与 FACTS 元件的协调控制，是电力系统稳定性研究中的重要方面。

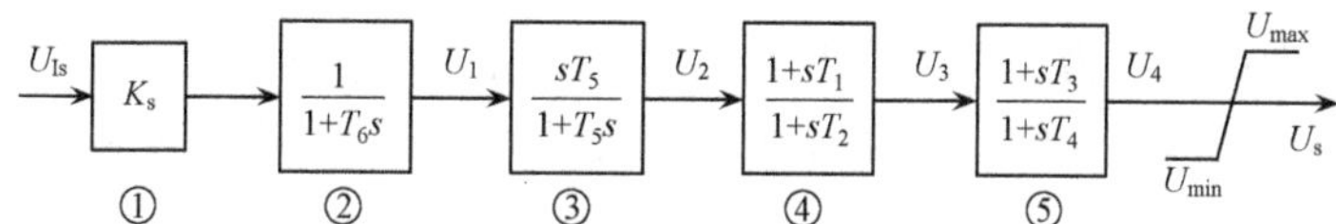

①-放大环节；②-量测时延环节；③-高通滤波(隔直)环节；④⑤-超前滞后环节(可存在多级)

图 7-19　辅助环节 PSS 的传递函数

7.5.2　主励磁系统模型

以常见的直流励磁和交流励磁系统为例，来介绍发电机主励磁系统的工作原理及模型。

1. 直流主励磁机系统

图 7-20(a)示意了直流励磁系统的工作原理，通常由与发电机转子同轴运行的主、副励磁机构成，后者为主励磁机供应励磁电流。主励磁机可采用自励和他励两种方式，为讨论简单，假设其同时具备自励和他励两种方式，等值电路如图 7-20(b)所示，图中 E 表示主励磁机的电枢。由此不难得到如下关系：

$$u_f = R_c i_{ef} + R_{ef}(i_{cf} + i_{ef}) + \dot{\psi}_{ef} \tag{7-67}$$

$$u_{sf} = R_{sf} i_{sf} + \dot{\psi}_{sf} \tag{7-68}$$

$$\psi_{ef} = L_{ef}(i_{cf} + i_{ef}) + M_{es} i_{sf} \tag{7-69}$$

$$\psi_{sf} = M_{es}(i_{cf} + i_{ef}) + L_{sf} i_{sf} \tag{7-70}$$

式中，R_{ef}、ψ_{ef} 和 R_{sf}、ψ_{sf} 分别为自励和他励绕组的电阻和磁链。i_{ef}、i_{sf}、i_{cf} 分别为自励、他励和复励电流；u_{sf} 为他励绕组的外施电压；R_c 为可调电阻；L_{ef}、L_{sf}、M_{es} 分别为自励和他励绕组的自感和互感。为简单起见，假设他励和自励绕组匝数相同且磁链完全耦合，则绕组间自感和互感相等并满足如下关系：

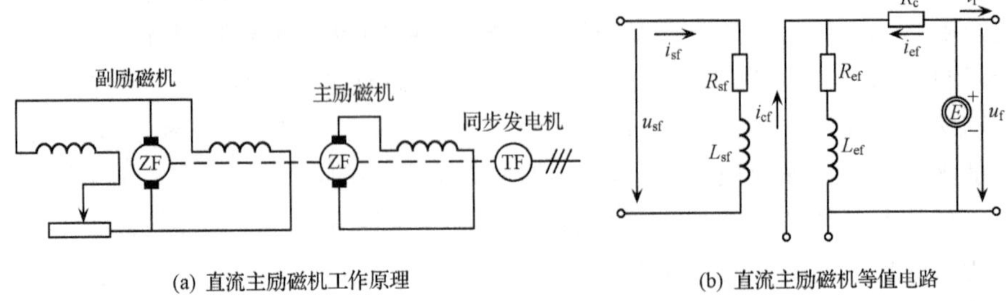

(a) 直流主励磁机工作原理　　(b) 直流主励磁机等值电路

图 7-20　发电机直流励磁系统

$$L_{ef} = L_{sf} = M_{es} \triangleq L \tag{7-71}$$

进一步可得

$$\psi_{L0} = \psi_{ef} = \psi_{sf} = L \cdot i_{f\Sigma} \tag{7-72}$$

式中，$i_{f\Sigma} \triangleq i_{ef} + i_{sf} + i_{cf}$ 为主励磁机提供的总励磁电流；ψ_{L0} 为简化考虑且不计饱和时自励和他励绕组的磁链。当考虑励磁机饱和特性时，按下式定义其饱和系数：

$$S_E = \frac{\psi_{L0}}{\psi_L} - 1 = \frac{i_{f\Sigma}}{i_{f\Sigma 0}} - 1 \tag{7-73}$$

由于励磁机的负载就是发电机励磁绕组，当忽略发电机励磁电流 i_f 变化对直流励磁机电枢电压的影响时，可以近似认为直流励磁机输出电压与其内电势成正比，进一步忽略转速的变化，则有如下关系成立：

$$u_{f0} = \beta i_{f\Sigma} \tag{7-74}$$

式中，β 为主励磁机不饱和负载特性曲线斜率，如图 7-21 所示，具有欧姆量纲，结合式(7-72)进一步可得

$$\psi_{L0} = \frac{L}{\beta} u_{f0} \tag{7-75}$$

$$\psi_L = \frac{L}{\beta} u_f \tag{7-76}$$

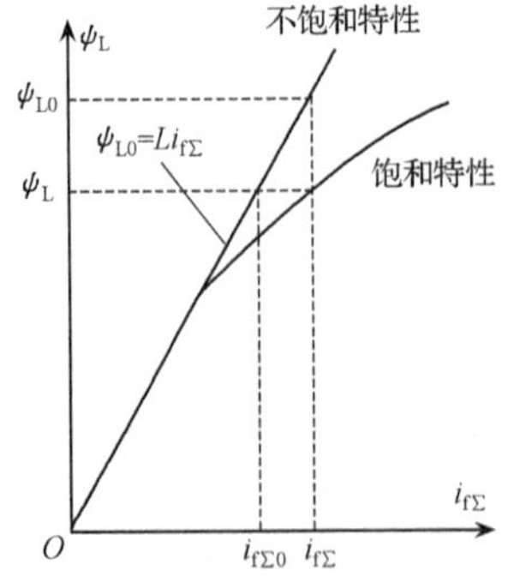

(a) 励磁机磁链与励磁电流关系曲线

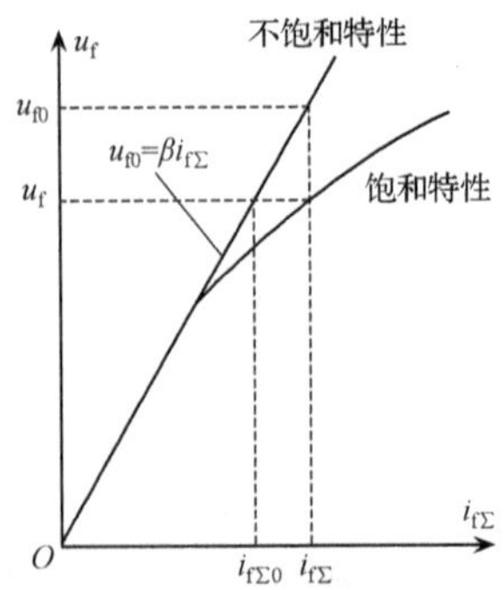

(b) 励磁机负载特性曲线

图 7-21　直流励磁机饱和特性

将式(7-67)两边同时除以 R_c+R_{ef}，式(7-68)两边同时除以 R_{sf}，然后将两式相加可得

$$\frac{u_f}{R_c+R_{ef}}+\frac{u_{sf}}{R_{sf}}=i_{f\Sigma}-\frac{R_c}{R_c+R_{ef}}i_{cf}+\frac{\dot{\psi}_L}{R_c+R_{ef}}+\frac{\dot{\psi}_L}{R_{sf}} \tag{7-77}$$

结合式(7-75)和式(7-76)，不难得到

$$\frac{u_f}{R_c+R_{ef}}+\frac{u_{sf}}{R_{sf}}=i_{f\Sigma}-\frac{R_c}{R_c+R_{ef}}i_{cf}+\left(\frac{L}{R_c+R_{ef}}+\frac{L}{R_{sf}}\right)\frac{\dot{u}_f}{\beta} \tag{7-78}$$

考虑到饱和特性的影响

$$u_f=\frac{\beta}{L}\psi_L=\frac{\beta\psi_{L0}}{L(1+S_E)}=\frac{\beta L i_{f\Sigma}}{L(1+S_E)}=\frac{\beta i_{f\Sigma}}{1+S_E} \tag{7-79}$$

带入式(7-78)可得

$$\left[S_E+\left(1-\frac{\beta}{R_c+R_{ef}}\right)\right]u_f+\left(\frac{L}{R_c+R_{ef}}+\frac{L}{R_{sf}}\right)\dot{u}_f=\frac{\beta}{R_{sf}}u_{sf}+\frac{\beta R_c}{R_c+R_{ef}}i_{cf} \tag{7-80}$$

进一步，根据 u_f 基准电压 U_{fB}，确定 i_{cf} 和 u_{sf} 的基准值为

$$I_{f\Sigma B}=I_{cfB}=U_{fB}/\beta \tag{7-81}$$

$$U_{sfB}=R_{sf}U_{fB}/\beta \tag{7-82}$$

进而，对式(7-80)进行标幺化处理可得

$$(S_E+K_E)u_f^*+T_E\dot{u}_f^*=u_{sf}^*+K_{cf}i_{cf}^* \tag{7-83}$$

式中，K_E、T_E、K_{cf} 分别称为直流励磁机的自励放大系数、时间常数和复励放大系数，三参数的定义如下：

$$K_E=1-\beta/(R_c+R_{ef}) \tag{7-84}$$

$$T_E=T_{ef}+T_{sf},\quad T_{ef}=L/(R_c+R_{ef}),\quad T_{sf}=L/R_{sf} \tag{7-85}$$

$$K_{cf}=\beta R_c/(R_c+R_{ef}) \tag{7-86}$$

式(7-83)即为电力系统稳定性分析中，常用的直流励磁机模型，根据该式可绘出直流主励磁系统传递函数框图，如图 7-22 所示，为简单起见，图中省略了标幺值 * 号。有如下三点需要说明。

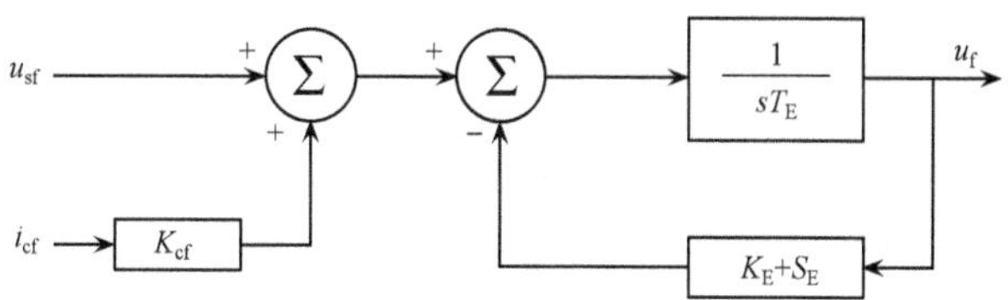

图 7-22　直流励磁机传递函数框图

(1) 在进行电力系统稳定性研究中，励磁系统饱和系数 S_E 习惯上常按如下形式加以近似表式：

$$S_E=A_E u_f^{N_E-1}/B_E \tag{7-87}$$

式中，A_E、N_E、B_E 为给定常数。

(2) 当无他励绕组时，相当于 $R_{sf}=\infty$，$u_{sf}=0$，不难看到此时 $T_E=T_{ef}$，等同于

图 7-22 左上侧回路开路。

(3) 当励磁机仅采用他励时，相当于 $R_c=\infty, i_{cf}=0$，不难看到此时 $T_E=T_{sf}$，$K_E=1, K_{cf}=\beta$。

2. 交流主励磁机系统

交流励磁机实际就是一台普通的同步发电机，通常与发电机转子同轴旋转，且一般没有阻尼绕组，如图 7-23 所示。交流励磁机的负载就是发电机的励磁绕组，励磁机输出的三相定子电流经整流器整流后供给发电机的励磁绕组。励磁机自身的励磁方式有他励和自励方式，但通常采用他励方式。由于励磁机定子输出电流几乎为纯感性的，因此 $i_q=0$。如下是第 4 章给出的不计阻尼绕组的发电机模型：

$$\begin{cases} u_d=-\psi_q=X_q i_q=0 \\ u_q=\psi_d=e'_q-X'_d i_d \\ T'_{d0}\dot{e}'_q=-e'_q-(X_d-X'_d)i_d+E_{fq} \end{cases} \tag{7-88}$$

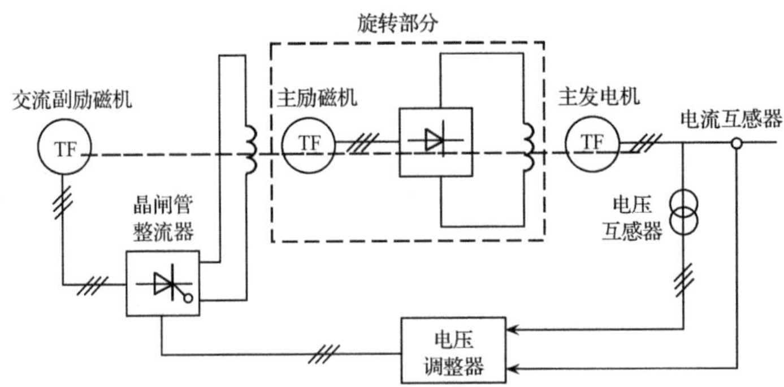

图 7-23　交流励磁系统原理图

为便于描述，记励磁机励磁电压为 u_R，定子电压为 u_E，定子电流为 i_E，同步和暂态电抗为 X_{dE} 和 X'_{dE}，d 轴开路暂态时间常数为 T_E，则由式(7-88)可得不考虑励磁机饱和时的数学模型为

$$T_E\dot{u}_E=-u_E-(X_{dE}-X'_{dE})i_E+u_R \tag{7-89}$$

当考虑饱和环节的影响时，式(7-89)变为如下形式：

$$T_E\dot{u}_E=-(S_E+K_E)u_E-(X_{dE}-X'_{dE})i_E+u_R \tag{7-90}$$

需要指出如下两点：

(1) 当励磁机采用他励方式时，式(7-90)中的 K_E 取值为 1.0；当励磁机采用自励方式时，K_E 为励磁机自励放大系数，数值上一般小于 1.0，这一规律与直流励磁机相同。

(2) 由于交流励磁机定子电流要经整流器整流后，形成发电机励磁电流 i_f，因此，式(7-89)和式(7-90)中的 $(X_{dE}-X'_{dE})i_E$ 一般可表示为发电机励磁电流的函数，例如，当整流器采用不控三相桥式整流方式时，$(X_{dE}-X'_{dE})i_E=K_D i_f$，此时式(7-90)将变为如下形式：

$$T_{\mathrm{E}}\dot{u}_{\mathrm{E}} = -(S_{\mathrm{E}} + K_{\mathrm{E}})u_{\mathrm{E}} - K_{\mathrm{D}}i_{\mathrm{f}} + u_{\mathrm{R}} \tag{7-91}$$

式(7-91)即为电力系统稳定性分析中交流励磁机常用数学模型，根据它可得交流励磁机的传递函数框图，如图 7-24 所示。交流励磁机输出需经整流后才能提供给发电机励磁绕组，整流环节模型可参考相关文献，在此不再介绍。

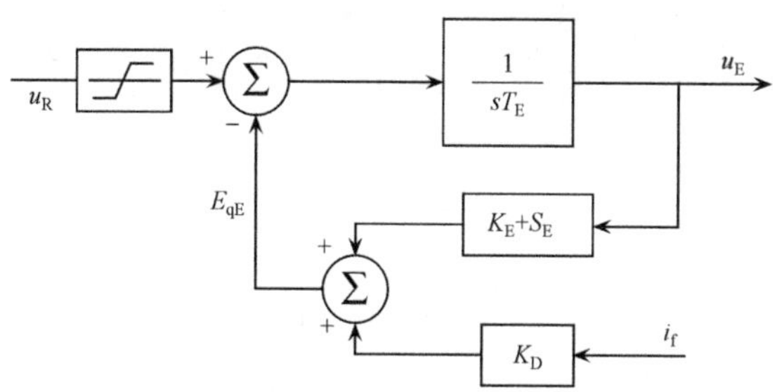

图 7-24　交流励磁机的传递函数框图

7.5.3　发电机励磁系统数学模型

发电机励磁系统就是由上述各环节集成后形成的，图 7-25 给出了采用可控相复励调节器的励磁调节系统的传递函数框图，利用自控理论，不难写出其数学模型。图 7-25中包含了本节前面所介绍的各种不同环节，其中①为负载补偿环节；②反映相位复式励磁；③反映电压测量环节延时；④为综合放大环节；⑤为 PSS 控制回路；⑥为限幅环节；⑦⑧共同构成直流励磁机环节；⑨为软负反馈环节，用于对发电机励磁电压进行并联校正。运行控制中可通过优选图中的各控制参数，达到控制发电机理想运行的目的。

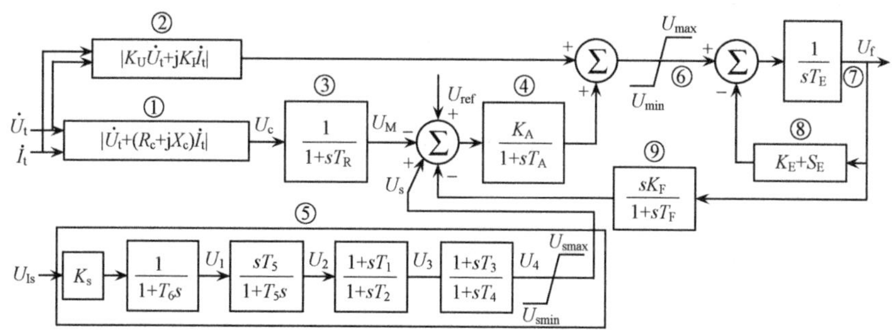

图 7-25　可控相复励及直流励磁机励磁系统传递函数框图

从图 7-25 中不难看到，实际的发电机励磁系统较为复杂，在进行电力系统稳定性分析中，往往采用一些简化模型，以减轻计算的工作量。图 7-26 给出了两种在电力系统稳定性分析中常见的简化励磁系统模型，根据图 7-26(a)不难写出励磁系统的数学模型如下(推导中暂不考虑 U_s 的变化，将其视为常量)：

$$T_1\dot{U}_1 = -U_1 - U_t + U_{ref} + U_s \tag{7-92}$$

$$T_3\dot{U}_2 = -U_2 + C_E U_1 \frac{T_1 - T_2}{T_1} + C_E(U_{ref} - U_t)\frac{T_2}{T_1} \tag{7-93}$$

$$T_4\dot{U}_f = -U_f + U_2 \tag{7-94}$$

(a) 简化励磁系统模型一

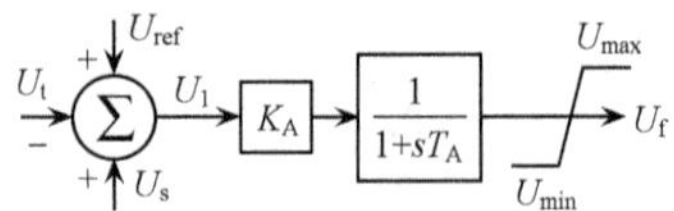

(b) 简化励磁系统模型二

图 7-26　两种简化的励磁系统示意图

根据图 7-26(b)不难写出该简化励磁系统的数学模型如下：

$$T_A\dot{U}_f = -U_f + K_A(U_{ref} + U_s - U_t) \tag{7-95}$$

无论是图 7-26(a)还是图 7-26(b)所示的简化励磁系统，其输出的励磁电压，在加入发电机励磁绕组之前，均需经过一个限幅环节，以保证发电机励磁系统正常工作。

7.6　原动机及调速器系统

发电机转子轴的机械功率 P_m 和机械转矩 M_m 受原动机及调速器(governor)的控制。在电力系统稳定性研究中，由于原动机及调速器控制回路响应时间较长，一般将 P_m(或 M_m)考虑为恒定不变。但当所要分析的暂态过程较长(如中长期稳定性研究)时，往往需要考虑发电机原动机及调速器的影响。本节将简单介绍发电机及其调速器的工作原理，由于大型发电机的原动机可分为水轮机和汽轮机两种，因此，分两种情况加以介绍。

7.6.1　水轮机及调速器系统

实际的水轮机动态行为较为复杂，与输水管水流特性、导水叶开度有关，本节仅研究一种简化的形式，即假设：①输水管无弹性；②忽略输水管的摩擦效应；③水本身不可压缩；④输水管水流速与导水叶开度成正比，并与净水头的平方根成正比；⑤水轮机输出功率与单位时间水流量(流速)和净水头(上下水位差)成正比。满足上述假设的水轮机称为理想水轮机，不难写出其数学模型如下：

$$\widetilde{U} = K_U \mu \sqrt{H} \tag{7-96}$$

$$P_{m} = K_{p} H\widetilde{U} \tag{7-97}$$

$$\frac{d\widetilde{U}}{dt} = -\frac{g}{L}(H - H_{0}) \tag{7-98}$$

式中，$\widetilde{U}$ 为输水管水流速，$\widetilde{U}_0$ 为 $\widetilde{U}$ 的稳态值；K_U、K_p 为控制回路比例系数；H 为水轮机净水头，H_0 为 H 的稳态初始值；μ 为导水叶开度；g 为重力加速度常数；L 为输水管长度。经标幺化处理后，可得如下结果(为简单起见，省略了标幺值符号 *)：

$$\widetilde{U} = \mu\sqrt{H} \tag{7-99}$$

$$P_{m} = H\widetilde{U} \tag{7-100}$$

$$\frac{d\widetilde{U}}{dt} = -\frac{1}{T_{w}}(H - 1) \tag{7-101}$$

式中，$T_w = \dfrac{L\widetilde{U}_0}{gH_0}$ 为水轮机水锤系数，其含义与发电机惯性时间常数 T_J 类似，指在稳定水头 H_0 的作用下，水轮机由静止状态加速到 $\widetilde{U}_0$ 所需的时间。在初始稳定运行点 (H_0,$\widetilde{U}_0$)周围(注意，标幺值情况下 $H_0 = 1.0$,$\widetilde{U}_0 = 1.0$)，对上述方程进行线性化可得

$$\Delta\widetilde{U} = \Delta\mu + 0.5\mu_{0}\Delta H \tag{7-102}$$

$$\Delta P_{m} = \Delta H + \Delta\widetilde{U} \tag{7-103}$$

$$\frac{d\Delta\widetilde{U}}{dt} = -\frac{1}{T_{w}}(\Delta H - 1) \tag{7-104}$$

由上述三式，不难得到理想水轮机的传递函数如下：

$$\Delta P_{m} = \frac{1 - T_{w}s}{1 + 0.5T_{w}s}\Delta\mu \tag{7-105}$$

水轮机调速器可分为机械液压和电气液压两种，其控制原理基本相同，如图 7-27所示，大致分为如下环节。

(1) 测速环节：作用是测量发电机转速与所设定转速的偏差，常用离心飞摆来实现，其模型方程为

$$\eta = K_{\delta}(\omega_{ref} - \omega) \tag{7-106}$$

式中，K_δ 为测速环节放大系数；ω 为发电机转速；ω_{ref} 为发电机设定转速，通常为系统额定转速 ω_N。

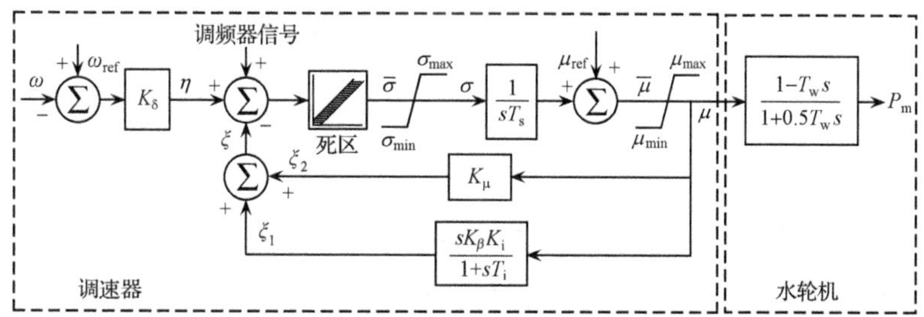

图 7-27　水轮机及调速器系统

(2) 比例分配环节:一般通过配压阀活塞实现,作用是形成积分放大环节的偏差信号,其方程为

$$\sigma = \eta - \xi \tag{7-107}$$

式中,ξ 为反馈环节输出信号。

(3) 积分放大环节:一般通过接力活塞实现,作用是对比例分配环节形成的偏差信号进行积分,从而形成导水叶开度,其方程为

$$T_s\mu = \sigma \tag{7-108}$$

式中,T_s 为该环节响应时间常数,反映了导水叶开度从满载状态到空载状态所需时间,一般为 4~7s,T_s 取值太小时,水锤效应可能对输水管产生破坏作用。

(4) 反馈环节:由软反馈信号 ξ_1 和硬反馈信号 ξ_2 共同构成,其方程如下:

$$\xi = \xi_1 + \xi_2 = \frac{K_\beta T_i s}{1 + T_i s}\mu + K_\mu \mu \tag{7-109}$$

式中,T_i 和 K_β 分别为软反馈环节的时间常数和放大系数;K_μ 则为硬反馈环节的放大系数;$K_\mu = a/\rho, K_\beta = b/\rho, K_\delta = 1/\rho$,$\rho$ 称为测量元件的灵敏度,a 称为调速器调差系数,b 称为软反馈系数。通过软硬反馈环节控制系数的优选,可实现调速器稳态和暂态响应特性的优化。

由于调速器存在摩擦和机械间隙等非线性环节,当转速偏差不大时,调速器将不响应,因此,调速器环节存在一定的死区,如图 7-27 所示。控制回路中的限幅环节用以保证整个系统运行的安全,此外,调速器系统还接受调频器控制信号。调速器输出信号直接作用于导水叶开度,通过水轮机的作用,直接影响发电机的机械输入功率。

7.6.2 汽轮机及调速器系统

先介绍汽轮机动作特性,与水轮机类似,忽略汽轮机回路中的非线性环节。由于现代大型汽轮机往往由多个汽缸构成,每个汽缸按其工作蒸汽压力的大小,分为高压缸(HP)、中压缸(IP)和低压缸(LP)。下面以图 7-28 所示情形进行讨论。

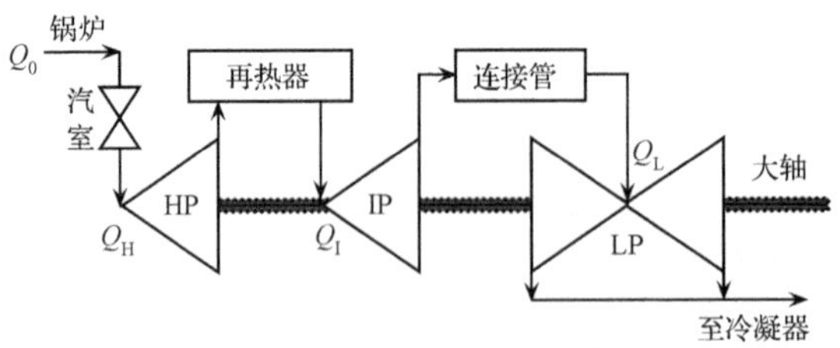

图 7-28 汽轮机多汽缸结构

对于某一体积为 V_P (m^3)的容器,当其流入和流出的蒸汽量分别为 Ω_{in}、Ω_{out} (kg/s)时,其内蒸汽量 W_P (kg)可由下式确定:

$$\frac{\mathrm{d}W_{\mathrm{P}}}{\mathrm{d}t} = V_{\mathrm{P}}\frac{\mathrm{d}\rho}{\mathrm{d}t} = \Omega_{\mathrm{in}} - \Omega_{\mathrm{out}} \tag{7-110}$$

式中，ρ 为蒸汽密度(kg/m^3)。

假设流出蒸汽量与容器压力 P(kPa)成正比，即

$$\Omega_{\mathrm{out}} = \frac{Q_{\mathrm{N}}}{P_{\mathrm{N}}}P \tag{7-111}$$

式中，P_{N} 为容器内蒸汽的额定压力(kPa)；Q_{N} 为流出容器的额定流量(kg/s)。在容器温度恒定时，有下式成立：

$$\frac{\mathrm{d}\rho}{\mathrm{d}t} = \frac{\mathrm{d}P}{\mathrm{d}t}\frac{\partial\rho}{\partial P} \tag{7-112}$$

对以上三式进行拉普拉斯变换，然后联立求解可得

$$\Omega_{\mathrm{out}} = \frac{1}{1 + sT_{\mathrm{V}}}\Omega_{\mathrm{in}} \tag{7-113}$$

式中，$T_{\mathrm{V}} = \frac{P_{\mathrm{N}}}{Q_{\mathrm{N}}}V_{\mathrm{P}}\frac{\partial\rho}{\partial P}$ 为容器的蒸汽容积效应时间常数(s)。从式(7-113)不难看到，当容器进汽量突然增大(减小)时，由于其内压力不能突然增大(减小)，从而其出汽量需要滞后一定时间后才能变化，这种现象称为容积效应。

对于图 7-28 所示的汽轮机，高压缸与汽室相连，后者具有一定容积，用 T_{CH} 表示其容积效应时间，数值为 0.2～0.3s；中压缸与再热器相连，再热器容积效应时间常数 T_{RH} 较大，一般为 5～10s；低压缸则与连接管直接相连，连接管的容积效应时间常数 T_{CO} 一般为 0.5s。对于图 7-28 所示的汽轮机，选择合适的基准，汽轮机标幺值方程可用如下方程表示，其传递函数如图 7-29 所示。

$$Q_{\mathrm{H}} = \frac{1}{1 + T_{\mathrm{CH}}s}Q_0 \tag{7-114}$$

$$Q_{\mathrm{I}} = \frac{1}{1 + T_{\mathrm{RH}}s}Q_{\mathrm{H}} \tag{7-115}$$

$$Q_{\mathrm{L}} = \frac{1}{1 + T_{\mathrm{CO}}s}Q_{\mathrm{I}} \tag{7-116}$$

$$Q_0 = K_{\mu}\mu \tag{7-117}$$

$$T_{\mathrm{mH}} = F_{\mathrm{HP}}Q_{\mathrm{H}},\quad T_{\mathrm{mI}} = F_{\mathrm{IP}}Q_{\mathrm{I}},\quad T_{\mathrm{mL}} = F_{\mathrm{LP}}Q_{\mathrm{L}} \tag{7-118}$$

$$T_{\mathrm{m}} = T_{\mathrm{mH}} + T_{\mathrm{mI}} + T_{\mathrm{mL}} \tag{7-119}$$

$$F_{\mathrm{HP}} + F_{\mathrm{IP}} + F_{\mathrm{LP}} = 1.0 \tag{7-120}$$

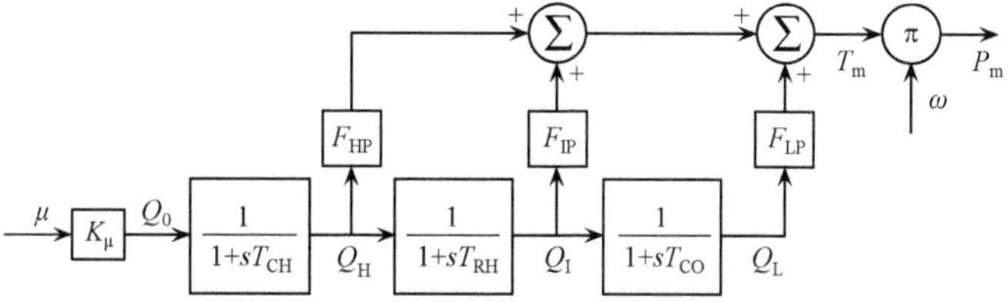

图 7-29　汽轮机传递函数

汽轮机调速器基本功能与水轮机类似，同样参与一次和二次调频，并具备过速控制、过速切机、正常情况下开停机控制、蒸汽压力控制等功能，可查阅相关文献了解其数学模型。

7.6.3 原动机及调速器系统简化模型

与励磁系统类似，在进行稳定性分析中，往往采用一些简化模型来近似考虑原动机及调速器环节，图 7-30 即给出一种近似模型，该模型并未考虑再热环节，从图中不难得到其数学模型如下：

$$T_R\dot{U}_1 = -U_1 + K_G(\omega_{ref} - \omega) \tag{7-121}$$

$$T_C\dot{U}_2 = -U_2 + U_1 \tag{7-122}$$

$$T_H\dot{U}_G = -U_G + U_2 \tag{7-123}$$

$$T_L\dot{T}_m = -T_m + U_G\frac{T_H - K_HT_L}{T_H} + \frac{K_HT_L}{T_H}U_2 \tag{7-124}$$

式中，K_G、K_H、K_L 为控制回路放大系数，并满足 $K_H + K_L = 1.0$。将图 7-30 虚线框部分用一个滞后环节近似考虑时，上述模型可进一步简化，形式如下：

$$T_G\dot{U}_G = -U_G + K_G(\omega_{ref} - \omega) \tag{7-125}$$

$$T_L\dot{T}_m = -T_m + U_G\frac{T_G - K_HT_L}{T_G} + (\omega_{ref} - \omega)\frac{K_GK_HT_L}{T_G} \tag{7-126}$$

式中，$T_G = T_R + T_C + T_H$，为回路时间常数。

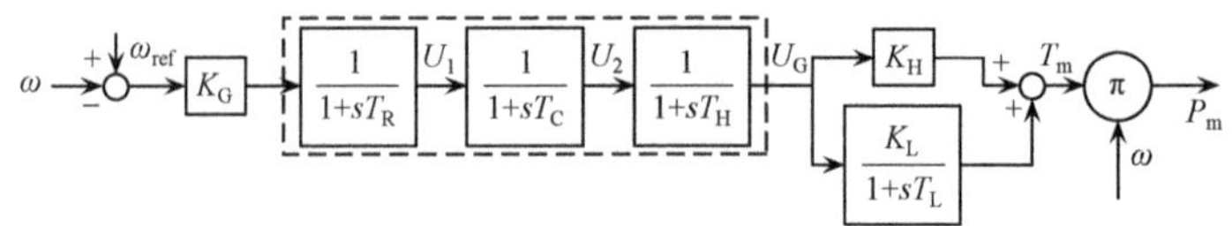

图 7-30 简化的原动机及调速器模型

7.7 电力负荷模型

负荷是整个电力系统重要的组成部分，已有研究表明，在进行电力系统稳定性研究中，选择不同的负荷模型，会对分析结果产生较大影响，因此，建立或选择合适的负荷模型，是进行电力系统稳定性研究的前提，由此决定负荷建模是电力系统稳定性研究的一个重要领域。但电力负荷众多、特性各异、瞬时变动等特点，决定了负荷建模是一个复杂而艰巨的任务。本节并不讨论负荷建模的方法，仅仅给出电力系统稳定性研究中常用的一些负荷模型。

7.7.1　静态负荷模型

在进行电力系统稳定性研究中，常忽略负荷自身的暂态过程，由此得到所谓的静态负荷模型，常见有如下几种形式。

(1) ZIP 型负荷模型

$$\begin{cases}P_{\mathrm{L}}=P_{\mathrm{L0}}\left[a_{\mathrm{P}}\left(\dfrac{U_{\mathrm{L}}}{U_{\mathrm{L0}}}\right)^2+b_{\mathrm{P}}\dfrac{U_{\mathrm{L}}}{U_{\mathrm{L0}}}+c_{\mathrm{P}}\right]\\ Q_{\mathrm{L}}=Q_{\mathrm{L0}}\left[a_{\mathrm{Q}}\left(\dfrac{U_{\mathrm{L}}}{U_{\mathrm{L0}}}\right)^2+b_{\mathrm{Q}}\dfrac{U_{\mathrm{L}}}{U_{\mathrm{L0}}}+c_{\mathrm{Q}}\right]\end{cases}\tag{7-127}$$

式中，U_{L}、U_{L0} 分别为负荷节点电压和初始稳态运行电压；P_{L}、Q_{L} 为负荷实际从系统吸收的有功功率和无功功率；P_{L0}、Q_{L0} 为负荷电压为稳态运行值 U_{L0} 时的初始有功功率和无功功率；a_{P}、b_{P}、c_{P} 和 a_{Q}、b_{Q}、c_{Q} 为各部分比例系数，一般取 $a_i+b_i+c_i=1$，$i=P,Q$。

(2) 指数型负荷模型

$$\begin{cases}P_{\mathrm{L}}=P_{\mathrm{L0}}\left(\dfrac{U_{\mathrm{L}}}{U_{\mathrm{L0}}}\right)^m\\ Q_{\mathrm{L}}=Q_{\mathrm{L0}}\left(\dfrac{U_{\mathrm{L}}}{U_{\mathrm{L0}}}\right)^n\end{cases}\tag{7-128}$$

式中，m、n 为与负荷有功和无功相关的系数。

(3) 考虑系统频率静态特性的组合模型

$$\begin{cases}P_{\mathrm{L}}=P_{\mathrm{L0}}\left[a_{\mathrm{P}}\left(\dfrac{U_{\mathrm{L}}}{U_{\mathrm{L0}}}\right)^2+b_{\mathrm{P}}\dfrac{U_{\mathrm{L}}}{U_{\mathrm{L0}}}+c_{\mathrm{P}}\right]\left(1+k_{\mathrm{P}}\dfrac{f-f_0}{f_0}\right)\\ Q_{\mathrm{L}}=Q_{\mathrm{L0}}\left[a_{\mathrm{Q}}\left(\dfrac{U_{\mathrm{L}}}{U_{\mathrm{L0}}}\right)^2+b_{\mathrm{Q}}\dfrac{U_{\mathrm{L}}}{U_{\mathrm{L0}}}+c_{\mathrm{Q}}\right]\left(1+k_{\mathrm{Q}}\dfrac{f-f_0}{f_0}\right)\end{cases}\tag{7-129}$$

式中，f 为系统频率，而 f_0 为扰动前的系统稳态频率；k_{P}、k_{Q} 为与负荷有功功率和无功功率相关的系数。当式(7-129)前半部分换为指数型负荷时，形式如下：

$$\begin{cases}P_{\mathrm{L}}=P_{\mathrm{L0}}\left(\dfrac{U_{\mathrm{L}}}{U_{\mathrm{L0}}}\right)^m\left(1+k_{\mathrm{P}}\dfrac{f-f_0}{f_0}\right)\\ Q_{\mathrm{L}}=Q_{\mathrm{L0}}\left(\dfrac{U_{\mathrm{L}}}{U_{\mathrm{L0}}}\right)^n\left(1+k_{\mathrm{Q}}\dfrac{f-f_0}{f_0}\right)\end{cases}\tag{7-130}$$

(4) 通用静态负荷模型。

在一些商业化分析计算程序中，提供了如下通用静态负荷模型，通过对该模型中不同参数取值的设定，可由它变换出前面的所有模型

$$\begin{aligned}P_{\mathrm{L}}&=P_{\mathrm{L0}}\left[a_1\left(\dfrac{U_{\mathrm{L}}}{U_{\mathrm{L0}}}\right)^{m_1}+a_2\left(\dfrac{U_{\mathrm{L}}}{U_{\mathrm{L0}}}\right)^{m_2}+a_3\left(\dfrac{U_{\mathrm{L}}}{U_{\mathrm{L0}}}\right)^{m_3}\right](1+a_4\Delta f^{m_4}+a_5\Delta f^{m_5}+a_6\Delta f^{m_6})\\ Q_{\mathrm{L}}&=Q_{\mathrm{L0}}\left[b_1\left(\dfrac{U_{\mathrm{L}}}{U_{\mathrm{L0}}}\right)^{n_1}+b_2\left(\dfrac{U_{\mathrm{L}}}{U_{\mathrm{L0}}}\right)^{n_2}+b_3\left(\dfrac{U_{\mathrm{L}}}{U_{\mathrm{L0}}}\right)^{n_3}\right](1+b_4\Delta f^{n_4}+b_5\Delta f^{n_5}+b_6\Delta f^{n_6})\end{aligned}\tag{7-131}$$

7.7.2 感应电动机负荷模型

感应电动机与同步发电机都属于旋转设备，因此，感应电动机的模型与发电机类似，在建模时，一般不考虑感应电动机绕组高次谐波和非周期分量的影响。根据电机学的知识，不难得到感应电动机定子绕组动态方程如下：

$$T'_{q0}\dot{e}'_d = -e'_d + (X_q - X'_q)i_q \tag{7-132}$$

$$T'_{d0}\dot{e}'_q = -e'_q - (X_d - X'_d)i_d \tag{7-133}$$

$$u_d = (1-s)(e'_d + X'_q i_q) - R_a i_d \tag{7-134}$$

$$u_q = (1-s)(e'_q - X'_d i_d) - R_a i_q \tag{7-135}$$

式中，各符号的含义与同步发电机相同。仍以流出感应电动机的方向为电流正方向，由此不难得到感应电动机电磁转矩如下：

$$T_{eM} = -(e'_d i_d + e'_q i_q) \tag{7-136}$$

感应电动机的转子运动方程形式如下：

$$T_{JM}\frac{ds}{dt} = T_{mM} - T_{eM} \tag{7-137}$$

式中，T_{JM} 为电动机转子与机械负载的等值转动惯量；T_{mM}、T_{eM} 分别为电动机机械和电磁转矩；$s = 1 - \omega/\omega_N$ 为感应电动机转差。机械转矩 T_{mM} 由电动机所带机械负载的特性决定，一般为转差 s 的非线性函数，如下即是两种常见的机械转矩模型：

$$T_{mM} = k_M[\alpha + (1-\alpha)(1-s)^{P_M}] \tag{7-138}$$

$$T_{mM} = T_{mM0}\left[a_M\left(\frac{\omega_M}{\omega_{M0}}\right)^2 + b_M\left(\frac{\omega_M}{\omega_{M0}}\right) + c_M + d_M\left(\frac{\omega_M}{\omega_{M0}}\right)^{\gamma_M}\right] \tag{7-139}$$

其中，式(7-138)中的 k_M 为电动机负载率；α 为机械转矩中与转差无关部分的比例系数；P_M 为与电动机机械转矩特性相关的指数。式(7-139)中的 T_{mM0} 和 ω_{M0} 分别为扰动发生前的机械转矩和电动机转速；a_M、b_M、c_M、d_M、γ_M 为电动机机械转矩特征参数。

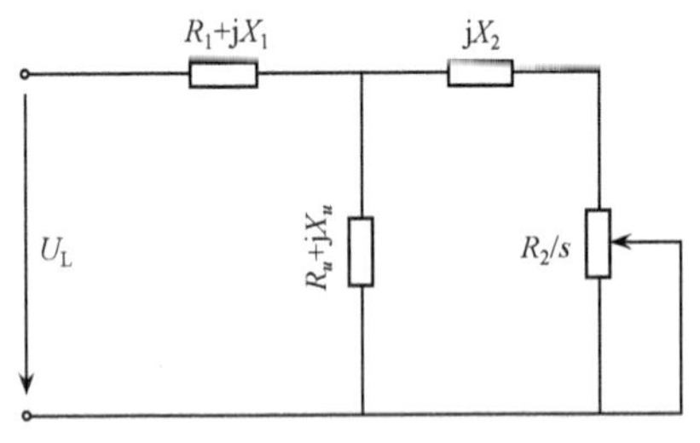

图 7-31 感应电动机等值电路

式(7-132)～式(7-138)或式(7-139)构成感应电动机动态负荷模型。在简单考虑时，常忽略电动机绕组动态，仅考虑电动机转子运动方程，其原理是利用如图 7-31 所示的等值电路来近似考虑电动机负荷。此时转子运动方程和机械转矩仍由式(7-137)～式(7-139)给出，而电磁转矩采用下式表示：

$$T_{eM} = \frac{2T_{eM}^{max}}{s/s_{cr} + s_{cr}/s}\left(\frac{U_M}{U_{MN}}\right)^2 \tag{7-140}$$

式中，T_{eM}^{max} 为电动机在额定电压下运行时的最大电磁转矩；s_{cr} 为电动机临界转差；U_M、U_{MN} 分别为电动机机端电压和机端电压的额定值。给定电动机后，T_{eM}^{max}、s_{cr}、U_{MN} 都为常数，不难看到电动机电磁转矩是转差与机端电压的非线性函数。在进行稳定性分析过程中，可由转子运动方程求解出电动机转差 s，此时图 7-31 中的所有参数均为已知，由此不难得到电动机的等值阻抗 Z_M，进一步可用其修改系统节点导纳矩阵

$$Z_M = R_1 + jX_1 + (R_u + jX_u)//(R_2/s + jX_2) \tag{7-141}$$

7.7.3 其他负荷模型简介

负荷建模是电力系统稳定性研究的重要内容，在人们长期研究中，已建立了众多形式各异的负荷模型用于研究不同问题，这里仅对其中一些模型进行简单介绍。

1. 组合模型

在多数商业化的电力系统分析计算程序中，一般允许用户根据需要，将两种或多种负荷模型加以组合，以模拟实际系统的负荷特性。常用的一种方式是将感应电动机动态负荷和静态负荷按比例加以组合，其模型如下所示：

$$P_L(\alpha_P) = \alpha_P P_D + (1 - \alpha_P) P_s \tag{7-142}$$

$$Q_L(\alpha_Q) = \alpha_Q Q_D + (1 - \alpha_Q) Q_s \tag{7-143}$$

式中，P_L、Q_L 分别为负荷的有功功率和无功功率；P_D、Q_D 代表动态负荷部分，α_P、α_Q 为动态负荷所占比例；P_S、Q_S 代表静态负荷部分；$1 - \alpha_P$、$1 - \alpha_Q$ 为静态负荷所占比例。在实际应用中，动态负荷多采用典型的感应电动机模型，而静态负荷则可选用前面所介绍的模型。下面给出了在进行电压稳定分析和复杂动态行为(如混沌现象)研究时一种常用的组合模型：

$$P_L = P_{L0} + P_{L1} + K_{pw}\dot{\delta} + K_{pu}(U + T\dot{U}) \tag{7-144}$$

$$Q_L = Q_{L0} + Q_{L1} + K_{qw}\dot{\delta} + K_{qu}U + K_{qu2}U^2 \tag{7-145}$$

式中，P_L、Q_L 为负荷的有功功率和无功功率；P_{L0}、Q_{L0} 为静态负荷分量；P_{L1}、Q_{L1} 为感应电动机负荷的恒定分量；K_{pw}、K_{pu} 分别反映负荷有功功率与系统频率和电压之间的关系；K_{qw}、K_{qu}、K_{qu2} 则反映无功功率与系统频率和电压之间的关系。

2. D. J. Hill 负荷恢复模型

澳大利亚的 D. J. Hill 等学者注意到，在负荷母线电压出现一个突然的下降时，其负荷将按照如图 7-32 所示方式逐渐恢复，根据这一变化过程的特点，可得如下动态负荷恢复模型：

$$T_p\dot{P}_L + P_L = P_s(U_L) + k_p(U_L)\dot{U}_L \tag{7-146}$$

式中，$P_s(U) = C_s U^{\alpha_p}$ 为负荷的静态部分，用指数形式加以表示；$k_p(U)$ 反映负荷有功功率受节点电压变化的影响；T_p 为动态负荷的时间常数，指负荷恢复到一定水平所需时间。由式(7-146)不难求解负荷功率 P_L 的解析结果为

$$P_L(t) = P_s(U_{L1}) + \left[P_s(U_{L0}) - \frac{K_p(U_{L0})}{T_p} - P_s(U_{L1}) + \frac{K_p(U_{L1})}{T_p}\right]\cdot e^{\frac{t-t_0}{T_p}}, \quad t > t_0 \tag{7-147}$$

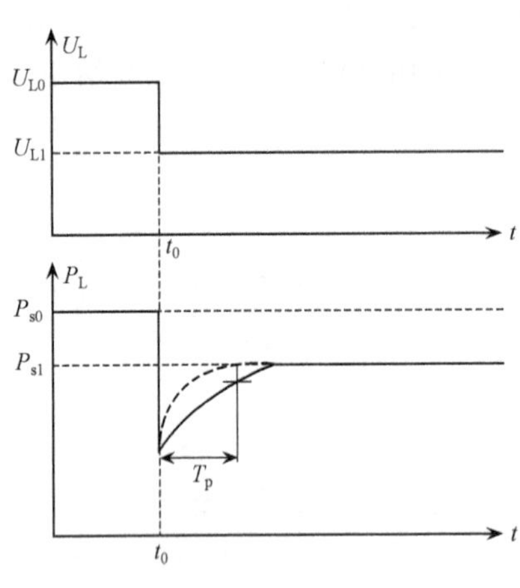

图 7-32　动态负荷恢复模型

式中，$K_p(U_k)=\int_0^{U_k}k_p(\sigma)\,d\sigma$，$k=\mathrm{L0},\mathrm{L1}$，$U_{L0}$、$U_{L1}$、$t_0$ 含义如图 7-32 所示，分别为扰动前负荷节点电压、扰动后节点电压和扰动时刻。这里仅给出了有功负荷部分的模型，无功负荷的变化规律与之相似。该负荷模型主要用于电压稳定性问题的研究。

3. 考虑有载调压变压器影响的负荷模型

由于很多负荷通过有载调压变压器(OLTC)从系统获得电力供应，OLTC 在负荷侧电压降低(或升高)时，通过动态调节变压器的分接头(变比)，可保证负荷侧电压运行在较合理水平。当进行电力系统稳定性研究时，需要同时考虑负荷和 OLTC 特性的影响，如下是美国学者 C. C. Liu 给出的一种考虑 OLTC 影响后的负荷模型，用于研究 OLTC 对电压稳定及电压崩溃的影响：

$$Q_L(U_L,\dot{U}_L)=Q_{LS}(U_L)+K(U_L)\dot{U}_L \tag{7-148}$$

$$Q_d=Q_L(U_L,\dot{U}_L)+Q_0 \tag{7-149}$$

$$n_{k+1}=n_k-d\cdot f(U_L-U_{L0}) \tag{7-150}$$

式中，Q_L 为用户负荷无功功率；Q_{LS} 为其静态分量；Q_0 为 OLTC 消耗的无功功率；Q_d 为系统传递给 OLTC 的功率；n_k 为 OLTC 第 k 步时的变比；d 为 OLTC 变比调整步长；$f(U_L-U_{L0})$ 为 OLTC 的变比调节函数。该模型仅考虑了负荷无功功率，有功功率部分的变化规律与之相似。

思　考　题

7-1　简述电力系统稳定性分析的方法及其优缺点。

7-2　如题 7-2 图所示的简单系统，已知：$x_{d\Sigma}=1.0$，　$x_{q\Sigma}=0.6$，　$\cos\varphi=0.85$，假设此时发电机处于满载运行，试求此时发电机的最大输出功率及对应的功角。

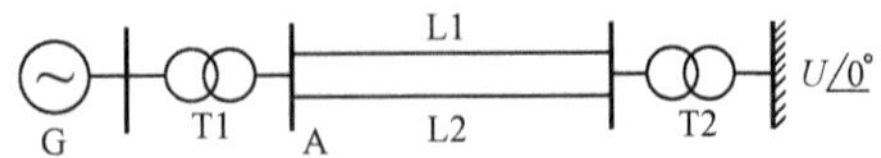

题 7-2 图　单机无穷大系统

7-3　如题 7-2 图所示单机无穷大系统，发电机考虑为隐极同步电机，已知发电机参数：$E_q=1.4239$，$x_d=0.29$；变压器参数：$x_{T1}=0.13$，$x_{T2}=0.11$；单回线路的电抗：$x_L=0.58$，上述参数均为折算到统一基准下的标幺值。当忽略各电气设备的电阻时，试求系统的传输极限 P_{max} 及对应的功角。

7-4　在题 7-3 中，当输电通道的电阻为 $R_{\Sigma}=0.08$ 时，试求考虑此电阻影响后，系统的传输极限 P_{max} 及对应的功角。

7-5　在题 7-3 中，忽略各电气设备的电阻，但在发电机高压母线（在图中 A 点）处接入一个对地电阻 $R_g=0.10$，试求考虑此电阻影响后，系统的传输极限 P_{max} 及对应的功角。

7-6　在题 7-3 中，忽略各电气设备的电阻，但在发电机高压母线（在图中 A 点）处接入一个对地电抗 $X_g=0.10$，试求考虑此电阻影响后，系统的传输极限 P_{max} 及对应的功角。

7-7　试通过发电机功率特性表达式，定性说明系统装设和未装设自动励磁调节器对发电机功率特性有什么影响。

7-8　有两台汽轮发电机，额定转速均为 $n=3000\text{r/min}$。其中一台 $P_{N1}=100\text{MW}$，$\cos\varphi_{N1}=0.85$，$GD^2=34.4\text{T}\cdot\text{m}^2$；另外一台 $P_{N2}=125\text{MW}$，$\cos\varphi_{N2}=0.85$，$GD^2=43.6\text{T}\cdot\text{m}^2$。试求：

（1）每一台发电机的额定时间常数 T_{JN1} 和 T_{JN2}；

（2）若在某项研究中，需将两台发电机合并为一台等值机，所取功率基准为 $S_B=200\text{MV}\cdot\text{A}$，试计算此等值机的时间常数 T_J。

第 8 章　电力系统稳定性的基本概念

本章介绍电力系统稳定性的基本概念，包括电力系统小扰动稳定、暂态稳定、负荷稳定和电压稳定的基本概念。

8.1　电力系统稳定性概述

电力系统稳定性是指电力系统在运行过程中受到扰动后，能否凭借自身的调整或控制设备的作用，恢复到原有稳定运行状态，或过渡到一个新的可接受的稳定运行状态并继续运行的能力。电力系统已成为现代人类社会的基础设施，具有分布地域广、设备众多、运行环境复杂等特点，在电力系统运行过程中，随时会受到来自周围环境的各种扰动，因此，深入研究电力系统各类稳定性问题，对保障电力系统稳定运行意义重大。

电力系统各类稳定性问题的提出与电力系统自身的发展密切相关。最早出现的电力系统采用直流供电方式，即发电、输电和负荷环节均为直流，如 1882 年在英国伦敦建立的第一座发电厂和在法国建立的第一个商业运营的电力系统均属于直流供电系统。但受限于当时的技术手段，直流供电系统的电压难以转换，造成其供电范围、输送功率受到限制，所以，直流供电系统短暂出现后就逐渐被交流供电系统所取代，因此，有关电力系统稳定性研究主要关注的是交流电力系统在受到扰动后是否能恢复稳定运行的问题。本节引出电力系统功角稳定性和电压稳定性的基本概念，简单介绍电力系统稳定性的分类和稳定性研究的一些新动向。

1. 功角稳定性和电压稳定性

早期建立的(交流)电力系统主要依城市而建设，由多台交流发电机(发电厂)联网向附近的电力用户供电，电网规模较小。系统得以稳定运行的前提是所有联网运行的发电机具有大小相等且接近恒定不变的电角速度——发电机保持同步。并网运行的发电机是否保持同步，可通过发电机之间的功角差(发电机转子之间的相对位移角，或发电机电势之间的相角差)来加以判断，因此，这类稳定性常被称为功角稳定性或同步稳定性。功角失稳常伴随发电机转子间的振荡，并导致它们之间功角差的持续拉大。在电力系统发展的很长一段时间里，有关功角稳定性的研究都是电力系统学术界和工业界关注的重点。

随着人类社会对电力需求的不断增长，电力系统规模不断扩大，电网互联日益普遍，运行环境更为复杂，位于远方的水、火电厂，往往要通过长距离的交流输电线路将大量的电能输送到负荷中心。当系统因负荷过重、无功补偿不足或发生严重故障时，可能会造成一些关键节点的电压出现不可逆转地持续下降，或者电压长期滞留在安全运行所不能容许的低水平上难以恢复，而此时系统中的发电机仍保持同步，则称系统发生了电压失稳。电压失稳和由之引发的大面积停电事故(电压崩溃)，是电力系统在发展到一定阶段后出现的一种有别于功角失稳的全新现象，对该问题的研究引出了电力系统另一种重要的稳定性概念——电压稳定性。揭示电力系统电压失稳机理、预防电力系统电压崩溃事故的发生，就构成了电力系统电压稳定性研究的重要内容。

2. 电力系统稳定性分类

对电力系统稳定性进行分类，是电力系统稳定性研究中的重要组成部分，但由于电力系统稳定性问题的复杂性，至今还没有一种被普遍接受的分类方法，这里只简单介绍几种常见的分类方式。

(1) 按照失稳场景划分，可分为电力系统功角稳定性和电压稳定性，前者主要关注发电机能否保持同步运行，后者则主要关注扰动发生后系统关键节点电压幅值能否保持合理水平。现代工业负荷以感应电动机为主，在远离电源的负荷中心，当系统出现故障后，能否保持感应电动机平稳运行的问题，则涉及电力系统的负荷稳定性。

(2) 按照受扰大小划分，可分为潮流稳定性、小扰动稳定性和大扰动后的暂态稳定性。

潮流稳定性：指电力系统在运行工况(网络连接方式、负荷分布和发电计划)已知情况下，具有合理潮流解的能力，即在运行工况已知情况下，系统潮流方程是否有解，若有解，系统关键设备的主要运行参数是否处于合理水平。存在合理的潮流解，是电力系统可稳态运行的前提，因此，在电力系统规划、运行以及调度方案制订时，保证系统潮流稳定是必需的。潮流稳定也时常被称为潮流热稳定。

小扰动稳定性：指系统的正常运行情况下，受到微小扰动后能否独立地恢复到原有运行状态的能力。由于电力系统在运行过程中，不可避免的随时会受到各类微小的扰动，因此，保证其小扰动稳定性是电力系统运行中最基本的要求。

暂态稳定性：指在受到较大扰动之后，电力系统中的所有发电机在不失同步的情况下过渡到新的合理的运行状态(也可以是原有运行状态)，并在新的运行状态下稳定运行的能力。暂态稳定性主要研究电力系统出现各种故障后的运行状况，当故障发生后，自动保护装置一般可将故障的电气元件快速切除，即使如此，故障的扰动仍可能导致电力系统暂态过程较为复杂，不仅系统的一些运行参数会出现剧烈变化或振荡，甚至伴随控制设备和运行人员的一些干预，如人为切除输电线路、发电机或负荷，发电机的自动励磁调节器动作等，因此，电力系统暂态稳定研究的场景一般较为复杂。

有两点需要指出，①电力系统稳定性是一个“统一”的概念，只是出于研究的方便，才将稳定性进行人为的划分，欲保证电力系统正常运行，需考虑各种稳定性问题；②上述两种分类方式可互补使用，因此，可进一步细分为小扰动电压稳定性、小扰动功角稳定性、暂态电压稳定性和暂态功角稳定性等。

3. 电力系统稳定性研究的动向

电力系统稳定性的研究随电力技术的发展而发展，不断会出现新的研究内容，近年来电力系统稳定性研究领域关注的一些热点问题包括：

(1) 交直流互联电力系统的稳定性。为解决交流输电系统存在的一些问题，以及考虑到高压直流输电在潮流调整、电网互联、运行经济性等方面的优势，高压直流输电技术近年来得到迅猛发展和广泛应用。与早期出现的纯直流供电系统不同，高压直流输电往往与交流输电系统配合使用，从而形成交直流互联的电网运行模式，如我国的南方电网。此时不仅要考虑直流和交流部分各自的稳定性，同时还需考虑交直流两部分系统间的相互影响，稳定性研究更为复杂。

(2) 大范围互联运行电网的稳定性。为实现电能的互济，现代电力系统往往大范围互联运行。互联大电网具有不同于局部小电网的稳定特性，如大电网出现严重故障时，易引起潮流的大范围转移，由此可引起电网运行方式的巨大变化，处理不当时易引起较大范围电网事故；在电网互联的初期，系统可能会由于电网互联而出现整体稳定性降低的情况，并由此引发区域间的低频振荡等。

(3) 电网运行的复杂动态行为。电力系统属于典型的特高维、强非线性系统，在其运行过程中已发现了一些复杂的动态行为，如电网连锁故障、电力系统混沌现象等，多数与电网稳定性密切相关，而其中很多行为的内在机理尚未完全明了。

(4) 电力系统广域运行环境。电力系统的传统控制装置，主要基于局部信息实施控制，难以实现电网之间的有效协调。随着全球定位(GPS)技术的推广，相量测量单元(PMU)和由此发展而来的广域量测系统(WAMS)在电力系统中得到广泛使用。WAMS 系统可快速获得远在数千公里外的电网运行信号，为电力系统的协调控制和增强稳定性提供了可能。

(5) 分布式发电设备的引入。传统电能的获得，主要来源于煤炭、石油等一次能源。一次能源终归要走向枯竭，并且在能量转换过程中会对周围环境产生不良影响。而分布式发电技术有利于提高一次能源的利用效率，并能充分利用各种清洁能源和可再生能源，是缓解人类面临的能源危机和环境污染问题的重要技术措施。分布式发电设备(风力发电、冷热电联供 CCHP、太阳能发电等)现已被大量接入电网。分布式发电设备的出现，在一定程度上改变了原有电网的运行结构和运行模式，从而对其稳定运行产生一定影响。

8.2　小扰动稳定性的初步概念

小扰动稳定性主要研究电力系统在受到微小扰动之后能否正常运行，由于电力系统正常运行中随时会受到各种扰动，因此，保证其小扰动稳定是最基本的要求。

1. 小扰动稳定性的物理含义

不同运行状况下发电机的小扰动稳定性，可用图 8-1 所示处于平衡态下的小球来加以类比说明。

(1) 小扰动稳定的情况。假设小球处于平衡状态 A，当来自外部的一个微小扰动将小球移动到 A′处后，受重力的作用，小球将向左运动，并穿过 A 点，最后在坡面摩擦力作用下，经过一段时间振荡，最后回到原来的平衡点 A。此时称小球在 A 点是小扰动稳定的。

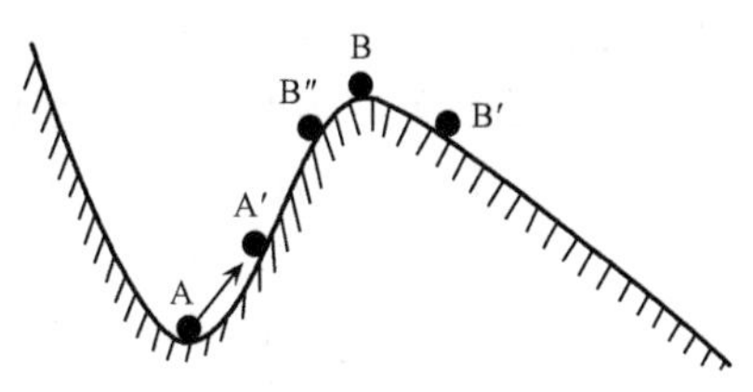

图 8-1　小球小扰动稳定和不稳定状态

(2) 小扰动不稳定的情况。假设平衡状态时小球处于 B 点，当来自外部的一个微小扰动将小球移动到 B′处后，受重力作用，小球将一直向右运动，无法再回到原来的平衡位置；同样，当小球扰动后位于 B″时，将向左运动，在摩擦力的作用下，经过一段振荡，最后收敛到 A 点(一个新的平衡状态)，同样无法回到原来的平衡位置。此时我们称小球在 B 点是小扰动不稳定的。

2. 简单电力系统的小扰动稳定性

对于图 8-2 所示的简单电力系统，在正常运行时，不考虑摩擦力的影响，发电机转子轴将受两种转矩的作用：一是起推动作用的机械转矩 M_m，由原动机供给，当发电机接近额定转速时，$M_m \approx P_m$ (标幺值)，其大小与发电机功角 δ 无关；另一个是制动转矩 M_e，由发电机电磁功率决定，当发电机接近额定转速时，$M_e \approx P_e$ (标幺值)，是发电机功角的函数。图 8-3 绘出了转子的机械功率与电磁功率曲线(以隐极机为例)，当发电机处于稳态(平衡态)运行时，$P_m = P_{e0}$，对应着图中的 a、b 两点。下面就发电机分别处于 a、b 两点时的小扰动稳定性进行分析。

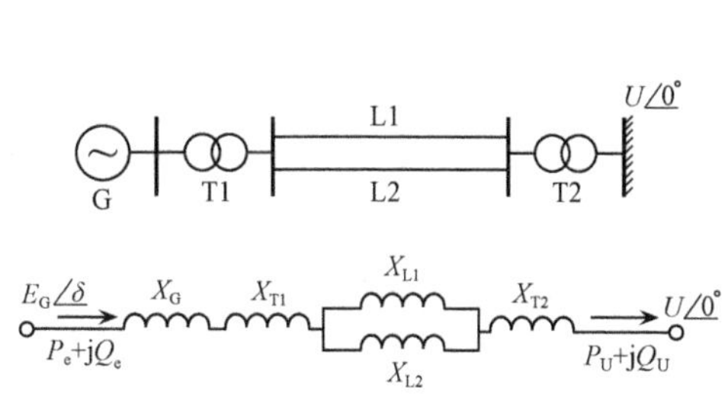

图 8-2　简单电力系统

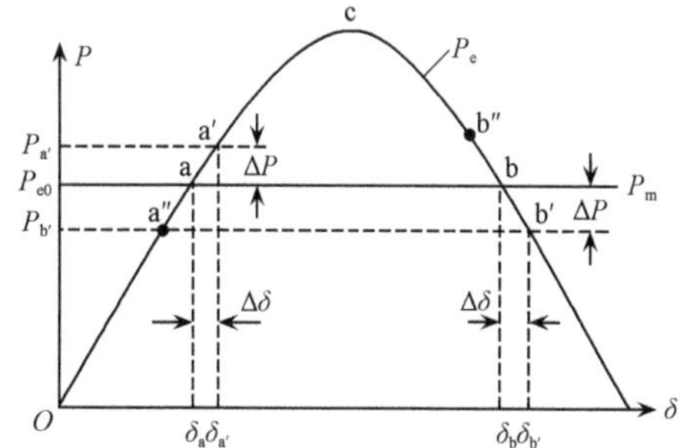

图 8-3　简单电力系统小扰动稳定的概念

当发电机在 a 点处受到微小扰动，运行状态变动至 a′点，其功角微增至 $\delta_{a'}$。此时发电机电磁功率微增至 $P_{a'}$，而机械功率大小仍保持不变，即 $P_m = P_{e0}$，此时发电机转子轴将受到不平衡转矩 $\Delta P = P_m - P_{a'} = P_{e0} - P_{a'} < 0$ 的影响。可以看出，该不平衡转矩属制动转矩。在其作用下，发电机转速降低，运行点向左移动，在摩擦力的作用下，经过短暂振荡，发电机将重回平衡点 a。同样，当发电机被扰动到 a″后，将受到具体推动作用的不平衡转矩 $\Delta P = P_{e0} - P_{a''} > 0$ 的影响，发电机转速上升，运行点右移，经振荡后重回平衡点 a。上述两个过程与图 8-1 中位于 A 点的小球受扰后的变化场景类似，因此，发电机在平衡点 a 是小扰动稳定的。

当发电机在 b 点处受到微小扰动后，运动变化规律则完全相反。假设运行点被扰动至 b′，转子将受到具有推动作用的不平衡转矩 $\Delta P = P_{e0} - P_{b'} > 0$ 的影响，转速上升，运行点右移，此时不平衡转矩进一步加大，转速继续上升，发电机无法再回到原来的平衡状态。同样，当发电机受扰并移动到 b″点，转子将受到具有制动作用的不平衡转矩 $\Delta P = P_{e0} - P_{b''} < 0$ 的影响，转速下降，运行点左移。在此过程中，制动转矩一直存在，运行点将穿越 c 点，并在摩擦力的作用下，最后收敛到新的平衡点 a，同样无法回到原来的平衡点 b。这一过程与图 8-1 中位于 b 点的小球受扰后的运动类似，因此，发电机处于 b 点是小扰动不稳定的。发电机在 a、b 两个平衡点受扰后的运行变化规律如图 8-4 所示。

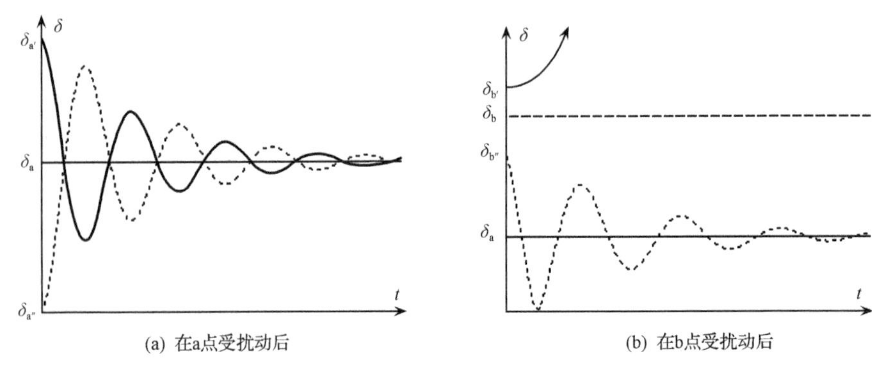

图 8-4　系统在 a、b 两点受微小扰动后的情况

总结上述场景可得电力系统小扰动稳定性的概念为：电力系统在稳态运行过程中，受到微小扰动后，可独立恢复到原有运行状态的能力。对于上面分析的简单电力系统，欲保证其小扰动稳定性，需要在功角增大时，发电机转子受到制动转矩作用；反之，在功角减小时，受到推动转矩作用。满足这一条件的区域，对应着图 8-3 电磁功率曲线的左半侧，因此，对于简单电力系统可利用其电磁功率曲线斜率判断其小扰动稳定性。

小扰动稳定　　$$\frac{dP_e}{d\delta} > 0 \tag{8-1}$$

小扰动不稳定　　$$\frac{dP_e}{d\delta} < 0 \tag{8-2}$$

临界稳定时,曲线斜率为 0,对应着电磁功率曲线的最大值点,即图中点 c。

8.3　暂态稳定性的初步概念

小扰动稳定性关注的是电力系统在受到微小扰动之后的变化规律,而暂态稳定性则主要考虑电力系统在受到较大扰动之后是否能够正常运行。下面以图 8-5 所示的简单系统为例介绍电力系统暂态稳定性的基本概念,为简单起见,发电机考虑为隐极机,且不考虑回路电阻。

在正常运行时,发电机通过两条输电线路向无穷大母线所代表的外部系统输送功率,回路总阻抗为

$$X_{d\Sigma 1} = X_d + X_{T1} + \frac{1}{2}X_L + X_{T2} \tag{8-3}$$

对应的功率特性为

$$P_{e1} = \frac{E_q U}{X_{d\Sigma 1}}\sin\delta \tag{8-4}$$

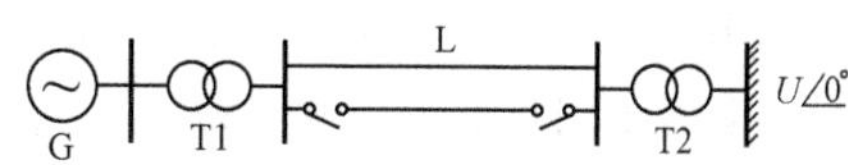

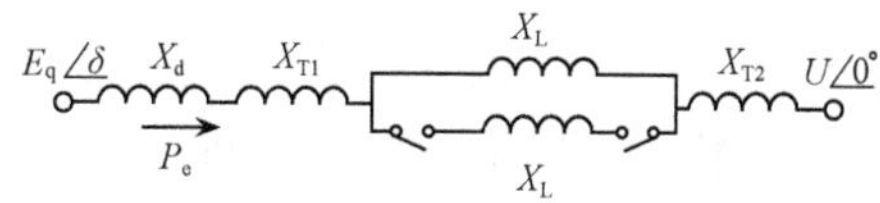

图 8-5　简单电力系统的暂态稳定场景

系统出现故障导致一条输电线路被快速切除,此时回路总阻抗和功率特性变为

$$X_{d\Sigma 2} = X_d + X_{T1} + X_L + X_{T2} \tag{8-5}$$

$$P_{e2} = \frac{E_q U}{X_{d\Sigma 2}}\sin\delta \tag{8-6}$$

假设不考虑故障过程中的电磁暂态过程以及励磁调节器的影响,此时发电机内电势数值保持不变。图 8-6(a)将式(8-4)和式(8-6)所示故障前后的系统功率特性曲线绘制在一起,由于 $X_{d\Sigma 1} < X_{d\Sigma 2}$,曲线 P_{e1} 位于曲线 P_{e2} 之上。

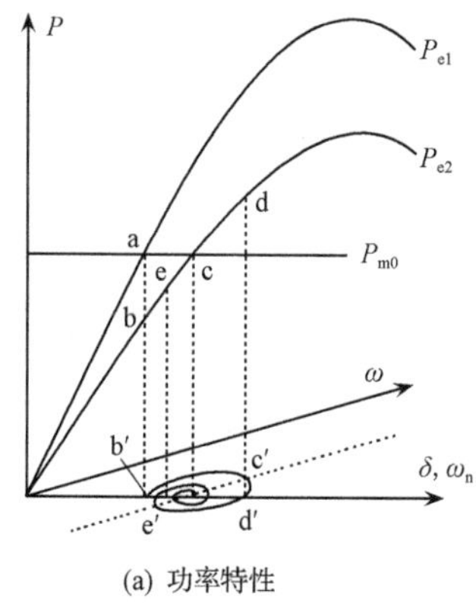

(a) 功率特性

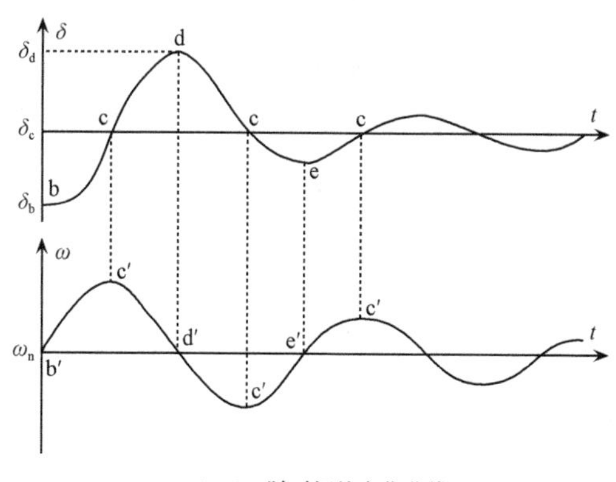

(b) δ, ω随时间的变化曲线

图 8-6　暂态稳定场景示意图

1. 暂态稳定的场景

在线路被切除之前,发电机运行点位于图 8-6(a)中的点 a,即 $P_{e1}(\delta_a) = P_{m0}$,由 8.2 节可知,此时系统是小扰动稳定的,发电机保持额定转速 ω_N 处于平衡状态。

在线路被切除瞬间,由于惯性的作用发电机转速 ω 和功角 δ 都不能发生突变,即 $\omega = \omega_N$,$\delta_b = \delta_a$,而发电机的功率特性则变为曲线 P_{e2},运行点由 a 点跳变到 b 点。因发电机原动机控制回路的调节时间较长,机械输入功率在短时间不发生变化,因此仍为 P_{m0},发电机转子受到的不平衡转矩 $\Delta P = P_{m0} - P_{e2}(\delta_b) > 0$,具有推动作用,导致发电机转速上升,功角增大,系统的运行点将沿 P_{e2} 向右运动。

在图中的 b-c 段,发电机转子一直处于加速状态,到达 c 点,尽管 $P_{m0} = P_{e2}(\delta_c)$,发电机转子重新受到平衡转矩的作用,但发电机转速已大于系统的额定转速,发电机的功角仍会增大,因此,系统的运行点不会停留在 c 点而将继续向右运动。而一旦越过 c 点,转子所受不平衡转矩将变为减速转矩,发电机转速开始降低。假设运行点到达 d 点,发电机转速降为额定转速,功角达到了最大值。

在 d 点处,转子轴受到具有减速作用的不平衡转矩 $\Delta P = P_{m0} - P_{e2}(\delta_d) < 0$ 的影响,转速进一步降低,功角减小,运行点将沿 P_{e2} 向左运动。重新到达 c 点时,发电机转速已低于额定转速,因此,系统无法在此点停留,将进一步向左移动。运行点一旦越过 c 点,转子重新受到加速不平衡转矩的作用。由于摩擦力的存在,运行点在未到达 b 点之前,转速已升至额定转速(如图中 e 点),功角达到最小值。

其后转子的运动与线路切除之后类似,运行点将沿 P_{e2} 曲线围绕着 c 点做往复振荡,最后在摩擦力的作用下,运行点逐渐收敛到故障后的平衡状态,即图中的 c 点。图 8-6(b)示意了这一过程中功角和发电机角速度的变化规律。

2. 暂态不稳定的场景

不稳定的场景(见图 8-7)初始阶段与稳定场景类似,线路在 a 点被切除,运行点跳跃到 b 点,在 b-c 段转子被加速。越过 c 点,运行点在向故障后功率特性曲线右侧

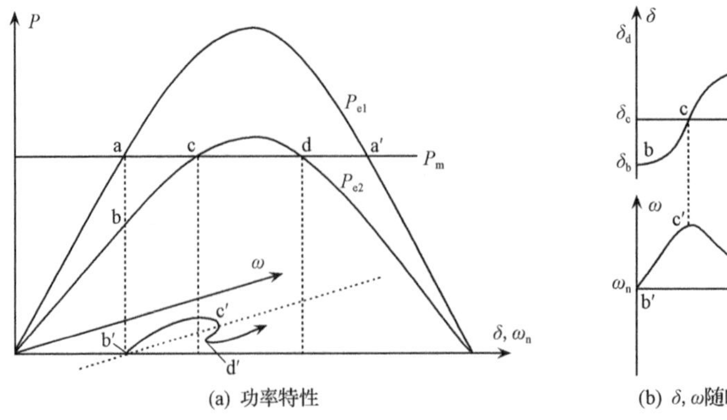

(a) 功率特性　　　　(b) δ, ω随时间的变化曲线

图 8-7　暂态不稳定场景示意图

不稳定平衡点 d 运动的过程中，转子在不平衡转矩作用下不断减速。但直至 d 点，转速仍大于系统的额定转速，为此运行点将越过 d 点。其后转子重新受到加速不平衡转矩的作用，转速开始上升，功角不断加大，发电机将失去同步，从而系统的稳定性遭受破坏。

从上述两个场景的分析可以看到，暂态稳定性主要研究电力系统在受到较大扰动之后，所有的发电机是否能保持同步运行的能力。称一个电力系统是暂态稳定的，是指它在正常运行过程中受到较大的扰动后，系统中所有的发电机能不失同步地从原来的运行状态(平衡点)过渡到一个新的运行状态(当然也可以是原有稳定运行状态)，并在新的运行状态下稳定地运行。

从图 8-6 和图 8-7 中我们可以看到，若系统是暂态稳定的，在扰动发生后，发电机的功角经过一段时间的振荡，会稳定到一个数值；反之，若系统是暂态不稳定的，系统中的一些发电机的功角会出现持续的增大(或减小)。前面我们已经提到，功角反映了发电机转子轴的相对位置，发电机功角的持续增大(或减小)，表明这些发电机与系统间的同步性被破坏，系统不能再稳定运行。因此，在实际电力系统暂态稳定分析时，一般通过研究故障后发电机的功角随时间的变化规律来判断系统的暂态稳定性。

8.4　负荷稳定的初步概念

在现代电力系统中，工业负荷以感应电动机(也称异步电动机)负荷为主，当系统经受较大扰动后，可能会引起感应电动机大量滞转(往往是由于系统电压过低引起的)，它们将从系统中吸收更多的无功功率，从而导致系统运行状况的进一步恶化。因此，研究感应电动机在受到扰动后是否能保持稳定运行，具有重要的现实意义，这就是所谓的负荷稳定问题。

电力系统每一个负荷点，往往都包含众多的各类用电设备，在稳定性分析时，可用一台等值的感应电动机近似表示。感应电动机在正常运行时，其转速略低于系统的额定转速，用转差 s 来反映两者之差，即

$$s=\frac{\omega_{\mathrm{N}}-\omega}{\omega_{\mathrm{N}}} \tag{8-7}$$

感应电动机的电磁转矩 M_{e} 起推动作用，其与 s 的关系可表示为

$$M_{\mathrm{e}}=\frac{2M_{\mathrm{emax}}}{\dfrac{s}{s_{\mathrm{cr}}}+\dfrac{s_{\mathrm{cr}}}{s}} \tag{8-8}$$

式中，s_{cr} 为临界转差，由电动机的电气结构决定；M_{emax} 为最大转矩，与电动机机端电压的平方近似成正比，图 8-8 绘出了 M_{e}-s 曲线。电动机机械转矩 M_{m} 起制动作用，由电动机所带负载决定，往往与电动机转差之间存在复杂的非线性关系，图 8-8(a)和(b)绘出了两种不同的机械转矩。

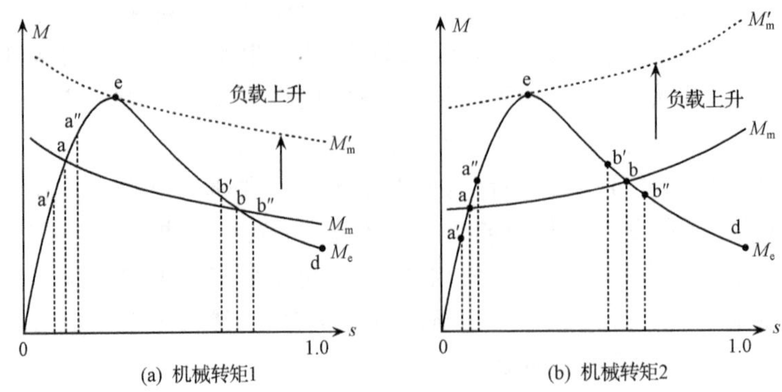

(a) 机械转矩1　　(b) 机械转矩2

图 8-8　感应电动机电磁转矩和机械转矩

在正常运行时，电动机的机械转矩与电磁转矩相等，电动机处于平衡状态，对应着图 8-8 中 a、b 两交点。

当电动机处于 a 点时，若受外界扰动，运行点移动到 a′点，$\Delta M = M_m - M_e > 0$，此时机械转矩大于电磁转矩，电动机在制动性不平衡转矩的作用下，转速降低，转差加大，运行点将向右移动，在摩擦力的作用下，经短暂振荡后恢复到原来的平衡点；当外界扰动将运行点移动到 a″点时，情况刚好相反，运行点将向左移动，同样可回到原来的运行状态。这表明，当电动机位于 a 点时，受到微小扰动后仍能保持正常运行，因此是稳定的。

当运行点在点 b 时，若外界扰动将其移动到点 b′，$\Delta M = M_m - M_e < 0$，由于电磁转矩大于机械转矩，电动机转速上升，运行点继续向左移动，不能再回到点 b；同样，当运行点受扰后位于 b″，运行点将持续右移，直至出现滞转（$s = 1.0$，即图中的点 d）。由此可见，当电动机工作在点 b 时，受到微小扰动无法回到原来的运行状态，因此是不稳定的。

由上述分析可知，负荷稳定性特指感应电动机在正常运行过程中，受到微小扰动后，可保持合理的转差来正常运行的能力。从上面两个场景分析可知，当运行点受扰动后转差增大（减小）时，若电动机转子受到推动（制动）性不平衡转矩的作用，则电动机是稳定的；反之，则电动机是不稳定的，由此得出负荷稳定性的判据

$$\frac{\mathrm{d}\Delta M}{\mathrm{d}s} = \frac{\mathrm{d}(M_m - M_e)}{\mathrm{d}s} < 0 \tag{8-9}$$

或采用功率形式表示

$$\frac{\mathrm{d}\Delta P}{\mathrm{d}s} = \frac{\mathrm{d}(P_m - P_e)}{\mathrm{d}s} < 0 \tag{8-10}$$

需要注意的是，具有相同电磁转矩特性的电动机，在机械转矩特性不同时，其稳定运行的区域也可能不同。图 8-8 给出了两种不同的机械转矩特性，当感应电动机负载增大时，机械转矩上移，左侧运行点随之沿电磁转矩曲线向右上方向移动，当机

械转矩曲线与电磁转矩曲线相切时(图中的 e 点),相切点左侧区域就是电动机可稳定运行的区域,即满足式(8-9)和式(8-10)的负荷稳定区域。不同的机械转矩曲线与电磁转矩曲线的相切点不同,由此决定了负荷稳定区域不同。

8.5　电压稳定的初步概念

电压稳定性问题被提出,源自历史上电力系统曾多次出现这样的失稳场景:在扰动发生后(如负荷的快速增长、系统出现严重故障),电力系统的全部发电机保持同步,而一些关键负荷节点的电压却出现急剧变化,导致系统无法正常运行。

1. 电压稳定性基本概念

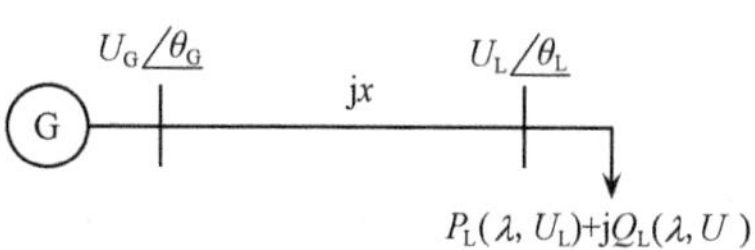

图 8-9　单机-单负荷系统

我们利用图 8-9 所示单机-单负荷系统,来解释电压稳定性的基本概念。由于该系统仅存在一台发电机,不存在功角稳定(发电机同步)问题。列解图 8-9 系统的潮流方程

$$P_L = \frac{U_G U_L \sin(\theta_G - \theta_L)}{x} \tag{8-11}$$

$$Q_L = \frac{U_G U_L \cos(\theta_G - \theta_L) - U_L^2}{x} \tag{8-12}$$

在负荷缓慢增长过程中,可从上述方程中解得负荷节点的电压幅值

$$U_L = \sqrt{\frac{U_G^2 - 2Q_L x \pm \sqrt{\Delta}}{2}} \tag{8-13}$$

式中

$$\Delta = U_G^4 - 4U_G^2 Q_L x - 4P_L^2 x^2 \tag{8-14}$$

为便于说明,特作如下假设:

(1) 在负荷增长过程中,发电机节点的电压维持不变,即 $U_G=\text{const}, \theta_G=\text{const}$;

(2) 在负荷增长过程中,负荷功率因数保持恒定,即 $Q_L = \alpha P_L$,α 为常数;

(3) 在负荷增长过程中,P_L 和 Q_L 的取值只与节点的电气用户数有关,与节点电压 U_L 无关,此类负荷称为恒功率(constant power)型负荷。

在上述假设下,式(8-13)、式(8-14)中的 U_L 和 Δ 均变为 P_L 的单值函数,即

$$U_L = f_P(P_L) = \sqrt{\frac{U_G^2 - 2\alpha P_L x \pm \sqrt{\Delta}}{2}} \tag{8-15}$$

$$\Delta = f_\Delta(P_L) = U_G^4 - 4\alpha x U_G^2 P_L - 4x^2 P_L^2 \tag{8-16}$$

令负荷 P_L 由 0 缓慢增大,可由式(8-15)绘出 P_L-U_L 曲线如图 8-10 所示,在电压稳定性研究中,该曲线常被称为系统的 P-V 曲线。针对图 8-10 有如下几点需说明。

(1) 当 $P_L=0$ 时,不难验证,$U_L=U_G$ 和 $U_L=0$ 均为式(8-15)的解,但考虑到电

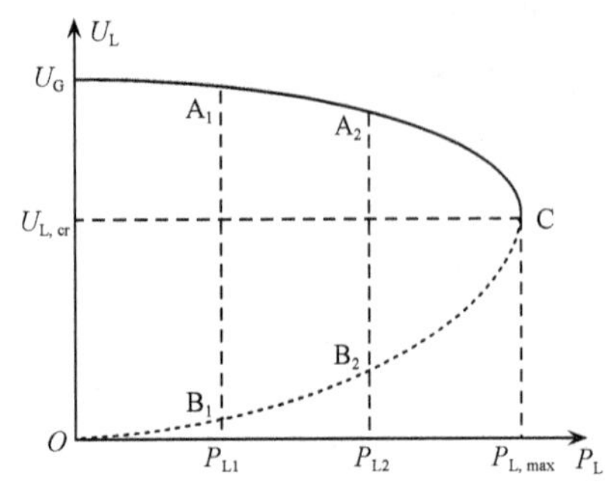

图 8-10 单机-单负荷系统的 P_L-U_L 曲线

力系统实际运行的需要，$U_L = U_G$ 是可接受的，而 $V_L = 0$ 是不可接受的；同时，只要 P_L 数值小于图中 C 点对应的最大负荷 $P_{L,max}$，通过式(8-15)总可以得到可接受与不可接受的两组解，如图中点 A_1 与 B_1，A_2 与 B_2 所示，它们分别对应式(8-15)根号下取“+”和“−”两种情况，图中我们分别用实线和虚线加以区分。

(2) 图 8-10 中的 C 点常被称为 PV 曲线的鼻子点(nose point，NP)，它对应着单机-单负荷系统电压稳定的极限点，决定了该系统最大的极限传输功率 $P_{L,max}$ 和极限电压 $U_{L,cr}$，它们可由式(8-15)和式(8-16)解出，即

$$P_{L,max} = \frac{(\sqrt{\alpha^2+1}-\alpha)U_G^2}{2x} \tag{8-17}$$

$$U_{L,cr} = \sqrt{\frac{U_G^2 - 2\alpha P_{L,max}x}{2}} \tag{8-18}$$

当负荷侧的无功可实现就地平衡，即 $Q_L = 0$，$\alpha = 0$ 时，由式(8-17)和式(8-18)不难得到系统的最大极限功率为 $P_{L,max} = U_G^2/(2x)$，临界电压为 $U_{L,cr} = U_G/\sqrt{2}$。

(3) 由图 8-10 可解释系统出现电压失稳的一般过程为：当正常运行时，负荷电压处于较高水平(如 A_1 点)；当负荷 P_L 缓慢增大时，线路上的电流不断增大，导致负荷电压 U_L 降低，但只要 P_L 小于 $P_{L,max}$，总可以找到可接受的运行点(如 A_2 点)；一旦用户负荷需求大于 $P_{L,max}$，由于超出了单机-单负荷系统能够提供的最大负荷，系统将不存在可接受的运行点，系统将出现电压的急剧下降而发生电压失稳。

下面给出关于电压稳定性的几个基本术语。电压稳定(voltage stability)：指系统维持电压的能力，即系统在正常运行或扰动发生后，若负荷导纳增大，负荷功率亦随之增大，且功率和电压都能保持在一个可控且可接受范围的能力。电压失稳(voltage instability)：在扰动(故障、负荷的缓慢变动等)发生后，电力系统一些母线的电压出现了急剧的、不可逆转的下降。电压崩溃(voltage collapse)：是指由于电压不稳定所导致的系统大面积、大幅度的电压下降过程。初始的电压失稳往往是一个局部现象，但当采取的控制措施不得当时，可能引发系统的电压崩溃。电压稳定问题非常复杂，与负载水平、负荷模型、静态补偿、动态环节等都存在一定关系。

2. 负荷模型的影响

在电压稳定性研究中，通常根据负荷功率 S_L 与负荷电压 U_L 之间的关系，将静态负荷分为恒功率型负荷、恒电流型负荷、恒阻抗型负荷以及由三者组合而成的 ZIP 型负荷，此外还有指数型负荷。各类型负荷的具体形式如下：

(1) 恒功率型负荷

$$\begin{cases} P_L = \lambda P_{L0} \\ Q_L = \lambda Q_{L0} \end{cases} \tag{8-19}$$

(2) 恒电流型负荷

$$\begin{cases} P_L = \lambda P_{L0} \dfrac{U_L}{U_{L0}} \\ Q_L = \lambda Q_{L0} \dfrac{U_L}{U_{L0}} \end{cases} \tag{8-20}$$

(3) 恒阻抗型负荷

$$\begin{cases} P_L = \lambda P_{L0} \left(\dfrac{U_L}{U_{L0}}\right)^2 \\ Q_L = \lambda Q_{L0} \left(\dfrac{U_L}{U_{L0}}\right)^2 \end{cases} \tag{8-21}$$

(4) ZIP 型负荷

$$\begin{cases} P_L = \lambda P_{L0} \left[a_P \left(\dfrac{U_L}{U_{L0}}\right)^2 + b_P \dfrac{U_L}{U_{L0}} + c_P\right] \\ Q_L = \lambda Q_{L0} \left[a_Q \left(\dfrac{U_L}{U_{L0}}\right)^2 + b_Q \dfrac{U_L}{U_{L0}} + c_Q\right] \end{cases} \tag{8-22}$$

式中，$a_P + b_P + c_P = 1, a_Q + b_Q + c_Q = 1$。

(5) 指数型负荷

$$\begin{cases} P_L = \lambda P_{L0} \left(\dfrac{U_L}{U_{L0}}\right)^m \\ Q_L = \lambda Q_{L0} \left(\dfrac{U_L}{U_{L0}}\right)^n \end{cases} \tag{8-23}$$

式中，P_{L0}, Q_{L0} 为有功负荷和无功负荷的初始功率；U_{L0} 为负荷节点的初始电压；a_P，$b_P, c_P, a_Q, b_Q, c_Q, m, n$ 为与负荷模型相关的常数；λ 称为负荷因子；进一步，引入变量 $P_L^R = \lambda P_{L0}, Q_L^R = \lambda Q_{L0}$，它们反映接入系统用户有功负荷和无功负荷的数量，而 P_L，Q_L 则是用户实际得到的有功功率和无功功率。我们用例 8-1 来示意负荷模型对系统电压稳定性的影响。

例 8-1　如图 8-9 所示的单机-单负荷系统，当负荷分别为式(8-19)～式(8-23)所示的五类负荷，并假设负荷无功可实现就地平衡，即 $Q_{L0} = 0$ 时，试分析负荷节点电压与 P_L 及 P_L^R 之间的关系，其中 $U_G = 1.0\text{p.u.}, \theta_G = 0°, x = 0.1\text{p.u.}, P_{L0} = 1.0\text{p.u.}, U_{L0} = 1.0\text{p.u.}, a_P = 0.5, b_P = 0, c_P = 0.5, m = -1.0, n = -1.0$。

解　(1) P_L 与 U_L 之间的关系。

无论负荷为何种类型，P_L，Q_L，U_L 都需满足式(8-11)和式(8-12)，因此，式(8-19)～式(8-23)所示的五类负荷，其 P_L 与 U_L 之间的关系均由式(8-15)给出，考虑到 $Q_L = 0$，P_L 与 U_L 关系可表示为

$$U_{L1} = \sqrt{\frac{U_G^2 + \sqrt{U_G^4 - 4x^2 P_L^2}}{2}} = \sqrt{\frac{1.0 + \sqrt{1.0 - 0.04 P_L^2}}{2}} \tag{8-24}$$

$$U_{L2}=\sqrt{\frac{U_G^2-\sqrt{U_G^4-4x^2P_L^2}}{2}}=\sqrt{\frac{1.0-\sqrt{1.0-0.04P_L^2}}{2}} \tag{8-25}$$

根据式(8-24)、式(8-25)，可绘出 P_L-U_L 曲线如图 8-11(b)所示，由式(8-17)和式(8-18)可确定系统鼻子点处的最大极限功率 $P_{L,max}=5.0$p. u. 和极限电压 $U_{L,cr}=0.7071$p. u. 。

(2) P_L^R 与 U_L 之间的关系。

(i) 当负荷为恒功率型时，由于 $P_L^R=P_L$，P_L^R-U_L 曲线与 P_L-U_L 曲线完全相同，由图 8-11(a)中的曲线①和图 8-11(b)曲线给出。图 8-11(a)中的点 1 给出了 P_L^R 的最大值，其中，$P_{L,max}^R=5.0$ p. u. ，$U_{L,cr}=0.7071$p. u. 。

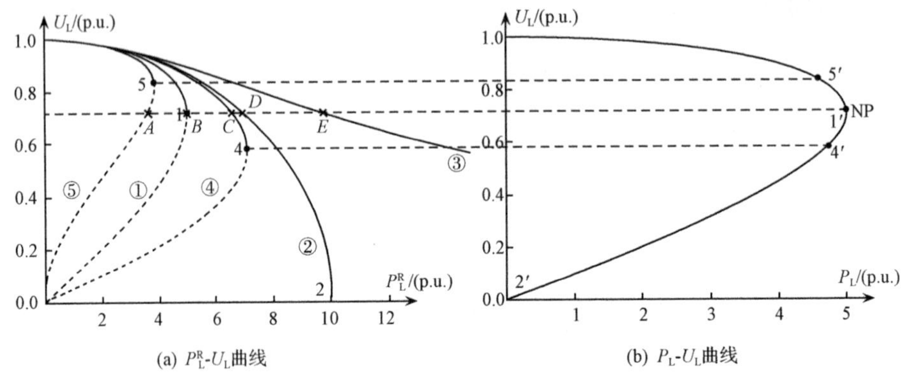

图 8-11　简单电力系统的 P_L^R-U_L 曲线和 P_L-U_L 曲线

(ii) 当负荷为恒电流型时，将式(8-20)带入式(8-11)和式(8-12)，可得如下关系：

$$U_L=\frac{\sqrt{U_G^2U_{L0}^2-(\lambda P_{L0}x)^2}-\lambda Q_{L0}x}{U_{L0}}=\sqrt{1.0-0.01(P_L^R)^2} \tag{8-26}$$

由此可绘出 P_L^R-U_L 曲线，如图 8-11(a)中的曲线②所示，图中的点 2 示意了 P_L^R 的最大值 10.0p. u. ，对应的负荷电压为 $U_{L,cr}=0$p. u. 。

(iii) 当负荷为恒阻抗型时，将式(8-21)带入式(8-11)和式(8-12)，可得如下关系：

$$U_L=\frac{U_GU_{L0}^2}{\sqrt{(U_{L0}^2+\lambda x Q_{L0})^2+(\lambda x P_{L0})^2}}=\frac{1}{\sqrt{1+0.01(P_L^R)^2}} \tag{8-27}$$

由此可绘出 P_L^R-U_L 曲线，如图 8-11(a)中的曲线③所示，不难看出，当负荷为恒阻抗负荷时，U_L 随 P_L^R 的增大而减小，且 P_L^R-U_L 曲线上不存在 P_L^R 的最大值。

(iv) 当负荷为式(8-22)表示的 ZIP 型负荷时，无法通过式(8-11)和式(8-12)求解 P_L^R-U_L 之间的解析关系式，只能通过数值方法加以求解，所得结果示于图 8-11(a)中的曲线④，其中 P_L^R 存在最大值，即图中点 4：$P_{L,max}^R=7.0711$，$U_{L,cr}=0.5774$p. u. 。

(v) 当负荷为式(8-23)表示的指数型负荷时，同样无法通过式(8-11)和式(8-12)求解 P_L^R-U_L 之间的解析关系式，只能通过数值方法进行求解，其结果示于图 8-11(a)中的曲线⑤，其中 P_L^R 同样存在最大值，对应图中点 5：$P_{L,max}^R=3.8492$p. u. ，$U_{L,cr}=0.8165$p. u. 。

表 8-1 给出了图 8-11 中各种负荷模型情况下，P_L^R-U_L 曲线中的 P_L^R 最大值点和 P_L-U_L 曲线鼻子点的详细信息。

表 8-1　P_L^R-U_L 曲线 P_L^R 最大值点和 P_L-U_L 曲线的鼻子点

负荷类型		恒功率型	恒电流型	恒阻抗型	ZIP 型	指数型
鼻子点	P_L^R/(p. u.)	5.0000	7.0711	10.0000	6.6667	3.5355
	P_L/(p. u.)	5.0000	5.0000	5.0000	5.0000	5.0000
	U_L/(p. u.)	0.7071	0.7071	0.7071	0.7071	0.7071
P_L^R 最大值点	P_L^R/(p. u.)	5.0000	10.0000	$+\infty$	7.0711	3.8492
	P_L/(p. u.)	5.0000	0.0000	0.0000	4.7143	4.7143
	U_L/(p. u.)	0.7071	0.0000	0.0000	0.5774	0.8165

一般认为系统 PV 曲线(例 8-1 中的 P_L-U_L)的上半支稳定，而下半支不稳定，但由例 8-1 可知，只有负荷为恒功率时，该结论才成立。对于恒阻抗负荷，理论上，回路中串联再多的负载，系统总存在可运行的平衡点，而对于恒功率、恒电流、ZIP 和指数型负荷，均存在系统可承受的最大接入用户数，在其范围内系统才是电压稳定的。特别需要指出的一点，例 8-1 中的第 5 种负荷，属于一种典型的病态负荷：当负荷节点电压下降时，它将从系统吸收更多的功率，由此可能引起系统运行状况的急剧恶化。空调负荷被认为是一种具有依电压幅值呈负指数变化的负荷，由于空调负荷的急剧增加，被认为是 1987 年东京大停电事故的一个重要诱因。此外，在对 1996 年美国西部系统(WSCC)发生的三起大停电事故详细分析时发现，采用不同负荷模型会导致不同的分析结果。因此，在进行电力系统电压稳定分析时，选择适当的负荷模型非常重要。

3. 负荷无功与补偿的影响

电力系统电压稳定性与系统无功负荷和无功补偿存在密切联系，我们利用例 8-2和例 8-3 来加以解释。

例 8-2　如图 8-9 所示的单机-单负荷系统，当系统负荷为恒功率型负荷，$Q_{L0}=\alpha P_{L0}$，其中 α 为恒定常数，并认为 $a_P=a_Q$，$b_P=b_Q$，$c_P=c_Q$，其他参量同例 8-1，试分析 α 取值大小对系统电压稳定性的影响。

解　由于负荷为恒功率类型，系统的电压稳定极限点对应着 PV 曲线的鼻子点，利用式(8-15)和式(8-16)可求得负荷功率与负荷电压之间的关系，图 8-12 给出了 α 取不同值时对应的系统 P_L-U_L 曲线，图中自右向左，依次为 $\alpha=0$，0.2，0.4，0.6，0.8，1.0 时对应的 P_L-U_L 曲线，P6～P1分别为对应的鼻子点。

从中可以看到，当 α 数值增大时，意味着将有更多的无功负荷没有被就地补偿，需通过输电线路由远方的系统来提供，由于需要传输的无功功率增加了，系统所能传输的(最大)有功功率随之减小。系统鼻子点对应的最大极限功率 $P_{L,max}$ 和极限电压 $U_{L,cr}$ 可由式(8-17)和式(8-18)求得，不难看出，当 $\alpha=0$ 时，$P_{L,max}=5.0$p. u.，$U_{L,cr}=0.7071$p. u.；当 $\alpha\to\infty$时，意味着用户的负荷几乎全部为无功分量，$P_{L,max}\to 0$ p. u.，$U_{L,cr}\to 0.5$p. u.。

由图 8-12 还可以看到，在传输相同有功功率情况下，α 取值越大，负荷侧节点电压的幅值越低。因此，在电力系统规划和运行过程中，保证负荷侧无功实现有效的就地补偿，避免无功功率被长距离传输，对提高系统电压稳定水平和提高负荷侧节点的运行电压都非常重要，而这可以通过电力系统无功补偿的优化来实现。

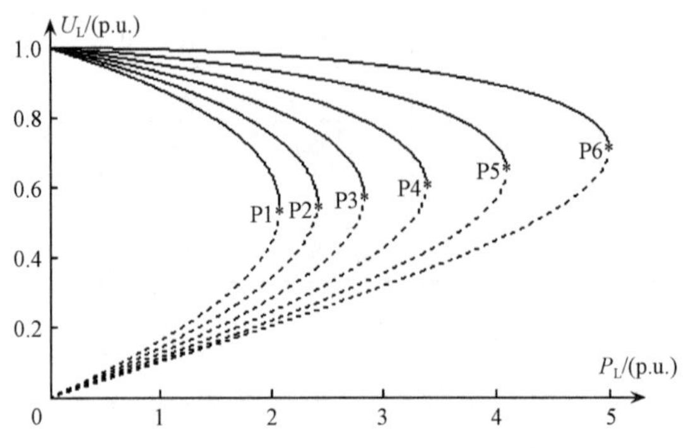

图 8-12 不同 α 取值时的 P_L-V_L 曲线

例 8-3 将图 8-9 的单机-单负荷系统增加固定的无功补偿，所得系统示于图 8-13，当系统负荷为恒功率型负荷，且 $Q_{L0}=0.5P_{L0}$，其他参量同例 8-2 时，试分析本地补偿对系统电压稳定性的影响。

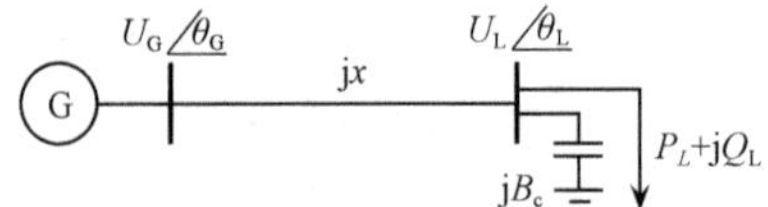

图 8-13 带就地无功补偿的单机-单负荷系统

解 由于在负荷侧增加了一个容性补偿，由线路传输到负荷节点的功率为

$$\begin{cases} P_L = \lambda P_{L0} \\ Q'_L = \lambda Q_{L0} - B_c U_L^2 = 0.5\lambda P_{L0} - B_c U_L^2 \end{cases} \tag{8-28}$$

将式(8-28)代入式(8-11)和式(8-12)可得到负荷有功 P_L 与电压 U_L 之间的关系。这里用几个典型数据加以说明，图 8-14 从左至右，依次绘制出 B_c=0p. u. ,0. 2p. u. ,0. 4p. u. ,0. 6p. u. , 0. 8p. u. 和 1. 0p. u. 时对应的系统 P_L-U_L 曲线，表 8-2 给出了不同 B_c 值对应的鼻子点处的极限功率和对应的极限电压，从中可以看出如下几点：

(1) 在负荷侧无功补偿增加时，系统的极限传输功率和负荷侧节点电压被同时提高，说明合理地就地无功补偿，可提高电力系统的电压稳定性；

(2) 在较高补偿时，系统失稳时(鼻子点)的负荷电压较高，因此，在进行电力系统电压稳定性分析时，单凭系统负荷节点电压幅值的高低来判断系统的电压稳定性水平是不保险的，例如，对于本例题，当 B_c=3. 5p. u. 时，$P_{L,max}$=4. 7542p. u. ,$U_{L,cr}$=0. 9043p. u. 。

表 8-2 不同 B_c 取值时系统 P_L-U_L 曲线的鼻子点

B_c		0	0.2	0.4	0.6	0.8	1.0
鼻子点	$P_{L,max}$	3.0912	3.1533	3.2189	3.2874	3.3589	3.4335
	$U_{L,cr}$	0.5878	0.5998	0.6123	0.6253	0.6389	0.6531

(3) 当系统出现过度补偿时,即负荷的无功需求小于补偿装置所产生的无功,导致无功功率向系统反送,负荷节点的电压将可能高于正常运行水平,这在实际系统运行中也是不被允许的。以图 8-14为例,在负荷较轻时,由于过补偿的作用,负荷侧的电压将高于系统侧,在实际系统运行中,可采用自动投切的无功补偿装置来解决无功过补偿问题。

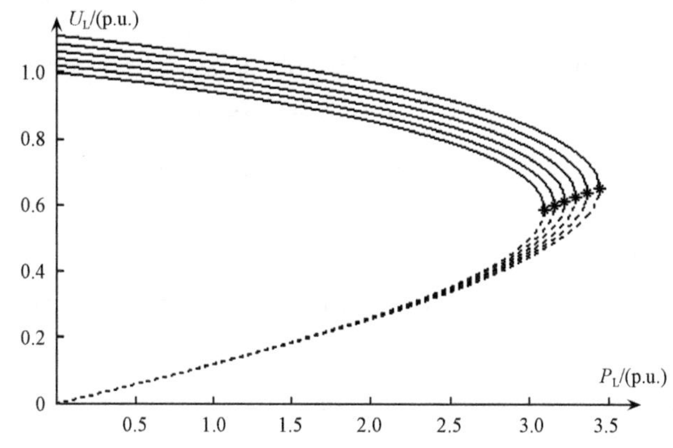

图 8-14　带不同就地无功补偿的单机-单负荷系统的 P_L-U_L 曲线

由如上分析可知,采用静止无功补偿,可有效提高电力系统的静态电压稳定性,例如,对于单机-单负荷系统,可有效提高其传输极限。但需要指出的一点是,已有研究表明,当电力系统中存在着响应速度较慢的发电机时,采用大量静止电容器作为无功补偿手段,可能会引起电力系统动态稳定性性能的降低,即在较小的负荷水平(或线路负载)下,系统就容易出现振荡失稳,因此,在选择无功补偿手段时,需根据具体的系统情况加以综合考虑。

思　考　题

8-1　简述电力系统稳定性几种常见分类及特点。

8-2　简述当系统负荷点的电压因无功不足而偏低时,为什么不能通过输电线路将大量的无功功率传输到负荷节点,以保证负荷节点电压在合理的运行范围内?运行人员应该采取什么措施,以保证负荷节点电压运行在合理的范围内?

8-3　在例 8-1 系统中,当采用式(8-22)所示的 ZIP 负荷时,考虑如下四种情况:情况一:$a_i=0.5$, $b_i=0.5$, $c_i=0$;情况二:$a_i=0$, $b_i=0.5$, $c_i=0.5$;情况三:$a_i=0$, $b_i=0.2$, $c_i=0.8$;情况四:$a_i=0$, $b_i=0.8$, $c_i=0.2$, $i=$ P,Q, 试编程绘制 P_L-U_L 曲线和 P_L^R-U_L 曲线,并简单讨论 ZIP 负荷中三种成分多寡对系统电压稳定性的影响。

第 9 章　电力系统小扰动稳定性

本章简单介绍一些 Lyapunov 运动稳定性的基本概念，作为电力系统小扰动稳定性分析的理论基础；继而介绍电力系统小扰动稳定性分析的模型特点及判别方法；进一步利用简单系统和多机系统，对电力系统小扰动稳定性分析方法的应用进行介绍。

9.1　小扰动稳定性基础概念

电力系统是一个典型的动力系统（dynamic system），小扰动稳定性是动力系统稳定性研究的重要内容，为此先简单介绍一些与动力系统稳定性相关的概念，进一步引出电力系统小扰动稳定性模型和判别方法。

9.1.1　动力系统模型

动力系统在数学上有非常严谨的定义，我们这里只给出一个形象化的说明：一个系统未来的发展趋势，可以完全由它先前的状态所决定，这个系统被称为动力系统。在数学上，描述一个系统的运行变化规律，通常用系统的动态参量——状态变量来实现，$\boldsymbol{x}(t)\in\mathbf{R}^n$。当时间演变时，变化中的状态量 $\boldsymbol{x}(t)$ 会在相空间上绘出一条 n 维轨迹 $\phi(t;\boldsymbol{x}(t_0))$（trajectory），其含义是在 $t=t_0$ 时，该轨迹通过 $\boldsymbol{x}(t_0)$。因此，动力系统即指利用当前和以往的系统状态，可预测其未来轨迹发展趋势的这样一种系统。动力系统可以是连续的，也可以是离散的，对于电力系统而言，更多时候我们关注的是连续动力系统。连续动力系统的运动变化规律，可由如下微分方程（differential equation）加以描述：

$$\frac{\mathrm{d}\boldsymbol{x}(t)}{\mathrm{d}t}=\boldsymbol{f}(\boldsymbol{x}(t),\boldsymbol{x}(t-\tau_1),\boldsymbol{x}(t-\tau_2),\cdots,\boldsymbol{x}(t-\tau_m),\boldsymbol{p},t) \tag{9-1}$$

式中，$\boldsymbol{p}\in\mathbf{R}^p$ 为系统控制参数。一种不严格的说法：微分方程所描述的系统，就是动力系统。对于电力系统而言，有以下几点需要说明：

(1) 电力系统下一时刻的运行状态，往往只取决于当前的运行状态，而与此前的状态无关（或近似认为无关），此时方程式(9-1)可进一步简化为

$$\frac{\mathrm{d}\boldsymbol{x}(t)}{\mathrm{d}t}=\boldsymbol{f}(\boldsymbol{x}(t),\boldsymbol{p},t) \tag{9-2}$$

原方程(9-1)对应的动力系统，在数学上被称为时滞动力系统（time-delayed dynamic system）。现如今，电力系统量测手段不断更新，相量测量单元（PMU）逐步推广，由

于 PMU 可量测数千公里外的系统信号，量测信号将存在显著延时，因此，考虑 PMU 信号的延时后，电力系统就需用式(9-1)所示的时滞动力系统模型加以描述。

(2) 当动力系统的变化规律与观测时刻无关时，相应微分方程右端项将不再显含时间 t，此时系统模型被称为定常动力系统(time-invariant dynamic system)模型，常用如式(9-3)所示的常微分方程组(ordinary differential equations, ODE)来描述；反之当参数随着时间变化时，则称为时变动力系统(time-varying system)模型。在前面推导发电机的原始方程时，由于磁链方程中的很多系数随着时间不断变化，导致由原始方程所描述的发电机模型是一个时变动力系统模型。与定常动力系统相比，时变动力系统的变化规律更加复杂，更难以处理。

$$\frac{\mathrm{d}\boldsymbol{x}}{\mathrm{d}t} = \boldsymbol{f}(\boldsymbol{x},\boldsymbol{p}) \tag{9-3}$$

说明　在自然科学界，验证一个实验结果是否正确，往往是基于所谓的可再现原则来检验，即按照你所给的实验场景，可以再现你的研究结果。我们知道韩国首尔大学黄禹锡教授的造假事件，之所以被戳穿，就是因为没有办法复现他的研究成果。这个原则告诉我们，自然界的很多动力系统满足其变化规律与时间无关的特性，也就是可将该系统考虑为一个定常动力系统。电力系统就可以看作一个定常动力系统，在电力系统中法拉第定理 100 年前是成立的，现在仍然成立；麦克斯韦电磁定理，100 年前成立，50 年前成立，现在仍然成立。

(3) 一般的动力系统，除了含有动态元件(需要用微分方程表示)，还会含有静态元件(需要用代数方程表示)，因此，模型往往需用如下的微分-代数方程组(differential algebraic equations, DAE)来表示：

$$\begin{cases} \dfrac{\mathrm{d}\boldsymbol{x}}{\mathrm{d}t} = \boldsymbol{f}(\boldsymbol{x},\boldsymbol{y},\boldsymbol{p}) \\ 0 = \boldsymbol{g}(\boldsymbol{x},\boldsymbol{y},\boldsymbol{p}) \end{cases} \tag{9-4}$$

式中，$\boldsymbol{x}\in\mathbf{R}^n$ 为系统的状态变量；$\boldsymbol{y}\in\mathbf{R}^m$ 为系统的代数变量；方程 $\boldsymbol{f}(\boldsymbol{x}, \boldsymbol{y}, \boldsymbol{p})$描述了系统中的动态元件的变化规律；而 $\boldsymbol{g}(\boldsymbol{x}, \boldsymbol{y}, \boldsymbol{p})$则描述了系统中的静态元件的变化特性和系统中的一些硬性约束。当控制参数 $\boldsymbol{p}$ 给定时(如 $\boldsymbol{p}=\boldsymbol{p}^*$)，在很多情况下，可将代数变量直接从代数方程中解出(数学上微分-代数方程需要满足隐函数定理条件)

$$\boldsymbol{y} = \boldsymbol{h}(\boldsymbol{x},\boldsymbol{p}^*) \tag{9-5}$$

此时，可将式(9-5)看作动态参数 $\boldsymbol{x}(t)$变动的一个约束，即 $\boldsymbol{x}(t)$只能在式(9-5)对应的空间内变化。将式(9-5)代入式(9-4)可得

$$\frac{\mathrm{d}\boldsymbol{x}}{\mathrm{d}t} = \boldsymbol{f}(\boldsymbol{x},\boldsymbol{h}(\boldsymbol{x},\boldsymbol{p}^*),\boldsymbol{p}^*) = \boldsymbol{F}(\boldsymbol{x}) \tag{9-6}$$

由此将原系统的 DAE 方程，化为一个定常的纯微分方程，从而可利用式(9-6)来对原系统的运动变化规律及稳定性加以研究。需要指出的是，当式(9-4)不满足隐函数定理时，将无法从代数方程中解出代数变量，本书在多数情况下都认为隐函数定理是自

然成立的。

9.1.2 运动稳定性的基本概念

电力系统小扰动稳定性的研究，将用到 Lyapunov 运行稳定性的基础知识，为此首先介绍一些相关的基本概念。

1. 平衡点(equilibrium point，EP)

对于式(9-6)所示动力系统，其平衡点定义为满足如下等式的所有点的集合：

$$\mathbf{0} = \boldsymbol{f}(\boldsymbol{x},\boldsymbol{h}(\boldsymbol{x},\boldsymbol{p}^*),\boldsymbol{p}^*) = \boldsymbol{F}(\boldsymbol{x}) \tag{9-7}$$

对于动力系统(9-6)，其状态量 $\boldsymbol{x}=[x_1,x_2,\cdots,x_n]$ 的第 i 个分量 x_i 可看作是在第 i 个方向上的广义坐标，因此，式(9-6)右端的每一项，就对应着在该方向上坐标变动的速率 v_i。由平衡点的性质可知，有如下关系成立：

$$\begin{cases} v_1 = \dfrac{\mathrm{d}x_1}{\mathrm{d}t} = F_1(x_1,x_2,\cdots,x_n) = 0 \\ v_2 = \dfrac{\mathrm{d}x_2}{\mathrm{d}t} = F_2(x_1,x_2,\cdots,x_n) = 0 \\ \qquad\vdots \\ v_n = \dfrac{\mathrm{d}x_n}{\mathrm{d}t} = F_n(x_1,x_2,\cdots,x_n) = 0 \end{cases} \tag{9-8}$$

不难看到，从平衡点出发的系统运行状态在各个方向上的变动速率为零，因此有如下性质。

平衡点性质 若 $\boldsymbol{x}_0$ 是系统的一个平衡点，则从该点出发的轨迹 $\phi(t;\boldsymbol{x}_0(t_0))\equiv\boldsymbol{x}_0$。

对于由微分-代数方程所表示的动力系统模型，其平衡点则由如下方程的解所决定：

$$\begin{cases} \boldsymbol{f}(\boldsymbol{x},\boldsymbol{y},\boldsymbol{p}^*) = 0 \\ \boldsymbol{g}(\boldsymbol{x},\boldsymbol{y},\boldsymbol{p}^*) = 0 \end{cases} \tag{9-9}$$

2. 稳定平衡点和不稳定平衡点

稳定平衡点(stable equilibrium point，SEP) 若 $\boldsymbol{x}_0$ 是系统(9-6)的一个平衡点，对于 $\forall\alpha>0$，均能找到 $\delta(\boldsymbol{x}_0,t)>0$，当 $\|\boldsymbol{x}(t)-\boldsymbol{x}_0\|<\delta(\boldsymbol{x}_0,t)$ 时，过 $\boldsymbol{x}(t)$ 轨迹上的任意点 $\boldsymbol{x}'(t)\in\phi(t;\boldsymbol{x}(t))$，均满足 $\|\boldsymbol{x}'(t)-\boldsymbol{x}_0\|<\alpha$，则称 $\boldsymbol{x}_0$ 是系统的一个稳定平衡点。

一致(uniform)**稳定平衡点** 若 $\boldsymbol{x}_0$ 是系统(9-6)的一个稳定平衡点，且上述条件中的 δ 取值不依赖于时间 t，则称 $\boldsymbol{x}_0$ 是系统的一个一致稳定平衡点。

渐近(asymptotic)**稳定平衡点** 若 $\boldsymbol{x}_0$ 是系统(9-6)的一个稳定平衡点，且满足 $t\to\infty$ 时，$\boldsymbol{x}'(t)\to\boldsymbol{x}_0$，则称 $\boldsymbol{x}_0$ 是系统的一个渐近稳定平衡点。

不稳定平衡点(unstable equilibrium point, UEP)　有了稳定平衡点的定义后，系统不稳定平衡点就不难理解了，就是不满足上述稳定性条件的系统平衡点。

如图 9-1 所示，动力系统稳定平衡点，只要求从内部小圈中出发的任何一条轨迹(它们是不相交的)，都不会超出外面圈圈所围区域，并不要求它们一定都回到原平衡点。但渐进稳定就严格得多，需要同时满足两点：① 每一个从小圈中出发的轨迹都位于大圈内；② 每一条轨迹，不管它的行程如何复杂，其终点必须收敛到原来的稳定平衡点。电力系统中所研究的稳定平衡点，均指渐近且一致稳定的平衡点，因此，本书不特别说明时，电力系统的稳定平衡点均指渐近且一致稳定的平衡点。Lyapunov 运动稳定性，主要研究平衡点在受到微小扰动后，在其附近邻域内的运动变化规律，以此来判断系统平衡点的小扰动稳定性。

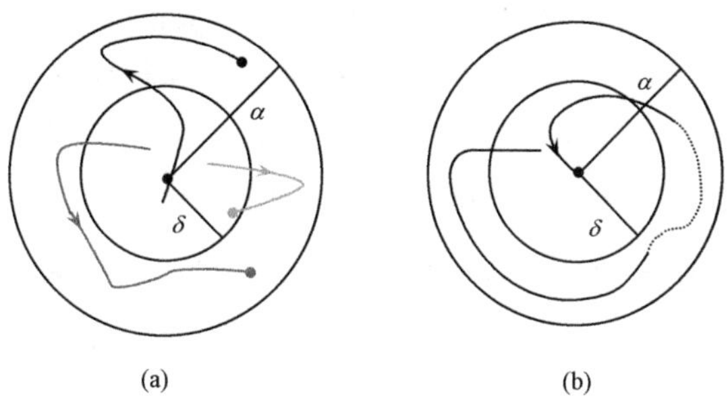

图 9-1　稳定和渐进稳定平衡点示意图

9.1.3　系统的线性化模型

令 $\boldsymbol{x}_0$ 为系统(9-6)的一个平衡点，并用 $\boldsymbol{x} = \boldsymbol{x}_0 + \Delta\boldsymbol{x}$ 表示对平衡点施加微小扰动后的运行状态，将其带入式(9-6)并在 $\boldsymbol{x}_0$ 点附近进行泰勒展开：

左侧

$$\frac{\mathrm{d}\boldsymbol{x}}{\mathrm{d}t} = \frac{\mathrm{d}\boldsymbol{x}_0}{\mathrm{d}t} + \frac{\mathrm{d}\Delta\boldsymbol{x}}{\mathrm{d}t} = \frac{\mathrm{d}\Delta\boldsymbol{x}}{\mathrm{d}t} = \Delta\dot{\boldsymbol{x}} \tag{9-10}$$

右侧

$$\boldsymbol{F}(\boldsymbol{x}) = \boldsymbol{F}(\boldsymbol{x}_0) + \left.\frac{\partial \boldsymbol{F}(\boldsymbol{x})}{\partial \boldsymbol{x}}\right|_{x_0} \cdot \Delta\boldsymbol{x}_0 + \boldsymbol{R}(\Delta\boldsymbol{x}) = \boldsymbol{A} \cdot \Delta\boldsymbol{x}_0 + \boldsymbol{R}(\Delta\boldsymbol{x}) \tag{9-11}$$

式中，$\boldsymbol{A} = \left.\frac{\partial \boldsymbol{F}(\boldsymbol{x})}{\partial \boldsymbol{x}}\right|_{x_0}$ 为系统在 $\boldsymbol{x}_0$ 处的雅可比矩阵；$\boldsymbol{R}(\Delta\boldsymbol{x})$ 代表扰动 $\Delta\boldsymbol{x}$ 的高次项。结合平衡点的性质，忽略高次项后，由式(9-10)和式(9-11)可得

$$\Delta\dot{\boldsymbol{x}} = \boldsymbol{A} \cdot \Delta\boldsymbol{x} \tag{9-12}$$

称其为原系统(9-6)在 $\boldsymbol{x}_0$ 附近的线性化模型。进一步，设 $\boldsymbol{\lambda} = (\lambda_1, \lambda_2, \cdots, \lambda_n)$ 为雅可比矩阵 $\boldsymbol{A}$ 的全部特征值，则方程(9-12)的通解可表示为

$$\Delta x_i = k_{i1}\mathrm{e}^{\lambda_1 t} + k_{i2}\mathrm{e}^{\lambda_2 t} + \cdots + k_{in}\mathrm{e}^{\lambda_n t}, \quad i = 1, 2, \cdots, n \tag{9-13}$$

不难看出,只有当雅可比矩阵 $\boldsymbol{A}$ 的全部特征值的实部为负,在 $t\to\infty$ 时,偏差量 Δx_i 才会变为零,扰动后的运行状态 $\boldsymbol{x}\to\boldsymbol{x}_0$;反之,只要雅可比矩阵 $\boldsymbol{A}$ 存在一个实部为正的特征值,在 $t\to\infty$ 时,偏差量 Δx_i 将不等于零,也即扰动后的运行状态无法回到原来的平衡点。由此,我们可得如下两个定理。

定理 1 若 $\boldsymbol{x}_0$ 是系统(9-6)的一个稳定平衡点,也称系统在 $\boldsymbol{x}_0$ 附近是小扰动稳定的,则在该平衡点处,系统雅可比矩阵 $\boldsymbol{A}$ 的特征值实部均为负。

定理 2 若 $\boldsymbol{x}_0$ 是系统(9-6)的一个不稳定平衡点,也称系统在 $\boldsymbol{x}_0$ 附近是小扰动不稳定的,则在该平衡点处,系统雅可比矩阵 $\boldsymbol{A}$ 至少存在一个特征值的实部为正。

上述两定理告诉我们,动力系统平衡点的小扰动稳定性,可以通过平衡点附近系统雅可比矩阵特征值的性质来判断。当雅可比矩阵 $\boldsymbol{A}$ 存在零特征值或纯虚数特征值时,平衡点 $\boldsymbol{x}_0$ 的小扰动稳定性就需要由 $\boldsymbol{R}(\Delta x)$ 来判断。

对于式(9-4)所示的微分-代数模型,同样可通过其线性化模型来对其平衡点的小扰动稳定性进行判断。用 $\boldsymbol{x}=\boldsymbol{x}_0+\Delta\boldsymbol{x}$, $\boldsymbol{y}=\boldsymbol{y}_0+\Delta\boldsymbol{y}$ 代表受扰后的状态变量和代数变量,将之带入式(9-4)并在平衡点 $(\boldsymbol{x}_0,\boldsymbol{y}_0)$ 附近进行泰勒展开

$$\frac{\mathrm{d}\boldsymbol{x}}{\mathrm{d}t}=\frac{\mathrm{d}\Delta\boldsymbol{x}}{\mathrm{d}t}=\boldsymbol{f}(\boldsymbol{x}_0,\boldsymbol{y}_0,\boldsymbol{p}^*)+\widetilde{\boldsymbol{A}}\cdot\Delta\boldsymbol{x}+\widetilde{\boldsymbol{B}}\cdot\Delta\boldsymbol{y}+\boldsymbol{R}_{\mathrm{f}}(\Delta\boldsymbol{x},\Delta\boldsymbol{y}) \tag{9-14}$$

$$0=\boldsymbol{g}(\boldsymbol{x}_0,\boldsymbol{y}_0,\boldsymbol{p}^*)+\widetilde{\boldsymbol{C}}\cdot\Delta\boldsymbol{x}+\widetilde{\boldsymbol{D}}\cdot\Delta\boldsymbol{y}+\boldsymbol{R}_{\mathrm{g}}(\Delta\boldsymbol{x},\Delta\boldsymbol{y}) \tag{9-15}$$

式中,$\widetilde{\boldsymbol{A}}=\dfrac{\partial\boldsymbol{f}(\boldsymbol{x},\boldsymbol{y},\boldsymbol{p}^*)}{\partial\boldsymbol{x}}$,$\widetilde{\boldsymbol{B}}=\dfrac{\partial\boldsymbol{f}(\boldsymbol{x},\boldsymbol{y},\boldsymbol{p}^*)}{\partial\boldsymbol{y}}$,$\widetilde{\boldsymbol{C}}=\dfrac{\partial\boldsymbol{g}(\boldsymbol{x},\boldsymbol{y},\boldsymbol{p}^*)}{\partial\boldsymbol{x}}$,$\widetilde{\boldsymbol{D}}=\dfrac{\partial\boldsymbol{g}(\boldsymbol{x},\boldsymbol{y},\boldsymbol{p}^*)}{\partial\boldsymbol{y}}$ 分别表示泰勒展开式的线性项;$\boldsymbol{R}_{\mathrm{f}}(\Delta\boldsymbol{x},\Delta\boldsymbol{y})$ 和 $\boldsymbol{R}_{\mathrm{g}}(\Delta\boldsymbol{x},\Delta\boldsymbol{y})$ 分别表示状态扰动量和代数扰动量的高次项。当仅考虑线性项时,进一步可得

$$\Delta\dot{\boldsymbol{x}}=\widetilde{\boldsymbol{A}}\cdot\Delta\boldsymbol{x}+\widetilde{\boldsymbol{B}}\cdot\Delta\boldsymbol{y} \tag{9-16}$$

$$0=\widetilde{\boldsymbol{C}}\cdot\Delta\boldsymbol{x}+\widetilde{\boldsymbol{D}}\cdot\Delta\boldsymbol{y} \tag{9-17}$$

称其为原系统(9-4)的线性化模型。当矩阵 $\widetilde{\boldsymbol{D}}$ 可逆时,可由式(9-17)解出 $\Delta\boldsymbol{y}$,代入式(9-16)可得

$$\Delta\dot{\boldsymbol{x}}=\boldsymbol{A}\cdot\Delta\boldsymbol{x} \tag{9-18}$$

式中,$\boldsymbol{A}=\widetilde{\boldsymbol{A}}-\widetilde{\boldsymbol{B}}\widetilde{\boldsymbol{D}}^{-1}\widetilde{\boldsymbol{C}}$ 常被称为原系统(9-4)在平衡点 $(\boldsymbol{x}_0,\boldsymbol{y}_0)$ 处的降阶雅可比矩阵,平衡点 $(\boldsymbol{x}_0,\boldsymbol{y}_0)$ 的小扰动稳定性,则由矩阵 $\boldsymbol{A}$ 的特征值性质来判断,其判别方法与常微分方程判别方法相同。

9.1.4 系统控制参数变动的影响

在上面的分析中,我们假设系统的控制参数 $\boldsymbol{p}$ 是给定的,而在实际运行中,控制参数往往会发生变化,线性化模型中的矩阵 $\widetilde{\boldsymbol{A}}$,$\widetilde{\boldsymbol{B}}$,$\widetilde{\boldsymbol{C}}$,$\widetilde{\boldsymbol{D}}$ 和降阶雅可比矩阵 $\boldsymbol{A}$ 都会随 $\boldsymbol{p}$ 变化,它们都可表示为控制参数 $\boldsymbol{p}$ 的函数,由此系统的线性化模型将变为

$$\Delta\dot{\boldsymbol{x}}=\widetilde{\boldsymbol{A}}(\boldsymbol{p})\cdot\Delta\boldsymbol{x}+\widetilde{\boldsymbol{B}}(\boldsymbol{p})\cdot\Delta\boldsymbol{y} \tag{9-19}$$

$$0 = \widetilde{\boldsymbol{C}}(\boldsymbol{p}) \cdot \Delta \boldsymbol{x} + \widetilde{\boldsymbol{D}}(\boldsymbol{p}) \cdot \Delta \boldsymbol{y} \tag{9-20}$$

而当矩阵 $\widetilde{\boldsymbol{D}}(\boldsymbol{p})$ 可逆时,系统进一步可简化为

$$\Delta \dot{\boldsymbol{x}} = \boldsymbol{A}(\boldsymbol{p}) \cdot \Delta \boldsymbol{x} \tag{9-21}$$

由前面 Lyapunov 稳定性知识可知,只有保证降阶雅可比矩阵 $\boldsymbol{A}$ 的特征值位于复平面虚轴左侧,才能保证系统的小扰动稳定性。当控制参数 $\boldsymbol{p}$ 变动时,系统一些特征值会穿越虚轴,从而引发系统由稳定(或不稳定)向不稳定(或稳定)变化,这一现象在动力系统稳定性理论中被称为分岔现象(bifurcation),分岔的出现往往预示着系统稳定性状况的变化。对于电力系统的 DAE 模型,常见有如下三种分岔。

(1) 鞍节点分岔(saddle node bifurcation, SNB)。对于式(9-19)和式(9-20)所示 DAE 方程,在代数方程雅可比矩阵 $\widetilde{\boldsymbol{D}}(\boldsymbol{p})$ 可逆时,随着参数 $\boldsymbol{p}$ 的连续变化,矩阵 $\boldsymbol{A}(\boldsymbol{p})$ 的某一个实特征值在 $\boldsymbol{p}=\boldsymbol{p}^*$ 处,由复平面的左侧经原点到达复平面右侧,则称系统在 $\boldsymbol{p}^*$ 处发生了鞍节点分岔。电力系统在正常运行时,一旦出现上述鞍节点分岔,将会引发单调失稳。电力系统中很多电压失稳和电压崩溃事故,都与系统出现鞍节点分岔密切相关。

(2) Hopf 分岔(hopf bifurcation, HB)。对于式(9-19)和式(9-20)所示 DAE 方程,在代数方程雅可比矩阵 $\widetilde{\boldsymbol{D}}(\boldsymbol{p})$ 可逆时,随着参数 $\boldsymbol{p}$ 的连续变化,矩阵 $\boldsymbol{A}(\boldsymbol{p})$ 的一对共轭复特征值在 $\boldsymbol{p}=\boldsymbol{p}^*$ 处,由复平面左侧到达右侧,则称系统在 $\boldsymbol{p}^*$ 处发生了 Hopf 分岔。动力系统在正常运行时出现 Hopf 分岔,将会发生周期性振荡。电力系统中的很多局部和区域间的振荡现象,往往由 Hopf 分岔引发。

(3) 奇异诱导分岔(singularity induced bifurcation, SIB)。对于式(9-19)和式(9-20)所示 DAE 方程,随着参数 $\boldsymbol{p}$ 的连续变化,代数方程雅可比矩阵 $\widetilde{\boldsymbol{D}}(\boldsymbol{p})$ 在 $\boldsymbol{p}=\boldsymbol{p}^*$ 处出现不可逆的情况(常称矩阵 $\widetilde{\boldsymbol{D}}(\boldsymbol{p})$ 出现了奇异)。此时矩阵 $\boldsymbol{A}(\boldsymbol{p})$ 的一对共轭复特征值将在实轴上相遇,其后沿着实轴,一个特征值向 $+\infty$ 处快速运动,一个则向 $-\infty$ 处快速运动。奇异诱导分岔出现后,系统的代数约束方程无解,动态变化过程将在此点处终结,奇异诱导分岔往往导致电力系统出现单调失稳。

研究在参数变动过程中,电力系统是否出现了上述分岔或确定出现了哪种分岔现象,是电力系统小扰动稳定性研究的一项重要工作。这一方法常被称为电力系统小扰动稳定性分岔分析方法,其中的控制参数 $\boldsymbol{p}$ 也常被称为系统的分岔参数。判断电力系统是否出现分岔现象,需要详细研究电力系统在给定工况下特征值的构成和性质。

9.1.5　电力系统小扰动稳定性分析步骤

电力系统小扰动稳定性分析的一般过程如下:

(1) 列解电力系统各种电气元件的模型方程,其中动态元件需用微分方程表示,如发电机的转子运动方程、发电机各绕组的电势方程等;而静态元件则需用代数方程来表示,如网络潮流方程等。由此所得系统模型具有式(9-4)所示形式,其中,控制变

量常为系统负荷水平、设备控制参数等。

(2) 根据系统给定工况(即给定系统控制参数 $\boldsymbol{p}$),求解系统正常工作时的平衡点 $(\boldsymbol{x}_0, \boldsymbol{y}_0)$。

(3) 对平衡点进行微小扰动,求解式(9-19)和式(9-20)所示系统线性化模型。进一步,当矩阵 $\widetilde{\boldsymbol{D}}(\boldsymbol{p})$ 可逆时,消去模型中的 $\Delta\boldsymbol{y}$,得到式(9-21)所示的线性微分方程;反之,若矩阵 $\widetilde{\boldsymbol{D}}(\boldsymbol{p})$ 不可逆,则表明系统出现了奇异诱导分岔。

(4) 根据降阶雅可比矩阵 $\boldsymbol{A}$ 特征值的性质,判断平衡点 $(\boldsymbol{x}_0, \boldsymbol{y}_0)$ 的小扰动稳定性。判稳方法通常有两种:① 直接求解 $\boldsymbol{A}$ 的全部特征值进行判稳;② 确定式(9-21)特征方程的系数,利用罗斯方法、赫尔韦兹方法等进行间接判稳。

(5) 改变系统控制参数 $\boldsymbol{p}$,重复上述分析过程。

9.2 单机-无穷大系统小扰动稳定性分析

单机-无穷大系统如图 9-2 所示,由一台发电机与无穷大系统相连构成。为简单起见,发电机考虑为隐极机,并忽略励磁调节器和发电机各绕组的动态过程,从而假设发电机内电势 E_q 保持恒定,同时在分析时不考虑电气回路电阻的影响。正常工作时,发电机向外输出的电磁功率为 $P_e = P_0$。下面利用 9.1 节所介绍的方法,对图 9-2 所示单机-无穷大系统运行点的小扰动稳定性进行分析。

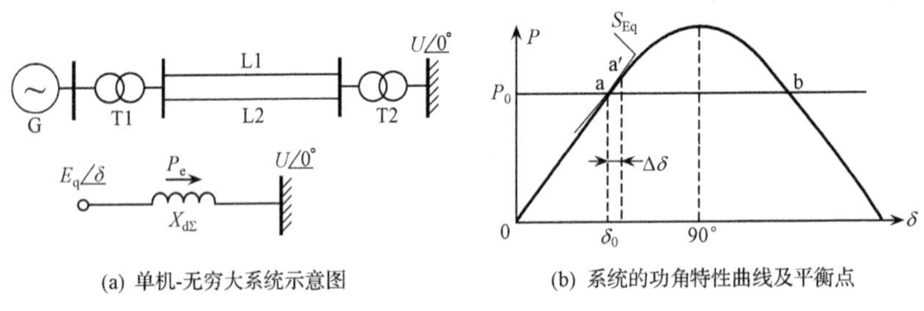

(a) 单机-无穷大系统示意图　　(b) 系统的功角特性曲线及平衡点

图 9-2　单机-无穷大简单电力系统示意图

9.2.1 不计发电机阻尼时的稳定性分析

1. 列解系统方程

由于不考虑发电机励磁及绕组动态,系统动态模型仅包含转子运动方程

$$\begin{cases} \dot{\delta} = \omega - \omega_N \\ \dot{\omega} = \dfrac{\omega_N}{T_J}[P_0 - P_e(\delta)] \end{cases} \tag{9-22}$$

式中,δ,ω 分别为发电机的功角和角速度;$\omega_N = 2\pi f_N$ 为系统额定转速;f_N 为系统额定频率;T_J,P_0,P_e 分别为发电机惯性时间常数、初始机械输入功率和输出的电磁功

系统可稳定工作的区域内，其自由振荡频率为

$$f_e = \frac{1}{2\pi}\sqrt{\frac{\omega_N S_{Eq}}{T_J}} \tag{9-39}$$

这一频率通常被称为单机-无穷大系统的“固有振荡频率”。从图 9-2(b)不难看出，随着 δ 的不断增大，系统的振荡频率逐渐减小，到达临界点($\delta=90°$)后，振荡将不复存在。因此，在不稳定运行区域内，系统受到扰动后将表现为单调失稳。

9.2.2 计及发电机阻尼时的稳定性分析

1. 计及阻尼时的系统模型

发电机阻尼包括机械阻尼(由轴与轴承间、转子与空气间的摩擦产生)、发电机阻尼绕组产生的电磁阻尼和电力系统稳定器(PSS)提供的等效阻尼等。机械阻尼与发电机实际转速相关，而后两者则与发电机相对转速相关。要精确计算发电机阻尼很困难，为此本文采用传统的处理方式，假设上述因素所产生的阻尼功率与发电机转速呈正比关系：

$$P_D = D(\omega - \omega_N) \tag{9-40}$$

式中，D 为一个常数，称为系统的综合阻尼系数。则发电机转子运动方程将变为如下形式：

$$\begin{cases} \dot{\delta} = \omega - \omega_N \\ \dot{\omega} = \dfrac{\omega_N}{T_J}[P_0 - D(\omega - \omega_N) - P_e(\delta)] \end{cases} \tag{9-41}$$

由式(9-41)和式(9-23)共同构成系统的 DAE 模型，系统平衡点仍由式(9-25)和式(9-26)给出，在两平衡点处系统线性化模型对应的矩阵将变为

$$\widetilde{\boldsymbol{A}} = \frac{\partial \boldsymbol{f}(\boldsymbol{x},\boldsymbol{y})}{\partial \boldsymbol{x}} = \begin{bmatrix} 0 & 1 \\ 0 & -\dfrac{\omega_N D}{T_J} \end{bmatrix}, \quad \widetilde{\boldsymbol{B}} = \frac{\partial \boldsymbol{f}(\boldsymbol{x},\boldsymbol{y})}{\partial \boldsymbol{y}} = \begin{bmatrix} 0 \\ -\dfrac{\omega_N}{T_J} \end{bmatrix}$$

$$\widetilde{\boldsymbol{C}} = \frac{\partial \boldsymbol{g}(\boldsymbol{x},\boldsymbol{y})}{\partial \boldsymbol{x}} = [-S_{Eq} \quad 0], \quad \widetilde{\boldsymbol{D}} = \frac{\partial \boldsymbol{g}(\boldsymbol{x},\boldsymbol{y})}{\partial \boldsymbol{y}} = [1]$$

消去其中的代数变量后，可得系统降阶雅可比矩阵

$$\boldsymbol{A} = \widetilde{\boldsymbol{A}} - \widetilde{\boldsymbol{B}}\widetilde{\boldsymbol{D}}^{-1}\widetilde{\boldsymbol{C}} = \begin{bmatrix} 0 & 1 \\ 0 & -\dfrac{\omega_N D}{T_J} \end{bmatrix} - \begin{bmatrix} 0 \\ -\dfrac{\omega_N}{T_J} \end{bmatrix} [-S_{Eq} \quad 0] = \begin{bmatrix} 0 & 1 \\ -\dfrac{\omega_N S_{Eq}}{T_J} & -\dfrac{\omega_N D}{T_J} \end{bmatrix} \tag{9-42}$$

同时，系统的特征方程将变为

$$\Delta\ddot{\delta} + \frac{\omega_N D}{T_J}\Delta\dot{\delta} + \frac{\omega_N S_{Eq}}{T_J}\Delta\delta = 0 \tag{9-43}$$

系统的特征值为

$$\lambda_{1,2} = -\frac{\omega_N D}{2T_J} \pm \sqrt{\left(\frac{\omega_N D}{2T_J}\right)^2 - \frac{\omega_N S_{Eq}}{T_J}} \tag{9-44}$$

2. 计及阻尼时的系统小扰动稳定性分析

下面分两种情况讨论阻尼作用对系统小扰动稳定性的影响。

(1) 当综合阻尼系数 $D>0$ 时,发电机具有正阻尼作用。

当 $S_{Eq}>0$ 且 $D^2>4S_{Eq}T_J/\omega_N$ 时,λ_1,λ_2 为一对负实数,在运行点受到微小扰动后,$\Delta\delta(t)$ 将单调地衰减到零,系统是小扰动稳定的,此时称系统为过阻尼情况。

当 $S_{Eq}>0$ 但 $D^2<4S_{Eq}T_J/\omega_N$ 时,λ_1,λ_2 为一对共轭复数,且其实部为负,系统是小扰动稳定的,扰动后 $\Delta\delta(t)$ 将振荡衰减到零。

当 $S_{Eq}=0$ 时,λ_1,λ_2 中一个为零,一个为负值,系统处于小扰动稳定临界状态。

当 $S_{Eq}<0$ 时,λ_1,λ_2 一正一负为两个实数,系统是小扰动不稳定的。受扰后的运行点将无法回到初始状态,扰动后 $\Delta\delta(t)$ 的绝对值将单调增大。

由上述分析可知,当 $D>0$ 时,功角特性曲线左半支为稳定区域,对应着 $S_{Eq}>0$;功角特性曲线右半支为不稳定区域,对应着 $S_{Eq}<0$;当 $S_{Eq}=0$ 或 $\delta=90°$ 时,系统处于小扰动稳定临界状态。

(2) 当综合阻尼系数 $D<0$ 时,发电机具有负阻尼作用。

由式(9-44)可知,无论 S_{Eq} 取何值,λ_1,λ_2 中必有一个实部为正,因此,系统是小扰动不稳定的。其中,当 $D^2>4S_{Eq}T_J/\omega_N$ 时,λ_1,λ_2 中必包含一个正实数,此时,系统受扰后将表现为单调失稳;而当 $S_{Eq}>0$ 且 $D^2<4S_{Eq}T_J/\omega_N$ 时,λ_1,λ_2 将是一对共轭复数:

$$\lambda_{1,2} = a \pm \mathrm{j}b \tag{9-45}$$

式中,$a=\left|\frac{\omega_N D}{2T_J}\right|>0$,$b=\sqrt{\frac{\omega_N S_{Eq}}{T_J}-\left(\frac{\omega_N D}{2T_J}\right)^2}>0$。不难知道,当系统受到微小扰动后,角度偏差量 $\Delta\delta(t)$ 将振荡增大。这一失稳现象称为自发振荡或自激振荡。

3. 自发振荡过程分析

当系统具有式(9-45)所示的一对共轭特征值时,由于扰动前系统必定位于功角特性曲线左半支,我们将图 9-2(b)中平衡点周围的区域放大(如图 9-3 所示),用于研究在此情况下系统受扰后的运行情况。

假设系统在扰动前位于平衡点 a,受扰后,工作点变为了 a′,功角变为 $\delta_{a'}$,发电机转速 $\omega_{a'}=\omega_N$。此时,系统受到的不平衡转矩如下:

$$\Delta P = P_0 - D(\omega_{a'}-\omega_N) - P_e(\delta_{a'}) = P_0 - P_e(\delta_{a'}) < 0 \tag{9-46}$$

该不平衡转矩为减速转矩,在其作用下,发电机转速将下降,功角变小,运行点向左侧运动。

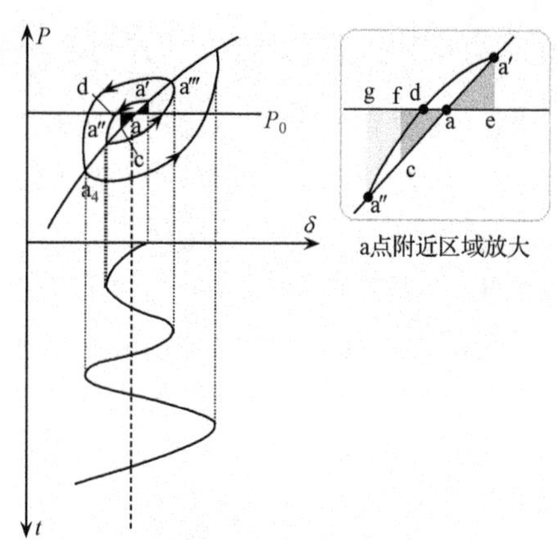

图 9-3　自发振荡

当不考虑阻尼的影响时，根据等面积定则，系统运行点将沿着功角特性曲线运行，到达 a 点左侧的 c 点，此时系统的加速面积 S_{acf} 将与其减速面积 $S_{aa'e}$ 相等。然后系统再在加速转矩作用下向右运动，从而在 a 点附近作等幅振荡。当考虑负阻尼作用后，由于在向左运动时，$\Delta\omega = \omega - \omega_N < 0, P_D = D(\omega - \omega_N) > 0$，运行点将在功角特性曲线上方运动。假设运行点与 P_0 相交于 d 点，越过该点后，发电机将受到加速力矩的作用，但由于 $\Delta\omega$ 仍小于 0，因此，运行点仍位于功角特性曲线上方运动。当 $\omega = \omega_N$ 时，由于 $P_D = 0$，运行点再次回到功角特性曲线之上，假设该点为 a″。不难看出，考虑阻尼后系统实际的减速面积为 $S_{da'e}$，较不考虑阻尼作用时增加了 $S_{aa'd}$，由此决定 $\delta_{a''} < \delta_c$，即 a″点位于 c 点左侧。

从 a″点开始，在加速转矩作用下，运行点将向右运动，此时有 $\Delta\omega = \omega - \omega_N > 0$，$P_D = D(\omega - \omega_N) < 0$，因此，运行点将在功角特性曲线下方运动，由此决定在运行过程中，较不考虑阻尼时系统将具有更大的加速面积，从而使得再次回到功角特性曲线上的右侧交点较不考虑阻尼时要右移。

从上述分析不难看到，在如上两个过程交替出现的过程中，发电机功角偏差量不断增加，系统出现了增幅振荡，运行点无法重新回到原平衡点，系统出现了小扰动不稳定的情况。同时，从上面的分析可知，当系统出现自发振荡时，在 P-δ 平面上，其运行点将围绕平衡点做逆时针方向的旋转运动，其过程如图 9-3 所示。电力系统的自发振荡往往是由系统某些控制环节参数整定不合理造成的，在电力系统实际运行过程中是绝不允许出现的。

9.2.3　小扰动稳定储备系数和系统阻尼因子

在实际运行中，往往采用稳定储备系数和系统阻尼因子来衡量电力系统的小扰动稳定性状况。

1. 小扰动(静态)稳定储备系数

为保证电网的运行安全，绝不能允许系统运行在稳定极限点附近，需要留出一定的稳定裕度，这个裕度通常用稳定储备系数来表示。

以有功功率表示的考虑小扰动稳定性约束的系统稳定储备系数(也常被称为静态稳定储备系数)可表示为

$$K_{sm(P)} = \frac{P_{scr} - P_0}{P_0} \times 100\% \tag{9-47}$$

式中，P_{scr} 是系统处于小扰动稳定临界状态时的有功功率，可以是发电机输出功率、负荷功率或系统传输功率；P_0 为系统当前的有功功率。可以看到，储备系数 $K_{sm(P)}$ 数值越大，表明系统当前运行点距离失稳点越远。但系统运行时要求具有多大的储备系数，需要从技术和经济等方面综合加以考虑。当储备系数定得太大时，可能会限制系统的传输能力，恶化系统的经济指标；反之，当储备系数定得过小时，则可能造成系统安全性降低，易引起系统出现不稳定的情况，同样可能造成较严重损失。目前我国电力部门采取的取值方案为：在系统正常运行方式和正常检修方式下，要求 $K_{sm(P)}$ 应满足 $15\% \sim 20\%$，在故障后运行方式和特殊运行方式下，要求 $K_{sm(P)} \geqslant 10\%$。

除用有功功率来表示系统稳定储备系数外，还常用如下电压储备系数来衡量系统的稳定性状况：

$$K_{sm(V)} = \frac{U_0 - U_{scr}}{U_0} \times 100\% \tag{9-48}$$

式中，U_{scr} 是系统处于小扰动稳定临界状态时的节点电压；U_0 为系统当前运行状况下的节点电压。在实际应用中，该储备系数常被用作对系统电压稳定性进行分析。目前我国电力部门规定的 $K_{sm(V)}$ 取值方案为：在系统正常运行方式和正常检修方式下，要求 $K_{sm(V)}$ 应满足 $10\% \sim 15\%$，在故障后运行方式和特殊运行方式下，要求 $K_{sm(V)} \geqslant 8\%$。

需要指出的是，上述两式中的 P_{scr} 和 U_{scr} 所对应的系统小扰动稳定临界状态，是指在该运行状态下，系统存在位于虚轴上的特征值，除此之外，其他特征值均位于虚轴左侧。由 9.1 节可知，此时该临界点可能对应着系统的某一种分岔点（Hopf 分岔点、鞍节点分岔点或奇异诱导分岔点）。

2. 系统阻尼因子(damping factor)

由单机-无穷大系统的小扰动稳定性分析可知，阻尼与系统小扰动稳定性关系密切。在正常运行情况下，必须保证系统具有足够的正阻尼，以防止其出现自发振荡，这一点对简单系统和复杂电力系统同样适用。为此，常用如下阻尼因子（或称阻尼系数）来考察系统的阻尼水平：

$$\rho = \min_{\lambda \in \Lambda}(\rho_i) \tag{9-49}$$

式中，$\lambda_i = \alpha_i + j\omega_i$ 为系统的任意特征值，$\Lambda = \{\lambda_1, \lambda_2, \cdots, \lambda_i, \cdots, \lambda_n\}$ 为系统全部特征值构成的集合，$\rho_i = \dfrac{-\alpha_i}{\sqrt{\alpha_i^2 + \omega_i^2}}$ 为由特征值 λ_i 决定的系统阻尼因子。

当 $\rho < 0$ 时，必定存在位于虚轴右侧的特征值，系统是小扰动不稳定的；当 $\rho = 0$ 时，必定存在位于虚轴上的特征值，而其他特征值则位于虚轴左侧，系统处于稳定临界状态；当 $\rho > 0$ 时，所有特征值均位于虚轴左侧，系统是小扰动稳定的。阻尼因子 ρ

的大小，指示了系统小扰动稳定性的水平。不同的电力公司对系统稳定运行时必须具备的阻尼(阻尼因子 ρ 的大小)有不同的要求。但需要指出的一点是，当系统特征值 λ_i 为负实数时，无论 α_i 数值为多少，ρ_i 均等于 1.0，此时将无法指示特征值 λ_i 与虚轴的距离，这是阻尼因子的不足之处。

9.3　简单电力系统小扰动稳定分岔分析

本节应用分岔分析方法，研究如图 9-4 所示的简单电力系统的小扰动稳定性状况，用于示意电力系统小扰动稳定性分析的一般过程。该系统由一台本地发电机(位于母线①)和一个本地负荷(位于母线②)构成，本地负荷由本地发电机和外部系统(母线③，考虑为无穷大系统)供电，本地发电机除供应本地负荷外，剩余功率则向外部系统输送。

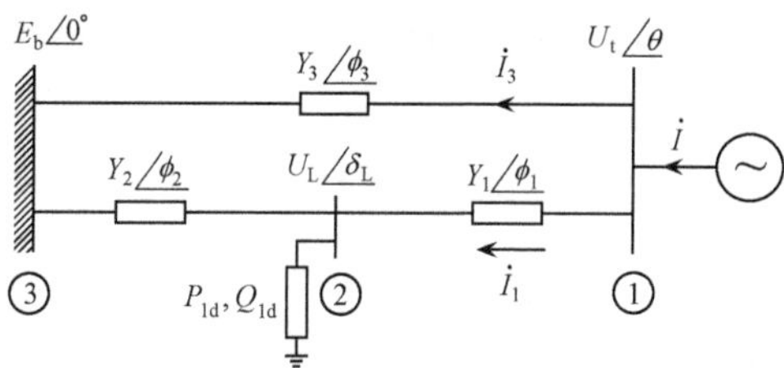

图 9-4　简单电力系统示意图

9.3.1　系统模型

1. 发电机模型

发电机除转子运动方程外，绕组动态采用双轴模型

$$\dot{\delta} = \omega_N s_m \tag{9-50}$$

$$2H\dot{s}_m = -Ds_m + P_m - P_e \tag{9-51}$$

$$T'_{d0}\dot{E}'_q = -E'_q - (X_d - X'_d)I_d + S_e(E_{fd}) \tag{9-52}$$

$$T'_{q0}\dot{E}'_d = -E'_d + (X_q - X'_q)I_q \tag{9-53}$$

式中

$$P_e = E'_q I_q + E'_d I_d - (X'_d - X'_q)I_d I_q \text{ 为发电机电磁输出功率} \tag{9-54}$$

$$s_m = \omega/\omega_N - 1 \text{ 为发电机转子滑差} \tag{9-55}$$

$$S_e(E_{fd}) = \begin{cases} E_{max}, & E_{fd} > E_{max} \\ E_{fd}, & E_{min} \leqslant E_{fd} \leqslant E_{max} \\ E_{min}, & E_{fd} < E_{min} \end{cases} \text{ 为励磁顶值函数} \tag{9-56}$$

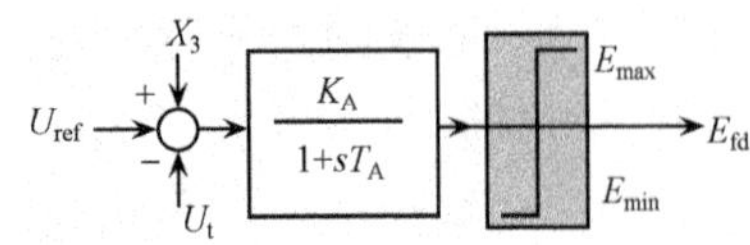

图 9-5　带有顶值极限的励磁系统简化模型

2. 励磁系统模型

励磁系统采用带有励磁电压顶值极限的简化模型，其原理如图 9-5 所示，模型如下：

$$T_A\dot{E}_{fd} = -E_{fd} + K_A(U_{ref} - U_t + X_3) \tag{9-57}$$

式中

$$U_t = \sqrt{U_d^2 + U_q^2}\ 为发电机机端电压 \tag{9-58}$$

$$U_q = E'_q - X'_d I_d\ 为发电机机端电压\ q\ 轴分量 \tag{9-59}$$

$$U_d = E'_d + X'_q I_q\ 为发电机机端电压\ d\ 轴分量 \tag{9-60}$$

3. 负荷模型

负荷采用式(7-144)和式(7-145)所示感应电动机负荷模型，在一些文献中，它常被称为 Walve 模型：

$$P_L = P_{L0} + P_{L1} + K_{pw}\dot{\delta}_L + K_{pv}(U_L + T\dot{U}_L) \tag{9-61}$$

$$Q_L = Q_{L0} + Q_{L1} + K_{qw}\dot{\delta}_L + K_{qv}U_L + (K_{qv2} - B_c)U_L^2 \tag{9-62}$$

4. 电力系统稳定器模型

为简单起见，忽略电力系统稳定器(PSS)的高频信号隔离环节，采用如图 9-6 所示的带有两级超前-滞后环节的 PSS 简化模型。其中，两级超前-滞后环节模型为

$$T_2\dot{X}_1 = -X_1 + s_m + T_1\dot{s}_m \tag{9-63}$$

$$T_4\dot{X}_2 = -X_2 + X_1 + T_3\dot{X}_1 \tag{9-64}$$

综合放大环节为

$$T_5\dot{X}_3 = -X_3 + K_5\dot{X}_2 \tag{9-65}$$

为研究方便，定义 PSS 系统的增益为

$$\gamma_{PSS} = \frac{K_5}{T_5} \tag{9-66}$$

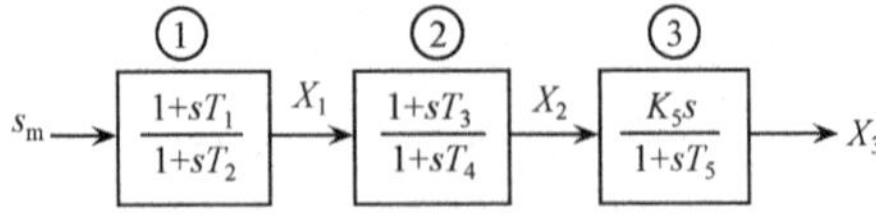

图 9-6　带有两级超前-滞后环节的 PSS 简化模型

5. 网络方程

$$\overline{Y}_3(\dot{E}_b - \dot{U}_t) + \dot{I}_3 = 0 \tag{9-67}$$

$$\overline{Y}_1(\dot{U}_L - \dot{U}_t) + \dot{I}_1 = 0 \tag{9-68}$$

式中，$\overline{Y}_3 = Y_3 \angle \phi_3$，$\overline{Y}_1 = Y_1 \angle \phi_1$。将网络参量用发电机的 d、q 轴上的分量来表示，可得

$$\dot{U}_t = (U_q - jU_d)e^{j\delta} \tag{9-69}$$

$$\theta = \delta - \arctan(U_d/U_q) \tag{9-70}$$

$$\dot{I} = \dot{I}_1 + \dot{I}_3 = (I_q - jI_d)e^{j\delta} \tag{9-71}$$

由式(9-67)～式(9-71)可得如下结果：

$$U_q - jU_d = [E_b Y_3 e^{-j(\delta+\phi-\phi_3)} + Y_1 U_L e^{j(\delta_L-\delta-\phi+\phi_1)} + (I_q - jI_d)e^{-j\phi}]/Y \tag{9-72}$$

式中，$\overline{Y}Y \angle \phi = Y_1 \angle \phi_1 + Y_3 \angle \phi_3$，进一步定义如下两个临时变量：

$$a \triangleq - E_b Y_3 \cos(\delta + \phi - \phi_3) + Y_1 U_L \cos(\delta_L - \delta - \phi + \phi_1) \tag{9-73}$$

$$b \triangleq E_b Y_3 \sin(\delta + \phi - \phi_3) + Y_1 U_L \sin(\delta_L - \delta - \phi + \phi_1) \tag{9-74}$$

则式(9-72)可表示为如下形式：

$$I_q \cos\phi - I_d \sin\phi = YU_q - a \tag{9-75}$$

$$Id \cos\phi + I_q \sin\phi = YU_d + b \tag{9-76}$$

将式(9-59)和式(9-60)带入式(9-75)和式(9-76)，可得如下结果：

$$\begin{bmatrix} \cos\phi & -\sin\phi + YX'_d \\ -YX'_q + \sin\phi & \cos\phi \end{bmatrix} \begin{bmatrix} I_q \\ I_d \end{bmatrix} = \begin{bmatrix} YE'_q - a \\ YE'_d + b \end{bmatrix} \tag{9-77}$$

进一步，若定义如下两临时变量：$r_1 \triangleq \delta_L - \theta - \phi_1$，$r_2 \triangleq \delta_L - \phi_2$，则可从式(9-77)中解出电流 I_d 和 I_q：

$$I_d = \frac{-\cos\phi(YE'_d + b) - (YE'_q - a)(-\sin\phi + YX'_q)}{-\cos^2\phi + (\sin\phi - YX'_d)(-\sin\phi + YX'_q)} \tag{9-78}$$

$$I_q = \frac{-\cos\phi(YE'_q - a) - (YE'_d + b)(\sin\phi - YX'_d)}{-\cos^2\phi + (\sin\phi - YX'_d)(-\sin\phi + YX'_q)} \tag{9-79}$$

则母线②处的潮流方程可表示为

$$P = U_t U_L Y_1 \cos r_1 - U_L^2 Y_1 \cos\phi_1 + E_b U_L Y_2 \cos r_2 - U_L^2 Y_2 \cos\phi_2 \tag{9-80}$$

$$Q = U_t U_L Y_1 \sin r_1 + U_L^2 Y_1 \sin\phi_1 + E_b U_L Y_2 \cos r_2 + U_L^2 Y_2 \cos\phi_2 \tag{9-81}$$

6. 汇总后的系统动态方程

将上述过程加以汇总，可得系统最终的动态方程如下，其中状态变量为 10 维，即 $x = [\delta, s_m, E'_q, E'_d, E_{fd}, \delta_L, U_L, X_1, X_2, X_3]$。

$$\dot{\delta} = \omega_N s_m \tag{9-82}$$

$$2H\dot{s}_m = - Ds_m + P_m - P_e \tag{9-83}$$

$$T'_{d0}\dot{E}'_q = - E'_q - (X_d - X'_d)I_d + S_e(E_{fd}) \tag{9-84}$$

$$T'_{q0}\dot{E}'_d = - E'_d + (X_q - X'_q)I_q \tag{9-85}$$

$$T_A \dot{E}_{fd} = -E_{fd} + K_A(U_{ref} - U_t + X_3) \tag{9-86}$$

$$P_L = P_{L0} + P_{L1} + K_{pw}\dot{\delta}_L + K_{pv}(U_L + T\dot{U}_L) \tag{9-87}$$

$$Q_L = Q_{L0} + Q_{L1} + K_{qw}\dot{\delta}_L + K_{qv}U_L + (K_{qv2} - B_c)U_L^2 \tag{9-88}$$

$$T_2\dot{X}_1 = -X_1 + s_m + T_1\dot{s}_m \tag{9-89}$$

$$T_4\dot{X}_2 = -X_2 + X_1 + T_3\dot{X}_1 \tag{9-90}$$

$$T_5\dot{X}_3 = -X_3 + K_5\dot{X}_2 \tag{9-91}$$

表 9-1 给出了系统的参数取值。

表 9-1　模型参数取值

Y_1	Y_2	Y_3	ϕ_1	ϕ_2	ϕ_3	E_b	X_d	X_q	X'_d
4.9752	1.6584	0.0	−1.4711	−1.4711	−1.4711	1.0	1.79	1.71	0.169
X'_q	T'_{d0}	T'_{q0}	H	ω_N	D	P_{L1}	Q_{L1}	K_{pw}	K_{qw}
0.23	4.3	0.85	2.894	377	0.05	0.4	0.8	0.24	−0.02
B_c	T	K_{qv}	K_{pv}	K_{qv2}	T_1	T_2	T_3	T_4	T_5
0.0	8.5	−1.866	0.2	1.6	0.025	0.05	0.025	0.05	3.0
K_5	Q_{L0}	P_{L0}	K_A	T_A	V_{ref}	P_m	E_{max}	E_{min}	
15.0	0.00	0.00	200	0.05	1.1223	0.9	5.0	0.0	

9.3.2　系统小扰动稳定性分析

1. 正常运行情况下的系统小扰动稳定性分析

系统正常运行时，本地仅存在感应电动机负荷，故静态负荷 $P_{L0} = 0.0$，$Q_{L0} = 0.0$，同时本地无功补偿 $B_c = 0.0$。利用式(9-82)～式(9-91)模型，可得系统平衡点

$$\boldsymbol{x}_{e0} = [0.94143,\ 0,\ 1.04722,\ 0.56062,\ 2.44492,\ 0.16669,\ 1.00961,\ 0,\ 0,\ 0] \tag{9-92}$$

在该平衡点处，求解系统的线性化方程及相应的雅可比矩阵特征值，所得结果示于表 9-2。此时特征值全部位于虚轴左侧，系统在该运行点附近是小扰动稳定的。保证系统在平衡状态下的小扰动稳定性，是电力系统可正常运行的前提条件，该平衡状态就对应着系统的稳态运行方式。

表 9-2　系统正常运行时的特征值

编号	特征值	ρ_i	编号	特征值	ρ_i	编号	特征值	ρ_i
1	−1.73813+j19.1123	0.0906	5	−2.90272+j5.53071	0.4647	9	−26.4372	1.0000
2	−1.73813−j19.1123	0.0906	6	−2.90272−j5.53071	0.4647	10	−61.3255	1.0000
3	−0.335754	1.0000	7	−18.1006+j13.8761	0.7936			
4	−2.51668	1.0000	8	−18.1006−j13.8761	0.7936			

2. 有功负荷变动时的系统小扰动稳定性(分岔)分析

其他条件不变,令本地有功负荷 P_{L0} 从 0.0 开始不断增大。当 P_{L0} 取值给定后,首先求解系统的平衡点,然后形成系统的线性化方程并进一步求解雅可比矩阵特征值,以此来判断系统的小扰动稳定性,所得结果如下。

图 9-7 绘出了 P_{L0} 增大过程中系统平衡点的变化规律。其中图 9-7(a)纵坐标取为负荷节点电压 U_L,图 9-7(b)纵坐标取为励磁电压 E_{fd},图中实线部分表示系统小扰动稳定的区域,虚线部分则表示小扰动不稳定的区域。图中 SNB 点为系统的鞍节点分岔点,在该点处系统的 P_{L0} 达到最大值,系统的稳定性在该点处发生变化。SNB 点处的 $P_{L0}=1.49825\text{p.u.}$,对应的平衡点为

$$\boldsymbol{x}_{e,\text{SNB}}=[-0.66553,\quad 0,\quad 1.28648,\quad 0.35997,\quad 3.82558,\quad -1.21741,\quad 0.82630,\quad 0,\quad 0,\quad 0] \tag{9-93}$$

表 9-3 给出了 SNB 点对应的系统雅可比矩阵的特征值,可以看到在此点处系统存在一个零特征值。对于图 9-4 所示系统,它能够稳定运行所能承受的最大负荷为 1.49825p.u.,若超过这一数值,将无法保障系统的小扰动稳定性。

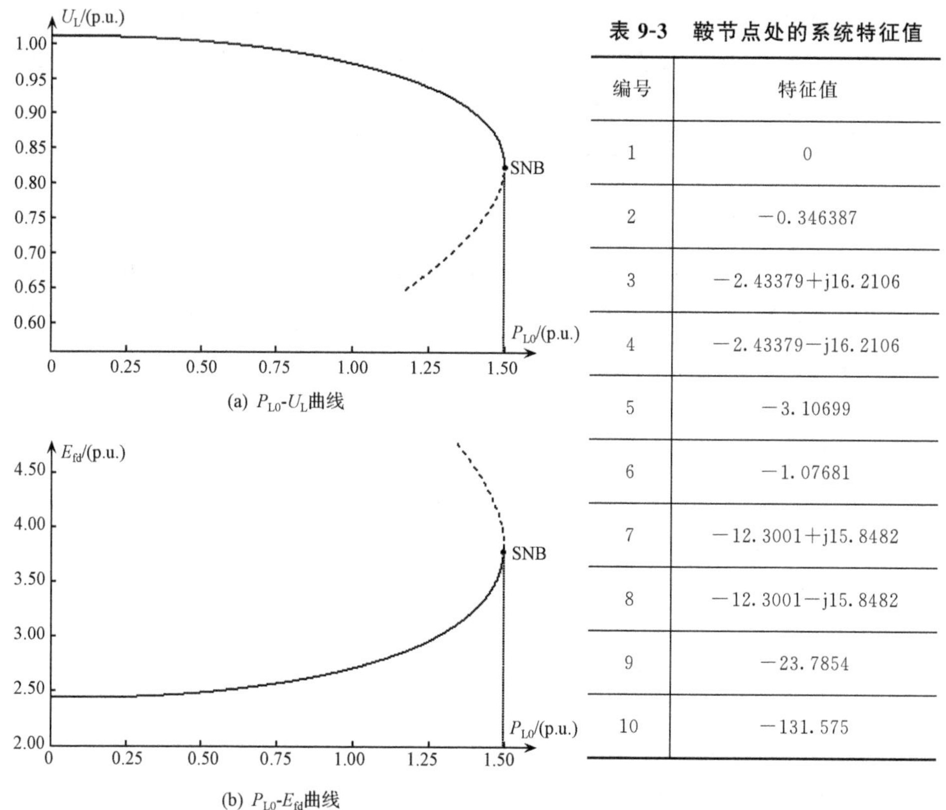

表 9-3　鞍节点处的系统特征值

编号	特征值
1	0
2	−0.346387
3	−2.43379+j16.2106
4	−2.43379−j16.2106
5	−3.10699
6	−1.07681
7	−12.3001+j15.8482
8	−12.3001−j15.8482
9	−23.7854
10	−131.575

图 9-7　P_{L0} 增大时系统平衡点的变动情况

为研究在 P_{L0} 增大过程中，系统小扰动稳定性的变化情况，图 9-8 绘出了系统雅可比矩阵特征值随 P_{L0} 增大时的变动情况。不难看到，在 SNB 点处，系统的一个实特征值自虚轴左侧穿越原点进入虚轴右侧，从而导致系统失去小扰动稳定性，而其他剩余的九个特征值仍位于虚轴左侧。

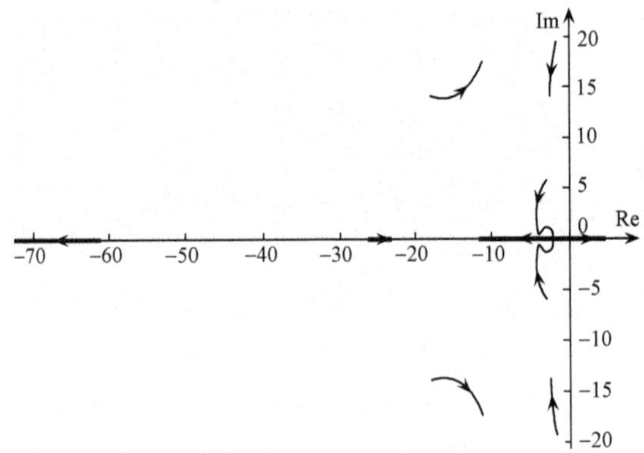

图 9-8　P_{L0} 增大时系统特征值的变动情况

电力系统出现小扰动稳定性破坏的一个重要原因，就是负荷水平不断增大，超过了系统的承受能力，导致系统出现鞍节点分岔(SNB)，使得系统不再具有可稳定运行的平衡状态。实际电力系统的很多严重失稳事件，就是由负荷缓慢增长造成的，这一过程与图 9-7 中 P_{L0} 逐渐增大，系统因出现 SNB 而失稳过程是类似的。

3. 无功负荷变动时的系统小扰动稳定性(分岔)分析

以系统正常运行情况为初始点，令本地无功负荷 Q_{L0} 从 0.0 开始不断增大，与有功增长过程分析类似，逐点求解 Q_{L0} 取不同值时系统雅可比矩阵的特征值，以此来判断系统的小扰动稳定性，所得结果如下。

图 9-9 绘出了 Q_{L0} 增大过程中系统平衡点的变化情况，纵坐标为负荷节点电压 U_L，图中实线部分表示系统小扰动稳定的区域，虚线部分则表示小扰动不稳定的区域；图 9-10 绘出此过程中系统特征值的变化轨迹。图中 HB 为一个 Hopf 分岔点，SNB 为一个鞍节点分岔点。与有功负荷 P_{L0} 增长时的情况不同，由于 Hopf 分岔点 HB 的存在，Q_{L0} 大于 HB 之后，系统就失去小扰动稳定性。HB 和 SNB 两点的信息如下：

$$\text{HB}: Q_{L0,HB} = 1.47357 \text{ p. u.} \tag{9-94}$$

$$\boldsymbol{x}_{e,HB} = [0.74384, \quad 0, \quad 1.43690, \quad 0.26910, \quad 5.13219, \quad 0.27259, \quad 0.66450, \quad 0, \quad 0, \quad 0] \tag{9-95}$$

$$\text{SNB}: Q_{L0,SNB} = 1.55279 \text{ p. u.} \tag{9-96}$$

$$\boldsymbol{x}_{e,SNB}=[0.74641,\quad 0,\quad 1.52238,\quad 0.23180,\quad 5.96571,\quad 0.29798,\quad 0.56350,\quad 0,\quad 0,\quad 0] \tag{9-97}$$

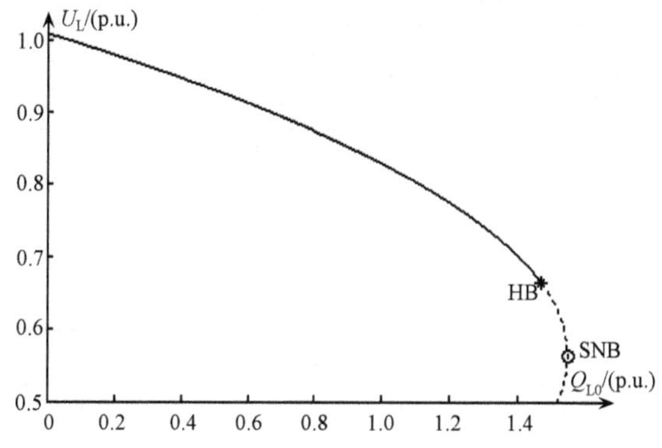

图 9-9　Q_{L0}增大时系统平衡点的变动情况

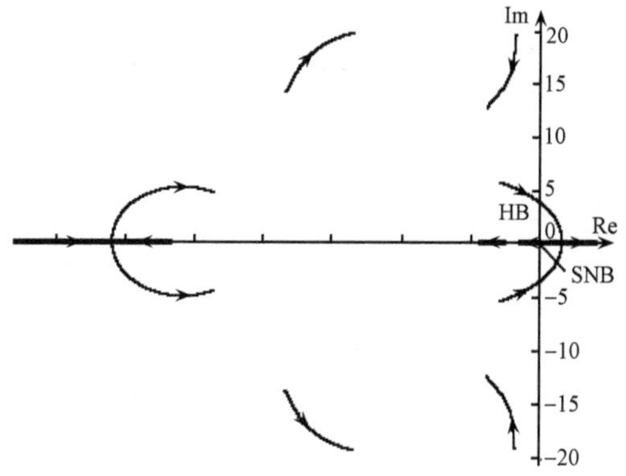

图 9-10　Q_{L0}增大时系统特征值的变动情况

对比 P_{L0} 和 Q_{L0} 增大过程中系统小扰动稳定性的变化情况可知，在系统负荷水平缓慢增大的过程中，不同负荷增长模式导致的系统失稳方式也会不同。

4. PSS 增益变动对系统小扰动稳定性的影响

我们研究当连续变动 PSS 回路增益 γ_{PSS} 取不同值时，图 9-9 中两个分岔点 HB 和 SNB 的变动规律。表 9-4 给出了几个典型 γ_{PSS} 取值时分岔点对应的 Q_{L0}，相应的结果如图 9-11 所示，而图 9-12 则绘出了几个典型 γ_{PSS} 取值对应的系统平衡点曲线。从图 9-11 和图 9-12 可以看出，PSS 环节对该系统的小扰动稳定性有显著影响。

表 9-4　PSS 增益对系统稳定性影响

γ_{PSS}	0.00	0.10	0.50	1.00	1.50	2.00	2.50	3.00	3.50
$Q_{L0,HB}$	1.2289	1.2465	1.3056	1.3582	1.3938	1.4182	1.4353	1.4476	1.4567
$Q_{L0,SNB}$	1.5528	1.5528	1.5528	1.5528	1.5528	1.5528	1.5528	1.5528	1.5528
$Q_{L0,SNB}-Q_{L0,HB}$	0.3239	0.3063	0.2472	0.1946	0.1590	0.1346	0.1175	0.1052	0.0961
γ_{PSS}	4.00	4.50	5.00	5.50	6.00	6.50	7.00	7.50	7.60
$Q_{L0,HB}$	1.4637	1.4692	1.4736	1.4771	1.4801	1.4826	1.4847	1.4865	1.4869
$Q_{L0,SNB}$	1.5528	1.5528	1.5528	1.5528	1.5528	1.5528	1.5528	1.5528	1.5528
$Q_{L0,SNB}-Q_{L0,HB}$	0.0891	0.0836	0.0792	0.0757	0.0727	0.0702	0.0681	0.0663	0.0659
γ_{PSS}	7.6791	7.679117	7.6795	7.70	7.90	8.00	8.20	8.30	8.33
$Q_{L0,HB}$	1.4871	1.4022	1.3940	1.3307	1.0649	0.9398	0.6348	0.3893	0.2452
$Q_{L0,SNB}$	1.5528	1.5528	1.5528	1.5528	1.5528	1.5528	1.5528	1.5528	1.5528
$Q_{L0,SNB}-Q_{L0,HB}$	0.0657	0.1506	0.1588	0.2221	0.4879	0.6129	0.9180	1.1635	1.3076

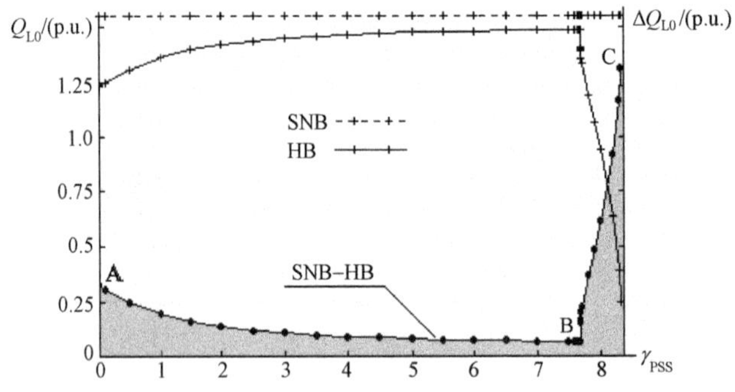

图 9-11　PSS 增益取不同数值时的 Hopf 分岔和鞍节点分岔

(1) 当 PSS 设备参数配置合理时(包括 PSS 自身回路的参数配置合理,同时 PSS 参数与发电机及其励磁系统的参数也匹配得当),相当于给发电机增加一个正的阻尼转矩,可有效提高系统的动态性能,即延缓 Hopf 分岔点 HB 的出现,而鞍节点分岔点 SNB 的出现则与 γ_{PSS} 的大小无关。在图 9-11 中的 A-B 段,随着 γ_{PSS} 取值的不断增大,系统的 Hopf 分岔点与鞍节点分岔点之间的距离不断减小,表明系统由 Hopf 分岔点界定的小扰动稳定区域的范围不断增加。这一过程可参见图 9-12 的(a)、(b)、(c)三图中稳定区域的变化情况。

(2) 当 PSS 装置参数选择不合理时(如增益取值过大),不但起不到改善系统稳定性的目的,还会对系统的稳定运行产生有害影响,如在图 9-11 中的 BC 段,在增益 γ_{PSS} 增大过程中,由 Hopf 分岔点界定的系统小扰动稳定区域显著减小,这表明 PSS 增益过大导致系统不能正常运行。图 9-13 表示当 $\gamma_{PSS}=8.0$ 时,系统特征值随 Q_{L0} 增大的变动情况,从中可以看到三个 Hopf 分岔点出现的原因。

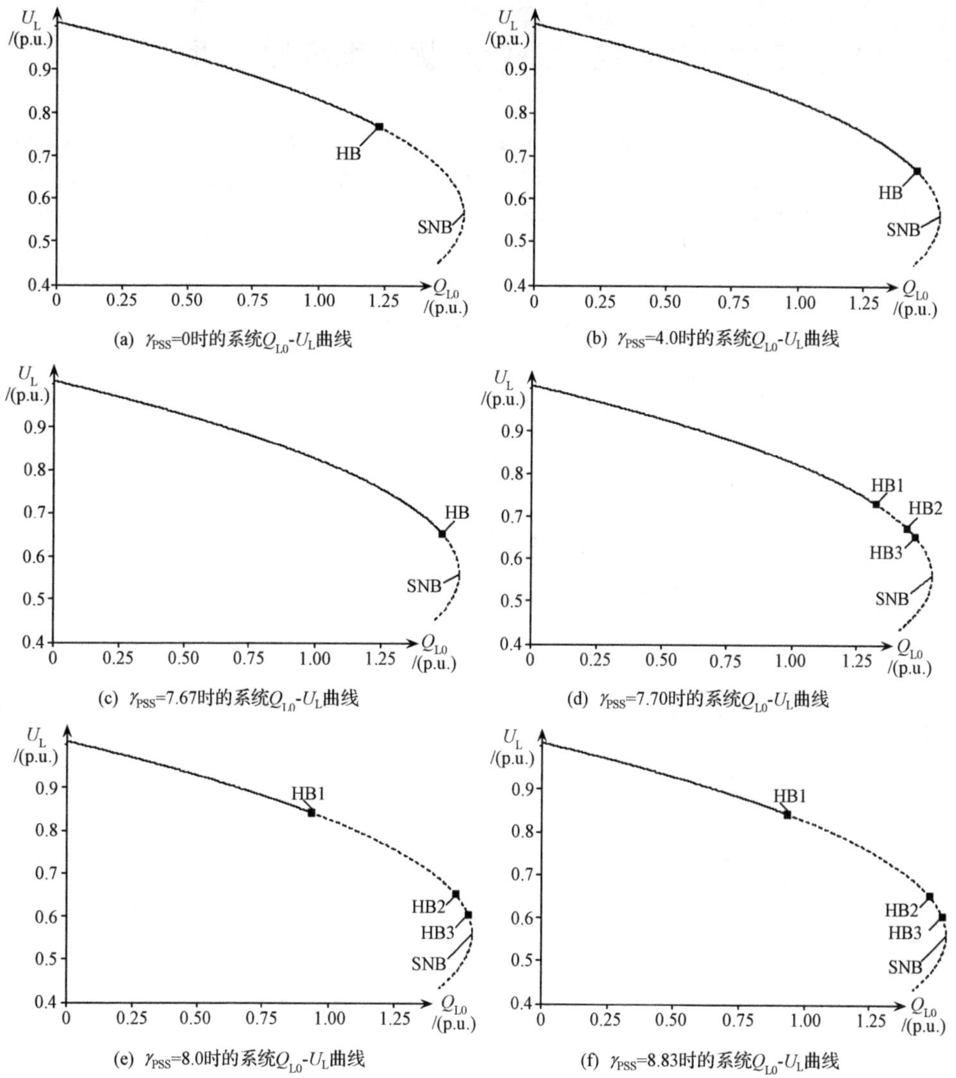

(a) γ_{PSS}=0时的系统Q_{L0}-U_L曲线

(b) γ_{PSS}=4.0时的系统Q_{L0}-U_L曲线

(c) γ_{PSS}=7.67时的系统Q_{L0}-U_L曲线

(d) γ_{PSS}=7.70时的系统Q_{L0}-U_L曲线

(e) γ_{PSS}=8.0时的系统Q_{L0}-U_L曲线

(f) γ_{PSS}=8.83时的系统Q_{L0}-U_L曲线

图 9-12　Q_{L0}增大时系统负荷电压的变动情况

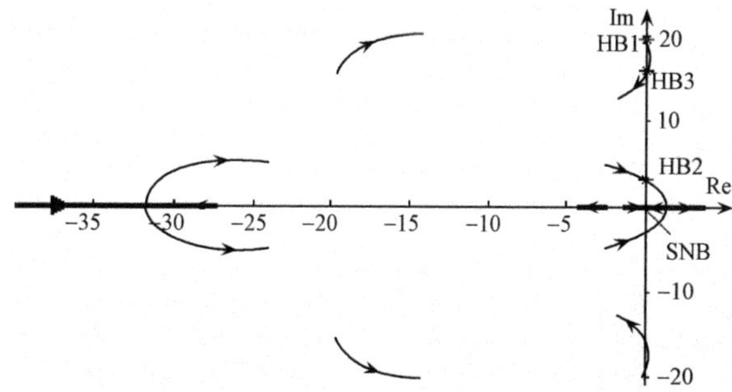

图 9-13　当 $\gamma_{PSS}=8.0$，Q_{L0}增大时系统特征值的变动情况

9.4　多机电力系统小扰动稳定性分析

本节以图 9-14 所示的 WSCC 三机九节点系统为例，来说明多机电力系统小扰动稳定性分析的一般过程，同时讨论负荷水平变化和调度方式不同对电力系统小扰动稳定性的影响。

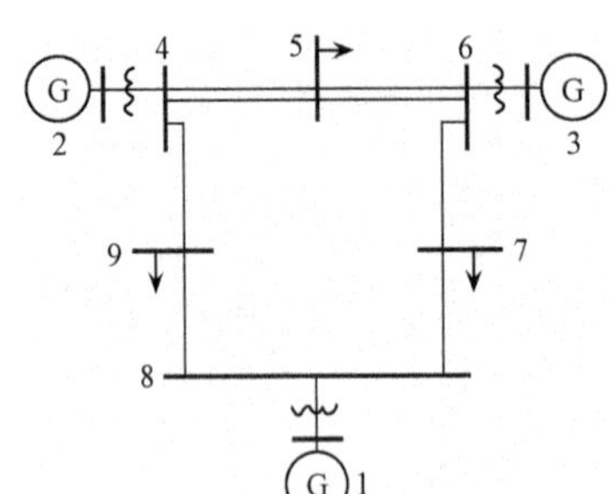

图 9-14　WSCC 三机九节点系统

9.4.1　系统模型

1. 发电机动态方程

如图 9-14 所示的三机九节点系统，发电机 1 考虑为无穷大母线，发电机 2 和 3 采用双绕组模型，并用一阶滞后环节考虑励磁绕组动态

$$\dot{\delta}_i = \omega_i - \omega_N \tag{9-98}$$

$$2H_i\dot{\omega}_i = P_{m,i} - P_{e,i} - D_i(\omega_i - \omega_N) \tag{9-99}$$

$$T'_{d0,i}\dot{E}'_{q,i} = -E'_{q,i} - (X_{d,i} - X'_{d,i})I_{d,i} + E_{fd,i} \tag{9-100}$$

$$T'_{q0,i}\dot{E}'_{d,i} = -E'_{d,i} + (X_{q,i} - X'_{q,i})I_{q,i} \tag{9-101}$$

$$T_{A,i}\dot{E}_{fd,i} = -E_{fd,i} + K_{A,i}(U_{ref,i} - U_i) \tag{9-102}$$

式中，δ_i，ω_i，$E'_{q,i}$，$E'_{d,i}$，$E_{fd,i}$ 分别为两台发电机的功角、角速度、q 轴和 d 轴内电势及励磁电势，$i=2，3$；$P_{e,i}$，$Q_{e,i}$，$U_i\angle\theta_i$ 分别为每台发电机的电磁输出功率和机端电压，即

$$P_{e,i} = E'_{q,i}I_{q,i} + E'_{d,i}I_{d,i} - (X'_{d,i} - X'_{q,i})I_{d,i}I_{q,i} \tag{9-103}$$

$$Q_{e,i} - U_{d,i}I_{q,i} - U_{q,i}I_{d,i} \tag{9-104}$$

$$U_i = \sqrt{U_{d,i}^2 + U_{q,i}^2} \tag{9-105}$$

$$U_{d,i} = E'_{d,i} + X'_{q,i}I_{q,i} \tag{9-106}$$

$$U_{q,i} = E'_{q,i} - X'_{d,i}I_{d,i} \tag{9-107}$$

$$\theta_i = \delta_i - \arctan(U_{d,i}/U_{q,i}) \tag{9-108}$$

2. 系统网络方程

在发电机 d，q 坐标系下，分别在各节点处列解系统的有功潮流方程和无功潮流方程，可得如下 16 阶代数方程。

(1) 发电机 2 和发电机 3 的功率方程为

$$P_{e,2} - U_2^2Y_{24}\cos\theta_{24} + U_2U_4Y_{24}\cos(\theta_2 - \theta_4 - \psi_{24}) = 0 \tag{9-109}$$

$$Q_{e,2}-U_2^2Y_{24}\sin\theta_{24}-U_2U_4Y_{24}\sin(\theta_2-\theta_4-\psi_{24})=0 \tag{9-110}$$

$$P_{e,3}-U_3^2Y_{36}\cos\theta_{36}+U_3U_6Y_{36}\cos(\theta_3-\theta_6-\psi_{36})=0 \tag{9-111}$$

$$Q_{e,3}-U_3^2Y_{36}\sin\theta_{36}-U_3U_6Y_{36}\sin(\theta_3-\theta_6-\psi_{36})=0 \tag{9-112}$$

(2) 节点 4,6,8 的功率方程(无负荷节点)为

$$\sum_{k=2,5,9}[-U_4^2Y_{4k}\cos\psi_{4k}+U_4U_kY_{4k}\cos(\theta_4-\theta_k-\psi_{4k})]=0 \tag{9-113}$$

$$\sum_{k=2,5,9}[U_4^2Y_{4k}\sin\psi_{4k}+0.5U_4^2B_{4k}+U_4U_kY_{4k}\sin(\theta_4-\theta_k-\psi_{4k})]=0 \tag{9-114}$$

$$\sum_{k=3,5,7}[-U_6^2Y_{6k}\cos\psi_{6k}+U_6U_kY_{6k}\cos(\theta_6-\theta_k-\psi_{6k})]=0 \tag{9-115}$$

$$\sum_{k=3,5,7}[U_6^2Y_{6k}\sin\psi_{6k}+0.5U_6^2B_{6k}+U_6U_kY_{6k}\sin(\theta_6-\theta_k-\psi_{6k})]=0 \tag{9-116}$$

$$\sum_{k=1,7,9}[-U_8^2Y_{8k}\cos\psi_{8k}+U_8U_kY_{8k}\cos(\theta_8-\theta_k-\psi_{8k})]=0 \tag{9-117}$$

$$\sum_{k=1,7,9}[U_8^2Y_{8k}\sin\psi_{8k}+0.5U_8^2B_{8k}+U_8U_kY_{8k}\sin(\theta_8-\theta_k-\psi_{8k})]=0 \tag{9-118}$$

(3) 节点 5,7,9 的功率方程(有负荷节点)为

$$\sum_{k=4,6}[-U_5^2Y_{5k}\cos\psi_{5k}+U_5U_kY_{5k}\cos(\theta_5-\theta_k-\psi_{5k})-P_{L5}]=0 \tag{9-119}$$

$$\sum_{k=4,6}[U_5^2Y_{5k}\sin\psi_{5k}+0.5U_5^2B_{5k}+U_5U_kY_{5k}\sin(\theta_5-\theta_k-\psi_{5k})-Q_{L5}]=0 \tag{9-120}$$

$$\sum_{k=6,8}[-U_7^2Y_{7k}\cos\psi_{7k}+U_7U_kY_{7k}\cos(\theta_7-\theta_k-\psi_{7k})-P_{L7}]=0 \tag{9-121}$$

$$\sum_{k=6,8}[U_7^2Y_{7k}\sin\psi_{7k}+0.5U_7^2B_{7k}+U_7U_kY_{7k}\sin(\theta_7-\theta_k-\psi_{7k})-Q_{L7}]=0 \tag{9-122}$$

$$\sum_{k=4,8}[-U_9^2Y_{9k}\cos\psi_{9k}+U_9U_kY_{9k}\cos(\theta_9-\theta_k-\psi_{9k})-P_{L9}]=0 \tag{9-123}$$

$$\sum_{k=4,8}[U_9^2Y_{9k}\sin\psi_{9k}+0.5U_9^2B_{9k}+U_9U_kY_{9k}\sin(\theta_9-\theta_k-\psi_{9k})-Q_{L9}]=0 \tag{9-124}$$

式中，节点 5，7，9 的有功负荷和无功负荷，由系统的负荷水平 λ 和各节点的初始负荷共同决定

$$P_{Lk}=\lambda P_{Lk}^0,\quad k=5,7,9 \tag{9-125}$$

$$Q_{Lk}=\lambda Q_{Lk}^0,\quad k=5,7,9 \tag{9-126}$$

3. 系统模型汇总

将式(9-98)～式(9-102)对应的动态方程和式(9-109)～式(9-124)对应的静态方程加以整合，即可得到如下用微分-代数方程(DAE)描述的系统模型：

$$\begin{cases}\dot{\boldsymbol{x}}=\boldsymbol{f}(\boldsymbol{x},\boldsymbol{y},\boldsymbol{p})\\ \boldsymbol{0}=\boldsymbol{g}(\boldsymbol{x},\boldsymbol{y},\boldsymbol{p})\end{cases} \tag{9-127}$$

式中，状态变量 $\boldsymbol{x}$、代数变量 $\boldsymbol{y}$ 和分岔(控制)变量 $\boldsymbol{p}$ 分别为

$$\boldsymbol{x}=(\delta_2,\omega_2,E'_{q2},E'_{d2},E_{fd2},\delta_3,\omega_3,E'_{q3},E'_{d3},E_{fd3})\in \mathbf{R}^{10} \tag{9-128}$$

$$\boldsymbol{y}=(I_{d2},I_{q2},I_{d3},I_{q3},U_4,\theta_4,U_6,\theta_6,U_8,\theta_8,U_5,\theta_5,U_7,\theta_7,U_9,\theta_9)\in \mathbf{R}^{16} \tag{9-129}$$

$$\boldsymbol{p}=(\lambda,P_{m,2},P_{m,3})\in \mathbf{R}^{3} \tag{9-130}$$

上述模型中涉及的系统参数取值如表 9-5 所示，有几点需要指出：①对于任意支路 ij，其导纳满足 $Y_{ij}\angle\psi_{ij}=Y_{ji}\angle\psi_{ij}$，两端的对地充电导纳满足 $B_{ij}=B_{ji}$；②所有时间变量的单位均为秒；③所有角度变量的单位均为弧度，所有速度变量的单位为弧度/秒。除此之外，系统参数的单位均取标幺值。

表 9-5 WSCC 三机九节点系统参数取值

ω_B	$X_{d,2}$	$X'_{d,2}$	$X_{q,2}$	$X'_{q,2}$	$T'_{d0,2}$	$T'_{q0,2}$	H_2	D_2	$T_{A,2}$	$K_{A,2}$
377.00	0.8958	0.1198	0.8645	0.1969	6.00	0.54	6.4	0.05	0.02	50
$X_{d,3}$	$X'_{d,3}$	$X_{q,3}$	$X'_{q,3}$	$T'_{d0,3}$	$T'_{q0,3}$	H_3	D_3	$T_{A,3}$	$K_{A,3}$	B_{45}
0.90	0.10	0.85	0.10	8.00	0.25	3.01	0.05	0.02	50	0.149
B_{56}	B_{67}	B_{78}	B_{89}	B_{49}	Y_{18}	ψ_{18}	Y_{24}	ψ_{24}	Y_{36}	ψ_{36}
0.209	0.358	0.158	0.176	0.153	1/0.0576	$-\pi$	1/0.0625	$-\pi$	1/0.0586	$-\pi$
Y_{89}	ψ_{89}	Y_{78}	ψ_{78}	Y_{49}	ψ_{49}	Y_{67}	ψ_{67}	Y_{45}	ψ_{45}	Y_{56}
1/0.0856	−1.4537	1/0.093	−1.3881	1/0.164	−1.3746	1/0.1744	−1.3453	1/0.1114	−1.4533	1/0.1015
ψ_{56}	$U_{ref,2}$	$U_{ref,3}$	$P_{m,2}$	$P_{m,3}$	P^0_{L5}	Q^0_{L5}	P^0_{L7}	Q^0_{L7}	P^0_{L9}	Q^0_{L9}
−1.4533	1.1223	1.1223	1.0	1.0	1.0	0.5	1.0	0.5	1.0	0.5

9.4.2 系统初始点的小扰动稳定性分析

设初始时刻，系统的负荷水平为 $\lambda=1.0$，利用式(9-131)可求解系统的平衡状态。

$$\begin{cases}\boldsymbol{f}(\boldsymbol{x},\boldsymbol{y},\boldsymbol{p})=0\\ \boldsymbol{g}(\boldsymbol{x},\boldsymbol{y},\boldsymbol{p})=0\end{cases} \tag{9-131}$$

式中，$\boldsymbol{p}=\boldsymbol{p}^0=(\lambda^0,P^0_{m,2},P^0_{m,3})=(1.0,1.0,1.0)$，可得系统此时的平衡点为

$$\boldsymbol{x}^0=[0.5528,\ 0,\ 1.0217,\ 0.4313,\ 1.5700,\ 0.5460,\ 0,\ 1.0055,\ 0.4936,\ 1.5538] \tag{9-132}$$

$$\boldsymbol{y}^0=[0.7065,\ 0.6460,\ 0.6854,\ 0.6581,\ 1.0752,\ -0.0380,\ 1.0778,\ -0.0421,\ 1.0114,\ -0.0590,\ 1.0545,\ -0.0850,\ 1.0068,\ -0.1067,\ 1.0094,\ -0.1019] \tag{9-133}$$

在上述平衡点处，对系统方程进行线性化，可得如下线性化 DAE 模型：

$$\begin{cases}\Delta\dot{\boldsymbol{x}}=\widetilde{\boldsymbol{A}}(\boldsymbol{p}^0)\Delta\boldsymbol{x}+\widetilde{\boldsymbol{B}}(\boldsymbol{p}^0)\Delta\boldsymbol{y}\\ \boldsymbol{0}=\widetilde{\boldsymbol{C}}(\boldsymbol{p}^0)\Delta\boldsymbol{x}+\widetilde{\boldsymbol{D}}(\boldsymbol{p}^0)\Delta\boldsymbol{y}\end{cases} \tag{9-134}$$

式中

$$\widetilde{\boldsymbol{A}}(\boldsymbol{p}^0)=\left.\frac{\partial \boldsymbol{f}}{\partial \boldsymbol{x}}\right|_{(x^0,y^0,p^0)}=\begin{bmatrix}\widetilde{\boldsymbol{A}}_1 & 0\\ 0 & \widetilde{\boldsymbol{A}}_2\end{bmatrix}\in \mathbf{R}^{10\times 10}$$

$$\widetilde{\boldsymbol{B}}(\boldsymbol{p}^0)=\left.\frac{\partial \boldsymbol{f}}{\partial \boldsymbol{y}}\right|_{(x^0,y^0,p^0)}=\begin{bmatrix}\widetilde{\boldsymbol{B}}_1 & 0 & 0\\ 0 & \widetilde{\boldsymbol{B}}_2 & 0\end{bmatrix}\in \mathbf{R}^{10\times 16}$$

$$\widetilde{\boldsymbol{C}}(\boldsymbol{p}^0)=\left.\frac{\partial \boldsymbol{g}}{\partial \boldsymbol{x}}\right|_{(x^0,y^0,p^0)}=\begin{bmatrix}\widetilde{\boldsymbol{C}}_1 & \widetilde{\boldsymbol{C}}_2\\ 0 & 0\end{bmatrix}\in \mathbf{R}^{16\times 10}$$

$$\widetilde{\boldsymbol{D}}(\boldsymbol{p}^0)=\left.\frac{\partial \boldsymbol{g}}{\partial \boldsymbol{y}}\right|_{(x^0,y^0,p^0)}=\begin{bmatrix}\widetilde{\boldsymbol{D}}_1 & \widetilde{\boldsymbol{D}}_2\\ \widetilde{\boldsymbol{D}}_3 & \widetilde{\boldsymbol{D}}_4\end{bmatrix}\in \mathbf{R}^{16\times 16}$$

上述各矩阵的子块的数值如下：

$$\widetilde{\boldsymbol{A}}_1=\begin{bmatrix}0 & 377 & 0 & 0 & 0\\ 0 & -0.3906\text{E}-2 & -0.5047\text{E}-1 & 0.5520\text{E}-1 & 0\\ 0 & 0 & -0.1667 & 0 & 0.1666\\ 0 & 0 & 0 & -1.8519 & 0\\ 0 & 0 & -2.1475\text{E}+3 & 1.2799\text{E}+3 & -50\end{bmatrix}$$

$$\widetilde{\boldsymbol{A}}_2=\begin{bmatrix}0 & 377 & 0 & 0 & 0\\ 0 & -0.8306\text{E}-2 & -0.1093 & 0.1139 & 0\\ 0 & 0 & -0.1250 & 0 & 0.1250\\ 0 & 0 & 0 & -4.0000 & 0\\ 0 & 0 & -2.1465\text{E}+3 & 1.2816\text{E}+3 & -50\end{bmatrix}$$

$$\widetilde{\boldsymbol{B}}_1=\begin{bmatrix}0 & 0\\ 0.3759\text{E}-1 & -0.8408\text{E}-1\\ 0.1293 & 0\\ 0 & -1.2363\\ -257.2724 & -252.0148\end{bmatrix},\qquad \widetilde{\boldsymbol{B}}_2=\begin{bmatrix}0 & 0\\ 0.8199\text{E}-1 & -0.1670\\ 0.1000 & 0\\ 0 & -3.0000\\ -214.6529 & -128.1567\end{bmatrix}$$

$$\widetilde{\boldsymbol{C}}_1=\begin{bmatrix}-18.7397 & 0 & -8.9360 & -14.9934 & 0\\ -1.0000 & 0 & -14.9934 & 8.9360 & 0\\ 0 & 0 & 0 & 0 & 0\\ 0 & 0 & 0 & 0 & 0\\ 18.7397 & 0 & 9.5821 & 14.2869 & 0\\ -1.0000 & 0 & 14.2869 & -9.5821 & 0\\ 0 & 0 & 0 & 0 & 0\\ 0 & 0 & 0 & 0 & 0\end{bmatrix},\qquad \widetilde{\boldsymbol{C}}_2=\begin{bmatrix}0 & 0 & 0 & 0 & 0\\ 0 & 0 & 0 & 0 & 0\\ -20.0463 & 0 & -9.5459 & -15.9887 & 0\\ -1.0000 & 0 & -15.9887 & 9.5459 & 0\\ 0 & 0 & 0 & 0 & 0\\ 0 & 0 & 0 & 0 & 0\\ 20.0463 & 0 & 10.2040 & 15.3033 & 0\\ -1.0000 & 0 & 15.3033 & -10.2040 & 0\end{bmatrix}$$

$$\widetilde{\boldsymbol{D}}_1=\begin{bmatrix}-1.6290 & 3.8893 & 0 & 0 & -0.9301 & 18.7397 & 0 & 0\\ -2.7333 & -2.3180 & 0 & 0 & 17.4296 & 1.0000 & 0 & 0\\ 0 & 0 & -1.5140 & 2.5358 & 0 & 0 & -0.9278 & 20.0463\\ 0 & 0 & -2.5358 & -1.5140 & 0 & 0 & 18.5985 & 1.0000\\ 1.1479 & -2.8131 & 0 & 0 & -2.4096 & -35.4515 & 0 & 0\\ 1.7116 & 1.8867 & 0 & 0 & -32.9730 & 2.5907 & 0 & 0\\ 0 & 0 & 1.0204 & -1.5303 & 0 & 0 & -2.6269 & -37.3555\\ 0 & 0 & 1.5303 & 1.0204 & 0 & 0 & -34.6575 & 2.8315\end{bmatrix}$$

$$\widetilde{\boldsymbol{D}}_2=\begin{bmatrix}0&0&0&0&0&0&0&0\\0&0&0&0&0&0&0&0\\0&0&0&0&0&0&0&0\\0&0&0&0&0&0&0&0\\0&0&0.6806&10.1524&0&0&0.8649&6.5594\\0&0&9.6274&-0.7177&0&0&6.4986&-0.8730\\0&0&0.7915&11.1671&0.9900&6.1421&0&0\\0&0&10.5897&-0.8347&6.1005&-0.9968&0&0\end{bmatrix}$$

$$\widetilde{\boldsymbol{D}}_3=\begin{bmatrix}0&0&0&0&0&0&0&0\\0&0&0&0&0&0&0&0\\0&0&0&0&9.3384&-1.6661&10.2561&-1.7887\\0&0&0&0&1.5497&10.0404&1.6595&11.0545\\0&0&0&0&0&0&5.5318&-1.7802\\0&0&0&0&0&0&1.6516&5.9624\\0&0&0&0&5.9476&-1.7018&0&0\\0&0&0&0&1.5828&6.3947&0&0\end{bmatrix}$$

$$\widetilde{\boldsymbol{D}}_4=\begin{bmatrix}-3.3565&-40.2700&0&0&1.4644&10.8494&0.8761&11.8928\\-39.8175&3.3947&0&0&10.7758&-1.4744&11.7825&-0.8843\\0&0&-19.0558&3.4548&0&0&0&0\\0&0&-1.3796&-21.0949&0&0&0&0\\10.5401&-2.5001&0&0&-15.5164&4.2803&0&0\\2.4720&10.6599&0&0&-2.2648&-16.6223&0&0\\11.6410&-1.8999&0&0&0&0&-17.0088&3.6017\\1.8786&11.7733&0&0&0&0&-1.5868&-18.1680\end{bmatrix}$$

进一步，根据式(9-134)可得降阶后的系统线性化动态方程

$$\Delta\dot{\boldsymbol{x}}=\boldsymbol{A}(\boldsymbol{p}^0)\Delta\boldsymbol{x} \tag{9-135}$$

$$\boldsymbol{A}(\boldsymbol{p}^0)=\boldsymbol{A}(\boldsymbol{p}^0)-\boldsymbol{B}(\boldsymbol{p}^0)\boldsymbol{D}(\boldsymbol{p}^0)^{-1}\boldsymbol{C}(\boldsymbol{p}^0)=\begin{bmatrix}\boldsymbol{A}_1&\boldsymbol{A}_2\\\boldsymbol{A}_3&\boldsymbol{A}_4\end{bmatrix} \tag{9-136}$$

式中

$$\boldsymbol{A}_1=\begin{bmatrix}0&377&0&0&0\\-0.2313&-0.3906\mathrm{E}-2&-0.1592&-0.1437&0\\-0.2290&0&-0.4958&0.1202\mathrm{E}-1&0.1667\\-2.4220&0&-0.1922&-4.8280&0\\-38.2477&0&-1531.9694&649.3117&-50\end{bmatrix} \tag{9-137}$$

$$\boldsymbol{A}_2=\begin{bmatrix}0&0&0&0&0\\0.9565\mathrm{E}-1&0&0.5222\mathrm{E}-1&0.6949\mathrm{E}-1&0\\0.9073\mathrm{E}-1&0&0.1905&-0.3271\mathrm{E}-2&0\\1.0187&0&-0.4612\mathrm{E}-1&1.0358&0\\27.1795&0&-388.3092&217.6495&0\end{bmatrix} \tag{9-138}$$

$$A_3=\begin{bmatrix} 0 & 0 & 0 & 0 & 0 \\ 0.2017 & 0 & 0.1138 & 0.1366 & 0 \\ 0.6649E-1 & 0 & 0.1474 & -0.4092E-2 & 0 \\ 2.6445 & 0 & -0.1265 & 2.5138 & 0 \\ -29.7495 & 0 & -321.7026 & 116.1709 & 0 \end{bmatrix} \tag{9-139}$$

$$A_4=\begin{bmatrix} 0 & 377 & 0 & 0 & 0 \\ -0.5620 & -0.8306E-2 & -0.3623 & -0.3810 & 0 \\ -0.1771 & 0 & -0.3819 & 0.1543E-1 & 0.1250 \\ -7.4856 & 0 & -0.7606 & -13.1164 & 0 \\ 60.3492 & 0 & -1627.6067 & 859.0000 & -50 \end{bmatrix} \tag{9-140}$$

进一步可得系统在初始运行情况下的特征值，所得结果见表 9-6。不难看到，系统在初始状态下的特征值均位于虚轴左侧，系统此时是小扰动稳定的。

表 9-6　初始状态下 WSCC 三机九节点系统的特征值

编号	特征值	编号	特征值	编号	特征值	编号	特征值
1	−46.2262	4	−7.5025	7	−2.1397−j14.1262	10	−0.7109−j8.1039
2	−43.3861	5	−3.1543	8	−2.1062		
3	−10.7579	6	−2.1397+j14.1262	9	−0.7109+j8.1039		

9.4.3　系统负荷水平变动对小扰动稳定性的影响

令系统负荷水平 λ 从 1.0 开始缓慢增长，每得到一个负荷水平 λ 后，采用上一小节的方法，求解系统的特征值并依此判断系统的小扰动稳定性。图 9-15 绘制了系统负荷节点 5,7,9 的电压随 λ 增长的变化情况，并在图 9-16 中绘出了在此过程中，系统关键特征值的变化，图中箭头指示了负荷水平 λ 的增长方向。从图 9-15 和图 9-16 可以看到，系统在负荷水平不断增大的过程中，首先出现了 Hopf 分岔（即由一对共轭特征值从左侧穿越虚轴进入右侧），然后才出现鞍节点分岔（SNB）。系统在 SNB 和 Hopf 分岔点处的特征值如表 9-7 所示，两分岔点处的信息如下：

HB：$\lambda_{\mathrm{HB}}=2.1440\ \mathrm{p.u.}$　(9-141)

$$\boldsymbol{x}_{\mathrm{HB}}=[-0.3484,\ 0,\ 1.2438,\ -0.2517,\ 2.7121,\ -0.3844,\ 0,\ 1.2145,\ 0.2794,\ 2.7824] \tag{9-142}$$

$$\boldsymbol{y}_{\mathrm{HB}}=[1.8921,\ 0.3770,\ 1.9598,\ 0.3725,\ 0.9644,\ -0.7191,\ 0.9650,\ -0.7427,\ 0.8466,\ -0.3346,\ 0.8866,\ -0.8572,\ 0.7533,\ -0.6650,\ 0.7774,\ -0.6401] \tag{9-143}$$

SNB：$\lambda_{\mathrm{SNB}}=2.1893\mathrm{p.u.}$　(9-144)

$$\boldsymbol{x}_{\mathrm{SNB}}=[-0.5351,\ 0,\ 1.2884,\ 0.2261,\ 3.0226,\ -0.5776,\ 0,\ 1.2538,\ 0.2503,\ 3.1128] \tag{9-145}$$

$$\boldsymbol{y}_{\mathrm{SNB}}=[2.2348,\ 0.3387,\ 2.3238,\ 0.3337,\ 0.9353,\ -0.8774,$$

$$0.9357,\quad -0.9076,\quad 0.7898,\quad -0.3821,\quad 0.8506,$$
$$-1.0312,\quad 0.6733,\quad -0.8000,\quad 0.7050,\quad -0.7653]$$
(9-146)

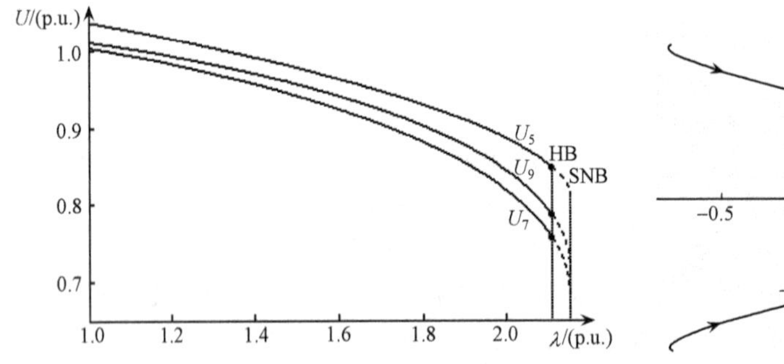

图 9-15　λ 增长时负荷电压的变化情况

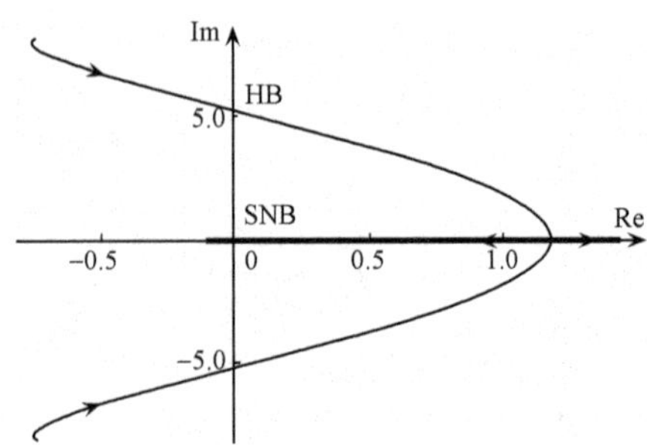

图 9-16　λ 增长时系统关键特征值变动轨迹

表 9-7　WSCC 三机九节点系统在 Hopf 分岔点和鞍节点分岔点处的特征值

Hopf 分岔点处的特征值				鞍节点分岔点处的特征值			
编号	特征值	编号	特征值	编号	特征值	编号	特征值
1	−45.7357	6	−3.4531	1	−45.6620	6	−3.7002
2	−39.0816	7	−1.4857+j12.4351	2	−33.5743	7	−1.0935+j11.9003
3	−12.3175	8	−1.4857−j12.4351	3	−18.9469	8	−1.0935−j11.9003
4	−11.0211	9	0.0+j5.0862	4	−11.8414	9	0
5	−4.8019	10	0.0−j5.0862	5	−5.0572	10	2.4194

从上述计算结果可知，在负荷水平缓慢增大过程中，系统的小扰动稳定性水平逐渐降低。导致系统小扰动稳定性失去的诱因，通常有 Hopf 分岔和鞍节点分岔两种：当 Hopf 分岔出现后，系统通常会出现振荡失稳；当负荷水平不断增大时，若首先出现鞍节点分岔，则系统出现单调失稳。对于本系统而言，在负荷缓慢增长过程中，首先出现了 Hopf 分岔，因此，系统失稳将表现为振荡方式。图 9-17 示意了 λ＝2.13 p. u.（稳定情况）时和 λ＝2.15 p. u.（不稳定情况）时系统平衡点在受到微小扰动后 δ_2 的变化情况。不难看到，当负荷水平小于 Hopf 分岔点处的数值(2.1440p. u.)时，受到微小扰动后，系统运行点将衰减振荡回到原平衡点；而当负荷水平大于 Hopf 分岔点处的数值后，受到微小扰动，经增幅振荡逐渐发散，从而失去系统稳定性。

9.4.4　发电机出力对系统小扰动稳定性的影响

由上面分析可知，当发电机 2 和发电机 3 的输入功率均为 1.0p. u.，负荷水平 λ 增长到 2.1440p. u. 时，系统将出现 Hopf 分岔而失去小扰动稳定性。我们下面讨论，当发电机出力（由机械输入功率 P_m 决定）改变时，系统的小扰动稳定性如何变化。

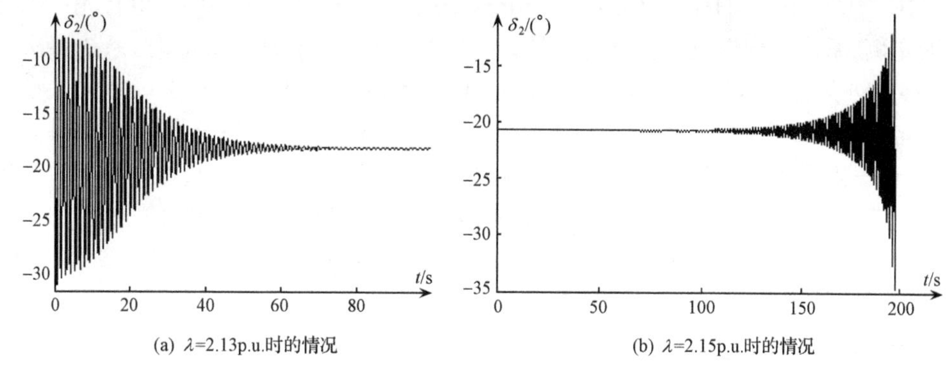

(a) λ=2.13p.u.时的情况　　(b) λ=2.15p.u.时的情况

图 9-17　λ 取不同数值时的仿真结果

以 λ=2.1440p.u.为例，当 $P_{m,2}=P_{m,3}$=1.0p.u.时，系统刚好出现 Hopf 分岔点。现在固定 λ=2.1440p.u.和 $P_{m,3}$=1.0p.u.，而逐渐改变 $P_{m,2}$ 的取值，依次求解 $P_{m,2}$ 在取不同值时的系统平衡点，并对其小扰动稳定性加以分析，所得结果如图 9-18(a)所示。图中实线部分为稳定区域，虚线部分为不稳定区域。HB 即为图 9-15 中的 Hopf 分岔点。当 $P_{m,2}$ 取值增大时，系统全部特征值将重新回到复平面的左侧，系统重新恢复其小扰动稳定性；但当 $P_{m,2}$ 增大至 2.8096p.u.时，系统再次出现了 Hopf 分岔；之后，$P_{m,2}$ 再增大，将有位于虚轴右侧的特征值，系统失去小扰动稳定性。在 $P_{m,2}$ 增大过程中，系统关键特征值的变化情况见图 9-18(b)，箭头指示了 $P_{m,2}$ 增大的方向。从中可以看出，一对共轭特征值首先自右向左穿越虚轴，使得系统在 HB～HB1 是小扰动稳定的；而在 HB1 之后，它又自左向右穿越虚轴，系统重新回到小扰动不稳定状态。

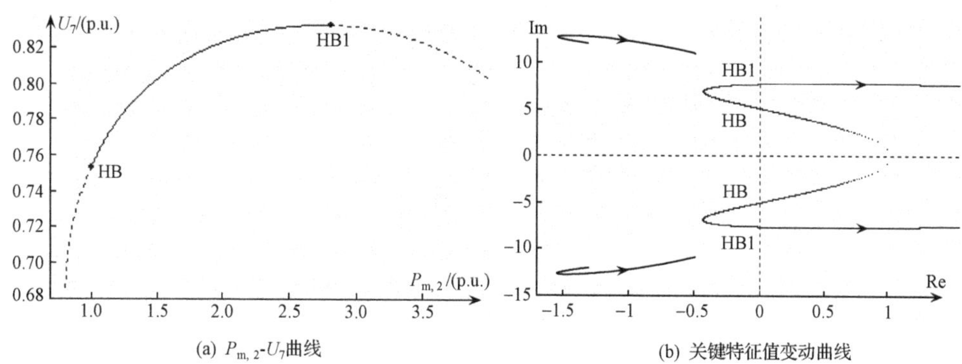

(a) $P_{m,2}$-U_7曲线　　(b) 关键特征值变动曲线

图 9-18　λ=2.1440p.u.，$P_{m,3}$=1.0p.u.不变，$P_{m,2}$变动时的系统小扰动稳定性分析

与上述分析过程类似，固定 λ=2.1440p.u.和 $P_{m,2}$=1.0p.u.，而逐渐改变 $P_{m,3}$ 的取值，依次求解 $P_{m,3}$ 在取不同值时的系统平衡点，并对其小扰动稳定性加以分析，所得结果如图 9-19(a)所示。同样图中实线部分为稳定区域，虚线部分为不稳定区

域，HB 与图 9-15 中 HB 含义相同。当 $P_{m,3}$ 增大时，同样也是全部特征值首先回到复平面左侧，系统重新恢复小扰动稳定性；而当 $P_{m,3}$ 增大至 2.8654p.u. 时，系统再次发生 Hopf 分岔；之后，当 $P_{m,3}$ 再增大时，将有位于虚轴右侧的特征值，系统将失去小扰动稳定性。不难看到，上述场景与 $P_{m,2}$ 增大的过程非常类似，但其产生的原因却不相同，这一点可由图 9-19(b)看到，该图示意了 $P_{m,3}$ 变化引起系统关键特征值的变化情况。与 $P_{m,2}$ 变化时由一对共轭特征值导致 Hopf 分岔点 HB，HB1 的不同，在 $P_{m,3}$ 变化时，由两对不同的共轭特征值导致两个 Hopf 分岔点 HB，HB2 的产生，当 HB2 出现后，系统重新失去小扰动稳定性。

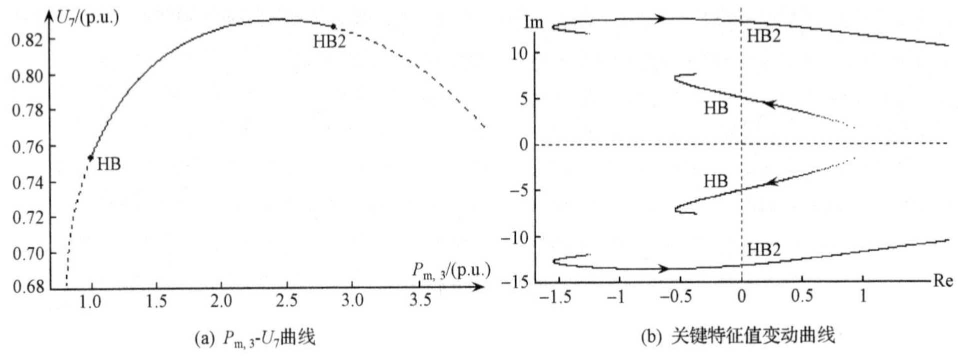

图 9-19　λ=2.1440p.u.，$P_{m,3}$ 和 $P_{m,2}$ 变动时系统小扰动稳定性变化

在 $P_{m,2}$-$P_{m,3}$ 空间上，所有保证系统小扰动稳定性的点构成了系统可(小扰动)稳定运行的区域，常被称为电力系统小扰动稳定域(small signal stability region，SSSR)。其内每一个点，都对应着系统一个可稳定运行的平衡状态，而其边界则由小扰动稳定临界点构成，如 Hopf 分岔、鞍节点分岔等。图 9-20 给出了在 $P_{m,2}$-$P_{m,3}$ 空间上，当 λ=2.1440p.u. 时的电力系统小扰动稳定域。从中可以看到：

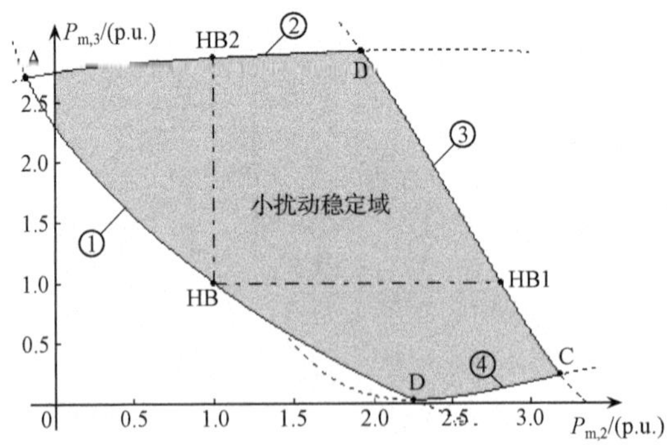

图 9-20　λ=2.1440p.u.，在 $P_{m,2}$-$P_{m,3}$ 空间中的系统小扰动稳定运行区域

(1) 此时系统的小扰动稳定域是由曲线①～④围成的一个封闭区域，可以验证①～④均为 Hopf 分岔曲线，对应着系统四种临界稳定状态，即在四条边界曲线上的

任一点处，都存在一对位于虚轴上的共轭特征值，而在四条曲线的交点 A,B,C,D 处则存在两对共轭特征值位于虚轴之上，具体数据参见表 9-8。

表 9-8　A,B,C,D 四点处的特征值

编号	A 点	B 点	C 点	D 点
1	−45.9453	−46.6104	−45.9684	−45.7914
2	−41.3001	−42.1759	−41.0685	−40.0641
3	−11.0910+5.0267j	−9.9246+4.5925j	−9.9369+0.7988j	−10.6206+2.0227j
4	−11.0910−5.0267j	−9.9246−4.5925j	−9.9369−0.7988j	−10.6206−2.0227j
5	−4.4450	−5.5996	−6.5063	−5.8333
6	−3.5887	−3.1158	−4.1881	−3.8337
7	0+13.0871j	0+13.2897j	0+11.1993j	0+11.6204j
8	0−13.0871j	0−13.2897j	0−11.1993j	0−11.6204j
9	0+5.9726j	0+7.7270j	0+7.4346j	0+5.6063j
10	0−5.9726j	0−7.7270j	0−7.4346j	0−5.6063j

(2) 图 9-20 中的水平点划线，对应着图 9-18 的情形，即 $P_{m,3}$ 保持不变而 $P_{m,2}$ 变动时的情形；图 9-20 中的垂直点划线，则对应着图 9-19 的情形，即 $P_{m,2}$ 保持不变而 $P_{m,3}$ 变动时的情形。这两种情形，对应着实际电力系统两种不同的发电机调度方式。可以看到，当调度方式不同时，系统的稳定性状况也不相同，在系统失稳时，失稳方式也将不同。但对于本系统，当负荷水平 λ 一定时，$P_{m,2}$-$P_{m,3}$ 空间上的系统小扰动稳定域是一定的。调度方式的改变，并不影响小扰动稳定域的构成，它只会影响系统当前运行点在稳定域内的位置。

需要指出的是，$P_{m,2}$，$P_{m,3}$ 为发电机的机械输入功率，数值不能为负，但为描述方便，图 9-20 将 $P_{m,2}<0$ 的部分也绘出，但实际的小扰动稳定域对应着图中阴影部分。

9.4.5　综合考虑负荷水平和调度方式变化对系统小扰动稳定性的影响

采用与图 9-20 类似的计算方式，计算 λ 在 1.2～2.5p.u. 变动时系统的小扰动稳定域，部分结果见图 9-21，图中阴影部分即为系统的小扰动稳定域。由该图可以看出，负荷水平的大小对小扰动稳定域的影响非常显著。

在负荷水平降低时，理论上的系统小扰动稳定域（即不考虑 $P_{m,2}$ 和 $P_{m,3}$ 的下限）显著增大，但考虑到 $P_{m,2}$ 和 $P_{m,3}$ 取值不能小于 0，因此，在 λ 减小到 1.611p.u. 后，负荷水平进一步降低，系统的小扰动稳定域的区域并未明显增大，这主要源于小扰动稳定域的上边界和右边界受负荷水平变动的影响较小。

当负荷水平增大时，小扰动稳定域则显著减小，直至 $\lambda\approx2.5879$p.u. 时，小扰动稳定域完全消失，此时系统将不再有任何可稳定运行的点。

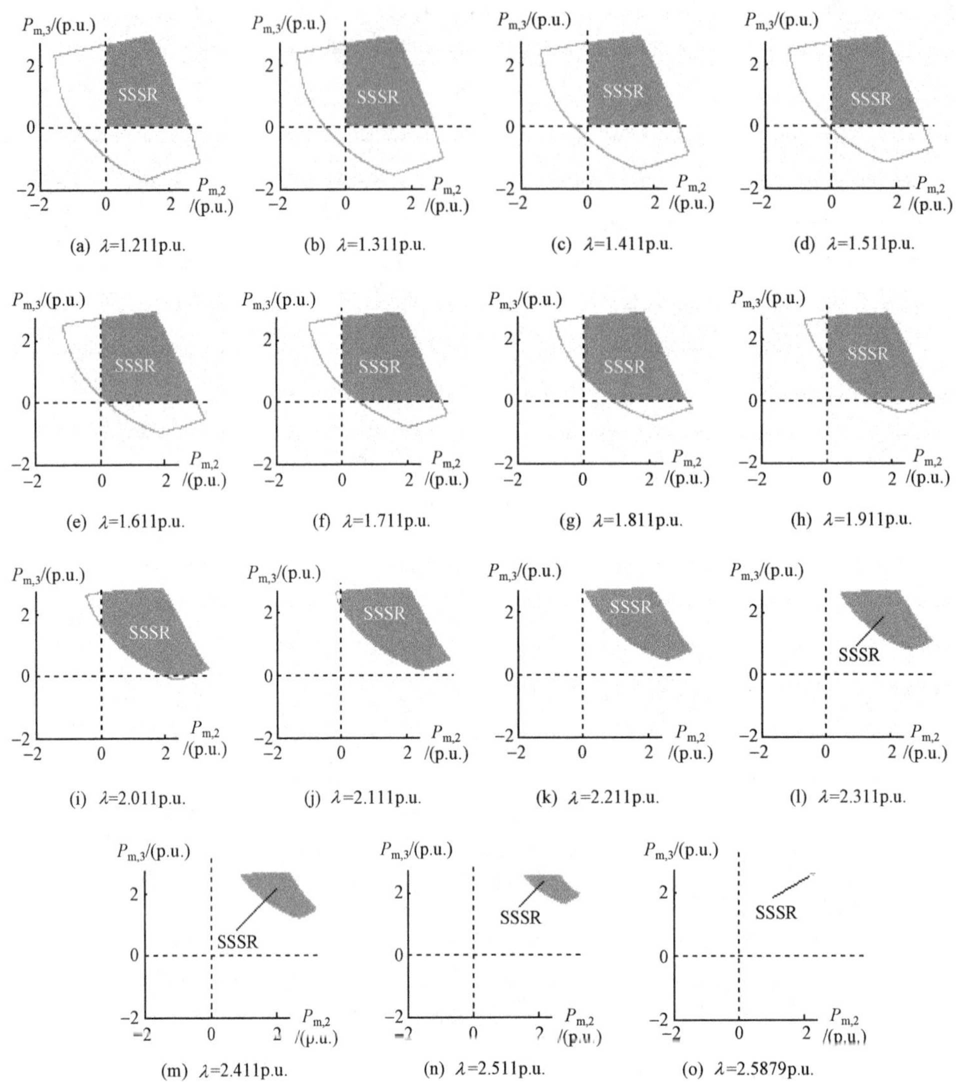

图 9-21　λ在 1.2～2.5p.u.变动时的系统小扰动稳定域

思　考　题

9-1　我国在全国联网实现的初期，曾出现系统之间频率很低的(超)低频振荡，频率低于 1Hz。电力系统的运行经验表明，系统区域之间的振荡频率会随着系统联网规模的扩大不断降低，试分析这一现象出现的原因。

9-2　单机无穷大系统如题 9-2 图所示，已知各元件参数标幺值如下。发电机 G：$x_d = x_q = 1.62$，$T_J = 10s$；变压器 T1 和 T2：$x_{T1} = 0.14$，$x_{T2} = 0.11$；线路 L：双回线电抗 $x_L = 0.293$。系统的初始运行状态为 $U_0 = 1.0$，$S_0 = 1.0 + 0.2j$。假设发电机不存在 AVR，且不考虑发电机阻尼的影响。试求：

(1) 系统在初始运行状态下受到微小扰动时的自由振荡频率；

(2) 当发电机功角变为 40°,60°和 80°时的系统自由振荡频率。

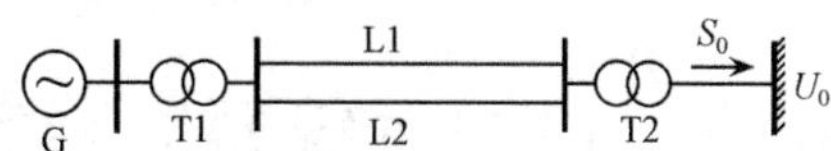

题 9-2 图　单机无穷大系统

9-3　在题 9-2 中,考虑发电机的综合阻尼 $D=0.09$,且分析发电机功角 δ 不断增加时,试求：

(1) 绘制系统特征值随功角 δ 增大变化的轨迹；

(2) 当功角 δ 增大到多少时,系统在小扰动之后将不产生振荡(即非周期地恢复到原来的运行状态)?

(3) 在功角 δ 不断增大的过程中,将因为出现何种分岔而导致系统小扰动稳定性的破坏?

9-4　在题 9-2 中,系统保持初始运行状态不变,当发电机综合阻尼 $D=0.3$ 时,试分析：

(1) 此时系统受到小扰动之后的运动变化规律；

(2) 发电机阻尼 D 缓慢变小,试绘制此时系统特征值变化的轨迹；

(3) 在 D 减小过程中,系统会因出现何种分岔而导致系统小扰动稳定性的破坏?

9-5　如题 9-2 图所示的单机无穷大系统,系统参数如下。发电机：$x_d=1.2$，$x_q=0.8$，$x_d'=0.3$；变压器：$x_{T1}=0.14$，$x_{T2}=0.12$；线路：双回线 $x_L=0.35$；系统的初始状态：$U_0=1.0$，$S_0=0.9+0.18j$。试计算下述情况下发电机的功率极限 P_{Gm} 和小扰动稳定储备系数 $K_{sm(P)}$。

(1) 当发电机无励磁调节器,$E_q=E_{q0}=$常数时；

(2) 当发电机有励磁调节器,$E'=E_0'=$常数时；

(3) 对于上述两种场景,将发电机抵达 P_{Gm} 时对应的线路功率 P_L 取为 P_{Lm},并计算 $K_{Lm(P)}=(P_{Lm}-P_L)/P_{Lm}\times 100$,对比 $K_{Lm(P)}$ 和 $K_{sm(P)}$,试说明采用哪一种储备系数更能反映系统的小扰动稳定性。

第10章　电力系统暂态稳定性

本章主要研究电力系统在受到大扰动后的运行变化规律。首先给出判断简单电力系统暂态稳定性的等面积准则,然后介绍电力系统暂态稳定性分析的一般方法。

10.1　概　　述

电力系统在正常运行时,会时常受到一些较大扰动的影响,如系统出现的各种短路故障,投入或切除大容量的负荷,发电机、线路和变压器等主要元件的突然投入或切除等。大扰动会引发电力系统出现明显的暂态过程,导致节点电压、发电机功角、支路潮流等出现振荡现象。电力系统的暂态稳定性(transient stability),主要研究电力系统在经受较大扰动后的运动变化规律。

10.1.1　大扰动后的暂态过程

当电力系统出现较大扰动(如短路故障)后,首先出现短暂的电磁暂态过程,并很快衰减。但由于此时系统结构和运行参数已发生了较大变化,由此导致部分受影响的支路潮流、节点电压、发电机输出功率也随之变化。对于受影响的发电机,由于原动机及调速器环节的响应速度较慢(响应时间一般在数十秒到数分钟之间),原动机的输出机械功率短时间内难以改变,从而造成这些发电机转子的平衡状态被破坏。在不平衡转矩作用下,转子出现加速和减速情况。由于系统中各发电机转子的转动惯量各不相同,加之各发电机转子上所受的不平衡转矩也各不相同,从而导致系统中受影响的发电机的转速变化各不相同,由此引发系统中各发电机转子之间的相对运动,并导致各发电机转子之间相对角度的变化。发电机转子间相对角度的变化,反过来又进一步影响各发电机的输出功率和网络支路的潮流分布。上述过程,以发电机转子的机械运动和电磁功率变化为主,故常被称为电力系统的机电暂态过程。

大扰动后的电力系统暂态过程实际上非常复杂,不仅包含上述电磁暂态和机电暂态过程,还将包含众多控制设备的交互作用。① 保护装置检测到系统故障后,将快速切除故障元件,系统从故障中状态跳变到故障后状态。保护装置的动作,一般情况下有利于系统暂态过程的消除,有利于系统稳定,但在某些情况下,也可能导致系统运行状况的进一步恶化,如自动重合闸的操作将永久性故障元件再次投入系统,相当于系统先后受到两次故障的冲击。② 发电机的端电压、输出功率、输出电流和发电机转速的变化,将引起发电机励磁调节器和电力系统稳定器(PSS)的调节作用,由此导致励磁回路的励磁电流和电势的改变,进一步影响到发电机的机端电压和输出功率。③ 支路潮流的变化,将引起系统中一些控制装置的调节作用,包括柔性交流输电设备(FACTS),如静止无功补偿器(SVC)、可控串补(TCSC)、统一潮流控制器(UPFC)等,以及高压直流系统(HVDC)控制环节的动作。这些调节作用,反过来又影响被控支路的潮流。上述设备所涉及的暂态过程的时间跨度一般较短,约为 5~10s。当系统受到较严重的扰动后,系统的频率、电压和潮流将发生较大偏移,从而出现较长的动态行为,时间跨度可从 10s 到数分钟甚至数小时,此时就需要考虑一些响应速度较慢的动态元件的影响,包括:① 发电机转速的变化,将引起调速器系统和自动发电控制系统(AGC)的动作,进一步导致锅炉、汽机或水轮机等后续环节的变化;② 节点电压幅值的持续变化,将引起非线性负荷(如电加热器、电热炉等)的缓慢变动,以及一些以保持母线电压为目的控制设备的动作,如有载调压变压器(OLTC)和可投切电容器组等。上述各种电气元件和控制设备的不同响应交织在一起,构成扰动后电力系统复杂的暂态过程。

电力系统暂态过程的持续时间不管多长,最后将有两种结局。一种结局是,各发电机转子之间的相对角位移随时间不断衰减,最后消失,系统过渡到一个新的稳定运行状态(平衡状态),各发电机在新的平衡状态下保持同步运行,并能保证系统中关键的电气量在合理和可接受的范围内,此时称电力系统是暂态稳定的。第二种结局是,部分发电机相对于系统中其他发电机的角度差持续拉大,最终导致这些发电机与其他发电机失去同步(情形一);或者系统中一些关键节点的电压持续偏低,无法保证其所连电气设备正常运行(情形二)。两种情形均表明电力系统在经历暂态之后,无法重新回到稳定运行状况,称此时系统出现了暂态失稳,其中情形一常被称为暂态功角失稳,而情形二则称为暂态电压失稳。当系统出现暂态功角失稳时,一些发电机与系统中的其他发电机无法保持同步,其转速将高于或低于系统的额定转速,从而导致这些发电机的输出功率、电流、电压等发生大幅度摇摆,进一步导致一些受影响的发电机和负荷被切除,严重时甚至会导致系统解列或瓦解。同样,当系统中出现暂态电压失稳时,往往会导致一些电气设备因为低电压、潮流越限而被切除,由此可能引发系统潮流的大范围转移而引发系统的连锁故障。

10.1.2　电力系统暂态稳定分析模型及其简化

如前所述,电力系统的暂态过程不仅包含由发电机转子相对运动导致的机电暂态过程,还包含变动周期非常短的电磁暂态过程和变动周期较长的慢动态过程,其场景非常复杂。理论上,电力系统暂态过程需要用如下混杂动力系统模型加以描述:

$$\begin{cases}\dot{\boldsymbol{z}}_{\mathrm{c}} = \boldsymbol{h}_{\mathrm{c}}(\boldsymbol{z}_{\mathrm{c}}, \boldsymbol{z}_{\mathrm{x}}, \boldsymbol{z}_{\mathrm{s}}, \boldsymbol{z}_{\mathrm{d}}(k), \boldsymbol{z}_{\mathrm{y}}, \boldsymbol{p}) \\ \dot{\boldsymbol{z}}_{\mathrm{x}} = \boldsymbol{h}_{\mathrm{x}}(\boldsymbol{z}_{\mathrm{c}}, \boldsymbol{z}_{\mathrm{x}}, \boldsymbol{z}_{\mathrm{s}}, \boldsymbol{z}_{\mathrm{d}}(k), \boldsymbol{z}_{\mathrm{y}}, \boldsymbol{p}) \\ \dot{\boldsymbol{z}}_{\mathrm{s}} = \boldsymbol{h}_{\mathrm{s}}(\boldsymbol{z}_{\mathrm{c}}, \boldsymbol{z}_{\mathrm{x}}, \boldsymbol{z}_{\mathrm{s}}, \boldsymbol{z}_{\mathrm{d}}(k), \boldsymbol{z}_{\mathrm{y}}, \boldsymbol{p}) \\ \boldsymbol{z}_{\mathrm{d}}(k+1) = \boldsymbol{h}_{\mathrm{d}}(\boldsymbol{z}_{\mathrm{c}}, \boldsymbol{z}_{\mathrm{x}}, \boldsymbol{z}_{\mathrm{s}}, \boldsymbol{z}_{\mathrm{d}}(k), \boldsymbol{z}_{\mathrm{y}}, \boldsymbol{p}) \\ 0 = \boldsymbol{h}_{\mathrm{y}}(\boldsymbol{z}_{\mathrm{c}}, \boldsymbol{z}_{\mathrm{x}}, \boldsymbol{z}_{\mathrm{s}}, \boldsymbol{z}_{\mathrm{d}}(k), \boldsymbol{z}_{\mathrm{y}}, \boldsymbol{p})\end{cases} \tag{10-1}$$

式中，$z_c \in \mathbf{R}^c$ 用于描述缓慢连续变动的电气参量，如原动机、恢复性负荷的变动参量；$z_x \in \mathbf{R}^n$ 用于描述系统机电暂态过程中的连续变动量，如发电机转速、功角、定子绕组和励磁绕组电势、励磁回路、PSS 回路和 FACTS 元件的控制参量等；$z_s \in \mathbf{R}^s$ 用于描述系统电磁暂态过程的变动量，如定子回路和线路的暂态量；$z_d \in \mathbf{R}^d$ 用于描述不连续的瞬变量，如 OLTC 的变比、可投切电容器组的补偿量等；$z_y \in \mathbf{R}^m$ 为代数变量；$p \in \mathbf{R}^p$ 为控制变量或称分岔变量。由于上述模型过于复杂，在电力系统暂态稳定分析中，通常根据所关注问题的不同，对系统模型进行不同的简化处理。

1. 忽略电磁暂态过程

忽略电磁暂态过程，是进行电力系统稳定性分析中通常采用的一种简化处理方式，这主要源于如下考虑：一方面，扰动后的电磁暂态过程衰减迅速，对机电暂态过程和长期动态过程的影响甚微；另一方面，忽略了定子绕组和线路的电磁暂态过程后，发电机定子绕组的电压方程和网络方程将简化为代数方程，从而使系统微分方程的阶数大大降低，有利于减少分析计算量。经这样简化处理后，在分析中将只需要考虑基频交流分量的影响，类似于电力系统的稳态分析，但由于电磁暂态过程的忽略，系统中的电压、电流和功率都允许发生突变，在电力系统稳定性分析中，这样的简化模型常被称为准稳态模型(quasi-steady state model)。经过这一简化处理，z_s 对应的微分方程将简化为如下代数方程：

$$0 = \boldsymbol{h}_s(z_c, z_x, z_s, z_d(k), z_y, \boldsymbol{p}) \tag{10-2}$$

2. 近似考虑瞬变不连续变量

存在瞬变不连续变量 z_d 时，会导致系统的部分环节需要用差分方程来描述。为减少分析过程中的计算量，通常采用如下两种方式对瞬变不连续变量加以近似考虑。一种方式为，将其近似考虑为连续变动量，此时 z_d 的变动过程将近似用如下微分方程加以描述：

$$\dot{z}_d = \boldsymbol{h}_d(z_c, z_x, z_s, z_d, z_y, \boldsymbol{p}) \tag{10-3}$$

另一种方式为，考虑到 z_d 的变动周期可能较长，在每一次参数变动的间隔内，z_d 可认为是一个给定的代数量，此时其变动过程可用如下代数方程加以描述：

$$0 = \boldsymbol{h}_d(z_c, z_x, z_s, z_d, z_y, \boldsymbol{p}) \tag{10-4}$$

3. 时标简化

当我们主要关注时间周期较短的机电暂态过程时，由于在较短的时间内，慢动态所对应的 z_c 和经过简化考虑的 z_d 的变化量非常小，此时可以将它们简化考虑为代数变量以进一步减少分析计算量。此时 z_d 对应方程如式(10-4)所示，而 z_c 对应方程将简化为

$$0 = \boldsymbol{h}_c(z_c, z_x, z_s, z_d, z_y, \boldsymbol{p}) \tag{10-5}$$

如果我们重点关注系统的慢动态过程，由于时间跨度比较长，在所关注的时间内，z_x 动态过程已经结束，因此，z_x 的变化规律可近似用如下代数方程加以考虑：

$$0 = \boldsymbol{h}_x(\boldsymbol{z}_c, \boldsymbol{z}_x, \boldsymbol{z}_s, \boldsymbol{z}_d(k), \boldsymbol{z}_y, \boldsymbol{p}) \tag{10-6}$$

4. 综合考虑

经过上述简化处理，描述电力系统动态的数学模型可统一表示为如下微分-代数方程(DAE)：

$$\begin{aligned} \dot{\boldsymbol{x}} &= \boldsymbol{f}(\boldsymbol{x}, \boldsymbol{y}, \boldsymbol{p}) \\ 0 &= \boldsymbol{g}(\boldsymbol{x}, \boldsymbol{y}, \boldsymbol{p}) \end{aligned} \tag{10-7}$$

而根据所关注问题的不同，存在如下几种情况。

(1) 当重点关注极短时间的电磁暂态过程时，$\boldsymbol{x}=[\boldsymbol{z}_s]$，$\boldsymbol{y}=[\boldsymbol{z}_c, \boldsymbol{z}_x, \boldsymbol{z}_d, \boldsymbol{z}_y]$，也即仅仅电磁暂态变量需用微分方程加以描述，而其他变量均用代数方程来加以描述。

(2) 当主要研究电力系统的机电暂态过程时，则有 $\boldsymbol{x}=[\boldsymbol{z}_x]$，$\boldsymbol{y}=[\boldsymbol{z}_s, \boldsymbol{z}_c, \boldsymbol{z}_d, \boldsymbol{z}_y]$，即此时仅考虑 $\boldsymbol{z}_x$ 的动态过程，电磁暂态量 $\boldsymbol{z}_s$、瞬变不连续变量 $\boldsymbol{z}_d$ 和慢动态过程变量 $\boldsymbol{z}_c$ 均考虑为代数变量。

(3) 当主要研究电力系统的慢动态过程时，则有两种处理方式，一种是将 $\boldsymbol{z}_d$ 考虑为连续变量，用微分方程加以描述，此时 $\boldsymbol{x}=[\boldsymbol{z}_c, \boldsymbol{z}_d]$，$\boldsymbol{y}=[\boldsymbol{z}_s, \boldsymbol{z}_x, \boldsymbol{z}_y]$；另一种处理方式则将 $\boldsymbol{z}_d$ 视为代数变量，避免出现差分方程，此时 $\boldsymbol{x}=[\boldsymbol{z}_c]$，$\boldsymbol{y}=[\boldsymbol{z}_s, \boldsymbol{z}_x, \boldsymbol{z}_y, \boldsymbol{z}_d]$。

传统的电力系统暂态稳定分析，主要研究在经受较大扰动后，电力系统中所有的发电机是否能保持同步运行的能力，模型主要采用上述第二种处理方式。在本书中，将以这种模型为主介绍电力系统的暂态稳定性，因此，本书后续章节中的暂态稳定性特指传统的电力系统暂态稳定分析。但有以下两点需要指出。

(1) 在互联运行的电力大系统中，单一故障发生后导致系统失稳的情况极少。其过程往往是，首先由一起故障引起系统运行方式的变化，致使潮流转移、设备过载等，进而又引发系统的后续故障，在此过程中，随着系统稳定性状况的不断恶化，最终引发系统较为严重的停电事故。这一过程经历的时间较长，且需要同时考虑整个发展过程的慢动态和每次故障后的机电暂态过程。

(2) 对交、直流互联的电力系统进行暂态稳定性分析时，交流系统主要考虑其机电暂态过程，而直流系统的一些变化(如换相过程)则需要考虑其电磁暂态过程，此时进行电力系统的稳定性研究，需要兼顾直流系统的电磁暂态过程和交流系统的机电暂态过程。

由于在上述场景中，都需要同时兼顾两种暂态过程(如机电暂态＋电磁暂态或机电暂态＋慢动态过程)，对电力系统稳定性分析的手段提出了更高的要求。

5. 其他简化考虑

除上述模型简化外，在进行暂态稳定仿真分析时，一般还采用如下简化措施。

(1) 当系统发生不对称故障,在进行稳定性分析时,一般不考虑零序和负序电气分量对系统稳定性的影响。这一简化处理,主要考虑了如下原因。

对于系统在不对称故障中出现的零序电气分量,一方面,由于与发电机相连接的升压变压器低压侧都采用角接方式,高压网络中的零序分量无法到达发电机;另一方面,即使有零序电流流过发电机(如发电机发生机端不对称故障),由于定子三相绕组在空间上对称分布,零序分量所产生的合成气隙磁场的磁通为零,对转子运动几乎没有影响。

对于在不对称故障中系统出现的负序电气分量,在发电机气隙中产生的合成磁场与转子旋转方向相反,在一个工频周期内负序分量对转子的做功近似为零,因此,对转子运行的影响很小。

由于在制定不对称故障的复合序网图时,正、负、零序网络存在相互耦合,因此,即使忽略了零序和负序分量的影响,零序和负序电气参数同样也会对电力系统的稳定性产生影响。

(2) 忽略系统频率变化对稳定性分析的影响。

这一方面是考虑到,在一般的暂态过程中,发电机的转速与系统同步转速非常接近,可近似考虑为同步转速;另外,系统中大量的电抗、电容参数与系统频率相关,当考虑系统频率的变化时,这些参数都将变为时变参数,系统模型将从常微分方程变为时变微分方程,仿真分析的运算量将大大增加。因此,在进行电力系统暂态稳定分析时,通常不考虑系统频率变化对各种电气参数和稳定性分析的影响,即设备的电气参数均简化考虑为恒定不变的常数。

10.1.3 电力系统暂态稳定分析方法

电力系统的暂态稳定分析方法主要有两种:数值积分法(也称时域仿真法)和直接法(也称暂态能量函数法)。

数值积分法(time-domain method):顾名思义,这种分析方法就是利用数值算法,直接通过积分求解电力系统在受到扰动之后的运行轨迹(trajectory),然后根据运行轨迹的变化规律来判断系统的稳定性。由于需要对系统故障后的运行状态进行数值积分,该方法一般情况下较为费时。当电力系统的模型、参数和初值准确获取后,理论上,数值积分方法可以完全复现系统的动态过程,具有分析结果准确、可靠的优点,因此,它一直以来都作为电力系统暂态稳定性分析的一种标准方法,常用来检验其他方法的正确性与精度。目前,电力企业在进行电力系统暂态稳定分析时,仍主要采用数值积分法。国际上已有众多成熟的、基于数值积分法的电力系统稳定性分析程序,如我国电力科学研究院(CEPRI)的综合稳定计算程序(PSASP),美国 BPA 公司的 BPA 程序(该程序在 20 世纪 80 年代初被我国电力科学研究院引进,并形成中国版 BPA 程序,在国内电力企业中获得广泛应用),美国电力科学研究院(EPRI)的 ETMSP、TRACTEBEL,法国电力公司(EDF)开发的 EUROSTAG 和巴西

CEPEL 开发的 ANATEM 等。这些程序,除可以进行电力系统的暂态稳定性分析外,往往还提供潮流计算、小扰动稳定性分析、稳定裕度评估等功能,主要用于电力系统运行和规划部门进行离线稳定性研究。

直接法(direct method):也常被称为暂态能量函数法(transient energy function method,TEF)。该方法利用 Lyapunov 稳定性判据,直接通过列解电力系统的暂态能量函数,利用故障清除时刻(fault cleaning)或逸出点(exit point)的系统暂态能量来对系统的暂态稳定性进行判稳。由于不需要对系统的故障轨迹进行精确积分,该方法具有运算速度快的特点。但由于在列解暂态能量函数时,通常需要对电力系统模型进行大量简化,因此,这种方法通常只适用于对较短时间内电力系统的暂态稳定性进行判别(常被称为电力系统的一摆稳定性)。在电力系统实际应用时,直接法常作为暂态稳定分析的故障扫描程序,即首先利用直接法运算快的特点,对系统中可能出现的大量故障进行扫描(screening),并按照其严重程度进行排序(ranking),然后将排在前面较为严重的故障交由数值仿真程序进行详细分析。

10.1.4　暂态稳定性研究的一些新问题

暂态稳定性一直以来都是电力系统运行部门和稳定性研究领域重点关注的话题,随着电力系统的不断发展,在该领域内不断出现新的问题。

1. 电力系统混合(数值)仿真

如前所述,对于交直流混联运行的电力系统,其暂态过程将同时涉及电磁暂态和机电暂态两个过程;同样,当电力系统中出现大量分布式电源时,由于这些电源的控制环节涉及大量电力电子器件,在进行暂态稳定性仿真研究时,同样需要考虑这些电力电子器件的电磁暂态过程。这就要求电力系统的数值仿真程序可以同时进行电磁暂态过程和机电暂态过程的模拟,即所谓的电力系统混合仿真问题。

2. 电力系统数值模型在线校正

由于迄今为止,利用数值仿真仍然是电力系统暂态稳定性分析的主要方法,系统模型和参数的正确与否将直接影响仿真分析的结果,但由于电力系统本身非常复杂,系统模型和参数不可避免地存在一定误差。由于相量量测单元(phasor measurement unit, PMU)可以直接获取系统一些关键参数的变动轨迹,因此,可用来对系统的仿真模型进行在线修正,以提高模型和参数的精度,减少分析计算的误差。

3. 快速仿真技术

采用数值仿真来研究电力系统的暂态过程,由于需要通过积分运算求解系统的运行轨迹,较为费时。当将该方法用于电力系统在线安全分析时,需要提高其运算速度才能满足要求。一般采用并行技术来提高仿真程序的计算速度,可分为算法并行和算例并行两种。算法并行是直接将仿真算法进行并行化处理，以提高其运算速度；算例并行则是将不同的计算任务（算例）通过优化调度，分配给不同的计算单元来实现，每个计算单元可采用并行计算程序也可采用串行计算程序。由于计算机硬件技术的飞速发展，近期算例并行技术得到较多关注，基于 PC Cluster 平台的电力系统快速并行仿真程序已在电力系统中得到了在线应用。当在线应用时，数值仿真程序一般都辅以快速的故障扫描程序（如直接法程序），通过后者首先排除大多数不严重故障，再通过快速仿真程序对筛选出的严重故障进行详细分析。

10.2 单机无穷大系统的暂态稳定判据——等面积定则

本节以图 10-1 所示的单机无穷大系统为例，来分析当线路 L2 在靠近发电机高压母线出口处发生短路时的系统暂态稳定性。为简单起见，暂不考虑发电机励磁回路的影响，即假设故障前、故障中和故障后的发电机内电势（以暂态电抗后电势 E_0' 为例）保持不变，并忽略所有电气设备电阻的影响。在故障过程中，短路点处的接地电抗为 $X_\triangle$，当故障持续时间 τ 后，在保护装置的作用下，故障线路 L2 将被切除，系统进入故障后状态。

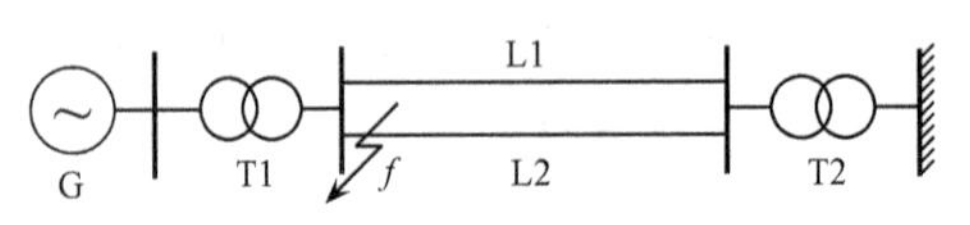

图 10-1 单机无穷大系统示意图

10.2.1 发电机各阶段的功率特性曲线

图 10-2 给出了该系统在故障前、故障中和故障后的网络等值图。在故障出现前，系统处于稳态运行，用 X_{I} 表示此时系统的总阻抗为

$$X_{\mathrm{I}} = X_d' + X_{T1} + 0.5X_L + X_{T2} \tag{10-8}$$

系统此时对应的功率特性为

$$P_{\mathrm{I}} = P_{m\mathrm{I}}\sin\delta = \frac{E_0'U}{X_{\mathrm{I}}}\sin\delta \tag{10-9}$$

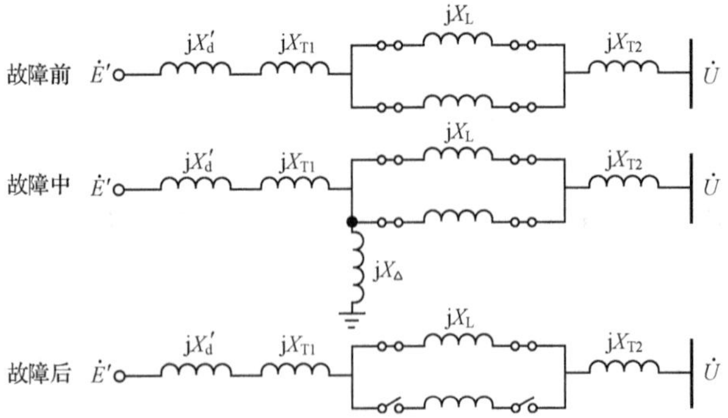

图 10-2 系统故障前、故障中和故障后的等值网络

式中，$P_{mI}=\dfrac{E_0'U}{X_I}$为故障前系统的功率传输极限。当故障发生后，发电机与无穷大母线间的等值电抗变为

$$X_{II}=X_I+\frac{(X_d'+X_{T1})(0.5X_L+X_{T2})}{X_\Delta} \tag{10-10}$$

此时系统的功率特性为

$$P_{II}=P_{mII}\sin\delta=\frac{E_0'U}{X_{II}}\sin\delta \tag{10-11}$$

式中，$P_{mII}=\dfrac{E_0'U}{X_{II}}$为故障持续过程中系统的功率传输极限。当故障线路 L2 被切除后，系统的等值电抗 X_{III}和功率特性 P_{III}将变为

$$X_{III}=X_I+0.5X_L \tag{10-12}$$

$$P_{III}=P_{mIII}\sin\delta=\frac{E_0'U}{X_{III}}\sin\delta \tag{10-13}$$

式中，$P_{mIII}=\dfrac{E_0'U}{X_{III}}$为故障后系统的功率传输极限。假设在故障过程中，短路点处的接地电抗 $X_\triangle$ 数值较小，从而满足 $X_{II}>X_{III}>X_I$，则系统在故障过程中三个阶段的功率特性曲线的分布情况如图 10-3 所示，其中 P_0 为系统故障前的发电机机械功率，假设在故障过程中保持不变。

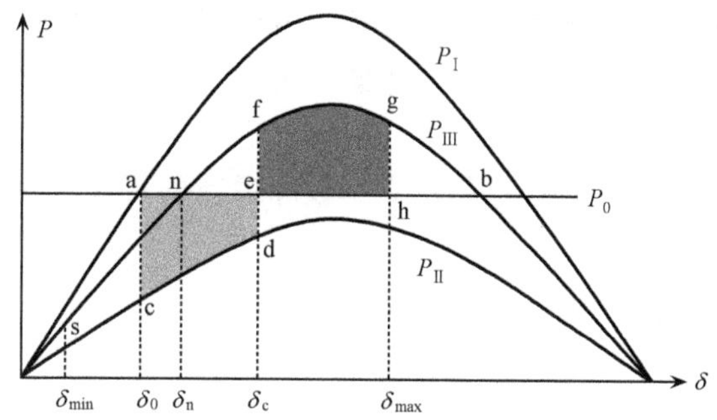

图 10-3　系统故障前、故障中和故障后的功率特性曲线(稳定场景)

10.2.2　暂态稳定和不稳定场景分析

系统在故障前处于稳定运行状态，由第 9 章电力系统小扰动稳定性的相关内容可知，此时系统处于图 10-3 中的 a 点，对应的发电机功角为 δ_0，转速为额定转速 ω_N。下面分析在发生短路故障后系统的运动变化规律。

1. 暂态稳定场景

当短路故障发生后，由于转子惯性的作用，发电机功角 δ 和转速 ω 均不能发生突变。但由于此时发电机的功率特性已变为由式(10-11)的 P_{II}所决定，系统运行点将

由 a 点跳变到 P_{II}曲线上的 c 点。由于此时发电机的机械功率 P_0 大于其电磁输出功率，将在发电机转子上引发一个具有加速性的不平衡转矩，导致转子转速上升。由于 $\delta(t)=(\omega-\omega_N)t+\delta_0$，转子转速上升将导致系统运行点沿着 P_{II}曲线向右运动，在此过程中，功角 δ 数值不断增大，一直持续到故障线路 L2 被切除。

假设系统功角变为 δ_c 时(称 δ_c 为故障切除角，对应着图中的 d 点)，故障元件 L2 被切除，系统功率特性变为式(10-13)的 P_{III}。同样，在惯性作用下，发电机功角 δ 和转速 ω 均不发生突变，运行点将跳变到 P_{III}曲线上的 f 点。此时，发电机的机械转矩 P_0 将小于其电磁转矩 $P_{\mathrm{III}}(\delta_c)$，发电机转子受到一个具有减速性不平衡转矩的作用，导致转子转速逐渐下降。但由于运行点在由 c 点向 d 点运动的过程中，转子一直受到加速转矩的作用，转速已大于系统的额定转速，因此，运行点在初期还将沿着 P_{III}曲线向右运动，转速不断下降。假设到达 P_{III}曲线上的 g 点，转子转速降至系统额定转速，运行点将到达最右端，功角达到了其最大值 δ_{max}。由于此时的机械转矩仍小于其电磁转矩，转子仍受到具有减速性不平衡转矩的作用，转速继续下降，运行点将沿着 P_{III}曲线向左侧运动。

在 P_{III}曲线的 gn 段，发电机在减速性不平衡转矩作用下，转速持续下降，其中 n 点为故障后功率特性曲线 P_{III}与机械功率曲线的交点。尽管在 n 点发电机受到的电磁转矩(减速作用)与机械转矩(加速作用)相等，但由于此时发电机转速已低于系统的额定转速，运行点仍将向左侧运动。而系统运行点一旦越过 n 点，转子将重新受到加速性不平衡转矩的作用，转速将重新上升。假设到达 P_{III}曲线上的 s 点，转子转速上升到系统的额定转速，则运行点将到达最左端，功角达到了其最小值 δ_{min}。

其后，运行点将围绕故障后系统的平衡点 n 做往复运动，并在摩擦力的作用下，最终收敛到 n 点，系统在 n 点处重新建立了故障后新的可稳定运行的平衡点，因此，系统是暂态稳定的。

2. 暂态不稳定场景

假设故障前发电机载荷较重，对应的平衡点为 a，此时发电机具有较大的初始功角 δ_0，转速仍为额定转速 ω_N，如图 10-4 所示。

当短路故障发生后，在转子惯性作用下，系统运行点由 a 点跳变到故障中功率特性曲线 P_{II}上的 c 点。在故障线路被清除之前，发电机转子一直受到加速性不平衡转矩的作用而持续加速。

到达 d 点时，故障元件 L2 被切除，在转子惯性的作用下，系统运行点由 d 点跳变到故障后功率特性曲线 P_{III}上的 f 点。此时转子将受到减速性不平衡转矩作用，由于此时发电机转速大于系统的额定转速 ω_N，运行点将向右侧移动，在不平衡转矩的作用下，转速不断下降。但直到运行点移动到 b 点，该点为故障后功率特性曲线 P_{III}与机械功率曲线在右侧的交点，发电机转速仍未下降到额定转速，系统运行点将继续向右侧移动。

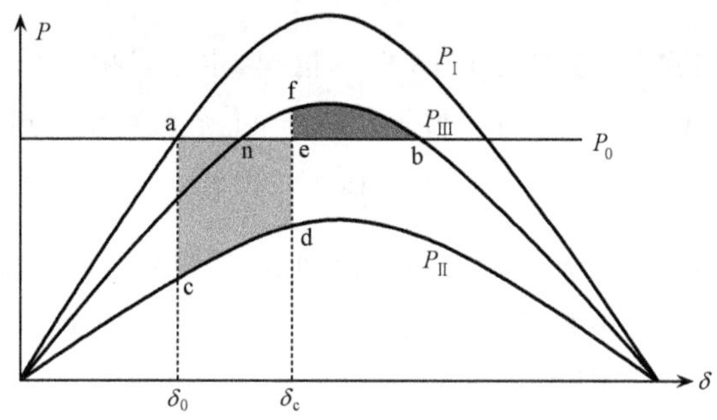

图 10-4　系统故障前、故障中和故障后的功率特性曲线(不稳定场景)

运行点一旦越过 b 点,转子重新受到加速性不平衡转矩的作用,转子开始加速,运行点在不平衡转矩的作用下,加速向右移动。由第 9 章电力系统小扰动稳定性的相关内容可知,在发电机功率特性曲线的右侧分支上不存在可稳定运行的平衡点,因此,系统此时将无法建立稳定运行状态而出现暂态失稳。

10.2.3　等面积定则

对于图 10-1 所示的单机无穷大简单电力系统,可采用等面积定则来判断其暂态稳定性。由上面的分析可知,无论对于图 10-3 的稳定场景还是图 10-4 的不稳定场景,在系统出现短路故障后,原动机输入的能量将大于发电机向外输出的能量,多余的能量用于推动发电机转子升速,转子的动能不断增加;当故障被切除后,原动机输入的能量将小于发电机向外输出的能量,转子开始减速,动能开始转化为发电机的势能。当发电机转子动能可全部转化为发电机势能时,就能保证系统的暂态稳定。在故障后演变过程中,转子所获得的多余动能最终将全部转化为发电机电磁输出功率。而当电机转子所获动能无法全部转化为势能时,将无法保证系统的暂态稳定性,发电机转子会由于受到持续不平衡转矩的作用,不断加速并导致发电机出现失步。下面分别讨论发电机转子在加速和减速阶段对应的能量变化。

系统出现短路故障直至故障元件 L2 被切除,在这一加速过程中,发电机转子不平衡转矩所做的功为

$$W_a = \int_{\delta_0}^{\delta_c} (T_m - T_e) \mathrm{d}\delta = \int_{\delta_0}^{\delta_c} \frac{P_0 - P_{\mathrm{II}}}{\omega} \mathrm{d}\delta \tag{10-14}$$

采用标幺值时,由于在故障过程中,发电机转速变化不大($\omega \approx 1.0$),因此,有如下关系:

$$W_a \approx \int_{\delta_0}^{\delta_c} (P_0 - P_{\mathrm{II}}) \mathrm{d}\delta \tag{10-15}$$

不难看到,此时不平衡转矩所做的功,实际对应着图 10-3 和图 10-4 中左侧机械功率曲线与 P_{II} 特性曲线所围阴影部分的面积 A_{acde}。若不考虑发电机摩擦力的作用,上述能量将全部转化为发电机转子的动能,导致发电机转速上升,因此,称 A_{acde} 为系统的

加速面积。

当故障线路被切除后，考虑图 10-3 所示情况，由于发电机此时受到具有减速性不平衡转矩的作用，在运行点向右侧行进过程中，不平衡转矩所做功为

$$W_b = \int_{\delta_c}^{\delta_{max}} (T_m - T_e) d\delta \approx \int_{\delta_c}^{\delta_{max}} (P_0 - P_{III}) d\delta \tag{10-16}$$

由于此时 $P_{III} > P_0$，所求 W_b 为负，表明发电机转子的动能在此过程中不断减少，多余的动能被逐渐转化为发电机势能。到达 g 点后，转子在加速阶段所获多余动能，将全部转化为发电机势能，转速重新回到额定转速。W_b 的绝对值就等于图 10-3 中右侧故障后功率特性曲线 P_{III} 与机械功率曲线所围阴影部分的面积 A_{efgh}，称为减速面积。

通过上述分析可知，当故障后系统能保持暂态稳定性时，总可以在故障后功率特性曲线 P_{III} 上找到一点，如 g 点（对应功角为 δ_{max}），使得如下条件成立：

$$\Delta W = W_a + W_b = \int_{\delta_0}^{\delta_c} (P_0 - P_{II}) d\delta + \int_{\delta_c}^{\delta_{max}} (P_0 - P_{III}) d\delta = 0 \tag{10-17}$$

式中，ΔW 代表了转子动能的变化。注意，此处发电机转子动能变化量定义为 $\Delta W = \frac{1}{2} T_J (\Delta\omega)^2$，当发电机转速为额定转速时，$\Delta W$ 为零；反之当发电机转速上升和下降时，$\Delta W > 0$，动能增加。式(10-17)可等效地表示为

$$|A_{acde}| = |A_{efgh}| \tag{10-18}$$

即系统暂态稳定的条件是：总可以找到一点，使得暂态过程中系统的减速面积等于其加速面积。这可作为判别单机无穷大简单系统暂态稳定性的判据，常被称为等面积定则(equal area criterion，EAC)。对于如图 10-3 所示的暂态稳定场景，当运行点位于最右侧的 g 点时，转子在加速过程中所获动能被全部转化为系统势能。当运行点从 g 点向左移动的过程中(g→f→n)，在具有减速力矩不平衡转矩的作用下，发电机转速下降，发电机转子势能再次转换为转子动能。越过 n 点后，在加速性转矩作用下，发电机转速开始上升，到达最左侧的 s 点（对应功角 δ_{min}）后，动能再次全部转化为势能，不难看到，系统满足如下关系：

$$\int_{\delta_{max}}^{\delta_n} (P_0 - P_{III}) d\delta + \int_{\delta_n}^{\delta_{min}} (P_0 - P_{III}) d\delta = 0 \tag{10-19}$$

上述过程交替往复，在摩擦力的作用下，系统运行点最终将稳定在事故后新的平衡点 n 处。

如图 10-3 和图 10-4 所示，当故障切除角 δ_c 给定后，系统将存在一个最大可能的减速面积 A_{efb}。只有当系统加速面积 $A_{acde} < A_{efb}$ 时，系统才能保证暂态稳定；而当系统加速面积 $A_{acde} > A_{efb}$ 后，就如同图 10-4 所示场景，系统将失去暂态稳定性；假设当故障切除角为 $\delta_{c \cdot lim}$ 时，系统的加速面积 A_{acde} 刚好等于其最大可能的减速面积 A_{efb}，系统将处于临界稳定状态，故称 $\delta_{c \cdot lim}$ 为系统的临界切除角。应用等面积定则，可按下式确定 $\delta_{c \cdot lim}$：

$$\int_{\delta_0}^{\delta_{c\cdot\lim}}(P_0-P_{\mathrm{II}})\mathrm{d}\delta+\int_{\delta_{c\cdot\lim}}^{\delta_b}(P_0-P_{\mathrm{III}})\mathrm{d}\delta=0 \tag{10-20}$$

式中，$\delta_b=\pi-\arcsin\left(\dfrac{P_0}{P_{\mathrm{mIII}}}\right)$。由式(10-20)可直接解得

$$\delta_{c\cdot\lim}=\arccos\left(\frac{P_0(\delta_b-\delta_0)+P_{\mathrm{mIII}}\cos\delta_b-P_{\mathrm{mII}}\cos\delta_0}{P_{\mathrm{mIII}}-P_{\mathrm{mII}}}\right) \tag{10-21}$$

不难看到，当 $\delta_c>\delta_{c\cdot\lim}$后，系统将失去暂态稳定；反之，当 $\delta_c<\delta_{c\cdot\lim}$时，系统可保持其暂态稳定。电力系统的保护装置，若能在较短的时间内清除故障元件，δ_c 就越小，由上述分析可知，此时系统就更加稳定。

10.3　电力系统暂态稳定分析数值方法

如前所述，复杂电力系统的数学模型可表示为一组微分-代数方程组(DAE)，对其经受大扰动后的暂态稳定性的分析，一般需通过数值积分方法求解系统的运行轨迹，并据此判断其稳定性状况。本节首先介绍常微分方程(ODE)的数值积分方法，然后再过渡到适用于电力系统 DAE 模型的数值求解方法。

10.3.1　常微分方程的数值积分方法

考虑如下的常微分方程：

$$\dot{\boldsymbol{x}}=\boldsymbol{f}(\boldsymbol{x}),\quad \boldsymbol{x}(t_0)=\boldsymbol{x}_0 \tag{10-22}$$

式中，$\boldsymbol{x}\in\mathbf{R}^n$ 为系统的状态变量；$\boldsymbol{x}_0$ 为 t_0 时刻系统的初值。由数学知识可知，当上式中的 $\boldsymbol{f}(\boldsymbol{x})$给定且初值已知时，式(10-22)将唯一决定一条系统的动态解曲线：

$$\boldsymbol{x}(t)=\boldsymbol{F}(\boldsymbol{x}_0,t)=\int_{t_0}^{t}\boldsymbol{f}(\boldsymbol{x})\mathrm{d}t,\quad t>t_0 \tag{10-23}$$

称 $\boldsymbol{x}(t)=\boldsymbol{F}(\boldsymbol{x}_0,t)$为式(10-22)的积分曲线，它给出了系统状态量随时间的变化规律，也常被称为过点 $\boldsymbol{x}_0$ 的系统轨迹(trajectory or locus)。$\boldsymbol{f}(\boldsymbol{x})$往往为 $\boldsymbol{x}$ 的非线性函数，因此，在多数情况下，难以直接给出 $\boldsymbol{F}(\boldsymbol{x}_0,t)$的解析式，只能通过数值积分方法来实现问题的求解。欧拉法(Euler method)是一切微分方程数值积分方法的基础，因此，我们首先介绍欧拉法的基本原理，进而讨论改进欧拉法、龙格-库塔法(Runge-Kutta method) 及隐式梯形法等数值积分方法。

1. 欧拉法

由微积分的知识可知，式(10-22)的积分函数 $\boldsymbol{F}(\boldsymbol{x}_0,t)$实际对应着 $\boldsymbol{f}(\boldsymbol{x})$曲线与时间轴所围区域的“广义面积”，区域起点为 t_0，终点为 t，如图 10-5(a)所示。

为求解该区域的面积，欧拉法将积分区间$[t_0,\ t]$进行 m 等分，形成的每个小区间长度为 $h=\dfrac{t-t_0}{m}$，第 k 个等分区间为$[t_k,\ t_{k+1})$，$k=0,\ 1,\ 2,\ \cdots,\ m-1$，$t_k=t_0+$

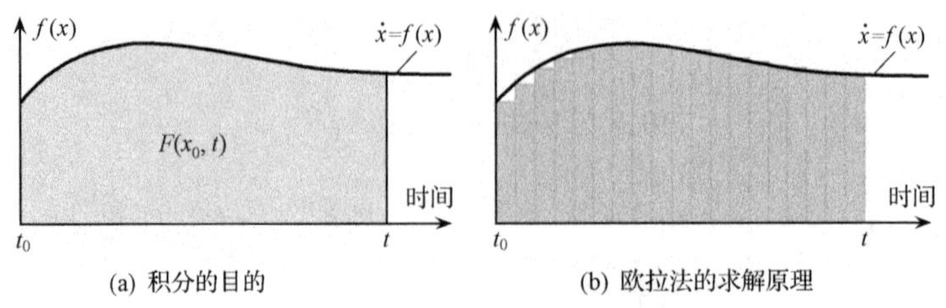

图 10-5　欧拉法原理

kh。在每个小区间$[t_k, t_{k+1})$内，欧拉法认为$\boldsymbol{f}(\boldsymbol{x})$的数值保持不变，等于该区间起始位置的结果$\boldsymbol{f}(\boldsymbol{x}_k)$，其中$\boldsymbol{x}_k=\boldsymbol{x}(t_k)$。然后用如图 10-5(b)所示的小矩形的面积$S_k=h\boldsymbol{f}(\boldsymbol{x}_k)$来近似表示该积分区间的待求面积，其求解过程如下。

(1) $k=0$。由t_0时刻的$\boldsymbol{x}_0$已知，可得$\boldsymbol{f}(\boldsymbol{x}_0)$，认为在区间$[t_0, t_1)$内$\boldsymbol{f}(\boldsymbol{x})$数值不变，由此可得

$$\boldsymbol{x}_1=\boldsymbol{x}(t_1)=\boldsymbol{F}(\boldsymbol{x}_0, t_1)=S_0=x_0+h\boldsymbol{f}(\boldsymbol{x}_0) \tag{10-24}$$

(2) $k=1$。此时由于$\boldsymbol{x}_1$已由上一步得到，故$\boldsymbol{f}(\boldsymbol{x}_1)$可知。进一步，认为它在区间$[t_1, t_2)$内数值保持不变，则利用如下递推式可得区间终点$\boldsymbol{x}_2$的结果：

$$\boldsymbol{x}_2=\boldsymbol{x}(t_2)=\boldsymbol{F}(\boldsymbol{x}_0, t_2)=\sum_{i=0}^{k}S_i=\boldsymbol{x}_1+h\boldsymbol{f}(\boldsymbol{x}_1) \tag{10-25}$$

(3) $k=2$。由上步的$\boldsymbol{x}_2$得$\boldsymbol{f}(\boldsymbol{x}_2)$，利用下式可得区间$[t_2, t_3)$终点$\boldsymbol{x}_3$的结果：

$$\boldsymbol{x}_3=\boldsymbol{x}(t_3)=\boldsymbol{F}(\boldsymbol{x}_0, t_3)=\sum_{i=0}^{k}S_i=\boldsymbol{x}_2+h\boldsymbol{f}(\boldsymbol{x}_2) \tag{10-26}$$

……

(4) $k=m-1$。由上步所得$\boldsymbol{x}_{m-1}$得$\boldsymbol{f}(\boldsymbol{x}_{m-1})$，利用下式可得区间$[t_{m-1}, t)$终点处的$\boldsymbol{x}(t)$：

$$\boldsymbol{x}(t)=\boldsymbol{F}(\boldsymbol{x}_0, t)=\sum_{i=0}^{k}S_i=\boldsymbol{x}_{m-1}+h\boldsymbol{f}(\boldsymbol{x}_{m-1}) \tag{10-27}$$

由上述求解过程，不难得到欧拉法的递推公式如下：

$$\boldsymbol{x}_{k+1}=\boldsymbol{x}_k+h\boldsymbol{f}(\boldsymbol{x}_k),\quad k=0,1,2,\cdots,m-1 \tag{10-28}$$

下面分析在区间$[t_k, t_{k+1})$内，利用欧拉法求解$\boldsymbol{x}_{k+1}$时所导致的误差。将式(10-23)在t_k处进行泰勒(Taylor)展开

$$\boldsymbol{x}_{k+1}=\boldsymbol{x}_k+h\boldsymbol{F}'(\boldsymbol{x}_0, t_k)+O(h^2)=\boldsymbol{x}_k+h\boldsymbol{f}(\boldsymbol{x}_k)+O(h^2) \tag{10-29}$$

式中，$\boldsymbol{F}'(\boldsymbol{x}_0, t_k)=\boldsymbol{f}(\boldsymbol{x}_k)$，$O(h^2)$为$h$二次以上的高阶项。由递推公式(10-28)可知，欧拉法在进行$\boldsymbol{x}_{k+1}$求解时，只用到了泰勒展开式中h的线性项，由于略去了h二次以上的高阶项，因此，在该区间的局部截断误差(local truncation error)为$O(h^2)$。经简单推导，不难求得欧拉法的全局截断误差(global truncation error)为$O(h)$。

由于欧拉法在求解过程中，仅仅利用了泰勒展开式中的线性项，其截断误差较大，在实际应用中，很少直接采用欧拉法进行系统的积分运算，而多采用在其基础上

的一些改进方法，最常见的就是改进欧拉法。

2. 改进欧拉法

改进欧拉法是在欧拉法基础上的一种改进数值求解方法。由于欧拉法只利用了积分区间段$[t_k, t_{k+1})$起始位置$\boldsymbol{f}(\boldsymbol{x}_k)$的信息，并用矩形面积$h\boldsymbol{f}(\boldsymbol{x}_k)$来近似需求解的实际面积，如图 10-6(a)所示，此时的局部截断误差对应着图中的ΔS_1。如果可同时利用该积分区间起点$\boldsymbol{f}(\boldsymbol{x}_k)$和终点$\boldsymbol{f}(\boldsymbol{x}_{k+1})$两点信息，并用图 10-6(b)所示的梯形面积来近似所需求解的实际面积，则局部截断误差将减小为图中的ΔS_2，很显然，后者的误差要小得多。但积分区间后一点$\boldsymbol{x}_{k+1}$的精确值是未知的。改进欧拉法就在该区间上，首先调用一次欧拉法，并将所求结果近似考虑为$\boldsymbol{x}_{k+1}$，然后用它参与计算。在$[t_k, t_{k+1})$区间上，改进欧拉法的求解过程如下。

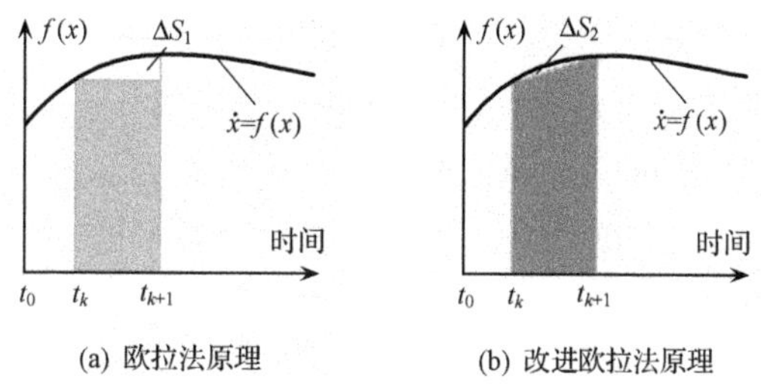

图 10-6　欧拉法和改进欧拉法原理

(1) 已知$\boldsymbol{x}_k$，求解$\boldsymbol{f}(\boldsymbol{x}_k)$。

(2) 调用一次欧拉法，求解$\boldsymbol{x}_{k+1}$的近似结果，记为

$$\boldsymbol{x}_{k+1}^{(0)} = \boldsymbol{x}_k + h\boldsymbol{f}(\boldsymbol{x}_k) \tag{10-30}$$

(3) 将$\boldsymbol{x}_{k+1}^{(0)}$作为$[t_k, t_{k+1})$区间终点处$\boldsymbol{x}_{k+1}$的估计值，计算$\boldsymbol{f}(\boldsymbol{x}_{k+1}^{(0)})$。

(4) 求解图 10-6(b)所示梯形区域的面积，作为积分区域的近似估计

$$\boldsymbol{x}_{k+1} = \boldsymbol{x}_k + \frac{h}{2}[\boldsymbol{f}(\boldsymbol{x}_k) + \boldsymbol{f}(\boldsymbol{x}_{k+1}^{(0)})] \tag{10-31}$$

上述过程中的式(10-30)和式(10-31)就构成改进欧拉法的递推公式。下面分析改进欧拉法的局部截断误差，在t_k处将式(10-23)进行泰勒展开

$$\boldsymbol{x}_{k+1} = \boldsymbol{x}_k + h\boldsymbol{f}(\boldsymbol{x}_k) + \frac{1}{2}h^2\boldsymbol{f}'(\boldsymbol{x}_k) + O(h^3) \tag{10-32}$$

由改进欧拉法的递推式可得

$$\begin{aligned}\boldsymbol{x}_{k+1} &= \boldsymbol{x}_k + \frac{h}{2}[\boldsymbol{f}(\boldsymbol{x}_k) + \boldsymbol{f}(\boldsymbol{x}_{k+1}^{(0)})] = \boldsymbol{x}_k + \frac{h}{2}\boldsymbol{f}(\boldsymbol{x}_k) + \frac{h}{2}\boldsymbol{f}(\boldsymbol{x}_{k+1}^{(0)}) \\ &= \boldsymbol{x}_k + \frac{h}{2}\boldsymbol{f}(\boldsymbol{x}_k) + \frac{h}{2}\boldsymbol{f}(\boldsymbol{x}_k + h\boldsymbol{f}(\boldsymbol{x}_k))\end{aligned} \tag{10-33}$$

考虑到

$$f(x_k + hf(x_k)) = f(x_k) + h\left(\frac{\partial f}{\partial x} \cdot \frac{\mathrm{d}x}{\mathrm{d}t} + \frac{\mathrm{d}f(x)}{\mathrm{d}t}\right)_{x=x_k} + O(h^2) \tag{10-34}$$

忽略其中的 $O(h^2)$，然后带入式(10-33)可得

$$x_{k+1} = x_k + hf(x_k) + \frac{1}{2}h^2\left(\frac{\partial f}{\partial x} \cdot \frac{\mathrm{d}x}{\mathrm{d}t} + \frac{\mathrm{d}f(x)}{\mathrm{d}t}\right)_{x=x_k} \tag{10-35}$$

进一步考虑到

$$\ddot{x} = \frac{\mathrm{d}\dot{x}}{\mathrm{d}t} = f'(x) = \frac{\partial f}{\partial x} \cdot \frac{\mathrm{d}x}{\mathrm{d}t} + \frac{\mathrm{d}f(x)}{\mathrm{d}t} \tag{10-36}$$

令其在 x_k 处取值可得

$$f'(x_k) = \left(\frac{\partial f}{\partial x} \cdot \frac{\mathrm{d}x}{\mathrm{d}t} + \frac{\mathrm{d}f(x)}{\mathrm{d}t}\right)_{x=x_k} \tag{10-37}$$

带入式(10-35)可得改进欧拉法的递推关系为

$$x_{k+1} = x_k + hf(x_k) + \frac{1}{2}h^2 f'(x_k) \tag{10-38}$$

对比式(10-38)和式(10-32)可知，改进欧拉法实际上在每一步积分运算中，利用了泰勒展开式中的线性和二次项，因此，其局部截断误差降为 $O(h^3)$，而其全局截断误差为 $O(h^2)$。与欧拉法相比，改进欧拉法具有更小的截断误差。

3. 龙格-库塔法

我们可将上述欧拉法和改进欧拉法写为如下统一形式。

欧拉法

$$\begin{aligned} x_{k+1} &= x_k + hK_1 \\ K_1 &= f(x_k) \end{aligned} \tag{10-39}$$

改进欧拉法

$$\begin{aligned} x_{k+1} &= x_k + \frac{h}{2}(K_1 + K_2) \\ K_1 &= f(x_k) \\ K_2 &= f(x_k + hK_1) \end{aligned} \tag{10-40}$$

不难看到，欧拉法和改进欧拉法都利用函数 $f(x)$在$[t_k, t_{k+1})$区间上某些点处取值的组合，来实现对 x_{k+1} 的近似计算。欧拉法仅利用了 $K_1 = f(x_k)$处的数值，只使用了泰勒展开式的线性项，故称为一阶方法。而改进欧拉法则利用了 K_1 和 $K_2 = f(x_k + hK_1)$两处的数值，使用了泰勒展开式的线性和二次项，故称为二阶方法。由前面的分析可知，改进欧拉法通过多计算一次 $f(x)$的数值，将局部截断误差由原来的$O(h^2)$降为 $O(h^3)$。受此启发，人们想能否多利用几点处 $f(x)$的数值，达到进一步降低求解过程中的局部截断误差的目的呢？答案是肯定的，由此发展起来的积分方法，被称为龙格-库塔法，简称 RK 法。其原理是，通过在$[t_k, t_{k+1})$区间上利用多点处 $f(x)$的数值，达到使用积分曲线泰勒展开式更多高次项，以减少计算截断误差的目

的，其递推公式具有如下形式：

$$\boldsymbol{x}_{k+1} = \boldsymbol{x}_k + h\sum_{i=1}^{m} a_i \boldsymbol{K}_i \tag{10-41}$$

$$\boldsymbol{K}_1 = \boldsymbol{f}(\boldsymbol{x}_k)$$

$$\boldsymbol{K}_j = \boldsymbol{f}(\boldsymbol{x}_k + b_j h \boldsymbol{K}_{j-1}),\quad j = 2,3,\cdots,m$$

式中，a_i，b_j 为待求系数。以二阶 RK 法为例介绍其求解原理，二阶 RK 法的目的是使用泰勒展开式的线性和二次项。令上式中的 m 为 2，在 $\boldsymbol{x}_k$ 处可得其递推式为

$$\begin{aligned}\boldsymbol{x}_{k+1} &= \boldsymbol{x}_k + h[a_1 \boldsymbol{f}(\boldsymbol{x}_k) + a_2 \boldsymbol{f}(\boldsymbol{x}_k + b_2 h \boldsymbol{f}(\boldsymbol{x}_k))] \\ &= \boldsymbol{x}_k + h\{a_1 \boldsymbol{f}(\boldsymbol{x}_k) + a_2[\boldsymbol{f}(\boldsymbol{x}_k) + b_2 h \boldsymbol{f}'(\boldsymbol{x}_k) + O(h^2)]\} \\ &= \boldsymbol{x}_k + (a_1 + a_2) h \boldsymbol{f}(\boldsymbol{x}_k) + a_2 b_2 h^2 \boldsymbol{f}'(\boldsymbol{x}_k) + O(h^3)\end{aligned} \tag{10-42}$$

与泰勒展开式(10-32)加以比较，可知式(10-42)中系数应满足如下关系：

$$\begin{cases} a_1 + a_2 = 1 \\ a_2 b_2 = 1/2 \end{cases} \tag{10-43}$$

式(10-43)存在无穷多组解，当 $a_1 = a_2 = 1/2$，$b_2 = 1$ 时，带入式(10-41)所得递推式即为前述改进欧拉法；当 $a_1 = 0$，$a_2 = 1$，$b_2 = 1/2$ 时，可得另一种常用的二阶递推关系式为

$$\boldsymbol{x}_{k+1} = \boldsymbol{x}_k + h\boldsymbol{K}_2 \tag{10-44}$$

$$\boldsymbol{K}_1 = \boldsymbol{f}(\boldsymbol{x}_k)$$

$$\boldsymbol{K}_2 = \boldsymbol{f}\left(\boldsymbol{x}_k + \frac{1}{2} h \boldsymbol{K}_1\right)$$

该递推式也常被称为“中点公式”法。由上述分析可知，改进欧拉法和“中点公式”法均是二阶 RK 法的不同形式，其局部截断误差和全局截断误差均为 $O(h^3)$ 和 $O(h^2)$。采用类似方法，可得如下常用三阶和四阶 RK 方法的递推式，其局部截断误差分别为 $O(h^4)$ 和 $O(h^5)$，递推式的具体推导过程不再赘述。需要指出的一点是，RK 方法基于泰勒展开技术实现，故要求待求的积分函数解曲线 $\boldsymbol{F}(\boldsymbol{x}_0, t)$ 足够光滑，当其光滑性较差时，高阶 RK 法的求解效果可能还不及改进欧拉法。

三阶龙格-库塔法

$$\boldsymbol{x}_{k+1} = \boldsymbol{x}_k + \frac{h}{6}(\boldsymbol{K}_1 + 4\boldsymbol{K}_2 + \boldsymbol{K}_3) \tag{10-45}$$

$$\boldsymbol{K}_1 = \boldsymbol{f}(\boldsymbol{x}_k)$$

$$\boldsymbol{K}_2 = \boldsymbol{f}\left(\boldsymbol{x}_k + \frac{h}{2}\boldsymbol{K}_1\right)$$

$$\boldsymbol{K}_3 = \boldsymbol{f}(\boldsymbol{x}_k - h\boldsymbol{K}_1 + 2h\boldsymbol{K}_2)$$

四阶龙格-库塔法

$$\boldsymbol{x}_{k+1} = \boldsymbol{x}_k + \frac{h}{6}(\boldsymbol{K}_1 + 2\boldsymbol{K}_2 + 2\boldsymbol{K}_3 + \boldsymbol{K}_4) \tag{10-46}$$

$$\boldsymbol{K}_1 = \boldsymbol{f}(\boldsymbol{x}_k)$$

$$\boldsymbol{K}_2 = \boldsymbol{f}\left(\boldsymbol{x}_k + \frac{h}{2}\boldsymbol{K}_1\right)$$

$$\boldsymbol{K}_3 = \boldsymbol{f}\left(\boldsymbol{x}_k + \frac{h}{2}\boldsymbol{K}_2\right)$$

$$\boldsymbol{K}_4 = \boldsymbol{f}(\boldsymbol{x}_k + h\boldsymbol{K}_3)$$

4. 隐式积分法

微分方程数值求解方法可分为显式求解方法和隐式求解方法两种。前面介绍的三种方法都属于显式方法,其递推式的右端项均为已知量。而隐式方法则是将微分方程首先差分化,然后利用迭代过程实现求解,此时方程右端将存在待求未知量。

这里以隐式梯形积分方法为例介绍隐式求解方法的原理:对于式(10-22),当在区间$[t_k, t_{k+1})$上的 $\boldsymbol{x}_k$ 已知后,理论上 $\boldsymbol{x}_{k+1}$的值可由下式得到:

$$\boldsymbol{x}_{k+1} = \boldsymbol{x}_k + \int_{t_k}^{t_{k+1}} \boldsymbol{f}(\boldsymbol{x})\mathrm{d}t \tag{10-47}$$

如前所述,$\boldsymbol{x}_{k+1}$的结果可用图 10-6(b)中隐影部分的梯形面积来加以近似,即

$$\boldsymbol{x}_{k+1} = \boldsymbol{x}_k + \frac{h}{2}[\boldsymbol{f}(\boldsymbol{x}_k) + \boldsymbol{f}(\boldsymbol{x}_{k+1})] \tag{10-48}$$

由于 $\boldsymbol{x}_{k+1} \in \mathbf{R}^n$ 属于待求量,显然上述方程无法通过简单的递推加以求解,但上述方程的维数与待求量的维数相同,故可利用代数方程的求解方法(如牛顿-拉夫逊法)直接实现 $\boldsymbol{x}_{k+1}$的迭代求解。由于 $\boldsymbol{f}(\boldsymbol{x})$往往为非线性函数,因此,隐式方法较通过简单递推求解的显示方法要复杂得多。

通过上述分析可知,隐式梯形法与改进欧拉法类似,均采用梯形面积来近似待求结果,因此,该方法也常被称为隐式改进欧拉法,其局部截断误差与改进欧拉法相同,也为 $O(h^3)$。采用类似的过程,可将前面介绍的各阶 RK 方法处理为隐式方法进行求解,只是计算过程较隐式梯形法更为复杂。

尽管隐式方法计算较为复杂,但相对于显式方法,其优点在于:① 隐式方法具有更好的数值稳定性,因此,在求解过程中可采用较大的计算步长。而显式求解方法求解过程中的步长受微分方程中最小时间常数的限制,否则将导致计算错误,而隐式方法则没有这个限制。② 在进行微分-代数方程积分运算时,隐式方法可以与代数方程一起联立求解,从而能够避免求解中的交替误差。

10.3.2 微分-代数方程的数值积分方法

由于电力系统模型一般可表示为微分-代数方程,因此,需要研究微分-代数方程的数值求解方法。微分-代数方程数值求解方法分为交替求解法和联立求解法两种。

1. 交替求解法

交替求解法,顾名思义就是分别利用微分方程求解状态量,利用代数方程求解代

数量，两者交替进行，从而实现整个微分-代数方程的求解。对微分方程的求解，可采用显式方法，也可采用隐式方法；对代数方程的求解，一般采用牛顿法。下面以微分方程的求解过程采用四阶龙格-库塔法，代数方程求解采用牛顿法为例，介绍交替求解法的基本步骤，计算的前提条件为 t_k 时刻的 $(\boldsymbol{x}_k, \boldsymbol{y}_k)$ 已知。

第一步：计算 $\boldsymbol{K}_1 = \boldsymbol{f}(\boldsymbol{x}_k, \boldsymbol{y}_k)$。

第二步：计算 $\boldsymbol{x}_{k+1}^{(1)} = \boldsymbol{x}_k + \frac{h}{2}\boldsymbol{K}_1$，进一步，利用牛顿法，通过求解 $0 = \boldsymbol{g}(\boldsymbol{x}_{k+1}^{(1)}, \boldsymbol{y}_{k+1}^{(1)})$ 得到代数量 $\boldsymbol{y}_{k+1}^{(1)}$；然后，计算 $\boldsymbol{K}_2 = \boldsymbol{f}(\boldsymbol{x}_{k+1}^{(1)}, \boldsymbol{y}_{k+1}^{(1)})$。

第三步：计算 $\boldsymbol{x}_{k+1}^{(2)} = \boldsymbol{x}_k + \frac{h}{2}\boldsymbol{K}_2$，进一步，利用牛顿法，通过求解 $0 = \boldsymbol{g}(\boldsymbol{x}_{k+1}^{(2)}, \boldsymbol{y}_{k+1}^{(2)})$ 得到相应的代数量 $\boldsymbol{y}_{k+1}^{(2)}$；然后，计算 $\boldsymbol{K}_3 = \boldsymbol{f}(\boldsymbol{x}_{k+1}^{(2)}, \boldsymbol{y}_{k+1}^{(2)})$。

第四步：计算 $\boldsymbol{x}_{k+1}^{(3)} = \boldsymbol{x}_k + h\boldsymbol{K}_3$，进一步，利用牛顿法，通过求解 $0 = \boldsymbol{g}(\boldsymbol{x}_{k+1}^{(3)}, \boldsymbol{y}_{k+1}^{(3)})$ 得到相应的代数量 $\boldsymbol{y}_{k+1}^{(3)}$；然后，计算 $\boldsymbol{K}_4 = \boldsymbol{f}(x_{k+1}^{(3)}, \boldsymbol{y}_{k+1}^{(3)})$。

第五步：通过 $\boldsymbol{x}_{k+1} = \boldsymbol{x}_k + \frac{h}{6}(\boldsymbol{K}_1 + 2\boldsymbol{K}_2 + 2\boldsymbol{K}_3 + \boldsymbol{K}_4)$，进一步，利用牛顿法，通过求解 $0 = \boldsymbol{g}(\boldsymbol{x}_{k+1}, \boldsymbol{y}_{k+1})$ 得到相应的代数量 $\boldsymbol{y}_{k+1}$。从而实现 $(\boldsymbol{x}_{k+1}, \boldsymbol{y}_{k+1})$ 的求解。

从上面的计算步骤不难看到，$\boldsymbol{x}_{k+1}$ 在求解时，实际是基于 $(\boldsymbol{x}_k, \boldsymbol{y}_k)$ 实现的；而 $\boldsymbol{y}_{k+1}$ 则是基于 $(\boldsymbol{x}_{k+1}, \boldsymbol{y}_k)$，其中 $\boldsymbol{y}_k$ 是 $\boldsymbol{y}_{k+1}$ 的初值。两者在求解时，所用初值不同，同时微分方程和代数方程的求解精度也可能不同，由此所造成的求解误差，称为交替误差。

2. 联立求解法

联立求解法的基本思想是，当 t_k 时刻的 $(\boldsymbol{x}_k, \boldsymbol{y}_k)$ 已知时，首先将微分方程用隐式积分方法进行差分化，然后与代数方程一起形成联立求解的非线性代数方程组，通过对其求解（一般采用牛顿法），直接得到 $(\boldsymbol{x}_{k+1}, \boldsymbol{y}_{k+1})$ 的值。以采用隐式梯形法处理微分方程为例，如下是此时联立求解的基本步骤。

第一步：对微分方程通过隐式梯形法进行差分化

$$\boldsymbol{x}_{k+1} = \boldsymbol{x}_k + \frac{h}{2}[\boldsymbol{f}(\boldsymbol{x}_k, \boldsymbol{y}_k) + \boldsymbol{f}(\boldsymbol{x}_{k+1}, \boldsymbol{y}_{k+1})] \tag{10-49}$$

第二步：与代数方程一起形成如下联立求解的非线性方程组：

$$\begin{cases} \boldsymbol{x}_{k+1} = \boldsymbol{x}_k + \frac{h}{2}[\boldsymbol{f}(\boldsymbol{x}_k, \boldsymbol{y}_k) + \boldsymbol{f}(\boldsymbol{x}_{k+1}, \boldsymbol{y}_{k+1})] \\ 0 = \boldsymbol{g}(\boldsymbol{x}_{k+1}, \boldsymbol{y}_{k+1}) \end{cases} \tag{10-50}$$

第三步：利用牛顿法，通过求解式(10-50)，确定 $(\boldsymbol{x}_{k+1}, \boldsymbol{y}_{k+1})$。

从上述求解的步骤不难看到：联立求解法，由于不存在微分和代数方程交替求解的现象，因此，不存在交替误差，这正是该方法的一个突出优点。但由于联立方程组(10-50)的阶数更高，进行牛顿法求解时，需要由微分方程（对应的差分方程）和代数方程共同形成雅可比矩阵，使得该方法较交替求解法实现起来更为复杂。

10.4 单机无穷大系统暂态稳定数值分析

本节首先以图 10-1 所示的单机无穷大系统为例,采用不同数值积分方法对该系统的暂态稳定性进行分析。为简单起见,忽略系统所有电气设备的电阻及励磁电抗,所给参数均取标幺值,且都已折算到系统统一的功率基准下。其中,发电机内电势 $E_0=1.4239$,且在暂态过程中始终保持不变,$x'_d=0.29$,$T_J=11s$;变压器 T1:$x_{T1}=0.13$;变压器 T2:$x_{T2}=0.11$;单回线路的电抗:$x_L=0.58$。系统在 0s 发生接地短路故障,故障持续时间为 $\tau=0.1s$,故障过程中的接地电抗 $x_{\triangle}=0.07149$,故障前系统处于满载运行,即 $U_0=1.0$,$P_0=1.0$,$Q_0=0.2$。

10.4.1 电力系统模型

在故障发生前($t<0$):系统处于稳态运行,发电机的初始转子角速度 ω_0 等于系统的额定转速 $\omega_N=2\pi f_N$,其中 $f_N=50Hz$ 为系统额定频率。而初始功角 δ_0 可由如下发电机的功率特性曲线来确定:

$$P_{e0}=P_0=\frac{E_0U_0}{X_{d\Sigma I}}\sin\delta_0 \tag{10-51}$$

式中,$X_{d\Sigma I}=x'_d+x_{T1}+0.5x_L+x_{T2}$,发电机初始功角 $\delta_0=35.1615°(0.6137rad)$。

在故障持续过程中($0\leqslant t\leqslant\tau$):发电机的运动变化过程,由如下故障过程中的转子运动方程来描述:

$$\begin{aligned}\dot{\delta}&=\omega-\omega_N\\ \dot{\omega}&=\frac{\omega_N^2}{T_J\omega}\left(P_0-P_D-\frac{E_0U_0}{X_{d\Sigma II}}\sin\delta\right)=\frac{K_\omega}{\omega}(P_0-P_D-P_{eII}\sin\delta)\end{aligned} \tag{10-52}$$

式中,$X_{d\Sigma II}=X_{d\Sigma I}+\dfrac{(x'_d+x_{T1})(0.5x_L+x_{T2})}{x_{\triangle}}$,$K_\omega=\dfrac{\omega_N^2}{T_J}$,$P_{eII}=\dfrac{E_0U_0}{X_{d\Sigma II}}$,$P_D=D\omega-\omega_N$。

在故障元件被清除后($t>\tau$):发电机的运动变化过程,可由如下故障后转子运动方程所决定:

$$\begin{aligned}\dot{\delta}&=\omega-\omega_N\\ \dot{\omega}&=\frac{\omega_N^2}{T_J\omega}\left(P_0-P_D-\frac{E_0U_0}{X_{d\Sigma III}}\sin\delta\right)=\frac{K_\omega}{\omega}(P_0-P_D-P_{eIII}\sin\delta)\end{aligned} \tag{10-53}$$

式中,$X_{d\Sigma II}=X_{d\Sigma I}+0.5x_L$,$P_{eIII}=\dfrac{E_0U_0}{X_{d\Sigma III}}$。

10.4.2 不计阻尼时的暂态性分析

首先不考虑阻尼的影响,即令 $D=0$。分别采用欧拉法、改进欧拉法和四阶龙格-库塔法对上述场景进行仿真分析,其中仿真步长取为 $h=0.01s$,表 10-1 给出了部分积分步骤的计算结果,其中,角度单位为度,角速度单位为 rad/s。图 10-7 则绘制出由三种方法积分所得功角和角速度随时间变化的曲线。

表 10-1　不同积分方法结果比较

时间 t	欧拉法		改进欧拉法			四阶龙格-库塔法				
	$K_{1\delta}$	$\delta(t)$	$K_{1\delta}$	$K_{2\delta}$	$\delta(t)$	$K_{1\delta}$	$K_{2\delta}$	$K_{3\delta}$	$K_{4\delta}$	$\delta(t)$
0	0.0000	35.1615	0.0000	12.1307	35.1615	0.0000	6.0654	6.0633	12.1235	35.1615
0.01	12.1307	35.1615	12.1267	24.2429	35.2222	12.1245	18.1827	18.1774	24.2272	35.2221
0.02	24.2533	35.2828	24.2325	36.3215	35.4040	24.2282	30.2728	30.2644	36.2975	35.4039
0.03	36.3550	35.5253	36.3049	48.3543	35.7068	36.2986	42.3233	42.3119	48.3220	35.7066
0.04	48.4233	35.8889	48.3315	60.3290	36.1301	48.3231	54.3219	54.3074	60.2887	36.1297
0.05	60.4458	36.3731	60.3002	72.2339	36.6734	60.2898	66.2566	66.2392	72.1857	36.6729
0.06	72.4102	36.9776	72.1991	84.0574	37.3360	72.1867	78.1159	78.0957	84.0016	37.3353
0.07	84.3048	37.7017	84.0170	95.7886	38.1173	84.0026	89.8885	89.8655	95.7255	38.1163
0.08	96.1181	38.5447	95.7428	107.4171	39.0164	95.7265	101.5637	101.5382	107.3470	39.0151
0.09	107.8390	39.5059	107.3662	118.9330	40.0322	107.3480	113.1315	113.1036	118.8564	40.0305
0.10	119.4571	40.5843	118.8773	121.4076	41.1636	118.8574	120.1228	120.0417	121.2243	41.1616
0.11	122.1467	41.7789	121.2461	123.4500	42.3651	121.2251	122.3274	122.2463	123.2659	42.3623
0.12	124.5088	43.0003	123.2884	125.1663	43.5886	123.2667	124.2062	124.1253	124.9826	43.5851
0.13	126.5424	44.2454	125.0055	126.5592	44.8308	124.9834	125.7608	125.6806	126.3768	44.8266
0.14	128.2478	45.5109	126.3996	127.6323	46.0887	126.3775	126.9944	126.9151	127.4520	46.0836
0.15	129.6269	46.7933	127.4747	128.3905	47.3588	127.4526	127.9113	127.8332	128.2132	47.3531
0.20	131.7767	53.3487	128.2670	127.6988	53.7858	128.2496	127.9664	127.8980	127.5468	53.7766

续表

时间	欧拉法		改进欧拉法			四阶龙格-库塔法				
t	$K_{1\delta}$	$\delta(t)$	$K_{1\delta}$	$K_{2\delta}$	$\delta(t)$	$K_{1\delta}$	$K_{2\delta}$	$K_{3\delta}$	$K_{4\delta}$	$\delta(t)$
0.25	126.6933	59.8624	122.1942	120.3775	60.0754	122.1854	121.2781	121.2231	120.2616	60.0635
0.30	115.6530	65.9972	110.5751	107.7920	65.9164	110.5766	109.1861	109.1453	107.7150	65.9026
0.35	100.1166	71.4842	94.8243	91.3507	71.0670	94.8359	93.1000	93.0721	91.3093	71.0523
0.40	81.4690	76.1271	76.2305	72.3017	75.3536	76.2510	74.2873	74.2697	72.2893	75.3390
0.45	60.8517	79.7941	55.8324	51.6277	78.6614	55.8604	53.7585	53.7483	51.6370	78.6475
0.50	39.1002	82.4049	34.3865	30.0303	80.9203	34.4204	32.2427	32.2375	30.0552	80.9077
0.55	16.7640	83.9148	12.4041	7.9793	82.0916	12.4430	10.2309	10.2290	8.0156	82.0807
0.60	−5.8188	84.3018	−9.7668	−14.2004	82.1577	−9.7236	−11.9402	−11.9392	−14.1543	82.1488
0.65	−28.4176	83.5585	−31.8386	−36.2221	81.1165	−31.7915	−33.9830	−33.9787	−36.1654	81.1099
0.70	−50.7930	81.6886	−53.4727	−57.7258	78.9808	−53.4220	−55.5484	−55.5392	−57.6556	78.9769
0.75	−72.5783	78.7099	−74.1718	−78.1730	75.7841	−74.1183	−76.1189	−76.1022	−78.0851	75.7832
0.80	−93.1702	74.6628	−93.1924	−96.7642	71.5903	−93.1377	−94.9237	−94.8965	−96.6542	71.5928
0.85	−111.6451	69.6240	−109.4965	−112.4019	66.5082	−109.4434	−110.8966	−110.8561	−112.2676	66.5145
0.90	−126.7295	63.7236	−121.7746	−123.7308	60.7051	−121.7279	−122.7070	−122.6516	−123.5744	60.7154
0.95	−136.8593	57.1613	−128.5656	−129.2790	54.4186	−128.5323	−128.8906	−128.8211	−129.1094	54.4330
1.00	−140.3591	50.2186	−128.4831	−127.7032	47.9587	−128.4718	−128.0841	−128.0043	−127.5373	47.9768

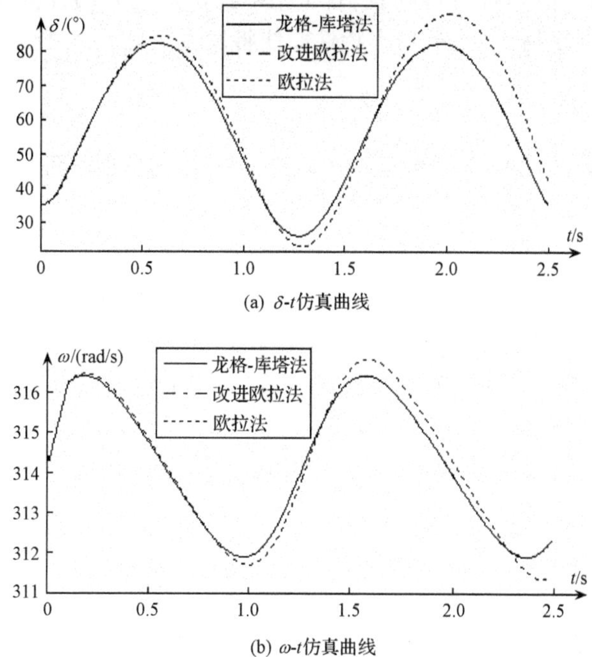

图 10-7　欧拉法、改进欧拉法和龙格-库塔法的仿真结果比较

1. 欧拉法

当采用欧拉法进行计算时，前三个时段的迭代过程如下：

第一时段

$$\boldsymbol{x}_0 = [\delta_0, \omega_0]^{\mathrm{T}} = [35.1615, 314.1593]^{\mathrm{T}}$$

$$\boldsymbol{K}_{1(1)} = \boldsymbol{f}(\boldsymbol{x}_0) = [K_{1\delta(1)}, K_{1\omega(1)}] = [0.0000, 21.1721]^{\mathrm{T}}$$

$$\begin{aligned}\boldsymbol{x}_1 = \boldsymbol{x}_0 + h\boldsymbol{K}_{1(1)} &= [35.1615, 314.1593]^{\mathrm{T}} + 0.01[0.0000, 21.1721]^{\mathrm{T}} \\ &= [35.1615, 314.3710]^{\mathrm{T}}\end{aligned}$$

式中，$K_{1\delta(1)} = \omega_0 - \omega_{\mathrm{N}} = 0, K_{1\omega(1)} = \dfrac{K_\omega}{\omega_0}\left(P_0 - \dfrac{E_0 V_0}{X_{\mathrm{d}\Sigma\mathrm{II}}}\sin\delta_0\right) = 21.1721$。

第二时段

$$\boldsymbol{K}_{1(2)} = \boldsymbol{f}(\boldsymbol{x}_1) = [K_{1\delta(2)}, K_{1\omega(2)}] = [12.1307, 21.1579]^{\mathrm{T}}$$

$$\begin{aligned}\boldsymbol{x}_2 = \boldsymbol{x}_1 + h\boldsymbol{K}_{1(2)} &= [35.1615, 314.3710]^{\mathrm{T}} + 0.01[12.1307, 21.1579]^{\mathrm{T}} \\ &= [35.2828, 314.5826]^{\mathrm{T}}\end{aligned}$$

第三时段

$$\boldsymbol{K}_{1(3)} = \boldsymbol{f}(\boldsymbol{x}_2) = [K_{1\delta(3)}, K_{1\omega(3)}] = [24.2533, 21.1215]^{\mathrm{T}}$$

$$\begin{aligned}\boldsymbol{x}_3 = \boldsymbol{x}_2 + h\boldsymbol{K}_{1(3)} &= [35.2828, 314.5826]^{\mathrm{T}} + 0.01[24.2533, 21.1215]^{\mathrm{T}} \\ &= [35.5253, 314.7938]^{\mathrm{T}}\end{aligned}$$

上述过程依次递推，即可得到表 10-1 中欧拉法对应列的计算结果。注意，在时间大于或等于 0.10s 后，系统的功率特性曲线将发生变化。

2. 改进欧拉法

当采用改进欧拉法进行仿真计算时，前三个时段的迭代过程如下：

第一时段

$$\boldsymbol{x}_0 = [\delta_0, \omega_0]^{\mathrm{T}} = [35.1615, 314.1593]^{\mathrm{T}}$$
$$\boldsymbol{K}_{1(1)} = \boldsymbol{f}(\boldsymbol{x}_0) = [K_{1\delta(1)}, K_{1\omega(1)}] = [0.0000, 21.1721]^{\mathrm{T}}$$
$$\boldsymbol{x}_1^{(0)} = \boldsymbol{x}_0 + h\boldsymbol{K}_{1(1)} = [35.1615, 314.3710]^{\mathrm{T}}$$
$$\boldsymbol{K}_{2(1)} = \boldsymbol{f}(\boldsymbol{x}_1^{(0)}) = [K_{2\delta(1)}, K_{2\omega(1)}] = [12.1307, 21.1579]^{\mathrm{T}}$$
$$\begin{aligned}\boldsymbol{x}_1 &= \boldsymbol{x}_0 + 0.5h(\boldsymbol{K}_{1(1)} + \boldsymbol{K}_{2(1)}) \\ &= [35.1615, 314.1593]^{\mathrm{T}} + 0.005([0.0000, 21.1721]^{\mathrm{T}} \\ &\quad + [12.1307, 21.1579]^{\mathrm{T}}) \\ &= [35.2222, 314.3709]^{\mathrm{T}}\end{aligned}$$

第二时段

$$\boldsymbol{K}_{1(2)} = \boldsymbol{f}(\boldsymbol{x}_1) = [K_{1\delta(2)}, K_{1\omega(2)}] = [12.1267, 21.1468]^{\mathrm{T}}$$
$$\boldsymbol{K}_{2(2)} = \boldsymbol{f}(\boldsymbol{x}_1 + h\boldsymbol{K}_{1(2)}) = [K_{2\delta(2)}, K_{2\omega(2)}] = [24.2429, 21.1104]^{\mathrm{T}}$$
$$\boldsymbol{x}_2 = \boldsymbol{x}_0 + 0.5h(\boldsymbol{K}_{1(2)} + \boldsymbol{K}_{2(2)}) = [35.4040, 314.5822]^{\mathrm{T}}$$

第三时段

$$\boldsymbol{K}_{1(3)} = \boldsymbol{f}(\boldsymbol{x}_2) = [K_{1\delta(3)}, K_{1\omega(3)}] = [24.2325, 21.0994]^{\mathrm{T}}$$
$$\boldsymbol{K}_{2(3)} = \boldsymbol{f}(\boldsymbol{x}_2 + h\boldsymbol{K}_{1(3)}) = [K_{2\delta(3)}, K_{2\omega(3)}] = [36.3215, 21.0412]^{\mathrm{T}}$$
$$\boldsymbol{x}_3 = \boldsymbol{x}_2 + 0.5h(\boldsymbol{K}_{1(3)} + \boldsymbol{K}_{2(3)}) = [35.7068, 314.7929]^{\mathrm{T}}$$

上述过程依次递推，可得到表 10-1 中改进欧拉法对应列的计算结果。

3. 四阶龙格-库塔法

当采用四阶龙格-库塔法进行仿真计算时，前三个时段的迭代过程如下：

第一时段

$$\boldsymbol{x}_0 = [\delta_0, \omega_0]^{\mathrm{T}} = [35.1615, 314.1593]^{\mathrm{T}}$$
$$\boldsymbol{K}_{1(1)} = \boldsymbol{f}(\boldsymbol{x}_0) = [K_{1\delta(1)}, K_{1\omega(1)}] = [0.0000, 21.1721]^{\mathrm{T}}$$
$$\boldsymbol{x}_1^{(0)} = \boldsymbol{x}_0 + 0.5h\boldsymbol{K}_{1(1)} = [35.1615, 314.2651]^{\mathrm{T}}$$
$$\boldsymbol{K}_{2(1)} = \boldsymbol{f}(\boldsymbol{x}_1^{(0)}) = [K_{2\delta(1)}, K_{2\omega(1)}] = [6.0654, 21.1650]^{\mathrm{T}}$$
$$\boldsymbol{x}_1^{(1)} = \boldsymbol{x}_0 + 0.5h\boldsymbol{K}_{2(1)} = [35.1918, 314.2651]^{\mathrm{T}}$$
$$\boldsymbol{K}_{3(1)} = \boldsymbol{f}(\boldsymbol{x}_1^{(1)}) = [K_{3\delta(1)}, K_{3\omega(1)}] = [6.0633, 21.1595]^{\mathrm{T}}$$
$$\boldsymbol{x}_1^{(2)} = \boldsymbol{x}_0 + h\boldsymbol{K}_{3(1)} = [35.2221, 314.3709]^{\mathrm{T}}$$
$$\boldsymbol{K}_{4(1)} = \boldsymbol{f}(\boldsymbol{x}_1^{(2)}) = [K_{4\delta(1)}, K_{4\omega(1)}] = [12.1235, 21.1468]^{\mathrm{T}}$$

$$\boldsymbol{x}_1 = \boldsymbol{x}_0 + h/6 \cdot (\boldsymbol{K}_{1(1)} + \boldsymbol{K}_{2(1)} + \boldsymbol{K}_{3(1)} + \boldsymbol{K}_{4(1)}) = [35.2221, 314.3709]^{\mathrm{T}}$$

第二时段

$$\boldsymbol{K}_{1(2)} = \boldsymbol{f}(\boldsymbol{x}_1) = [K_{1\delta(2)}, K_{1\omega(2)}] = [12.1245, 21.1468]^{\mathrm{T}}$$

$$\boldsymbol{x}_2^{(0)} = \boldsymbol{x}_1 + 0.5h\boldsymbol{K}_{1(2)} = [35.2828, 314.4766]^{\mathrm{T}}$$

$$\boldsymbol{K}_{2(2)} = \boldsymbol{f}(\boldsymbol{x}_2^{(0)}) = [K_{2\delta(2)}, K_{2\omega(2)}] = [18.1827, 21.1286]^{\mathrm{T}}$$

$$\boldsymbol{x}_2^{(1)} = \boldsymbol{x}_1 + 0.5h\boldsymbol{K}_{2(2)} = [35.3131, 314.4765]^{\mathrm{T}}$$

$$\boldsymbol{K}_{3(2)} = \boldsymbol{f}(\boldsymbol{x}_2^{(1)}) = [K_{3\delta(2)}, K_{3\omega(2)}] = [18.1774, 21.1231]^{\mathrm{T}}$$

$$\boldsymbol{x}_2^{(2)} = \boldsymbol{x}_1 + h\boldsymbol{K}_{3(2)} = [35.4039, 314.5821]^{\mathrm{T}}$$

$$\boldsymbol{K}_{4(2)} = \boldsymbol{f}(\boldsymbol{x}_2^{(2)}) = [K_{4\delta(2)}, K_{4\omega(2)}] = [24.2272, 21.0994]^{\mathrm{T}}$$

$$\boldsymbol{x}_2 = \boldsymbol{x}_1 + h/6 \cdot (\boldsymbol{K}_{1(2)} + \boldsymbol{K}_{2(2)} + \boldsymbol{K}_{3(2)} + \boldsymbol{K}_{4(2)}) = [35.4039, 314.5821]^{\mathrm{T}}$$

第三时段

$$\boldsymbol{K}_{1(3)} = \boldsymbol{f}(\boldsymbol{x}_2) = [K_{1\delta(3)}, K_{1\omega(3)}] = [24.2282, 21.0994]^{\mathrm{T}}$$

$$\boldsymbol{x}_3^{(0)} = \boldsymbol{x}_2 + 0.5h\boldsymbol{K}_{1(3)} = [35.5251, 314.6876]^{\mathrm{T}}$$

$$\boldsymbol{K}_{2(3)} = \boldsymbol{f}(\boldsymbol{x}_3^{(0)}) = [K_{2\delta(3)}, K_{2\omega(3)}] = [30.2728, 21.0703]^{\mathrm{T}}$$

$$\boldsymbol{x}_3^{(1)} = \boldsymbol{x}_2 + 0.5h\boldsymbol{K}_{2(3)} = [35.5553, 314.6875]^{\mathrm{T}}$$

$$\boldsymbol{K}_{3(3)} = \boldsymbol{f}(\boldsymbol{x}_3^{(1)}) = [K_{3\delta(3)}, K_{3\omega(3)}] = [30.2644, 21.0648]^{\mathrm{T}}$$

$$\boldsymbol{x}_3^{(2)} = \boldsymbol{x}_2 + h\boldsymbol{K}_{3(3)} = [35.7066, 314.7928]^{\mathrm{T}}$$

$$\boldsymbol{K}_{4(3)} = \boldsymbol{f}(\boldsymbol{x}_3^{(2)}) = [K_{4\delta(3)}, K_{4\omega(3)}] = [36.2975, 21.0303]^{\mathrm{T}}$$

$$\boldsymbol{x}_3 = \boldsymbol{x}_2 + h/6 \cdot (\boldsymbol{K}_{1(3)} + \boldsymbol{K}_{2(3)} + \boldsymbol{K}_{3(3)} + \boldsymbol{K}_{4(3)}) = [35.7066, 314.7928]^{\mathrm{T}}$$

上述过程依次递推,可得到表 10-1 中龙格-库塔法对应列的计算结果。

从表 10-1 和图 10-7 的计算结果可知,改进欧拉法和龙格-库塔法的计算结果非常接近,无论是 δ-t 还是 ω-t 曲线,两种方法的计算结果几乎完全重叠。由此可知,对于所研究的单机无穷大简单电力系统,采用改进欧拉法进行系统仿真运算,已经足够精确。但欧拉法的计算结果与改进欧拉法和龙格-库塔法存在显著差别,这一点从表 10-1和图 10-7 可以明显地看到,表明欧拉法的计算误差较大。因此,在实际电力系统稳定性研究中,很少直接采用欧拉法进行系统稳定性分析。

10.4.3　影响系统暂态稳定性的因素分析

下面采用四阶龙格-库塔法,研究发电机阻尼 D、事故切除时间 τ、接地电抗 x_Δ 取值大小对系统暂态稳定性的影响。在计算中,系统其他参数取值与上节分析场景完全相同。

1. 发电机阻尼的影响

我们研究简单系统的阻尼系数 D 分别取 -0.01(负阻尼),0 (无阻尼),0.025,0.05,0.075,0.10 时系统的暂态稳定性,图 10-8 给出了在阻尼系数取不同值时的

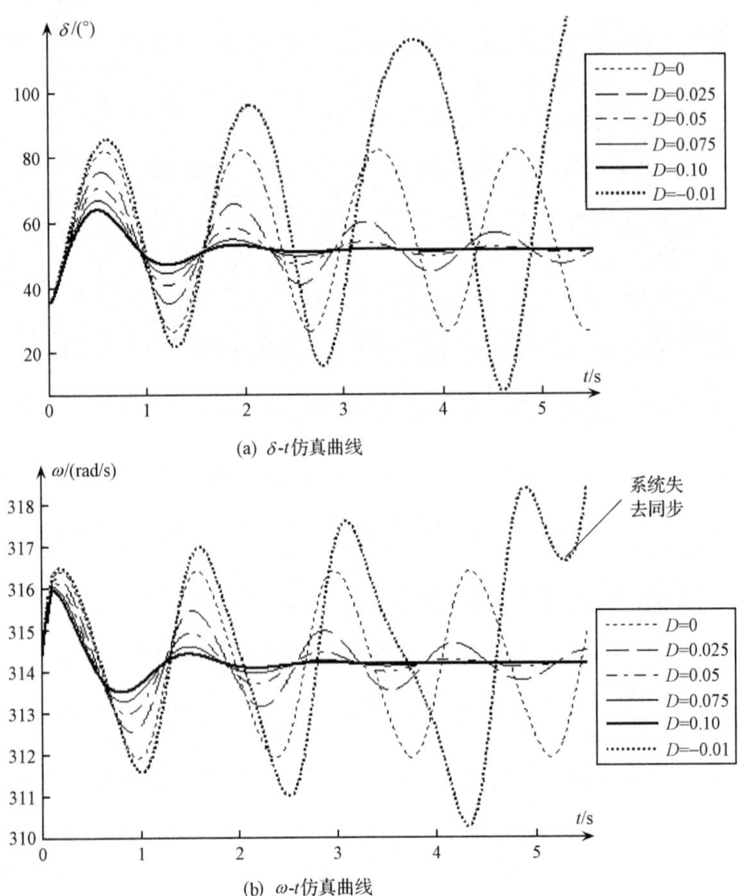

(a) δ-t仿真曲线

(b) ω-t仿真曲线

图 10-8　阻尼对系统暂态稳定性的影响

仿真计算结果。从图 10-8 中可以看到,阻尼对系统的暂态过程影响较大。

(1) 当系统不存在阻尼($D=0$)时,在故障发生后,系统的功角和角速度均作等幅振荡。

(2) 当系统存在正的阻尼($D>0$)时,在故障发生后,系统的功角和角速度的振幅均逐渐衰减。随着时间的增长,系统逐渐回到平衡状态。且系统阻尼越强(即 D 的取值越大),功角和角速度的振荡衰减速度越快,系统越容易回到平衡状态。

(3) 当系统存在负阻尼($D<0$)时,在故障发生后,系统功角和角速度出现了增幅振荡,系统无法恢复到稳定运行状态。电力系统中的负阻尼现象,往往是由于控制设备参数取值不合理或控制环节参数不匹配造成的,在实际系统中应尽量避免。

2. 故障切除时间的影响

假设系统阻尼 $D=0.05$,我们研究故障切除时间长短对系统暂态稳定性的影响,

图 10-9 绘制了故障切除时间分别为 0.10s、0.20s、0.25s、0.2728s 和 0.2729s 时的系统仿真曲线。不难看到，当 $\tau \leqslant 0.2728$s 时，系统经暂态振荡过程后均能恢复稳定，但随着故障清除时间增长，暂态过程不断加长，系统恢复稳定所需时间也不断加长；当 $\tau > 0.2728$s 时，系统将无法恢复到稳定运行状态，图 10-9 给出了 $\tau = 0.2729$s 的情景。此时称 $\tau = 0.2728$s 为该系统的故障临界切除时间（critical cleaning time，CCT）。当故障切除时间小于 CCT 时，系统在经历暂态过程后，能恢复稳定运行；反之，系统将出现失稳。

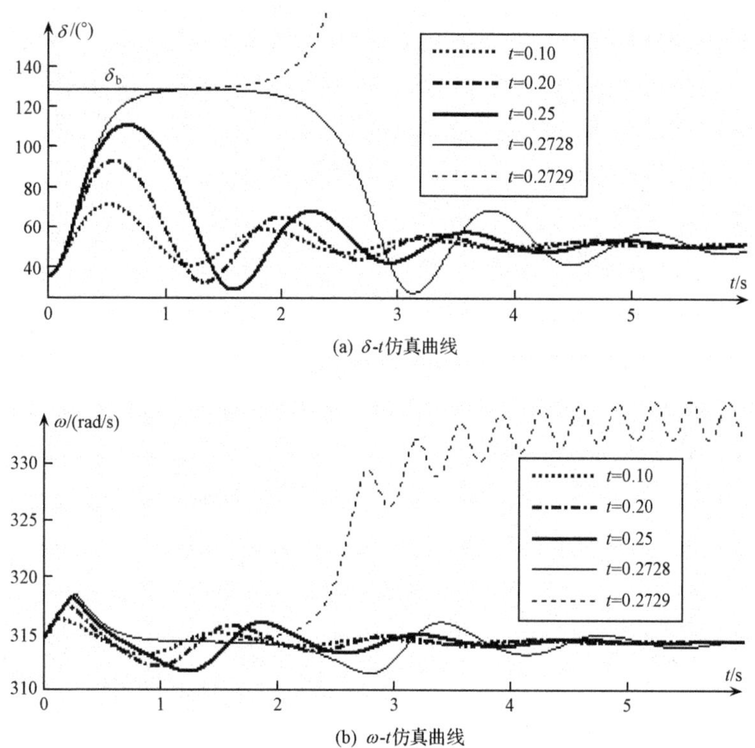

(a) δ-t 仿真曲线

(b) ω-t 仿真曲线

图 10-9　故障切除时间对系统暂态稳定性的影响

回忆在 10.2 节中介绍的单机无穷大系统的等面积定则，由理论分析可知，当 $\tau=$ CCT 时，故障切除时刻发电机的功角刚好等于系统的临界切除角 $\delta_{\mathrm{c}\cdot\mathrm{lim}}$，而此时转子在暂态过程中的最大功角即为图 10-3 和图 10-4 中所示的 δ_{b}。依据本系统的运行参数，可由理论过程推导出 δ_{b} 的结果如下：

$$\delta_{\mathrm{b}} = 180^{\circ} - \arcsin\left(\frac{P_{\mathrm{m0}}}{P_{\mathrm{eIII}}}\right) = 180^{\circ} - \arcsin\left(\frac{P_{\mathrm{m0}} X_{\mathrm{d}\Sigma\mathrm{III}}}{E_0 U_0}\right) = 128.7807^{\circ} \qquad (10\text{-}54)$$

将其同时绘制在图 10-9 中，不难看到，当 $\tau=$CCT 时，发电机功角最大值刚好为 δ_{b}。

发电机在故障过程被不平衡转矩加速，是导致系统失稳（失去同步）的根本原因，故障持续时间越短（故障切除时间越小），系统的加速面积就越小，最大可能的减速面积就越大，越有利于系统暂态稳定。这也是为什么电力系统保护生产厂商一直以来都致力于研制快速保护的内在原因。

3. 故障严重程度的影响

当系统发生短路故障时，故障点处的接地电抗 $X_{\triangle}$ 的大小可间接反映故障的严重程度：$X_{\triangle}$ 越大故障越不严重，一种极端情况是，系统未出现故障，$X_{\triangle}=\infty$；反之，$X_{\triangle}$ 越小，故障越严重，当 $X_{\triangle}=0$ 时代表系统发生了三相金属接地的短路故障。

图 10-10 绘制了 $X_{\triangle}$ 取不同数值时的系统仿真曲线，其中系统阻尼 $D=0.05$，故障切除时间 τ 均取为 0.25s。不难看出，当 $X_{\triangle}$ 分别为 0，0.02 和 0.04 时，系统将失稳；当 $X_{\triangle}$ 为 0.06 和 0.08 时为暂态稳定，且 $X_{\triangle}=0.08$ 时的系统稳定性状况要好于 $X_{\triangle}=0.06$ 时的状况。进一步可求解 $X_{\triangle}$ 取不同值时的系统临界切除时间分别为

$$\mathrm{CCT}_0=0.1905\mathrm{s},\quad \mathrm{CCT}_{0.02}=0.2119\mathrm{s},\quad \mathrm{CCT}_{0.04}=0.2345\mathrm{s}$$

$$\mathrm{CCT}_{0.06}=0.2584\mathrm{s},\quad \mathrm{CCT}_{0.08}=0.2838\mathrm{s},\ \mathrm{CCT}_{0.10}=0.3112\mathrm{s}$$

可见，当接地阻抗 $X_{\triangle}$ 增大时，系统临界切除时间也增大，系统的稳定性将变好。

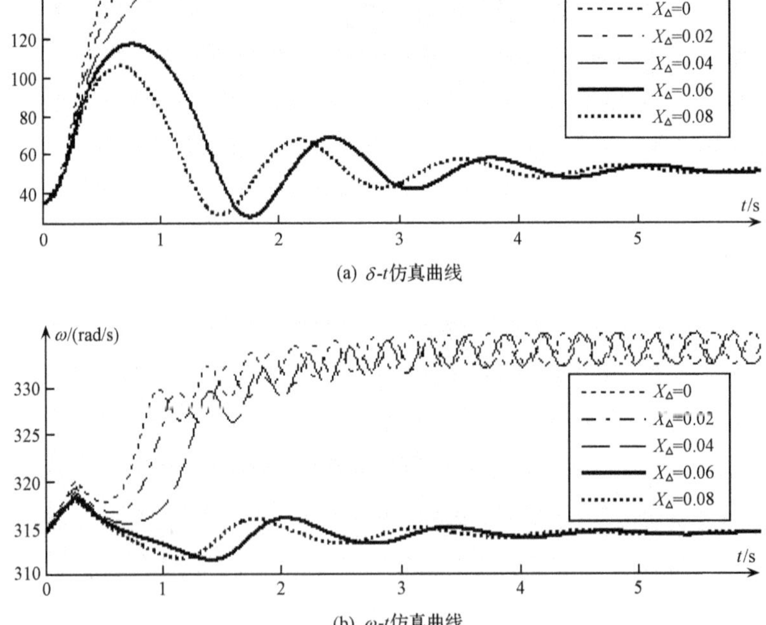

图 10-10 接地电抗 $X_{\triangle}$ 对系统暂态稳定性的影响

10.5 多机电力系统暂态稳定性分析简介

复杂电力系统出现故障后，受影响的发电机，会首先因为转子所受转矩失衡而出

现加速或减速情况,进而导致其功角和内电势的改变。由式(7-48)所给复杂电力系统中发电机的功率特性可知,系统中任何一台发电机的电磁输出功率,都是所有发电机内电势、发电机功角和网络参数的函数。由此,系统中每一台发电机的输出功率都会随之发生变化,进而导致它们的转子出现加速或减速的情况。至于哪些发电机加速,哪些减速,则是由系统的拓扑关系、负荷和发电机分布、故障位置等多种因素所决定的。

如前所述,电力系统的数学模型一般需要表示为微分-代数方程,微分方程部分用于描述一些动态元件,如发电机、励磁系统等;代数部分,则由系统潮流方程和动态元件的端口方程所构成。对于发电机和电动机等动态元件,其方程建立在派克变换后的 dq0 坐标系下,而网络潮流方程则在 xy 坐标系或极坐标系下建立。在形成系统的微分-代数方程时,就涉及不同坐标系之间的变换。本节将以潮流方程采用 xy 坐标系为例加以说明。

10.5.1　暂态稳定分析的网络模型

在进行暂态仿真时,求解代数方程的过程与求解潮流方程类似,即

$$\boldsymbol{YU} = \boldsymbol{I} \tag{10-55}$$

式中,$\boldsymbol{Y}$ 为系统的节点导纳矩阵,$\boldsymbol{U}$ 和 $\boldsymbol{I}$ 分别为节点的电压和电流注入向量。利用计算机进行计算时,通常需将其实部和虚部分开,形成复合节点导纳矩阵的形式,当采用 xy 坐标系时,其形式如下:

$$\begin{bmatrix} \begin{bmatrix} G_{11} & -B_{11} \\ B_{11} & G_{11} \end{bmatrix} & \cdots & \begin{bmatrix} G_{1i} & -B_{1i} \\ B_{1i} & G_{1i} \end{bmatrix} & \cdots & \begin{bmatrix} G_{1n} & -B_{1n} \\ B_{1n} & G_{1n} \end{bmatrix} \\ \vdots & & \vdots & & \vdots \\ \begin{bmatrix} G_{i1} & -B_{i1} \\ B_{i1} & G_{i1} \end{bmatrix} & \cdots & \begin{bmatrix} G_{ii} & -B_{ii} \\ B_{ii} & G_{ii} \end{bmatrix} & \cdots & \begin{bmatrix} G_{in} & -B_{in} \\ B_{in} & G_{in} \end{bmatrix} \\ \vdots & & \vdots & & \vdots \\ \begin{bmatrix} G_{n1} & -B_{n1} \\ B_{n1} & G_{n1} \end{bmatrix} & \cdots & \begin{bmatrix} G_{ni} & -B_{ni} \\ B_{ni} & G_{ni} \end{bmatrix} & \cdots & \begin{bmatrix} G_{nn} & -B_{nn} \\ B_{nn} & G_{nn} \end{bmatrix} \end{bmatrix} \begin{bmatrix} \begin{bmatrix} U_{x1} \\ U_{y1} \end{bmatrix} \\ \vdots \\ \begin{bmatrix} U_{xi} \\ U_{yi} \end{bmatrix} \\ \vdots \\ \begin{bmatrix} U_{xn} \\ U_{yn} \end{bmatrix} \end{bmatrix} = \begin{bmatrix} \begin{bmatrix} I_{x1} \\ I_{y1} \end{bmatrix} \\ \vdots \\ \begin{bmatrix} I_{xi} \\ I_{yi} \end{bmatrix} \\ \vdots \\ \begin{bmatrix} I_{xn} \\ I_{yn} \end{bmatrix} \end{bmatrix} \tag{10-56}$$

式中,除去电力网络本身外,也包括如发电机、负荷、FACTS 设备等元件的特征及端口方程,本节的主要任务就是介绍上述电气元件特征及端口方程,以及如何与电网方程进行衔接。

1. 发电机与网络连接

在 dq0 坐标系下表示的发电机定子回路电压方程如下:

不考虑阻尼绕组时

$$\begin{bmatrix} U_{\mathrm{d}} \\ U_{\mathrm{q}} \end{bmatrix} = \begin{bmatrix} 0 \\ E'_{\mathrm{q}} \end{bmatrix} - \begin{bmatrix} R_{\mathrm{a}} & -X_{\mathrm{q}} \\ X_{\mathrm{d}} & R_{\mathrm{a}} \end{bmatrix} \begin{bmatrix} I_{\mathrm{d}} \\ I_{\mathrm{q}} \end{bmatrix} \tag{10-57}$$

考虑阻尼绕组时

$$\begin{bmatrix} U_{\mathrm{d}} \\ U_{\mathrm{q}} \end{bmatrix} = \begin{bmatrix} E''_{\mathrm{d}} \\ E''_{\mathrm{q}} \end{bmatrix} - \begin{bmatrix} R_{\mathrm{a}} & -X''_{\mathrm{q}} \\ X''_{\mathrm{d}} & R_{\mathrm{a}} \end{bmatrix} \begin{bmatrix} I_{\mathrm{d}} \\ I_{\mathrm{q}} \end{bmatrix} \tag{10-58}$$

将上述矩阵形式写成一个统一的格式如下：

$$\begin{bmatrix} U_{\mathrm{d}} \\ U_{\mathrm{q}} \end{bmatrix} = \begin{bmatrix} \bar{E}_{\mathrm{d}} \\ \bar{E}_{\mathrm{q}} \end{bmatrix} - \begin{bmatrix} R_{\mathrm{a}} & -\bar{X}_{\mathrm{q}} \\ \bar{X}_{\mathrm{d}} & R_{\mathrm{a}} \end{bmatrix} \begin{bmatrix} I_{\mathrm{d}} \\ I_{\mathrm{q}} \end{bmatrix} \tag{10-59}$$

根据发电机模型考虑的不同，再来决定其中电势 $\bar{E}_{\mathrm{d}}$，$\bar{E}_{\mathrm{q}}$ 和电抗 $\bar{X}_{\mathrm{d}}$，$\bar{X}_{\mathrm{q}}$ 的具体取值。进一步，考虑到潮流计算时常采用 xy 坐标系，经过潮流计算后可得每个节点的电压和电流注入的相量形式

$$\begin{aligned} \dot{U} &= U_{\mathrm{x}} + \mathrm{j}U_{\mathrm{y}} \\ \dot{I} &= I_{\mathrm{x}} + \mathrm{j}I_{\mathrm{y}} \end{aligned} \tag{10-60}$$

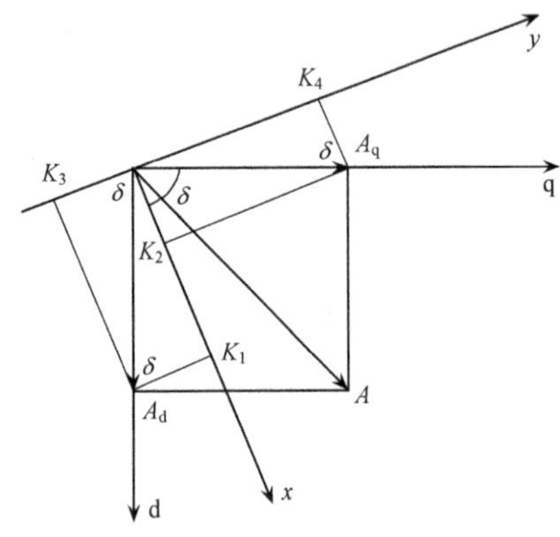

图 10-11　dq0 和 xy 坐标系之间的变换

但对于发电机定子回路，一般采用 dq0 坐标系统来列解方程，因此，定子回路的电压和电流向量，需表示为

$$\begin{aligned} \dot{U} &= U_{\mathrm{d}} + \mathrm{j}U_{\mathrm{q}} \\ \dot{I} &= I_{\mathrm{d}} + \mathrm{j}I_{\mathrm{q}} \end{aligned} \tag{10-61}$$

这就面临着如何将两个坐标系的相量统一的问题，设 x 轴和 q 轴之间的夹角为 δ，并设存在一个在 dq0 坐标系下的相量 $\dot{A} = A_{\mathrm{d}} + \mathrm{j}A_{\mathrm{q}}$，如图 10-11 所示，将其向 xy 坐标轴上分别做投影可得如下结果：

$$\begin{cases} A_{\mathrm{x}} = K_1 + K_2 \\ A_{\mathrm{y}} - K_3 + K_4 \end{cases} \tag{10-62}$$

进一步代入 $K_1 \sim K_4$ 具体结果，可得第 4 章的式(4-93)，该式可写为如下矩阵形式：

$$\begin{bmatrix} A_{\mathrm{x}} \\ A_{\mathrm{y}} \end{bmatrix} = \begin{bmatrix} \sin\delta & \cos\delta \\ -\cos\delta & \sin\delta \end{bmatrix} \begin{bmatrix} A_{\mathrm{d}} \\ A_{\mathrm{q}} \end{bmatrix} = \boldsymbol{A} \begin{bmatrix} A_{\mathrm{d}} \\ A_{\mathrm{q}} \end{bmatrix} \tag{10-63}$$

采用类似过程，如果已知了一个 xy 坐标系下的相量 $\dot{A} = A_{\mathrm{x}} + \mathrm{j}A_{\mathrm{y}}$，将之转换为 dq0 坐标系下，可得式(4-94)其相矩阵表达式如下：

$$\begin{bmatrix} A_{\mathrm{d}} \\ A_{\mathrm{q}} \end{bmatrix} = \begin{bmatrix} \sin\delta & -\cos\delta \\ \cos\delta & \sin\delta \end{bmatrix} \begin{bmatrix} A_{\mathrm{x}} \\ A_{\mathrm{y}} \end{bmatrix} = \boldsymbol{A}^{-1} \begin{bmatrix} A_{\mathrm{x}} \\ A_{\mathrm{y}} \end{bmatrix} \tag{10-64}$$

在进行暂态稳定分析时，发电机与网络交换的变量为发电机机端电压和输出电流，式(10-59)给出了它们与发电机内电势之间的关系，需将其变换到 xy 坐标系下，才能实现与网络方程的对接。利用式(10-59)、式(10-63)和式(10-64)可得

$$\boldsymbol{A}^{-1}\begin{bmatrix}U_x\\U_y\end{bmatrix}=\begin{bmatrix}\overline{E}_d\\\overline{E}_q\end{bmatrix}-\begin{bmatrix}R_a & -\overline{X}_q\\\overline{X}_d & R_a\end{bmatrix}\boldsymbol{A}^{-1}\begin{bmatrix}I_x\\I_y\end{bmatrix} \tag{10-65}$$

经简单整理可得

$$\dot{I}=\begin{bmatrix}I_x\\I_y\end{bmatrix}=\begin{bmatrix}g_x & b_x\\b_y & g_y\end{bmatrix}\begin{bmatrix}\overline{E}_d\\\overline{E}_q\end{bmatrix}-\begin{bmatrix}G_x & B_x\\B_y & G_y\end{bmatrix}\begin{bmatrix}U_x\\U_y\end{bmatrix}=\dot{I}'-Y'\dot{U} \tag{10-66}$$

式中

$$g_x=\frac{R_a\sin\delta-\overline{X}_d\cos\delta}{R_a^2+\overline{X}_d\overline{X}_q},\qquad G_x=\frac{R_a-(\overline{X}_d-\overline{X}_q)\sin\delta\cos\delta}{R_a^2+\overline{X}_d\overline{X}_q}$$

$$b_x=\frac{R_a\cos\delta+\overline{X}_q\sin\delta}{R_a^2+\overline{X}_d\overline{X}_q},\qquad B_x=\frac{\overline{X}_d\cos^2\delta+\overline{X}_q\sin^2\delta}{R_a^2+\overline{X}_d\overline{X}_q}$$

$$b_y=\frac{-R_a\cos\delta-\overline{X}_d\sin\delta}{R_a^2+\overline{X}_d\overline{X}_q},\qquad B_y=\frac{-\overline{X}_d\sin^2\delta-\overline{X}_q\cos^2\delta}{R_a^2+\overline{X}_d\overline{X}_q}$$

$$g_y=\frac{R_a\sin\delta-\overline{X}_q\cos\delta}{R_a^2+\overline{X}_d\overline{X}_q},\qquad G_y=\frac{R_a+(\overline{X}_d-\overline{X}_q)\sin\delta\cos\delta}{R_a^2+\overline{X}_d\overline{X}_q}$$

从上述推导不难看出，每一台发电机经过上述处理后，将形成一个等效的含有内阻的电流源，如图 10-12 所示，其中 $\dot{I}'$ 称为发电机的虚拟注入电流，其数值为

$$\dot{I}'=\begin{bmatrix}I'_x\\I'_y\end{bmatrix}=\begin{bmatrix}g_x & b_x\\b_y & g_y\end{bmatrix}\begin{bmatrix}\overline{E}_d\\\overline{E}_q\end{bmatrix} \tag{10-67}$$

$\boldsymbol{Y}'=\begin{bmatrix}G_x & B_x\\B_y & G_y\end{bmatrix}$称为发电机的虚拟导纳。需要指出的是，经上述变换所得的 $\dot{I}$ 和 $\boldsymbol{Y}'$ 均为发电机内电势 $\overline{E}_d$，$\overline{E}_q$ 和夹角 δ 的函数（注意，若 x 轴取为发电机的机端电压方向，则 δ 即为发电机的内角），会随时间不断变化，因此在暂态稳定仿真计算的每一步都需对发电机方程的系数进行修正。当发电机考虑为式(10-57)所示的无阻尼同步电机模型时，可得具体结果如下：

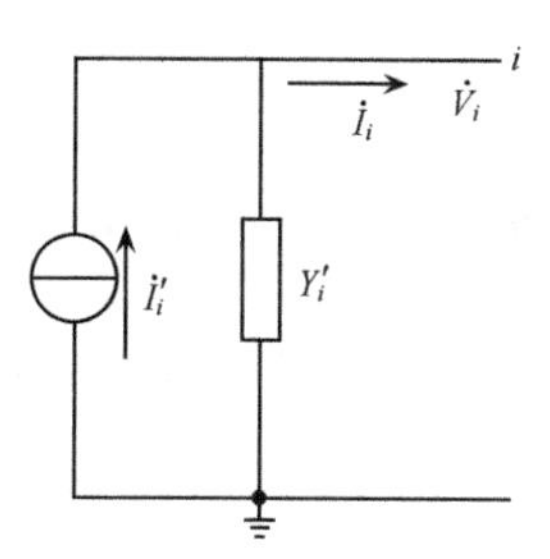

图 10-12　发电机处理为等值的电流源

$$\begin{bmatrix}I_x\\I_y\end{bmatrix}=\boldsymbol{B}\begin{bmatrix}E'_q\cos\delta-U_x\\E'_q\sin\delta-U_y\end{bmatrix} \tag{10-68}$$

式中

$$\boldsymbol{B}=\begin{bmatrix}\dfrac{R_a-0.5(X'_d-X_q)\sin2\delta}{R_a^2+X'_dX_q} & \dfrac{0.5[(X'_d+X_q)+(X'_d-X_q)\cos2\delta]}{R_a^2+X'_dX_q}\\[2ex]\dfrac{0.5[(X'_d-X_q)\cos2\delta-(X'_d+X_q)]}{R_a^2+X'_dX_q} & \dfrac{R_a+0.5(X'_d-X_q)\sin2\delta}{R_a^2+X'_dX_q}\end{bmatrix}$$

进一步，当这样的一台发电机接在节点 i 上时，其等效的注入电流如下：

$$\dot{I}_i=\dot{I}'_i-\boldsymbol{Y}'_i\dot{U}_i \tag{10-69}$$

式中

$$Y_i' = \frac{R_{ai} - 0.5\mathrm{j}(X_{di}' + X_{qi})}{R_{ai}^2 + X_{di}'X_{qi}} \tag{10-70}$$

$$\dot{I}_i' = \frac{R_{ai} - \mathrm{j}X_{qi}}{R_{ai}^2 + X_{di}'X_{qi}}\dot{E}_{qi}' - \frac{1}{2}\mathrm{j}\frac{X_{di}' - X_{qi}}{R_{ai}^2 + X_{di}'X_{qi}}\mathrm{e}^{2\delta_i}\dot{U}_i \tag{10-71}$$

$$\dot{E}_{qi}' = E_{qi}'\mathrm{e}^{\mathrm{j}\delta} \tag{10-72}$$

由上述结果并对照图 10-12 不难看到,当不考虑阻尼绕组的影响时,发电机虚拟导纳 Y_i' 仅由发电机电气参数所决定,而虚拟注入电流 $\dot{I}_i'$ 则由发电机的内电势和机端电压共同决定。在进行暂态仿真计算时,首先由 $\dot{U}_i$ 所得结果计算 $\dot{I}_i'$ 和 $\dot{I}_i$,然后再由网络方程求解 $\dot{U}_i$ 的修正结果,直至收敛。

当发电机考虑为经典模型,即发电机暂态电抗后电势 E_i' 在暂态过程中保持不变时,式(10-69)~式(10-72)可进一步得到简化

$$Y_i' = \frac{1}{R_{ai} + \mathrm{j}X_{di}'} \tag{10-73}$$

$$\dot{I}_i' = \frac{1}{R_{ai} + \mathrm{j}X_{di}'}\dot{E}_i' = \frac{1}{R_{ai} + \mathrm{j}X_{di}'}E_i'\mathrm{e}^{\mathrm{j}\delta_i} \tag{10-74}$$

此时,发电机的虚拟注入电流仅与发电机内电势有关,而与机端电压无关,在暂态仿真过程中,可直接根据微分方程的求解结果,确定 $\dot{I}_i'$ 和 $\dot{I}_i$。

2. 负荷与网络连接

负荷是电力系统中数量最多的电气元件,特性也最为复杂,且随着新的电气设备的不断出现,负荷模型也在不断更新,关于电力负荷模型的研究至今仍是一个热门的话题。在暂态仿真过程中,对负荷的处理与发电机类似,即想办法将其转换为等效的电流源,加入到对应的网络节点上。

1) 恒阻抗型负荷

恒阻抗型负荷模型是在传统的暂态稳定性分析中使用最为广泛,同时也是使用时间最长的一种静态负荷模型。该模型被广泛采用还有一个原因——它非常好处理,因为可以等效为负荷节点上的等值阻抗,因此,只需要修改导纳矩阵与该节点相应的对角元素即可

$$Y_{ii} = Y_{ii}^0 + 1/Z_{\mathrm{LD},i} \tag{10-75}$$

$$Z_{\mathrm{LD},i} = \frac{U_{i(0)}^2}{S_{i(0)}^*} \tag{10-76}$$

但自从 1996 年 7 到 8 月间的美国西部系统大停电事件后,研究人员发现,仅仅采用恒阻抗型负荷来进行电力系统稳定性的分析,可能会导致较为乐观的估计,因此,现在更倾向于采用 ZIP 负荷模型或指数型负荷模型来估计系统的静态负荷。

2) 指数型负荷

假设在节点 i 上,存在形式如下的指数型负荷:

$$P_i = P_{i(0)}\left(\frac{U_i}{U_{i(0)}}\right)^m,\quad Q_i = Q_{i(0)}\left(\frac{U_i}{U_{i(0)}}\right)^n \tag{10-77}$$

利用该节点处的功率方程

$$S_i = -(P_i + \mathrm{j}Q_i) = \dot{U}\dot{I}^* = (U_{xi} + \mathrm{j}U_{yi})(I_{xi} - \mathrm{j}I_{yi}) \tag{10-78}$$

将式(10-77)代入式(10-78)，可以得到

$$I_{xi} = -\frac{P_{i(0)}U_i^{m-2}U_{xi}}{U_{i(0)}^m} - \frac{Q_{i(0)}U_i^{n-2}U_{yi}}{U_{i(0)}^n} \tag{10-79}$$

$$I_{yi} = \frac{Q_{i(0)}U_i^{n-2}U_{xi}}{U_{i(0)}^n} - \frac{P_{i(0)}U_i^{m-2}U_{yi}}{U_{i(0)}^m} \tag{10-80}$$

则负荷将变为等效注入电流：$\dot{I} = I_{xi} + \mathrm{j}I_{yi}$。注意，当 m 和 n 不等于 2 时，相当于在该节点增加一个时变的电流源和一个时变的阻抗。

3）ZIP 负荷

假设在节点 i 上，存在形式如下的 ZIP 型负荷：

$$\begin{aligned} P_i &= P_{i(0)}\left[a_{\mathrm{P}}\left(\frac{U_i}{U_{i(0)}}\right)^2 + b_{\mathrm{P}}\left(\frac{U_i}{U_{i(0)}}\right) + c_{\mathrm{P}}\right] \\ Q_i &= Q_{i(0)}\left[a_{\mathrm{Q}}\left(\frac{U_i}{U_{i(0)}}\right)^2 + b_{\mathrm{Q}}\left(\frac{U_i}{U_{i(0)}}\right) + c_{\mathrm{Q}}\right] \end{aligned} \tag{10-81}$$

则直接利用指数型负荷的推导结果，可得 ZIP 负荷的等效注入电流：

$$I_{xi} = -\frac{P_{i(0)}a_{\mathrm{P}}U_{xi} + Q_{i(0)}a_{\mathrm{Q}}U_{yi}}{U_{i(0)}^2} - \frac{P_{i(0)}b_{\mathrm{P}}U_{xi} + Q_{i(0)}b_{\mathrm{Q}}U_{yi}}{U_{i(0)}^2U_i} - \frac{P_{i(0)}c_{\mathrm{P}}U_{xi} + Q_{i(0)}c_{\mathrm{Q}}U_{yi}}{U_i^2} \tag{10-82}$$

$$I_{yi} = \frac{Q_{i(0)}a_{\mathrm{Q}}U_{xi} - P_{i(0)}a_{\mathrm{P}}U_{yi}}{U_{i(0)}^2} + \frac{Q_{i(0)}b_{\mathrm{Q}}U_{xi} - P_{i(0)}b_{\mathrm{P}}U_{yi}}{U_{i(0)}^2U_i} + \frac{Q_{i(0)}c_{\mathrm{Q}}U_{xi} - P_{i(0)}c_{\mathrm{P}}U_{yi}}{U_i^2} \tag{10-83}$$

4）感应电动机负荷

在暂态稳定分析中，可按照发电机的处理方式来求解感应电动机的等效注入电流，但常用的方式，是将感应电动负荷近似考虑为恒阻抗 Z_{M}，其大小由式(7-141)确定，随电动机滑差 s 不断改变。在进行暂态稳定分析时，首先由感应电动机的动态方程求解转子滑差 s，进而利用式(7-141)确定感应电动负荷的等值阻抗 Z_{M}。由于在暂态稳定分析的每一步，都需根据感应电动机的滑差计算这部分负荷对应的等效阻抗，使得网络节点导纳矩阵在计算中不断改变，因此，在求解网络方程时，每个时段都需对节点导纳矩阵重新进行三角分解。

10.5.2　电力系统暂态稳定分析的一般步骤

暂态稳定性是研究电力系统出现大扰动后能否重新恢复稳定的问题，大扰动多来源于系统较严重的故障，如短路、发电机非正常停运等。系统故障的发展过程可分为故障前(pre-fault)、故障中(fault-on)和故障后(post-fault)三个阶段，可用三组微

分-代数方程分别加以描述。

故障前

$$\begin{aligned} \dot{\boldsymbol{x}} &= \boldsymbol{f}_1(\boldsymbol{x},\boldsymbol{y}) \\ 0 &= \boldsymbol{g}_1(\boldsymbol{x},\boldsymbol{y}) \end{aligned} \tag{10-84}$$

故障中

$$\begin{aligned} \dot{\boldsymbol{x}} &= \boldsymbol{f}_2(\boldsymbol{x},\boldsymbol{y}) \\ 0 &= \boldsymbol{g}_2(\boldsymbol{x},\boldsymbol{y}) \end{aligned} \tag{10-85}$$

故障后

$$\begin{aligned} \dot{\boldsymbol{x}} &= \boldsymbol{f}_3(\boldsymbol{x},\boldsymbol{y}) \\ 0 &= \boldsymbol{g}_3(\boldsymbol{x},\boldsymbol{y}) \end{aligned} \tag{10-86}$$

通常情况下，在故障前系统处于稳定运行状态，此时式(10-84)可改为如下描述故障前系统稳定状态的代数方程。求解式(10-87)，可得到故障发生前系统的平衡状态($\boldsymbol{x}_0$，$\boldsymbol{y}_0$)。

故障前稳态

$$\begin{aligned} 0 &= \boldsymbol{f}_1(\boldsymbol{x},\boldsymbol{y}) \\ 0 &= \boldsymbol{g}_1(\boldsymbol{x},\boldsymbol{y}) \end{aligned} \tag{10-87}$$

故障中和故障后阶段系统的动态过程较为复杂，往往伴随着系统的一些变动，如故障发生、故障元件被切除、励磁和原动机控制系统的动作等，从而导致在此过程中系统的微分方程和代数方程会出现不连续甚至非自治的情况。当这些变动发生时，状态量 $\boldsymbol{x}$ 不会突变，但代数量 $\boldsymbol{y}$ 却会突变。在进行电力系统暂态仿真时，在积分运算的每一步，都需判断系统是否出现某些变故。

电力系统暂态稳定性计算的一般流程如图 10-13 所示，主要包括如下关键步骤。

1. 数据和模型准备阶段

包括读取系统的原始参数、场景数据(图中①)。通过求解系统故障前的潮流方程，首先获得系统代数变量的初值 $\boldsymbol{y}_0$；进一步根据各动态元件的端口方程，推导出系统状态变量的初值 $\boldsymbol{x}_0$(图中②)；进一步，根据潮流方程、元件模型等，共同形成进行系统数值分析所需的微分和代数方程组(图中③)。

2. 数值积分求解

在这一步，将采用前面所介绍的数值求解方法进行系统运行轨迹的积分求解。在积分计算的每一步，需进行如下操作。

(1) 系统变动判断。当系统出现故障或发生其他变故(如故障元件被切除)，且不在积分区间的顶端时，先需要对积分区间的终点进行修正，以减少计算误差(图中⑥)。进一步，需要对系统的微分方程以及代数方程进行修改(图中⑦)，且当系统的代数量在变动后发生突变时，需对其进行重新求解(图中⑧)。

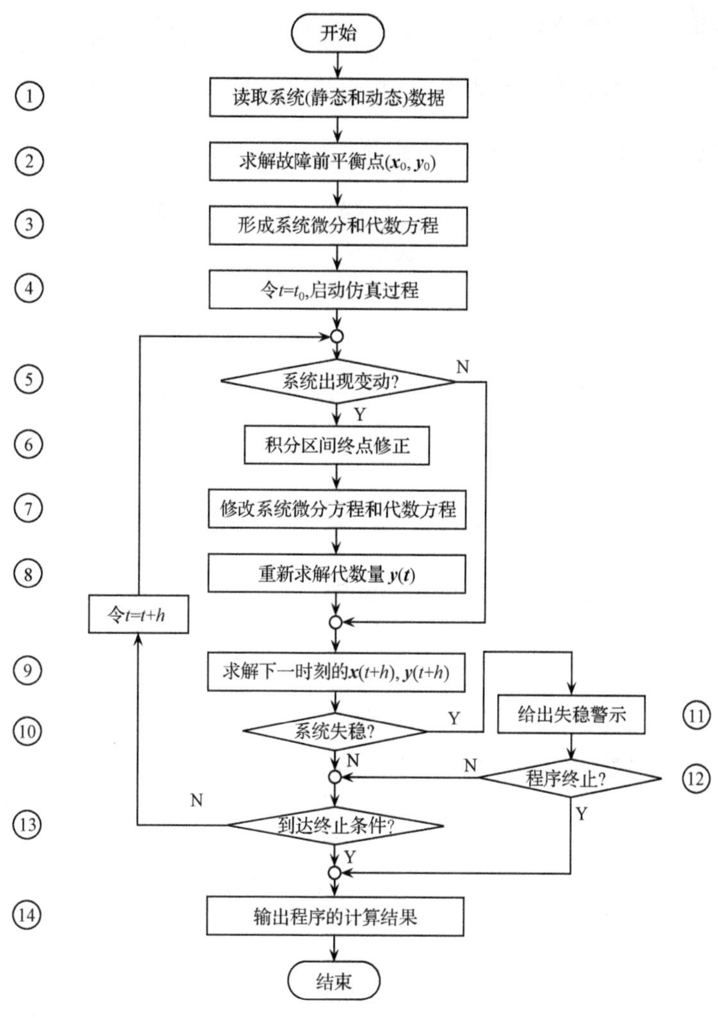

图 10-13　电力系统暂态仿真的一般流程

(2) 数值积分运算。根据前一刻所得结果($\boldsymbol{x}(t)$,$\boldsymbol{y}(t)$),利用交替求解法或联立求解法,计算下一刻的结果($\boldsymbol{x}(t+h)$,$\boldsymbol{y}(t+h)$),即图中的⑨。

(3) 系统判稳。判断系统是否出现失稳,系统失稳往往是电力系统暂态仿真过程终止的一种常见条件,因此,在积分的每一步,都需判断系统是否出现失稳以及是否终止计算过程(图中的⑩～⑫)。

(4) 终止条件判断。判断积分终止条件是否已经达到,常见的终止条件包括,仿真时长已到、系统已经失稳(如任意两台发电机之间的相对功角,已超过一个预先设定的限值)等。若是,则转数据输出和程序终止环节;反之,令 $t=t+h$,继续进行下一步的计算。

3. 数据输出和程序终止

当积分过程结束后，程序根据需要，输出计算结果，终止计算过程。

10.5.3 多机电力系统暂态稳定分析示例

我们以 9.4 节中的 WSCC 三机九节点系统为例，来示意多机电力系统的暂态稳定性的仿真分析过程，该系统模型、参数取值可参见 9.4 节，这里不再赘述。

1. 事故前系统运行状态

故障前，系统处于稳态运行，负荷水平为 $\lambda=1.0$p.u.，两台发电机出力：$P_{m,2}=1.0$p.u.，$P_{m,3}=1.0$p.u.。利用第 9 章和 10.3 节介绍的方法，可求得此时系统的平衡点为

$$\boldsymbol{x}_0=[0.5528,0,1.0217,0.4313,1.5700,0.5460,0,1.0055,0.4936,1.5538]^{\mathrm{T}} \tag{10-88}$$

$$\boldsymbol{y}_0=[0.7065,0.6460,0.6854,0.6581,1.0752,-0.0380,1.0778,-0.0421\\ 1.0114,-0.0590,1.0545,-0.0850,1.0068,-0.1067,1.0094,-0.1019]^{\mathrm{T}} \tag{10-89}$$

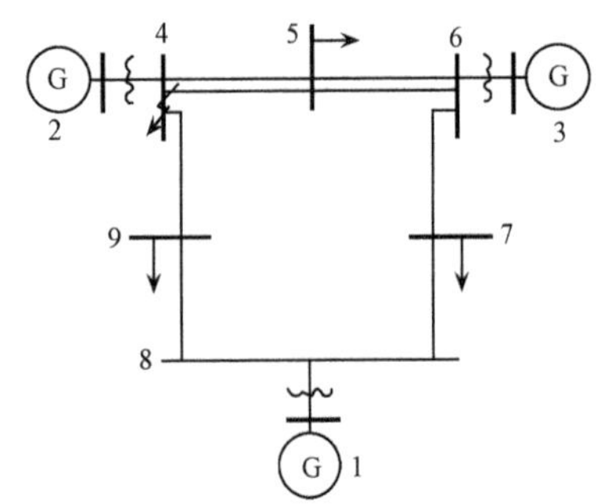

图 10-14 WSCC 系统的故障场景

注意，上式中涉及的角度的单位均为 rad，若折算为以度为单位，则此时 $\delta_2=31.670°$，$\delta_3=31.285°$。进一步，可求得系统最右侧(实部最大)的特征值为 -0.7109 ± 8.1039j，由此可知事故前系统处于稳定运行状态。

2. 事故场景描述

如图 10-14 所示，假设在 $t=0$s 时，系统在发电机 2 的高压母线 4 处发生三相短路故障，故障持续 0.1s 后被切除，同时故障将导致 4-5 双回线路中的一条被跳开，即故障后 4-5 母线之间线路的互阻抗 Y_{45} 变为故障前数值的一半。

3. 故障场景仿真

由于 WSCC 三机九节点系统的动态方程是微分-代数方程，这里采用联立求解方法对上述故障场景进行仿真求解，所得结果如表 10-2 和图 10-15 所示。从所得计算结果不难看出，在故障发生且很快被切除后，系统中出现了明显的振荡过程，随着时间的推移，各变量的振荡幅度不断变小，最终系统轨迹收敛到了事故后的平衡点，因此，系统是暂态稳定的。

表 10-2　WSCC 系统故障仿真数据结果(故障持续时间为 0.1s,故障导致 4-5 一条线路停运)

t/s	δ_2/(°)	δ_3/(°)	P_{g2}/(p. u.)	P_{g3}/(p. u.)	U_4/(p. u.)	U_5/(p. u.)	U_9/(p. u.)
0.00	31.670	31.285	1.000	1.000	1.075	1.055	1.009
0.01	31.670	31.285	0.000	0.569	0.000	0.350	0.506
0.02	31.755	31.361	0.000	0.597	0.000	0.346	0.505
0.03	32.008	31.582	0.000	0.633	0.000	0.344	0.504
0.04	32.430	31.933	0.000	0.673	0.000	0.343	0.504
0.05	33.021	32.403	0.000	0.715	0.000	0.343	0.504
0.06	33.781	32.974	0.000	0.758	0.000	0.344	0.504
0.07	34.709	33.632	0.000	0.802	0.000	0.345	0.504
0.08	35.805	34.361	0.000	0.846	0.000	0.347	0.503
0.09	37.071	35.146	0.000	0.890	0.000	0.349	0.503
0.10	38.510	35.972	0.000	0.933	0.000	0.350	0.503
0.11	39.929	36.712	2.247	1.598	1.220	1.127	1.061
0.12	41.136	37.245	2.343	1.576	1.232	1.133	1.066
0.13	42.109	37.570	2.407	1.539	1.235	1.137	1.067
0.14	42.853	37.703	2.437	1.496	1.233	1.138	1.066
0.15	43.353	37.658	2.441	1.452	1.229	1.138	1.065
0.16	43.608	37.452	2.425	1.407	1.224	1.136	1.064
0.17	43.623	37.097	2.392	1.362	1.218	1.134	1.062
0.18	43.406	36.617	2.346	1.319	1.213	1.132	1.061
0.19	42.959	36.018	2.287	1.276	1.207	1.129	1.059
0.20	42.293	35.318	2.218	1.235	1.202	1.127	1.058
0.25	36.179	30.836	1.757	1.061	1.177	1.113	1.054
0.30	26.906	25.764	1.198	0.941	1.153	1.097	1.047
0.35	16.787	21.193	0.672	0.865	1.127	1.079	1.036
0.40	8.005	17.804	0.282	0.825	1.103	1.062	1.024
0.45	2.191	15.963	0.071	0.813	1.085	1.050	1.014
0.50	0.235	15.782	0.038	0.824	1.077	1.044	1.010
0.55	2.285	17.171	0.160	0.852	1.077	1.044	1.011
0.60	7.834	19.878	0.403	0.894	1.080	1.047	1.013
0.65	15.874	23.530	0.721	0.945	1.084	1.051	1.015
0.70	25.083	27.670	1.060	1.003	1.086	1.053	1.014
0.75	34.050	31.784	1.368	1.062	1.086	1.053	1.011
0.80	41.489	35.344	1.603	1.116	1.086	1.053	1.007

续表

t/s	δ_2/(°)	δ_3/(°)	P_{g2}/(p. u.)	P_{g3}/(p. u.)	U_4/(p. u.)	U_5/(p. u.)	U_9/(p. u.)
0.85	46.420	37.867	1.735	1.159	1.086	1.054	1.005
0.90	48.291	38.981	1.749	1.181	1.088	1.055	1.005
0.95	47.042	38.498	1.646	1.174	1.090	1.057	1.009
1.00	43.103	36.483	1.445	1.134	1.092	1.058	1.013
2.00	24.696	25.740	0.671	0.915	1.072	1.042	1.009
3.00	31.437	29.219	0.972	0.995	1.076	1.045	1.009
4.00	35.482	31.155	1.096	1.023	1.079	1.048	1.010
5.00	32.777	29.719	0.981	0.995	1.077	1.046	1.010
6.00	32.517	29.611	0.980	0.995	1.077	1.046	1.010
7.00	33.329	30.029	1.011	1.003	1.078	1.046	1.010
8.00	33.172	29.939	1.002	1.000	1.078	1.046	1.010
9.00	33.001	29.853	0.996	0.999	1.077	1.046	1.010
10.00	33.091	29.901	1.000	1.000	1.077	1.046	1.010

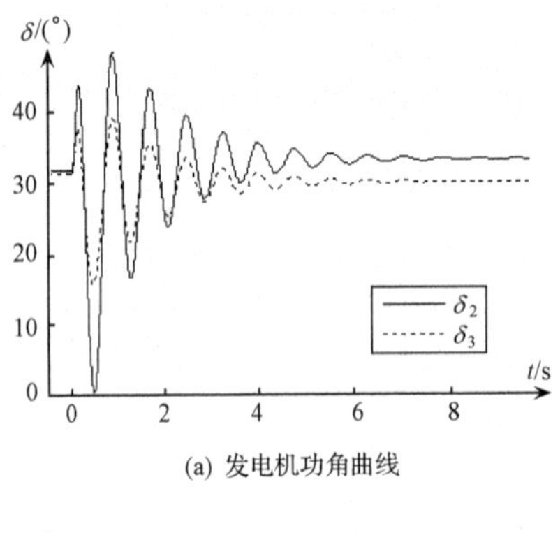

(a) 发电机功角曲线

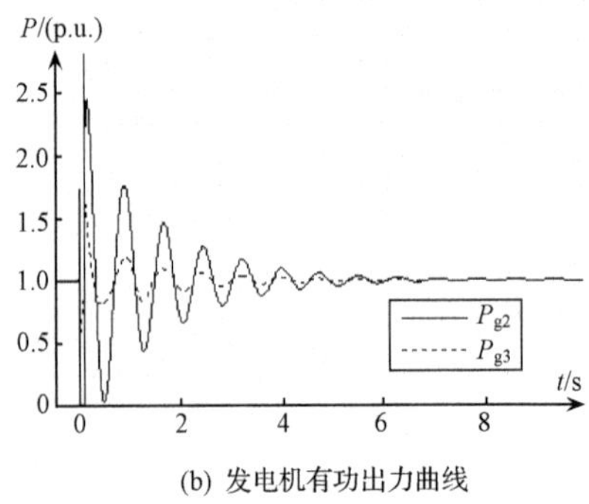

(b) 发电机有功出力曲线

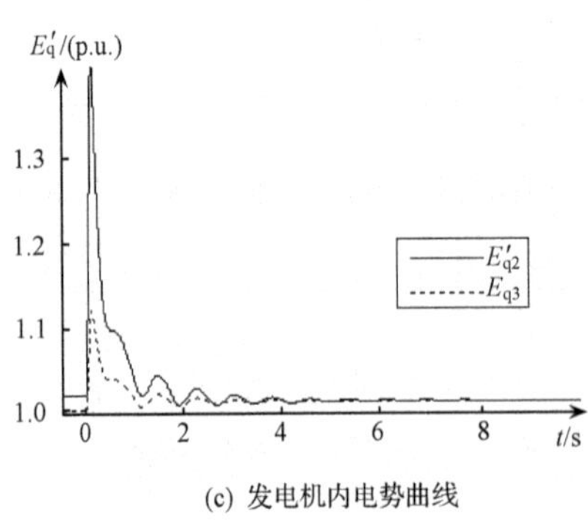

(c) 发电机内电势曲线

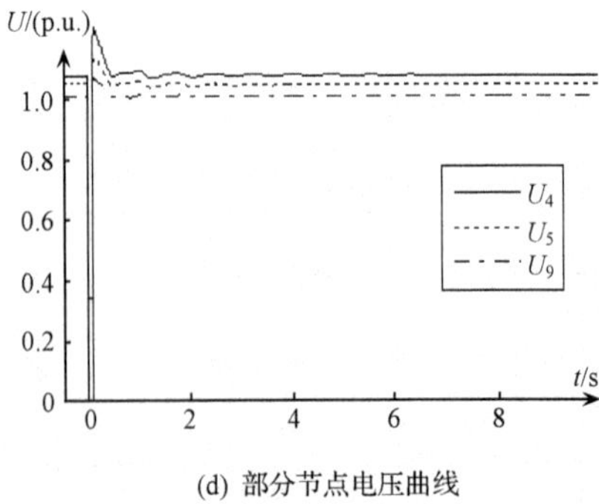

(d) 部分节点电压曲线

图 10-15 WSCC 故障仿真结果(故障持续时间为 0.1s,故障导致 4-5 一条线路停运)

4. 确定系统的故障临界清除时间

令故障切除时间逐渐增大，通过仿真计算判断系统的暂态稳定性，图 10-16 绘制了故障切除时刻分别为 0.3724s，0.3725s 的情况，可以看到，当故障在 0～0.3724s 被切除时，可保证系统的暂态稳定性；当故障持续时间大于 0.3724s 后，系统将失去暂态稳定。由此可得，系统在此故障情况下的临界切除时间 CCT＝0.3724s。其中，图中的 $\Delta\delta=\delta_2-\delta_3$。

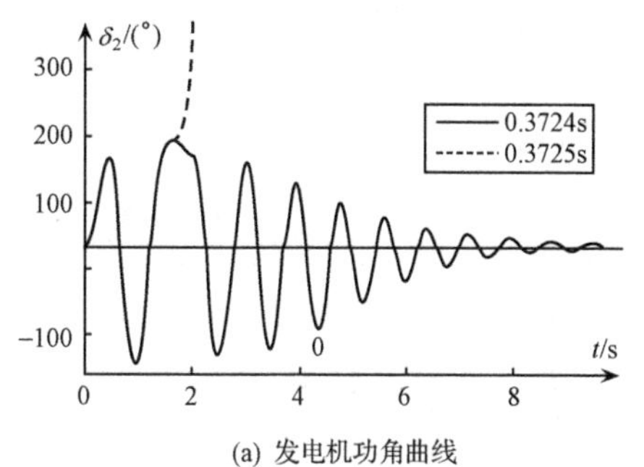

(a) 发电机功角曲线

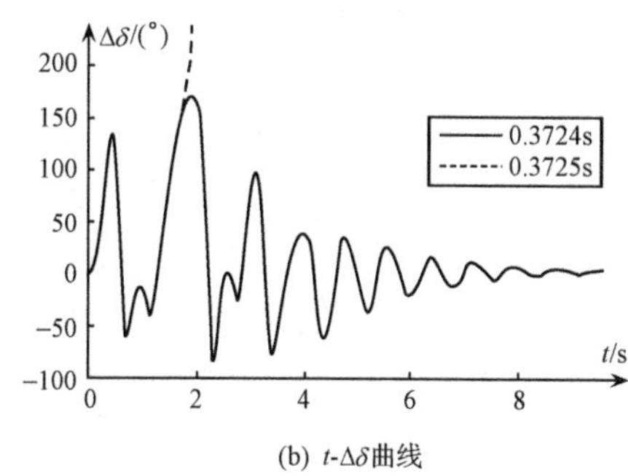

(b) t-$\Delta\delta$曲线

图 10-16　故障持续时间分别为 0.3724s 和 0.3725s 时的系统仿真曲线

从图 10-16 的失稳场景可以看到，在故障被切除后，发电机功角 δ_2 在第一次摇摆过程中，到达最大值后已经摆回，但在第二次摆动中却出现了发散，并导致系统失稳，这与上节单机无穷大系统的失稳场景是不同的。其原因在于，复杂电力系统的暂态过程除受发电机自身动态影响外，还会受到励磁系统、原动机系统等环节的影响，因此，系统的动态过程较单机无穷大系统要复杂得多。

5. 影响系统暂态稳定性的其他因素分析

(1) 故障导致 4-5 双回线均被切除。

当故障后，4-5 之间的双回线路均被切除时，图 10-17 给出了故障切除时间分别

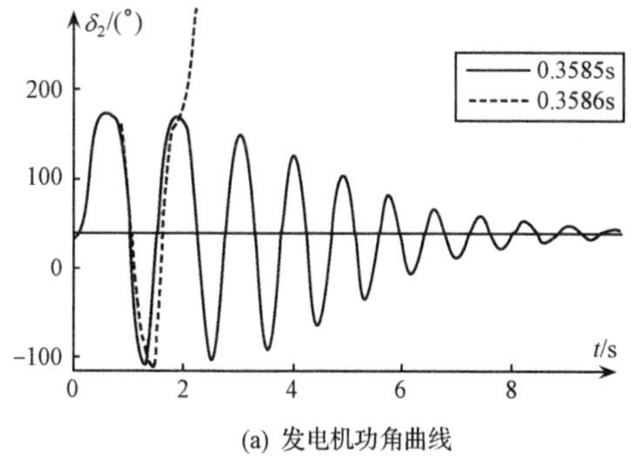

(a) 发电机功角曲线

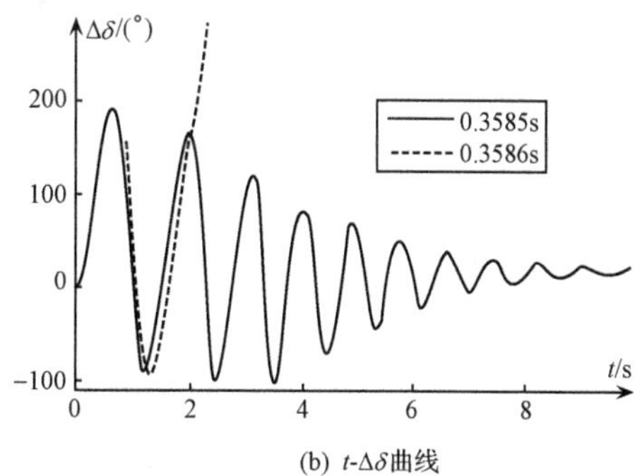

(b) t-$\Delta\delta$曲线

图 10-17　故障持续时间分别为 0.3585s 和 0.3586s 时的系统仿真曲线

为 0.3585s 和 0.3586s 时系统的仿真轨迹。不难看到，在此情况下，当故障的持续时间大于 0.3585s 后，系统出现暂态失稳，因此，系统故障的临界切除时间 CCT=0.3585s。与图 10-16 所示结果进行比较不难发现，由于故障导致 4-5 间两条线路均被切除，系统的暂态稳定性较只一条线路被切除的情况要差，系统允许的故障持续时间变短。

(2) 系统负荷水平的影响。

当系统负荷水平由原来的 1.0p.u. 增长到 1.7p.u. 后，其他参数和故障场景与图 10-16 相同，故障后 4-5 间的线路仅一条被切除。通过仿真分析确定此时系统的临界切除时间 CCT 为 0.3604s，较系统负荷水平为 1.0p.u. 时 CCT=0.3724s 变小。图 10-18 绘出了故障分别在 0.3604s 和 0.3605s 时被切除的情况，不难看到前者系统是暂态稳定的，而后者系统失去了暂态稳定。

此外，由图 10-18 可以看到，在负荷水平增加到 1.7p.u. 时，系统发生失稳的方式与前述场景不同，前者均是发电机功角 δ_2 持续增大，从而导致系统失稳；而在图 10-18 所示场景下，当故障持续时间大于 CCT 后，发电机功角 δ_2 将持续减小，从而导致系统暂态失稳。

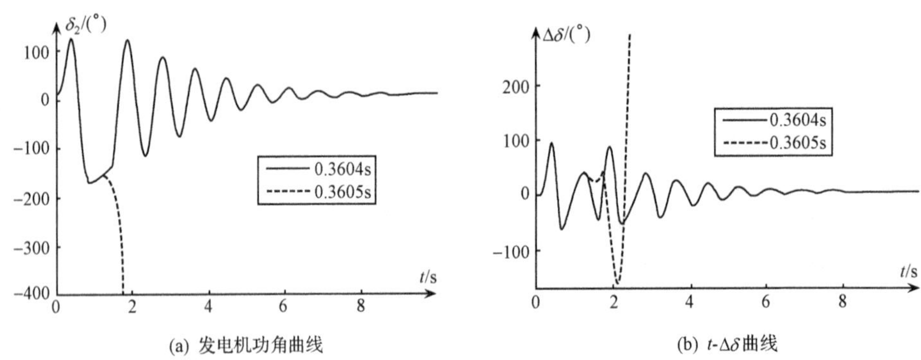

图 10-18 负荷水平为 1.7p.u.，故障持续时间分别为 0.3604s 和 0.3605s 时的系统仿真曲线

思 考 题

10-1 如题 10-1 图所示单机无穷大系统，已知各电气设备的元件标幺值，发电机：$x'_d=0.29$，$x_{(2)}=0.23$，$T_J=11s$，变压器：$x_{T1}=0.13$，$x_{T2}=0.11$，线路 L：双回线 $x_L=0.29$，$x_{L(0)}=3x_L$。系统的初始运行状态为 $U_0=1.0$，$S_0=1.0+0.2j$。当在线路首端 f_1 处发生两相短路接地、单相接地短路和两相短路故障，试分别确定系统对应的极限切除角 $\delta_{c.lim}$。

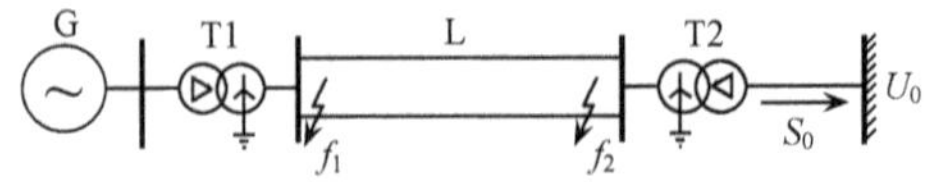

题 10-1 图 单机无穷大系统

10-2　题10-1中，在线路首、末端分别发生三相短路故障，故障的切除时间相同。试分析线路电阻的存在对哪处短路更有利于保持系统的暂态稳定性。

10-3　题10-1中，当变压器T1的中性点接地线异常断开时，在 f_1 点发生单相接地短路，试问，此时是否能确定系统的极限切除角，为什么？

10-4　题10-1中，假设双回线的电阻 $R_L=0.0512$，在空载运行情况下（$S_0=P_0+jQ_0=0.0+0.0j$，$U_0=1.0$），线路末端 f_2 点发生三相短路，试用等面积定则确定系统的临界切除角。

第 11 章　提高电力系统稳定性的措施

本章主要介绍一些改善电力系统运行稳定性的常见措施，并定性地分析这些措施的实现原理。同时基于我国颁布的电力系统安全稳定控制技术导则来介绍电力系统的各种稳定控制措施的原理。

11.1　概　　述

考虑到电能易于传输和易于转换的优点，电能已成为人类生产生活中不可或缺的能源形式，现代电力系统已成为整个人类社会发展的重要基础设施。保证电力系统的平稳运行，对促进社会经济发展、人民生活水平提高和社会安定，都具有重要意义。电力系统平稳运行的前提是保障其自身的稳定性，因此，从电力系统出现至今，寻求提高电力系统稳定性的研究工作从没有终止过。提高电力系统稳定性，可以从技术层面和经济层面两方面加以考虑。

(1) 从技术角度考虑，提高电力系统稳定性，意味着使系统在当前的运行状态下具有更高的稳定性水平。

系统在正常运行时，应保障其关键参量运行在正常合理范围之内，同时保证系统的特征值位于复左半平面，且要尽量远离虚轴，从而保证系统在受到微扰之后，不会出现自发振荡而失稳。

当系统受到大的扰动后，应保证不同发电机之间的相对运动尽量小(同步稳定或功角稳定)，同时保证系统关键节点电压幅值在合理和可接受的范围之内(电压稳定)。由于发电机之间的相对运动由它们之间的功角差来表征，当功角差大于一定数值时，就意味着系统失稳。而发电机之间的相对运动，源于发电机转子轴所受不平衡转矩的大小及其累积效应。要减小发电机之间相对运动的幅度，就要尽量减少发电机转子轴的不平衡转矩或缩短不平衡转矩的作用时间。节点电压幅值，与系统的无功充裕性、负载水平、故障严重程度等诸多因素有关，因此，欲避免系统出现电压失稳，同样需要快速切出故障，尽量减少故障对系统的冲击，同时还应保证系统具有较高的无功储备和稳定裕度。

(2) 从经济角度考虑，提高电力系统稳定性，意味着如何采取措施，保证现有电力系统在可稳定运行的前提下，尽量提高其传输极限和载荷能力(本章称系统的功率极限)，以便同样的系统可传输更多的电能，使得系统在运行中具有更好的经济效益；在系统载荷一定时，则应尽量保证系统在受扰之后，不出现严重故障，从而减少停电损失，即具有较高的稳定裕度。

基于上述考虑，本章所介绍的提高电力系统稳定性的相关措施，其目的就是提高系统运行的稳定性，提高系统的功率极限，以及在系统出现停电故障时，尽量减少停电范围和停电损失。

提高电力系统稳定性的相关措施，可在电力系统的规划阶段采取，也可在电力系统运行阶段实施。

在电力系统规划设计阶段，可通过改善电力系统一些相关设备的参数，来实现提高系统稳定性和提高系统载荷能力的目的。如采用更高电压等级的输电线路，通过加装串联补偿设备，通过增加中继升压点（升压站或同步调相机）等措施，可有效提高输电系统的功率传输极限；通过优化配置无功补偿装置（如固定电容/电感器、可投切电容器组和 SVC 等），保证在运行过程中系统具有较高的电压水平，从而提高系统的电压稳定水平和传输极限；通过加装一些 FACTS（如 SVC、TCSC、UPFC）设备和优选控制设备参数，来改善系统的运行稳定性等。

在电力系统运行阶段所采取的相关措施，常被称为电力系统安（全）稳（定）控制措施。在 2000 年 11 月我国颁布的“电力系统安全稳定控制技术导则（DL/T 723—2000）”中对相关措施进行了归类和详细介绍，总体上可分为三类。① 预防控制措施：在系统出现故障之前采取的一些预防措施，目的是未雨绸缪，一旦系统出现预想的故障，保证故障后系统具有较高的稳定性，如通过优化系统调度、在线更正严重故障下的控制预案等。② 紧急控制措施：在系统出现故障时采取，目的是尽快切除故障，减少故障的影响范围。如保护装置快速切除故障线路、发电机实施快关汽门和紧急制动控制、实施紧急甩负荷和切除失步的发电机等。③ 恢复控制：恢复控制包括两种情况，一种情况是电力系统的某些元件因故障退出运行或某些用户被迫中断供电，为快速恢复故障元件和恢复用户供电而进行的控制；另一种情况是由于严重故障导致系统大范围停电后，为恢复系统正常运行而进行的控制。后一种情况又常被称为电力系统的黑启动。

11.2　在电力系统规划设计阶段可采取的措施

11.2.1　提高系统功率极限的原理

在电力系统的规划阶段，可通过优选电气设备的运行参数和优化系统的运行方案，达到提高系统运行极限和提高系统稳定性的目的。由前面对单机-无穷大系统小扰动稳定性分析的内容可知，在忽略电气设备的电阻后，其传输极限可表示为

$$P_{\max} = \frac{EU}{X_{\Sigma}} \tag{11-1}$$

式中，E 为发电机内电势；U 为无穷大母线节点电压；X_{Σ} 为传输通道的电抗。对于任意两端元件，如输电线路，也存在类似情况，当两端的节点电压给定后，其传输极限

可由下式给定：

$$P_{\max}=\frac{U_{F}U_{T}}{X} \tag{11-2}$$

式中，U_F 和 U_T 分别为送端和受端节点的电压幅值；X 为该设备的电抗。当系统传输的功率值一定时，传输极限 $P_{\max}$ 越大，则系统的稳定裕量越大，因此，从这个角度考虑，提高系统的传输极限与提高系统稳定性是等同的。由式(11-1)和式(11-2)的表达式不难看到，欲提高系统的传输极限，应从提高电力系统的运行电压、提高发电机的内电势和减小系统电抗几方面着手。

11.2.2 改善发电机运行特性

发电机是整个电力系统的起点，保证发电机在稳态和受扰后具有很好的响应特性，是改善电力系统运行稳定性的基本要求。

1. 优化发电机励磁系统

现代电力系统中，发电机无一例外都装有自动励磁调节器(AVR)，当发电机的端电压因系统扰动而发生改变时，AVR 可通过调节发电机励磁电压和励磁电流，试图保持发电机机端电压不变。

在前面章节中，我们曾定性地分析过 AVR 对单机无穷大系统功率特性的影响，从中不难理解，AVR 对提高系统功率极限和改善其小扰动稳定性有着积极的作用。进一步，通过加装电力系统稳定器(PSS)，在 AVR 回路中引入具有阻尼作用的反馈信号，使得它可以同时提高系统的小扰动稳定性和暂态稳定性。但需要指出的一点是，AVR 是改善系统稳定性的前提，但是其控制方式和参数取值必须合理，当其参数取值不合理，如励磁放大系数或 PSS 回路增益过大时，可能会导致发电机出现自激振荡，从而恶化系统的稳定性。

与电力系统一次设备投资相比，AVR 和 PSS 的造价要小得多，而通过优化发电机的励磁环节，可显著提高电力系统的稳定性。因此，与自动励磁调节器相关的研究，一直是电力系统稳定性研究的重要组成部分，近期研究热点包括以下方面。

(1) 寻求更为科学、更为先进的自动励磁调节器。除常见的基于比例-微分-积分(PID)线性控制律设计的 AVR 外，新型的具有更好控制特性的 AVR 不断涌现，如微机型励磁调节器、按最优控制理论设计的非线性 AVR、具有广域协调控制能力的 AVR 和 PSS 等。

(2) 平抑区域间振荡。传统的 AVR 和 PSS 仅通过本地量测信息实施发电机反馈控制，实践表明，它仅仅对发电机外送通道上出现的振荡(即一台发电机或一个发电厂与外部系统之间因阻尼偏低而出现的振荡，一般称为局部振荡)具有抑制作用。当电力系统大范围互联后，有时会出现两个区域之间多台发电机(或发电厂)之间的振荡，常称为区域间振荡。传统的 PSS 基于局部量测信号实施控制，由于彼此之间没有协调，各自为政，无法对区域间振荡实施有效地抑制。这一困难，理论上可通过在 PSS 控制回路中引入广域量测信号，通过不同 PSS 之间的协调来克服。

(3) 优化协调控制。电力系统已安装的 PSS，在其控制律设计时，往往仅考虑被控发电机的局部需求，未考虑不同发电机及其控制器之间的相互影响。已有研究表明，通过在不同的 PSS 之间，以及 PSS 与不同 FACTS 设备之间施加协调控制，能够达到更好的稳定控制效果。

2. 在发电机母线端加装并联电抗器

超高压输电线路和电缆线路的分布电容会产生大量的无功功率，在空载或轻载时会引起线路末端电压过高，不利于系统正常运行。

此外，由于现代大容量的发电机一般都通过超高压输电线路外送功率，输电线路所产生的无功功率若得不到很好补偿，可能引起发电机进相运行，降低系统的功率极限。所谓发电机进相运行，是指发电机在发出有功功率的同时，从系统中吸收无功功率的运行状态。当发电机进相运行时，需要降低发电机内电势才能保证发电机高压母线电压处于合理水平，由此会导致发电机运行功角增大和功率极限降低，如图 11-1(a)所示。此外，进相运行还会引起发电机定子电流加大和定子端部温度升高等一系列问题，在实际运行中应尽量避免。控制措施就是在发电机外送高压线路始端加装并联电抗器，通过电抗器吸收输电线路所产生的多余无功，从而避免发电机进相运行。虽然并联电抗器接入后，会导致发电机与系统间等效的转移阻抗增大，但在一般情况下，并联电抗器接入后引起发电机内电势的增大量要大于转移阻抗的增大量，因此，对提高系统的功率极限总体上是有利的，如图 11-1(b)所示。

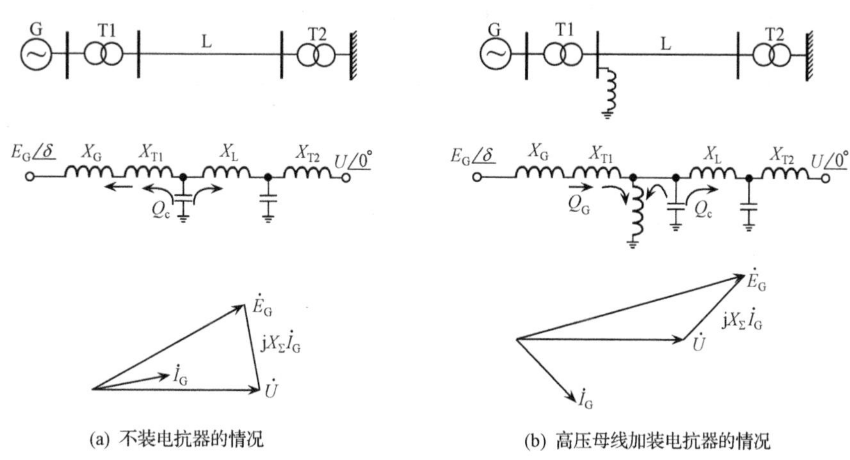

(a) 不装电抗器的情况　　(b) 高压母线加装电抗器的情况

图 11-1　发电机高压母线加装电抗器的影响

3. 优选外送方式

通过优选发电机外送方式，同样可达到提高系统稳定运行的目的，我们以图 11-2

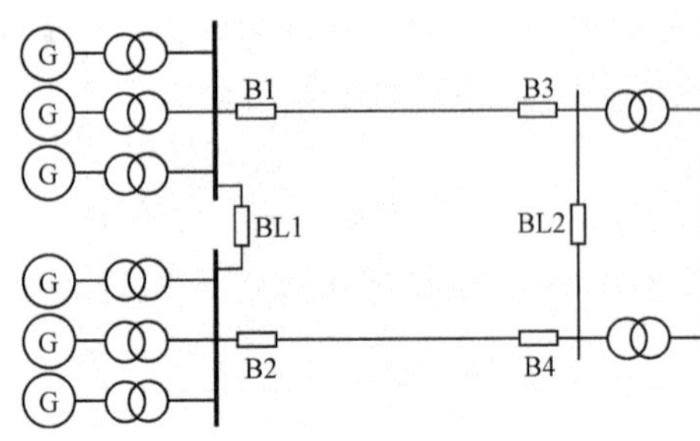

图 11-2　发电厂外送输电方式

所示情况为例加以说明。

图 11-2 示出了某实际发电厂的外送输电方式。假设该发电厂由型号完全相同的 6 台发电机构成，通过双回线外送功率。在实际运行过程中，可采用并列运行和分组运行两种模式，当图中的开关 BL1、BL2 同时投入时为并联方式，BL1、BL2 同时断开时为分组方式。两种运行方式各有优缺点。

（1）并联方式。其优点在于，外送输电线路中的任何一条因故障退出运行时，仍可通过另外一条线路完成电厂功率外送，系统不会因此失去任何一台发电机（电源）；而其缺点也非常明显，外送环节上的任何故障，都会对厂中所有的发电机产生扰动，保证系统暂态稳定的控制难度增加。此外，为保证非故障线路在另一条线路退出后不致过载，往往需要对正常运行时两条线路的输送功率加以限制。

（2）分组方式。分组方式的优缺点与并联方式刚好相反，该方式的优点在于，外送环节的任何故障，只会对电厂中的一半机组产生影响。当一条线路退出运行时，其传输功率不会转移到非故障线路，因此，任何一条线路都可运行在其传输极限附近。但分组方式的缺点是，任何一条线路因故障退出运行后，系统将失去一部分发电机（电源）。当系统有功备用容量不足或退出运行的发电机容量很大时，系统可能会因此而出现较大的功率缺额，造成部分用户供电中断。

在每个电厂确定其外送方式时，一定要根据电厂实际情况和系统的特点，通过合理优选外送方式，达到提高系统运行稳定性的目的。

11.2.3　改善输电线路的运行参数

1. 提高输电线运行电压

输电线额定运行电压，是影响其输送能力的重要因素，从提高其输送能力的角度看，提高线路运行电压，与减小线路的等效电抗作用相同。以单机无穷大简单系统为例，其输送极限用标幺值方式可表示为

$$P_{\max} = \frac{EU}{X_{\Sigma}} = \frac{EU}{X_G + X_{T1} + X_L + X_{T2}} \tag{11-3}$$

各电气设备的电抗标幺值如下：

$$X_G = X_d \frac{S_B}{S_{GN}} \tag{11-4}$$

$$X_{T1} = \frac{V_{ST1}\%}{100} \cdot \frac{S_B}{S_{T1N}} \tag{11-5}$$

$$X_{T2} = \frac{V_{ST2}\%}{100} \cdot \frac{S_B}{S_{T2N}} \tag{11-6}$$

$$X_L = xl\frac{S_B}{U_B^2} \tag{11-7}$$

不难看到，系统中发电机、变压器的电抗标幺值与系统运行电压无关，而输电线路电抗的标幺值则与系统额定运行电压的平方成反比。因此，系统运行电压越高，线路电抗的标幺值就越小。由于输电线路单位长度的电抗值与其运行电压关系不大，如单导线构成的架空线，其电抗在不同电压等级下约为 0.4Ω/km，由此可将式(11-3)近似表示为

$$P_{max} = \frac{EU}{a + \frac{b}{U_B^2}} \tag{11-8}$$

式中，$a = X_G + X_{T1} + X_{T2}$，$b = xlS_B$。这里假设系统功率基准 $S_B = 200\text{MV}\cdot\text{A}$，$E = 1.4$ p.u.，$U = 1.0$，$a = 0.5$，$x = 0.4\Omega/\text{km}$。由式(11-8)我们知道，当 $U_B = 0$ 时，$P_{max} = 0\text{MW}$，而 $U_B \to \infty$ 时，$P_{max} \to EU/a = 560\text{MW}$。

尽管随着 U_B 的增大传输极限 P_{max} 也增大，但 P_{max} 变动的方式与线路长短存在内在联系。图 11-3 示出了当线路长度分别为 100km 和 800km 时，传输极限 P_{max} 随运行电压 U_B 变动的情况。不难看到，当线路较短时，随着运行电压的升高，P_{max} 迅速增大并出现饱和；而当线路较长时，P_{max} 增大的过程较为平缓，且不存在明显的饱和现象。由此可知，当输电距离较短时，宜采用较低电压等级的输电线路；当输电距离较长时，则宜采用更高的电压等级来进行输电，因为此时通过升高运行电压对提高系统传输极限更为有效。以图 11-3 为例，当线路长度为 100km 时，U_B 升高到 252.98kV 时，P_{max} 已达其最大值的 80%(448MW)，如图中的 A 点所示，此后无论 U_B 如何提高，P_{max} 最多只能再升高 20%；而对于线路长度为 800km 的情况，只有 U_B 提高到 715.54kV 时，才能使 P_{max} 达到其最大值的 80%，如图中的 B 点所示。

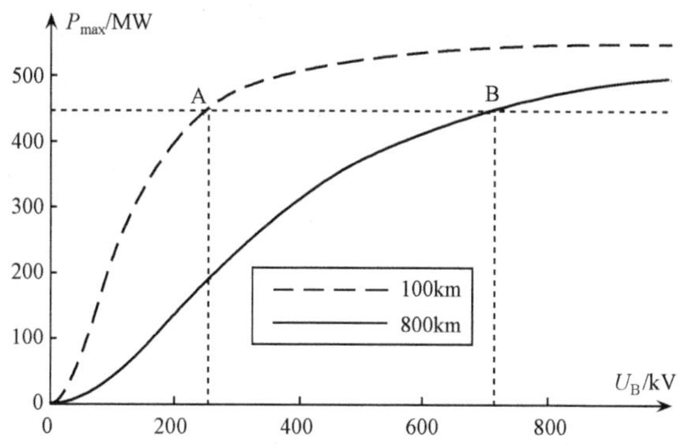

图 11-3　长度不同的输电线路传输极限随运行电压的变化

这里有两点需要指出，① 尽管提高运行电压有利于提高系统的传输极限，但运

行电压升高后，对电气设备的绝缘水平、保护措施等会提出更高的要求，因此，电力系统的运行电压不会无限制地升高。现在，实际运行电力系统的最高电压等级为1000 kV。② 对于交流输电，每个电压等级都存在一个较为经济的输电距离，如对于500kV的输电线路，其较为经济的输电距离在400～500km，当输电距离超过600km后，宜采用较高电压等级或其他输电方式(如直流输电)。

2. 改善交流输电线路的运行特性

1) 采用分裂导线

采用分裂导线是在超高压输电中经常采用的一种改善措施。所谓分裂导线，是将每相导线由几根直径较小的分导线组成，各分导线间隔一定距离并按对称多角形排列的一种输电线架设方式。

与单根导线相比，分裂导线有如下两个突出优点。① 分裂导线可有效减小线路电抗，加大线路电容，有利于提高系统的传输极限；② 分裂导线每相的电荷分布在该相的各根分导线上，这样就加大了该相导线的等效半径，减小了导线表面电荷的密度，从而降低了导线表面的电场强度，可有效抑制电晕放电的产生。

分裂导线每相分导线的数目称为分裂根数，相邻两分裂导线之间的距离称为分裂间距。分裂根数和分裂间距是分裂导线两个重要的参数，由于过多的分裂根数和过大的分裂间距，对减小导线电抗的效果并不明显，因此，超高压输电线路分裂导线数一般为2～4，而分裂间距一般为300～500mm，特高压(750kV及以上)输电线路多采用5～6分裂。图11-4示出了在我国电网中，500kV输电线路的四分裂导线和750kV输电线路的六分裂导线。

(a) 500kV线路四分裂导线

(b) 750kV线路六分裂导线

图 11-4 四分裂和六分裂导线示意图

2) 加装串联补偿

在输电线路上串接电容，可利用其容抗抵消输电线路的部分电抗，从而减小输电线路的等效电抗，对提高线路传输极限效果明显，这种做法常被称为串联电容补偿技术。设输电线路原电抗数值大小为 X_L，加装串联电容器的容抗数值大小为 X_C，则线

路的补偿度定义为

$$k_{\mathrm{C}}=\frac{X_{\mathrm{C}}}{X_{\mathrm{L}}} \tag{11-9}$$

加入串联电容器之后线路的等效电抗变为

$$X_{\mathrm{Leq}}=X_{\mathrm{L}}-X_{\mathrm{C}}=X_{\mathrm{L}}(1-k_{\mathrm{C}}) \tag{11-10}$$

尽管加装串联电容器可有效减小输电线路的等效电抗，从而提高其输送极限，但在实际应用中需慎重选择，主要有如下几点考虑。

(1) 串联电容器的造价较高，在选用此措施时，需要就不同方案进行经济性比较，择优选用；

(2) 当补偿度较高时，在某些运行方式下，易引起发电机进相运行、自发振荡和次同步谐振等问题，从而弱化系统的稳定性；

(3) 串联补偿会导致线路保护的控制方案复杂化，为保证线路保护的正确动作，一般要求串联电容的容抗小于所在线路段的感抗，如当电容器集中安靠在线路的中点时，k_{C} 应小于 0.5；当电容器分两处安装且将线路等分为三段时，k_{C} 应小于 0.66。

传统的串联补偿电容器的容抗固定，其产生的无功容量会随着系统运行方式的变化而变化。由于无法控制，难以适应各种运行场合的要求，为此，可采用可控串联补偿器(TCSC)来解决这一问题。TCSC 是一种典型的 FACTS 元件，是在串联的电容器旁并联一个由晶闸管阀控制的电感回路，从而产生一个叠加在电容器上的可控附加电流，实现对串联补偿电容外部等效容抗大小的控制，即通过对晶闸管阀的触发控制来实现对串联补偿电容容抗大小的平滑调节和动态响应控制。通过 TCSC 可实现串联电容器容抗和线路补偿度在一定范围内连续调节，能满足多种运行场合的要求。此外，通过合理选择 TCSC 的控制模式，有利于改善系统的动态性能，如可起到抑制次同步谐振的目的。

截至 2008 年底，我国自主研发的串联补偿装置已在国内外 25 条输电线路上应用了 33 套，总容量超过 1087 万千乏(var)。2007 年 10 月，我国自主研发的第一台 500kV 可控串联补偿器(TCSC)，在东北电网的伊(敏)-冯(屯)线安装投运，有效提高了该线路的传输容量，且对抑制伊敏电厂的次同步谐振起到积极的作用。

3) 多回输电线路增设开关站

以双回输电线路为例，如图 11-5 所示，每条输电线路的电抗为 X_{L}，当一回线路(如 L2)出现故障被迫退出运行后，线路的等效电抗由原来的 $0.5X_{\mathrm{L}}$ 增加到原来的 2 倍，即 X_{L}。此时若在线路中间增加一个开关站，则同样的故障出现后，仅有一段(如 L21)被切除，此时线路的等效电抗将变为原来的 1.5 倍，即 $0.75X_{\mathrm{L}}$，较不增设开关站时变小了 $0.25X_{\mathrm{L}}$，有利于系统故障后的暂态稳定。

当输电线路采用 $m(m\geqslant 2)$ 回线路并列运行时，每条输电线路的电抗均为 X_{L}，则正常工作时线路的等效电抗为 $X_{\mathrm{eq}}=X_{\mathrm{L}}/m$。当没有加装开关站时，任意一条线路退出运行，线路等效电抗将变为 $X_{\mathrm{eq}}^{0}=X_{\mathrm{L}}/(m-1)$；当中间加设 k $(k\geqslant 1)$ 个开关站时，

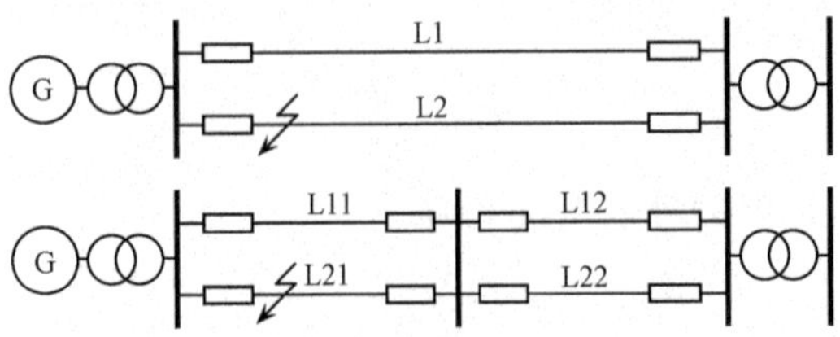

图 11-5 输电线路加装开关站

故障只会导致相关线路段退出运行，则故障后线路的等效电抗将变为

$$X_{eq}^{1}=\frac{X_{L}k}{(k+1)m}+\frac{X_{L}}{(k+1)(m-1)} \tag{11-11}$$

两者相比，增设开关站较不增设时等效电抗减小的比例为

$$K_{D}=\frac{X_{eq}^{0}-X_{eq}^{1}}{X_{L}}=\frac{k}{k+1}\left(\frac{1}{m-1}-\frac{1}{m}\right) \tag{11-12}$$

图 11-6 给出 K_D 随着 k 和 m 变化的曲线，表 11-1 给出了 k，m 取值不同时，故障后系统的等效电抗（X_{eq}）以及每增加一个开关站，系统等效电抗的变化量（ΔX），其中 $\Delta X=X_{eq}(k)-X_{eq}(k-1)$，$k\geqslant 1$，从中我们可以看出如下规律。

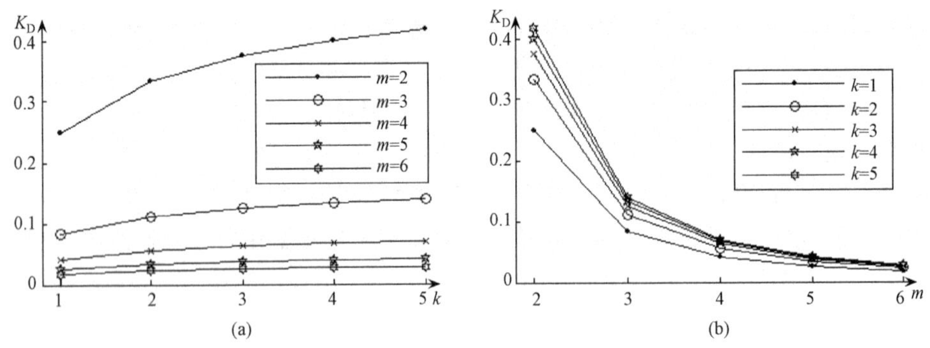

图 11-6 线路回数和开关站站数与电抗减小的关系

表 11-1 每增加一个开关站，一条线路退出运行时系统电抗变化情况

k	0	1		2		3		4		5	
m	X_{eq}	X_{eq}	ΔX	X_{eq}	ΔX	X_{eq}	ΔX	X_{eq}	ΔX	X_{eq}	ΔX
2	1.0000	0.7500	0.2500	0.6667	0.0833	0.6250	0.0417	0.6000	0.0250	0.5833	0.0167
3	0.5000	0.4167	0.0833	0.3889	0.0278	0.3750	0.0139	0.3667	0.0083	0.3611	0.0056
4	0.3333	0.2917	0.0417	0.2778	0.0139	0.2708	0.0069	0.2667	0.0042	0.2639	0.0028
5	0.2500	0.2250	0.0250	0.2167	0.0083	0.2125	0.0042	0.2100	0.0025	0.2083	0.0017
6	0.2000	0.1833	0.0167	0.1778	0.0056	0.1750	0.0028	0.1733	0.0017	0.1722	0.0011

无论线路的回数如何，当 k 增加时，K_D 都会增加，但都会出现饱和现象，表明随着 k 的增加，系统等效电抗改善的效果是不断递减的。以双回线为例，在不设立开关站时，故障后系统电抗变为 $1.0X_L$；当增设 1，2，3，4，5 个开关站时，故障后系统的电抗将变为 $0.7500X_L$，$0.6667X_L$，$0.6250X_L$，$0.6000X_L$，$0.5833X_L$。由此可知，每增加一个开关站，系统电抗的减少值（ΔX）分别为 $0.2500X_L$，$0.0833X_L$，$0.0417X_L$，$0.0250X_L$，$0.0167X_L$，系统等效电抗的变化值是依次变小的。考虑到每个开关站增设时的投资是近似相等的，由此不难知道，通过增加较多开关站来提高系统的运行极限是不经济的。因此，对于一般的输电线路，开关站以 1～3 个为宜，通常当线路长度在 500km 以下时，增设一个开关站；线路长度在 1000km 以内时，一般增设两三个开关站。开关站数目的选择，可与线路的串联补偿、并联补偿和中继站建设方案一并加以考虑。

4）加装线路中继站

在输电线路中间加装中继站，可有效提高系统的功率极限，其原理可由图 11-7 所示的场景加以说明。当该线路未加中继站时，其传输极限为

$$P_{max} = \frac{U_F U_T}{X_L} \tag{11-13}$$

式中，X_L 为线路电抗、U_F 和 U_T 分别为线路始、末端节点电压的幅值。在实际运行中，假设在线路中点加入一个中继站，如图 11-7(b)所示，此时，系统的传输极限由下式决定：

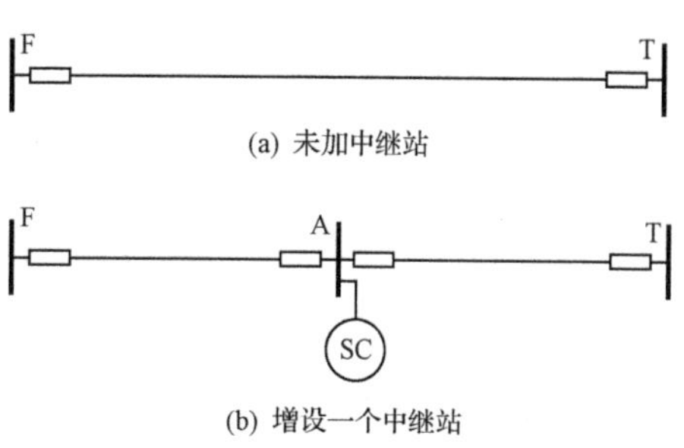

图 11-7　线路增加中继站提高系统传输极限

$$P_{max} = \min\left(\frac{U_F U_a}{0.5X_L}, \frac{U_T U_a}{0.5X_L}\right) \tag{11-14}$$

式中，U_a 为中继站节点电压幅值。在实际运行中，U_F、U_T 和 U_a 的标幺值都近似为 1.0。此时，考虑式(11-13)和式(11-14)可知，由于增加了一个中继站，系统的传输极限近似提高了一倍。在线路中间增加中继站，不仅可有效提高系统的功率极限，同时还对平衡系统无功功率、调节无功在线路上的流动、减少线路损耗、改善沿线路电压分布等具有积极作用。

传统做法是在中继站中加装同步调相机来实现，但由于同步调相机的响应速度慢、投资大、维护困难，现在更倾向于采用性能更为优越的 FACTS 设备来承担此任务，如静止无功补偿器(SVC)、静止同步补偿器(STATCOM)等。

3. 采用高压直流输电(HVDC)

人类对电能的认识和应用首先是从直流开始的，世界上最早建立的工业用输电系统也采用直流供电模式。当时的直流供电系统，由于运行控制复杂、可靠性差，逐

渐被更为灵活的交流供电系统所取代。但当交流电力系统规模不断扩大时，出于长距离大容量输电、特殊输电(海底电缆、不同工作频率系统互联)、提高系统稳定性等目的，直流输电技术再次引起人们的关注。同时，可控硅材料和整流技术的不断发展，使得超高压直流输电商业化运行成为可能。

高压直流输电是将三相交流电通过换流站整流(rectifier)成直流电，然后通过直流输电线路送往另一个换流站逆变(inverter)成三相交流电的输电模式，其工作原理如图 11-8 所示。它基本上是由两个换流站和直流输电线组成的(对于背靠背方式，直流输电线路可不存在)，两个换流站通过合适的变压器与两端交流系统相连。由于直流输电线本身不存在交流输电固有的稳定问题，输送距离和输送功率也不受电力系统同步运行稳定性的限制，因此，与同等电压等级的交流输电系统相比，直流输电系统可输送更大的功率，尤其在输电距离更长时，采用直流输电更为经济。一般认为当架空线路超过 600km，电缆线路超过 40km 时，采用直流输电更为经济。

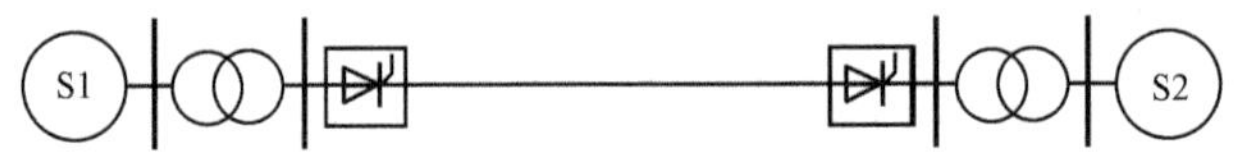

图 11-8　直流输电线路示意图

直流输电与交流输电相比还具有如下优点。① 在输送相同功率时，直流线路的造价更低，架空线路杆塔结构更简单，线路走廊窄，相同绝缘水平的电缆可以运行于更高的电压水平。但直流输电两端换流站的造价比交流变电站造价要高得多，因此，直流输电线路越长越经济。② 直流输电的功率和能量损耗小。③ 直流输电对通信干扰小。④ 线路稳态运行时没有电容电流，没有电抗压降，沿线电压分布较平稳，线路本身无需无功补偿。⑤ 直流输电线两端交流系统不需要同步运行，因此，可用以实现不同频率或相同频率交流系统之间的非同步连接。⑥ 直流输电线不会对接入的交流系统的短路容量产生较大影响。⑦ 直流输电线的功率和电流的调节控制较容易实现，且调节迅速。如果交、直流并列运行，这一特性可用于提高交流系统的稳定性和改善整个系统的运行特性。

当然，任何事物都有其两面性，直流输电也有一些缺点。① 直流输电的换流站比交流系统的变电所复杂、造价高、运行管理水平要求更高。② 换流装置(包括整流和逆变)运行中需要大量的无功补偿，正常运行时可达直流输送功率的 40%～60%。③ 换流装置在运行中，交流侧和直流侧均会产生 5,7,11,13,17,19 等次谐波，为减少各次谐波进入交流系统，在换流站交流母线上要装设滤波器。④ 直流输电以大地或海水作回路时，在静电场作用下，会引起沿途金属构件的腐蚀，此外，高压直流输电设备周围存在很强的静电场，会产生较大的粉尘吸附，对直流输电设备有一定的腐蚀作用，因此，需要特殊防护措施。⑤ 直流输电线路难于引出分支，绝大多数情况下只用于端对端送电。

表 11-2 列出了截至 2008 年底，我国已投运的直流输电线路(含背靠背工程)的

相关情况。随着我国用电负荷的不断增大,西电东送容量的不断增加,未来会有更多的直流输电线路投入运行。

表 11-2 我国主要投运的高压直流输电工程列表

系统名称	极	投运日期	额定电压/kV	额定输送容量/MW	线路长度/km
葛(洲坝)-南(桥)直流	极Ⅰ	1989-09	±500	600(300)*	1046
	极Ⅱ	1990-08	±500	600(300)*	1046
天(生桥)-广(州)直流	极Ⅰ	2000-12	±500	900	963
	极Ⅱ	2001-06	±500	900	963
龙(泉)-政(平)直流	极Ⅰ	2003-06	±500	1500	860
	极Ⅱ	2003-06	±500	1500	860
江(陵城)-(惠州鹅)城直流	极Ⅰ	2004-06	±500	1500	975
	极Ⅱ	2004-06	±500	1500	975
高(坡)-肇(庆)直流	极Ⅰ	2004-10	±500	1500	891
	极Ⅱ	2004-07	±500	1500	891
宜(都)-华(新)直流	极Ⅰ	2006-12	±500	1500	1050
	极Ⅱ	2006-12	±500	1500	1050
兴(仁)-安(深圳宝安)直流	极Ⅰ	2007-06	±500	1500	1194
	极Ⅱ	2007-12	±500	1500	1194
灵宝背靠背		2005-07	120	360	0

* 葛洲坝送南桥双极额定输送容量 1200MW,单极额定输送容量 600MW;南桥送葛洲坝双极额定输送容量 600MW,单极额定输送容量 300MW。

11.2.4 改善变压器运行特性

1. 减少变压器电抗

变压器的电抗在系统总电抗中所占比重较大,特别是发电机电抗较小、输电线已采取减小电抗的一些措施之后,减小变压器电抗对提高系统传输极限仍有一定作用。在实际应用中,减小变压器电抗主要通过采用自耦变压器来实现。自耦变压器不仅具有电抗小的优点,而且具有体积小、相对便宜和损耗较小等优点。

自耦变压器的缺点则主要表现在:① 由于自耦变压器阻抗较小,因此短路时的短路电流较大。② 自耦变压器由于存在电气上的直接联系,低压绕组更容易出现过电压,所以变压器中性点必须直接接地。因此,自耦变压器主要应用于 220kV 及以上高压输电系统,在中低压配电系统中采用较少。③ 自耦变压器在调压处理方面,较普通变压器要困难。

2. 变压器中性点经小电抗接地

当变压器中性点不接地，系统出现单相接地短路故障时，非故障相的电压将升高为线电压，可能引起设备的绝缘破坏，因此高压输电系统中（我国规定在 110kV 及以上），变压器中性点一般采用接地方式。

变压器中性点经小电抗接地时，在系统发生接地故障后，接地电抗将以 3 倍数值串入零序网络，使得故障过程中的 $X_{\triangle}$ 增大，发电机与系统之间的转移阻抗减小，可提高系统在故障过程中的功率极限，有利于其暂态稳定性。

但变压器中性点接入的电抗不宜过大，否则在不对称接地故障中，变压器中性点的电压升高过多，这对于原来按中性点直接接地设计制造的变压器来说是难以接受的。

3. 采用有载调压变压器

传统的变压器，需短暂停电后才能实现其变比的调整，有载调压变压器（on load tap changer，OLTC，也称 under-load tap changer，ULTC），则可实现带载（不停电）对其变比进行调整。以图 11-9 系统为例，当负荷功率增加时，供电线路沿线电压降增大，若无 OLTC 设备，系统受端电压 U_2 必然降低，系统功率极限随之减小。当受端变压器为 OLTC 时，可在不终止系统供电情况下，调整变压器变比使其出口电压 U_2 抬升。

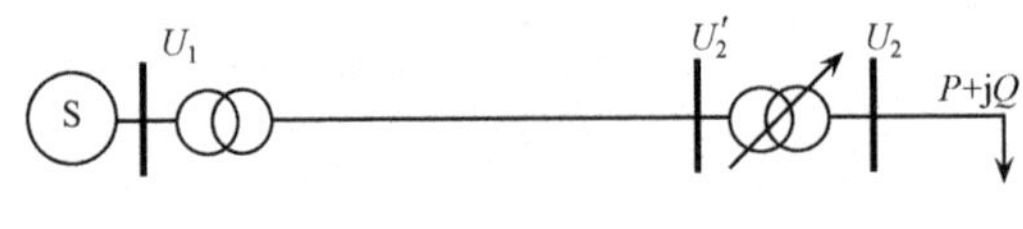

图 11-9　OLTC 工作原理图

图 11-10 示意了 OLTC 的切换机理，图中 1～8 变比选择端子（tap selector）引出不同的变比接头，通过所连接的变比选择开关与下部的转向开关（diverter switch）相连。图中的 A、B 为转向开关的两个分流器（diverter resistor）。通过转向开关和变比选择开关配合操作，就可实现变压器带载情况下的变比调整。以变比从 2 变到 3 为例，其操作过程如下。① 将变比选择开关 3 闭合；② 转向开关向左旋转，接触端脱离开端子 a；③ 转向开关向左继续旋转，端子 b 和 c 通过转向开关实现连通，端子 2 和 3 通过 A、B 两个分流器连通；④ 转向开关向左继续旋转，端子 b 与转向开关分离；⑤ 转向开关向左继续旋转，端子 c、d 通过转向开关短接，整个调整过程完成。

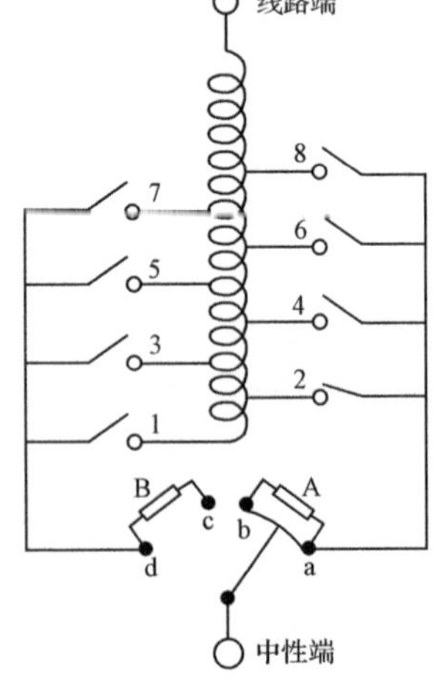

图 11-10　OLTC 变比切换原理

电力系统采用 OLTC 设备的好处在以下两个方面。① 可稳定系统的运行电压。当 OLTC 出口电压变动超过给定值时，在一定延时后 OLTC 动作，对其进行调整以保持电压稳定。② 保证供电可靠性和供电质量。OLTC 在不停电的情况下,对变压器变比进行动态调整,可有效减少用户停电的次数,同时保证用户的供电质量。

采用 OLTC 的不利之处在于以下几个方面。① 在极端情况下,可能导致负调压现象,进一步引发系统局部电压失稳。负调压现象常发生在 OLTC 原边电压较低的情况,是指 OLTC 欲通过变比调整抬高副边电压,但由于变比调整导致原边电压降低的速度大于副边电压抬高的速度,使得 OLTC 变比越调整,副边电压下降越快。② 局部无功功率缺额转嫁给系统。如果系统局部出现了无功功率缺额,由此引起负荷节点电压下降,当不存在 OLTC 时,负荷的电压特性可以使其在较低电压下保持稳定运行。但为保持电压水平,OLTC 动作使得负荷电压暂时上升,从而将无功功率缺额全部转嫁到主网,可能使主网电压逐渐下降,严重时会引发系统电压崩溃。因此在各国电网运行规范中,一般都规定,当系统出现大扰动,引发电压大幅度下降时,调度员应及时采取措施,闭锁有载调压装置,避免出现负调压现象,如我国的运行规范就规定,当一次侧电压低于 0.95p.u. 时,需要将 OLTC 闭锁。③ 由于 OLTC 的结构较常规变压器复杂,其可靠性较传统变压器要低。同时 OLTC 设备造价和维护费用较普通变压器要高。

11.2.5　实施无功补偿

1. 并联电容器

在介绍电力系统电压稳定性的基本概念时,已示例过在负荷侧采用并联电容器补偿,提高负荷侧运行电压,从而提高系统稳定极限的原理,在此不再赘述。采用并联电容器补偿可采用集中补偿,如在变电站母线上安装,也可采用分散补偿,如在用户处就地补偿或在线路上分段加装。补偿方式最常见的是采用固定容量的电容器,若为追求更好的补偿效果,则可采用静止无功补偿器(SVC)或可投切电容器组(capacitor bank),后者的投资代价较固定电容器要大。

随着风电技术的不断发展,风电装机容量在不断增大。风力发电机多采用异步机,在发出有功功率的同时,会消耗较多的无功功率,因此,在风电场处,需要进行就地无功补偿,以保证其稳定运行。

进行无功补偿时,需认真研究系统轻载时的运行情况,防止此时由于无功过剩而造成系统电压过高现象的出现。

2. 并联电抗器

在靠近发电机侧加装并联电抗器,以防止发电机出现进相运行,从而提高系统运行极限的原理,前文已作介绍,不再赘述。采用特高压输电或采用高压电缆输电时,系统局部会出现较多过剩的无功功率,易引起线路末端电压升高,此时需加装并联电抗器以吸收系统多余的无功,保证其正常运行。

11.2.6 优化保护装置

1. 加快保护动作时间

在第 10 章中，我们利用两个简单电力系统，通过研究其故障的临界清除时间，示例了故障持续时间长短对系统暂态稳定性的影响。事实上，对于单机无穷大系统，可利用等面积定则来解释故障持续时间长短对系统暂态稳定性的影响：故障持续时间越短，发电机的加速时间就越短，系统的加速面积就越小，最大可能的减速面积越大，系统就越容易恢复到稳定运行状态。因此，故障持续时间越短，对系统暂态稳定越有利。已有研究表明，故障场景越严重，缩短故障持续时间对提高系统暂态稳定性的效果就越明显。此外，缩短故障持续时间，还对保护电气设备免受破坏有一定帮助。

故障切除时间包括保护设备的动作时间(从监测到故障发生到控制信号发出所需时间)和开关动作切除故障的时间(从开关接受到控制信号，到开关触头分开以及电弧熄灭所需时间)，因此，欲减小故障持续时间，需从改善保护装置的响应速度和改善开关设备的动作特性上来着手。

2. 自动重合闸

架空输电系统中出现的短路故障，绝大多数属于由闪络放电等因素导致的临时故障。在线路失电一段时间后，闪络电弧消失。此时，如果将故障线路再次投入运行，它可恢复正常运行。若故障线路被切除，再重新投入运行是由保护和开关设备自动完成的，则称为自动重合闸。

自动重合闸可分为三相自动重合闸和单相自动重合闸。单相自动重合闸的设计是考虑到，电力系统短路故障绝大多数属单相接地故障，因此，当单相短路故障发生后，没有必要将三相线路都切除，而应通过保护设备甄别故障相。进一步，通过切除故障相线路并采用自动重合闸，从而缩短由临时故障导致的线路停运时间。

自动重合闸成功后，临时故障的元件很快被重新投入运行，对保证系统的暂态稳定性是有利的，其原理如图 11-11 所示。故障发生后，即使不采用重合闸，系统还可保证暂态稳定的场景，如图 11-11(a)所示。系统故障过程中的加速面积为 A_{abcd}。由于不采用重合闸，运行点到达 f 点时，减速面积 A_{defg} 等于加速面积 A_{abcd}，系统角度振荡的最大值为 δ_{max}^{0}；当采用自动重合闸后，系统的减速面积多出一块 A_{1234}，使得系统角度到达 δ_{max} 时，减速面积等于加速面积，从而使得系统在此过程中的振荡幅度有所降低，对系统暂态稳定是有利的。对于不采用自动重合闸时系统会失稳的情况，如图 11-11(b)所示。由于最大减速面积 $A_{dea'}$ 小于加速面积 A_{abcd}，在不采用自动重合闸时，系统暂态失稳；当自动重合闸动作后，系统的减速面积大大增加，使得系统运行点到达 3 点时，减速面积等于加速面积，系统可保证其暂态稳定性。

有一点需要特别指出，如果系统发生的是永久性故障而非临时故障，采用自动化

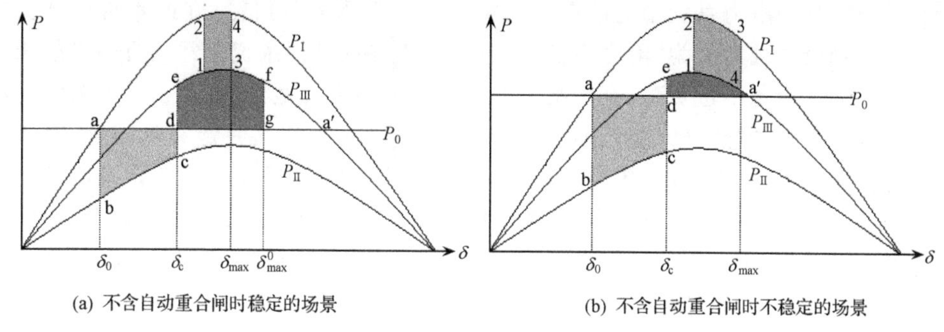

(a) 不含自动重合闸时稳定的场景　　(b) 不含自动重合闸时不稳定的场景

图 11-11　自动重合闸对提高系统暂态稳定性的影响

重合闸，会导致故障再次发生(自动化重合闸失败)，将形成对系统的二次冲击，大大恶化其暂态稳定性，为此，需针对可能出现的这一情况，提前制定应急措施，防止由自动重合闸失败导致系统暂态稳定性被破坏情况的发生。

即使故障是由闪络引起的临时性故障，有一点也需要强调。在采用按相重合闸时，当故障相线路被切除后，非故障相线路仍然带电，会通过相间的电容耦合，使得故障线路残存较高电压，导致故障点处的电弧不易熄灭，如图 11-12 所示。同时，从非故障线路通过电容耦合到故障线路，再经故障点到大地，形成电容耦合电流的通路，这种电流称为潜供电流。当潜供电流较大时，临时故障点处的电弧不易熄灭，临时故障就会演变成永久性故障。潜供电流的大小，与线路的长短和运行电压有关。对于不同电压等级的输电线路，自动化重合闸动作所允许的潜供电流的大小是不同的。为保证按相自动重合闸成功动作，应针对具体情况，对线路潜供电流的规律进行深入分析。

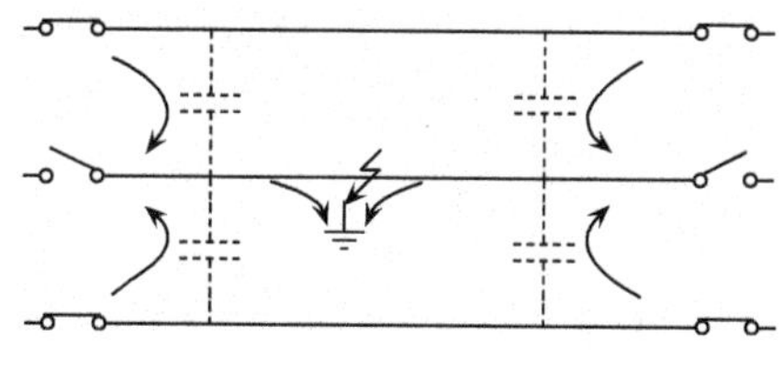

图 11-12　潜供电流示意

11.3　DyLiacco 安全构想和运行控制措施

在运行阶段，可采取的用于改善电力系统稳定性的控制措施，常被分为预防控制措施(preventive control)、紧急控制措施(emergency control)和恢复控制措施(restoration control)。这一划分源于 20 世纪 60 年代由 DyLiacco 等学者提出的电力系统安全分析构想，该构想是现代电力系统能量管理系统(energy management system，EMS)中安全监控部分高级应用的基础。

11.3.1　DyLiacco 安全构想

在 DyLiacco 安全构想中，对电力系统的稳定性(stability)和安全性(security)进行了区分。其中电力系统稳定性在前述章节已做较深入的讨论，在此不再赘述。电力系统的安全性被定义为“电力系统在出现可信事故(是指系统正常运行中可能出现的故障)之后，设备不过负荷，且网络上的变量不偏离允许范围，在此条件下系统应满足用户负荷要求的能力”。在长期实践中，各国电力公司在这一定义基础上，对其进行了完善和丰富，如在 2000 年 11 月我国颁布实施的“电力系统安全稳定控制技术导则(DL/T 723—2000)”中，对电力系统安全性的定义为“电力系统在运行中，如出现特定可承受事件，不致引起损失负荷、系统元件的负载超出其定额、母线电压和系统频率超越允许范围、系统稳定破坏、电压崩溃或连锁反应的能力”。不难看出两定义的含义相似，但后者更为具体，更具可操作性。

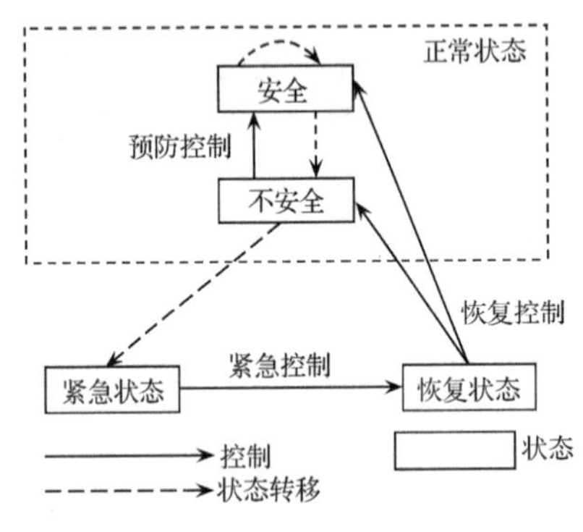

图 11-13　DyLiacco 安全构想示意图

在 DyLiacco 安全构想中，电力系统被看成是处于两种约束下运行：负荷约束和运行约束。负荷约束要求所有的用户负荷都必须被满足；运行约束则给出了网络运行参数的上限和下限。根据系统运行状况与这两种约束的关系，系统运行状态被划分为三种：正常(normal)状态、紧急(emergency)状态和恢复(restoration)状态，三者间的关系，如图 11-13 所示。正常状态是指负荷约束和运行约束都被满足的状态；紧急状态是指对运行约束有重大破坏的状态，如故障导致系统的暂态稳定性或电压稳定性被破坏；恢复状态是指负荷约束被破坏的状态，如故障元件被切除后，导致部分受影响的用户供电中断。

电力系统正常运行状态进一步又被分为安全和不安全两种。如果系统当前处于正常运行状态，下一时刻之前，没有任何一个可信事故会导致系统转移到紧急状态，则称此时系统是安全的；反之，若出现任何一个故障导致系统转移到紧急状态，则系统是不安全的。我们在谈论电力系统是否安全时，是在当前状态下，通过逐一检查下一时刻系统可能出现的故障及其影响后来判断的。注意，此时所分析和研究的任何一个故障实际都还未真正发生。当系统不安全时，必然存在一个可能出现的故障会导致系统失稳，为防患于未然而提前采取的控制措施称为预防控制措施。当故障已经发生时，系统出现了一些违反运行约束的现象，如线路电流增大、节点电压偏低、发电机角度和角速度振荡等，为消除这些现象而采取的控制措施则称为紧急控制。紧急控制措施采取后，部分用户的电力供应可能会被暂时中断，使得系统转移到恢复状态。在故障切除后，为恢复用户供电而采取的控制措施称为恢复控制。

11.3.2　EMS 系统安全监控功能简介

能量管理系统(EMS)是进行现代电力系统监视、控制与优化的重要手段，其安全监控部分的高级应用是基于 DyLiacco 构想来实现的，图 11-14 给出了其功能示意。

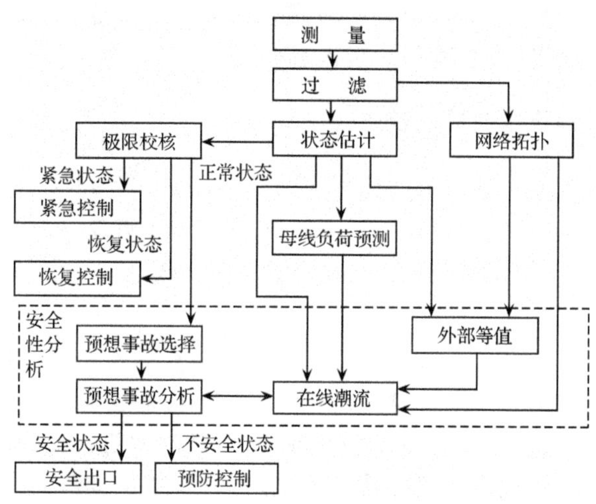

图 11-14　现代 EMS 系统安全监控部分原理图

电力系统的各种运行参量，如发电机出力、线路潮流、节点运行电压等，由测量环节（如 RTU、PMU 等）上传至调度中心。经过滤环节处理后，剔除其中的不良数据。再由状态估计环节给出系统状态变量（包括母线的电压和角度）的估计值，并由这些状态变量推算出各母线的可信注入功率和各支路的潮流，随后把它们一起传给极限校核环节。该环节依据系统是否违反负荷约束和运行约束，将其分为紧急状态、恢复状态和正常状态。前两者表明系统已经处于非正常运行状态，需要分别对其施加紧急控制和恢复控制，以便将系统拉回正常状态。如果系统属于正常状态，则还需要对系统可能出现的故障（可信故障集或预想事故集）逐一进行校验，如果对于每一个可信故障，系统都不会离开正常状态，则系统是安全的，不需要采取任何调整措施；反之，系统若不安全，则需要根据所违反约束的具体情况，实施相应的预防控制，以便故障真的发生后，系统可处于安全状态。在线应用时，对全部可能出现的故障都进行详细分析是不必要的，因而上述过程中涉及对严重故障的筛选和对有威胁故障的详细分析，即预想事故选择（也称为事故选择和排序）环节和预想事故（详细）分析环节。而这两个环节又需要系统在对应故障出现过程中的母线负荷信息（由母线负荷预测环节提供）、整个网络的拓扑连接情况（由网络拓扑分析环节提供）和系统的运行潮流（由在线潮流环节提供）。由于现代电力系统网络结构一般都很复杂，完全掌握全网运行信息不现实也没有必要，因而需要对系统研究区域以外的网络进行合理的外部等值处理。

尽管基于 DyLiacco 构想的监控方案，在电力系统实际运行中还在大量使用，但在应用中该构想的许多不足也日渐暴露。① 该构想仅能提供系统安全与否的二元信息,无法给出系统安全裕度(安全程度和不安全程度)的任何指示;② 该安全构想,基于确定型模型构建,无法计及各种电力系统扰动的随机性。为此,已有众多的学者,正在寻求通过各种方法,对 DyLiacco 安全构想和基于这一构想的传统电力系统安全监控方法进行改进,并已取得一定进展。

11.3.3 电力系统运行控制的三道防线

为适应电力系统越来越复杂的运行状况,我国2000年11月颁布实施的"电力系统安全稳定控制技术导则(DL/T 723—2000)"在传统 DyLiacco 构想基础上,对系统运行状态、系统扰动和控制措施又进行了不同程度的细化,下面简单加以介绍。

1. 紧急状态(emergency state)和极端紧急状态(extreme emergency state)

紧急状态是指电力系统的异常状态,在此状态下,某些系统元件的负载超出其定额,某些母线电压或系统频率超越允许范围,出现稳定危机,可能损失部分负荷。紧急状态要求采取紧急控制措施以保持系统稳定运行,防止设备的损坏和系统状态进一步恶化。

极端紧急状态是指电力系统的故障状态,在此状态下,系统不能维持稳定但可实现有计划的解列,部分负荷将中断供电,部分系统元件的负载超出其定额,部分母线电压和系统频率超越允许范围。极端紧急状态必须采取防止事故进一步扩大的紧急控制措施以避免系统崩溃。

2. 电力系统扰动分类

电力系统的扰动总体上可分为小扰动和大扰动两类。

(1) 小扰动:是指由于负荷的正常波动、功率及潮流控制、变压器分接头调整和联络线功率自然波动等引起的系统扰动。

(2) 大扰动:是指系统元件短路、切换操作和其他较大的功率或阻抗变化引起的扰动。大扰动可按扰动严重程度和出现概率分为三类:第I类,单一故障(出现概率较高的故障);第II类,单一严重故障(出现概率较低的故障);第III类,多重严重故障(出现概率很低的故障)。

在"电力系统安全稳定控制技术导则(DL/T 723—2000)"中列出了系统常见的I、II、III类大扰动。

① I类扰动出现概率较高,主要包括:(a) 任何线路单相瞬时接地故障并重合成功;(b) 同级电压的双回或多回线和环网,任一回线单相永久接地故障重合不成功或三相短路故障不重合;(c) 任一台发电机组跳闸或失磁;(d) 任一台变压器故障退出运行;(e) 任一大负荷突然变化;(f) 任一回交流联络线故障或无故障断开;(g) 直流输电线路单极故障等。

② II类扰动出现概率较低,主要包括:(a) 单回线永久故障自动重合闸不成功,

无故障三相断开不重合;(b) 任何类型的母线故障;(c) 同杆并架双回线的异名两相同时发生单相接地故障不重合,双回线三相同时断开;(d) 向特别重要的受端系统输电的双回及以上的任意两回线同时无故障或故障断开;(e) 直流输电线路双极故障。

③ III 类扰动出现概率很低,主要包括:(a) 故障时断路器拒动;(b) 故障时继电保护及自动控制装置误动或拒动;(c) 多重故障;(d) 失去大电源;(e) 其他偶然因素。

3. 电力系统安全稳定控制的三道防线

为保证电力系统安全稳定运行,一次系统应建立合理的电网结构、配备完善的电力设施、安排合理的运行方式;二次系统应配备性能完善的继电保护系统和适当的安全稳定控制措施,组成一个完备的防御系统。通常分为三道防线。

(1) 第一道防线——正常运行状态下的安全稳定控制(预防控制)。为保证电力系统正常运行状态及承受第 I 类扰动时的安全要求,应由一次系统设施、继电保护以及安全稳定预防控制等组成保证电力系统安全稳定运行的第一道防线。系统预防控制包括发电机功率预防控制、发电机励磁附加控制、并联和串联电容补偿控制、高压直流输电(HVDC)功率调制,以及其他灵活交流输电(FACTS)控制等。

(2) 第二道防线——紧急状态下的安全稳定控制(紧急控制)。为保证电力系统承受第 II 类扰动时的安全要求,应由防止稳定破坏和参数严重越限的紧急控制等构建保证电力系统安全稳定运行的第二道防线。这种情况下的紧急控制包括切除发电机、汽轮机快速控制汽门(简称快控汽门)、发电机励磁紧急控制、动态电阻制动、串联或并联电容强行补偿、HVDC 功率紧急调制和集中切负荷等。

(3) 第三道防线——极端紧急状态下的安全稳定控制(紧急控制)。为保证电力系统承受第 III 类大扰动时的安全要求,应配备防止事故扩大,避免系统崩溃的紧急控制,如系统解列、再同步、频率和电压紧急控制等,同时应避免线路和机组保护在系统振荡时误动作,防止线路及机组连锁跳闸,从而构建保证电力系统安全稳定的第三道防线。

当电力系统由于严重扰动引起部分停电或事故扩大引起大范围停电时,为使系统恢复正常运行和恢复用户供电,各区域系统应配备必要的全停后启动措施,并采取必要的恢复控制(包括自动控制和人工控制)。自动恢复控制包括电源自动快速启动和并列、输电网络自动恢复送电,以及用户自动恢复供电等。

11.4　电力系统运行控制措施

在电力系统运行的过程中,以提高系统运行安全性和稳定性为目的所采取的控制措施常被称为安全稳定控制措施。按照“电力系统安全稳定控制技术导则(DL/T 723—2000)”的规定,这些控制措施分属于“三道防线”。

11.4.1　电力系统预防控制

预防控制是在系统当前处于正常运行状态,但考虑到未来某些可能出现的故障会对系统的稳定运行构成威胁,从而提前采取的防范措施。预防控制属于电力系统安全稳定控制措施的"第一道防线"。预防控制主要通过对系统的正常运行点进行调节,以保证故障出现时能够做到:① 保持系统功角稳定性并具有必要的稳定储备;② 维持系统频率处于规定范围并具有必要的运行备用容量;③ 维持母线电压处于规定范围并具有必要的电压稳定储备;④ 防止电网元件过负荷;⑤ 保持系统具有必要的阻尼水平,防止发生低频振荡。常见的预防控制手段主要包括以下几种。

1. 优化调度运行方式

通过电力系统运行实践发现,优化系统的调度方式,即改变各发电机的有功和无功出力,以及改变发电机的机端参考电压,对改善电力系统的暂态(功角、电压)稳定性和小扰动稳定性都很有效。

第 9 章曾利用 WSCC 三机九节点系统,示例并讨论了调度方式变化对系统小扰动稳定性的影响。图 11-15 取自第 9 章的图 9-20,假设已知 WSCC 系统下一时刻的系统运行方式,且基于此得到的系统小扰动稳定域如图 11-15 阴影部分所示。如果不改变系统的运行方式,届时系统运行点将临近小扰动稳定域的边界,系统临近失稳。为此,可通过改变发电机的出力,经图中曲线将运行点调整到小扰动稳定域的中心位置,显然系统的小扰动稳定性得到了大大改善。

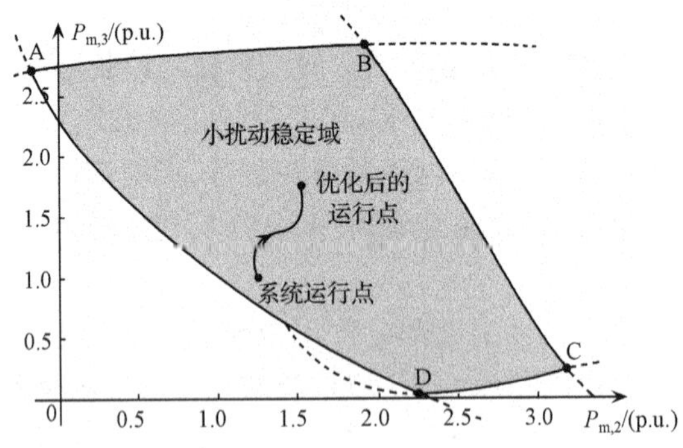

图 11-15　通过调度运行方式变动改善系统小扰动稳定性

在电力系统实际运行中,往往需要针对所关心的时刻,利用母线负荷预测、预想事故选择与排序、安全性评估的计算结果,对系统的调度方式进行优化,以达到同时提高系统各类稳定性的目的。

发电机调度方式的优化,常被称为考虑系统稳定约束的最优潮流问题,如果其优化变量仅为发电机出力,也称为机组组合优化(unit commitment)问题。

2. 负荷调整

当系统运行于载荷较重且预期负荷仍持续增长时，即使已经过调度方式的优化，系统的小扰动稳定或电压稳定储备系数仍无法满足要求，则可以通过切除部分用户负荷来保证系统稳定运行。我们在日常生活中遇到的拉闸限电、计划和非计划停电，除因为电力设备检修导致的停电外，多数源自负荷调整。

负荷调整可分为有计划性负荷调整和紧急负荷调整两种。前者往往发生在系统处于大负荷运行方式且发电又短缺时，一般会提前通知需停电的电力用户，我国 2003～2004 年在长三角地区出现的大范围拉闸限电现象，多属于这种情况；后者则往往发生在系统出现异常情况，如负荷快速增长、故障后系统可能存在不稳定的隐患等，通过非计划性负荷裁减，达到稳定系统运行的目的。负荷裁减，可通过低压减载、低频减载等装置实现，也可由调度人员直接操作完成，有时也属于紧急控制的范畴。尽管通过裁减负荷，对稳定系统较为有效，但会导致部分用户供电中断，这与给用户提供安全、可靠和优质电力供应的企业承诺相背。因此，在世界各国的电力公司中，对采用负荷裁减这一控制手段都进行了严格的限制，不到迫不得已一般不允许采用。当用户供电因此受到影响时，一般会给予一定的经济补偿。

3. 其他预防措施

(1) 合理安排设备检修。电气设备需要定期检修以发现和杜绝安全隐患。设备检修需要退出运行，往往对系统稳定运行产生不利影响，因此，需要根据电力系统的运行特点，合理安排电气设备的检修计划，将这种影响降到最低。为此，电气设备检修一般都会安排在系统负载较轻的时间段。同时，在关键设备处于检修时，还应做好其他设备此时出现故障的应急预案。

(2) 在线修正决策表。电力系统的运行分析人员，一般针对系统运行过程中可能出现的严重故障，预先制定一些控制预案，并以决策表的形式提供给安稳控制系统和调度人员。决策表(decision table)是一种利用表结构，精确而简洁地描述复杂逻辑关系的工具，它清晰地表达了电力系统各种控制措施的执行动作与需满足条件间的逻辑关系。决策表是利用电力系统离线数据，经分析计算得到的，由于系统运行状况的复杂性，离线分析所得结果，在线应用时不可避免地会存在一定偏差。为此，可利用 SCADA/EMS/WAMS 系统所提供的在线量测数据，对预先制定的决策表进行在线校核、评估和修正，以保证这些控制措施适用于电力系统在线运行环境，更好地发挥其控制效果。

(3) 关键断面潮流监控。电力系统存在一些关键的功率传输断面(interfaces)，其上输送潮流对系统安全稳定影响显著，为此需要实时监视这些断面的运行情况，一旦其上潮流出现异常，就需要通过相应的控制手段，使其恢复到正常运行范围。

(4) 闭锁 OLTC 自动调节机构。当电力系统出现无功不足、负荷水平偏高时，往往会导致系统电压偏低，此时若仍任由 OLTC 进行变比的自动调节，可能会出现负调压现象，严重时可能导致系统出现电压失稳和电压崩溃。为此，很多电力公司的运行导则中都给出了闭锁 OLTC 自动调节机构的条件，如在我国“电力系统安全稳定控制技术导则(DL/T 723—2000)”中规定，供电变压器的 OLTC 自动调节机构不应在一次电源电压过低(如低于 0.95 额定电压)时使用。

11.4.2 电力系统紧急控制

紧急控制在系统出现大扰动时采用，通过改变电力系统的运行状态，达到提高系统安全稳定运行水平的目的。紧急控制构成了电力系统安全稳定控制的第二和第三道防线，所要达到目的包括：① 防止功角暂态稳定破坏；② 消除系统的失步状态；③ 限制频率严重异常(降低或升高)；④ 限制电压严重异常(降低或升高)；⑤ 限制设备严重过负荷等。常见的电力系统紧急控制措施如下。

1. 发电机侧的控制措施

故障会导致发电机功率特性发生突变，但原动机及调速器环节动作较慢，其输出功率的调整需要较长时间，从而导致发电机转子轴出现失衡转矩。这是引起电力系统功角失稳的根本原因，因此，要减少电力系统功角失稳的风险，就要从减少发电机转子轴的失衡转矩入手，为此可采用快速动作汽门、电气制动等控制手段。若发电机已经失步，则应尽快加以切除，但为保证系统具有足够的电源，也可允许部分失步发电机短暂异步运行，然后通过进一步的控制使其再次实现同步运行。

1) 快速动作汽门

在汽轮机上安装快速动作汽门，可有效提高电力系统的暂态稳定性。其动作原理是：故障发生后，当发电机转速上升时，快速减小汽轮机进汽量；当发电机转速降低时，再重新增大汽轮机的进汽量。如此交替控制，可达到提高电力系统暂态稳定性及减小振荡幅度的目的。

图 11-16 示意了快速动作汽门的控制原理。当故障发生后，发电机转速上升时，快速动作汽门动作，降低汽轮机的进汽量，从而使发电机原动机输出的机械功率变小，参见图 11-16(a)。当不存在快速动作汽门时，系统的加速面积为图 11-16(a)中所示的 abcd 所围面积，假设系统稳定，则减速面积为 defg 所围面积，发电机最大振幅对应的角度为 δ_{max0}；当快速动作汽门实施控制后，由于原动机输出功率得以快速降低，系统加速面积减少为 abch。故障清除后，系统的减速面积有所增加，因此，在一个较小的角度 δ_{max} 处，发电机转速降为额定转速。由此可见，系统的暂态稳定性得以改善，暂态过程角度的振荡幅度也得以降低。

当发电机转速下降时，如图 11-16(b)所示。如果快速动作汽门不再动作，则减速面积将为 o′ij 所围面积；当快速动作汽门动作时，逐渐恢复系统的进汽量，减速面积将减小为 oij 所围面积，在此过程中，减速面积减少了 ioo′，从而使得发电机的振荡

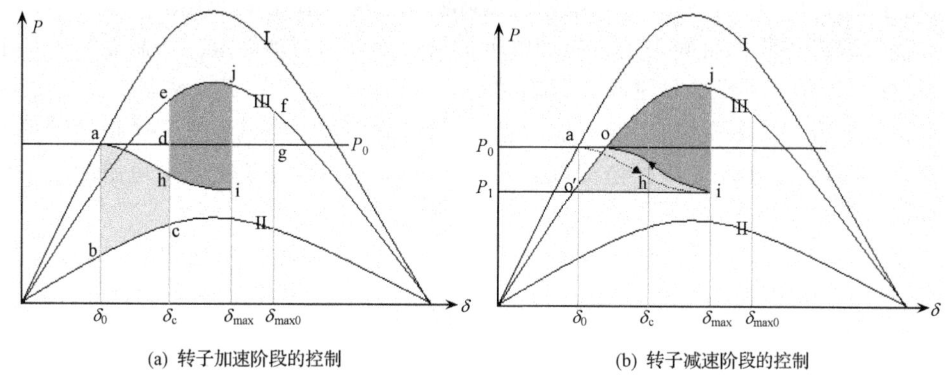

图 11-16　快速动作汽门原理

幅度进一步得以降低。

在正反两个方向上，不断重复上述快速动作汽门控制，可有效增强系统的暂态稳定性。

2）发电机电气制动

当发电机功率送出通道上出现短路故障时，发电机会因转矩失衡而加速。此时，若在发电机端投入电阻负荷，则可以增大发电机输出的电磁功率，从而减小转子轴的失衡转矩；当发电机转速降至额定转速时，切除此电阻，则可以达到提高系统暂态稳定性的目的。这种控制方法称为发电机电气制动，投入的电阻则称为制动电阻。

图 11-17 给出了发电机电气制动的工作原理，电气制动装置一般与保护装置协同工作。当系统出现短路故障时，控制装置一方面给线路开关发出跳闸信号，切除故障线路。另外，向制动电阻所连开关发出闭合信号，投入制动电阻；同时向延时控制器发出启动信号，延时 Δt 后，切除制动电阻。

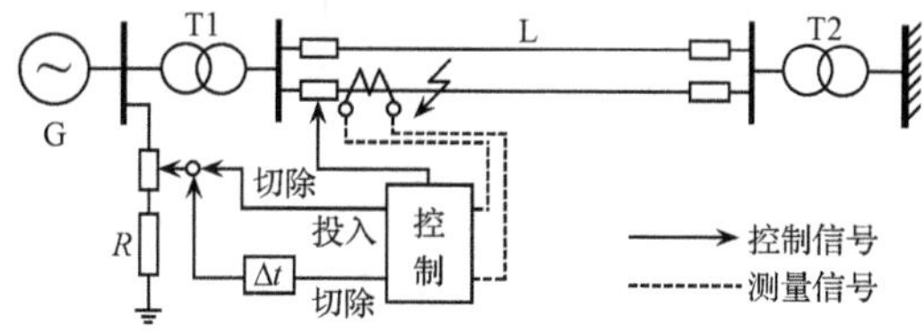

图 11-17　电气制动示意图

电气制动两个关键的运行参量分别为制动时间和制动容量。制动时间是指制动电阻被投入到它被切除的间隔时间 Δt，是制动电阻起作用的时间；制动容量用于表征制动电阻的大小，制动电阻的额定制动容量定义为

$$\Delta P_{b,N} = \frac{U_N^2}{R} \tag{11-15}$$

式中，U_N 为制动电阻接入点的额定电压；R 为每一相的电阻值。显然，在故障过程

中,由于接入点的电压不断变化,电阻的实际制动功率也在不断变化。

制动容量和制动时间决定了制动电阻提供给系统的制动能量。当制动能量过小时(可能由于制动容量选择过小或制动时间选择过短),电气制动的效果差,对系统暂态稳定性的改善效果有限;当制动能量过大时,可能导致发电机在第二次摇摆过程中失稳,此时称为过制动。两种情况都需要尽量避免,途径就是优选制动电阻的大小和制动时间。

下面以图 11-18 为例,简单介绍电气制动的工作原理和过制动现象导致系统失稳的机理。

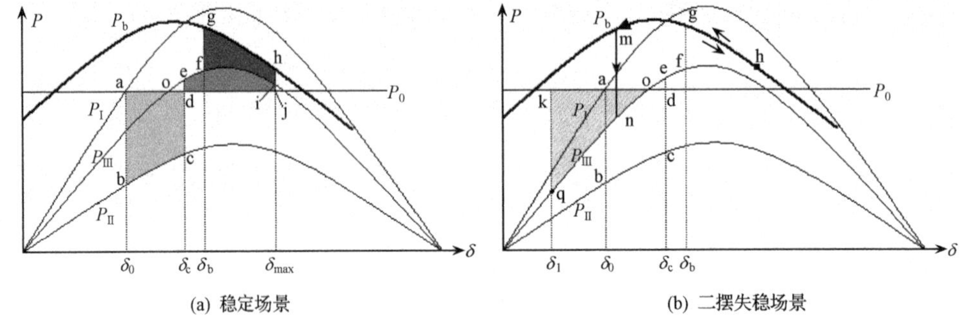

图 11-18 电气制动工作原理

若该系统中未安装电气制动,当故障在 c 点被切除后,由于最大可能的减速面积小于加速面积,系统将失去暂态稳定。当系统中安装了电气制动装置后,在故障切除后不久的 f 点,制动电阻被投入,发电机的功率特性变为图中的 P_b 曲线。在电气制动作用下,系统减速面积大大增加,运行点到达 h 点时,减速面积等于加速面积,发电机转速降为额定转速,如图 11-18(a)所示。此时制动电阻退出运行,则运行点将由 h 点跳变到故障后功角功率特性曲线上的 i 点,系统暂态稳定。

若制动时间设置太长,未能在 h 点及时切除制动电阻,则系统运行点将沿着 P_b 曲线向左运动,如图 11-18(b)所示。假设系统运行点直到 m 点时,制动电阻才被切除,则系统运行点将从 m 点跳变到故障后功率特性曲线上的 n 点。但由于惯性作用,系统运行点直至图中的 q 点处才摆回。不难看到,发电机运行点在第二摆向右侧运行时所受到的加速面积(图中 A_{kqo}),将大于系统的最大可能减速面积,因此发电机在第二摆过程中将会失去稳定。

由以上分析可知,故障后的发电机在减速过程结束瞬间切除制动电阻,则可以获得最佳的控制效果,这就需要对电气制动时间进行精确的设置。前面我们是以制动电阻只投入一次为例进行的分析,目前正在研制采用微机控制的多次电气制动装置,在发电机转速上升阶段多次投入制动电阻,不但能保持系统暂态稳定,同时可使得系统振荡快速消除。

由于大容量的电阻在设计和制造上仍存在一定困难,目前电气制动多采用水电阻，因此，主要用于水电机组的控制。

3）发电机短暂异步运行

如果系统稳定性的破坏不是由于发电机自身故障引起的，则可以允许已失去同步的发电机暂时转入异步运行，同时进一步采取措施，将其拉回同步运行。这样做的好处在于，异步运行的发电机在故障过程中仍向系统供出功率，仍可起到电源支撑的作用。这一点，对于在严重故障之后，系统急需电源支撑时尤为重要；同时，将异步运行的发电机再次拉回同步运行所需时间，较将发电机切除后再次启动所需时间要短得多。

在电力系统运行过程中，当个别发电机由于励磁系统故障而导致失磁时，只要故障不危及发电机继续运行，而系统的无功又很充足，就可以不切除失磁的发电机，而将其转为异步运行。待消除励磁系统故障后，再将其拉回到同步运行状态。

4）切除部分发电机

当发电厂中存在多台并列运行的发电机时，在故障过程中切除部分加速的发电机，可起到稳定系统的目的，下面以图 11-19 为例介绍其工作原理。

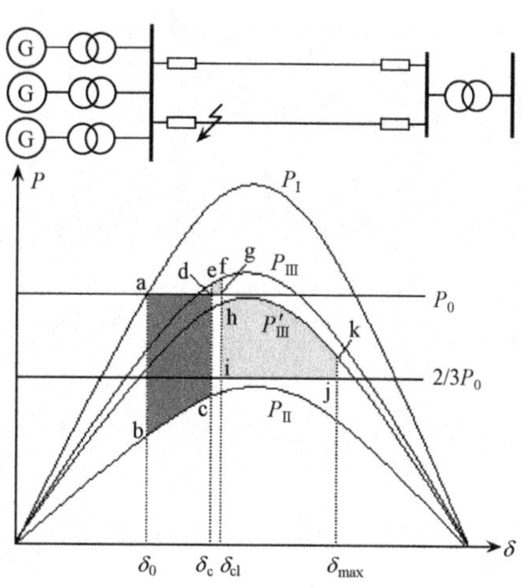

图 11-19　切除部分发电机

当双回线路中的一条，因出现短路故障而被切除后，由于当时系统重载运行，故障后系统的最大可能减速面积小于加速面积，若不采取控制措施，系统将出现暂态失稳。当故障线路被切除（δ_c 处）后不久，我们主动将一台发电机（δ_{cl}处）切除，则电厂等效的发电机，其机械输入功率将变为原来的 2/3。尽管一台发电机退出运行，会导致系统等效电抗增大，致使功率特性曲线略有下降，但机械输入功率下降的幅度要远远大于功率特性曲线降低的幅度。这样一来，切除一台发电机使得系统的减速面积大大增加，如图 11-19 所示。在这种情况下，系统运行点到达 k 点时，发电机转速降为额定转速，系统暂态稳定。

需要指出的是，由于切除了部分发电机，导致系统失去部分电源，当被切除的发电机容量较大，或者故障后的系统有功或无功不足时，上述操作可能进一步恶化系统的运行状况，甚至引发系统出现电压崩溃事故。为防止出现这种情况，在切除发电机的同时，可连带切除部分负荷。

2. 切除负荷

电力系统在发生大扰动（如多重故障）、负载过重或出现潮流大范围转移时，系统会因功率短缺而导致其稳定性恶化，如系统频率和电压都出现显著降低。此时在系统的薄弱环节切除部分负荷，对保证系统稳定性具有积极的作用。但如前所述，切除负荷意味着将有电力用户供电的中断，因此，应尽量避免采用切除负荷的方式来稳定电力系统。

紧急控制中的切除负荷可分为集中方式和分散方式两种。集中式切负荷一般装设于高压或超高压变电站，通过切除高压线路来实现，处于抽水状态的蓄能机组可作为首选的被切负荷。分散切负荷一般装设在配电变电站。同时，所有的电网都应设置就地启动的分散式切负荷装置，并按用户的重要性及断电后果等因素顺序断开，实现紧急切负荷。

近期，在国外一些电网建设中，通过在低压用户侧安装可与电网进行双向通信的智能表计(smart metering)，允许用户有选择地参与系统切负荷控制。图 11-20 所示为加拿大 BC Hydro 电力公司设计的一种智能表计。其原理在于，智能表计不仅可将用户的用电数据上传至数据量测中心，用于系统监视、分析与优化之用；同时，它还可接收来自控制中心的信号，当接收到裁减负荷信号时，可有选择地逐步切除不同重要程度的负荷。用户则可根据自身情况，设置不同用电负荷的重要程度。让用户主动参与到电网的运行、管理和控制，一方面可有效避免用户的电力供应被完全中断的传统做法，减轻来自用户的反对压力；另一方面，通过逐次切除不同重要程度的负荷，也可减少用户停电的损失，如首先被切除的电加热器、电冰箱等负荷，在短暂停电后恢复供电，几乎不会给用户造成任何损失。

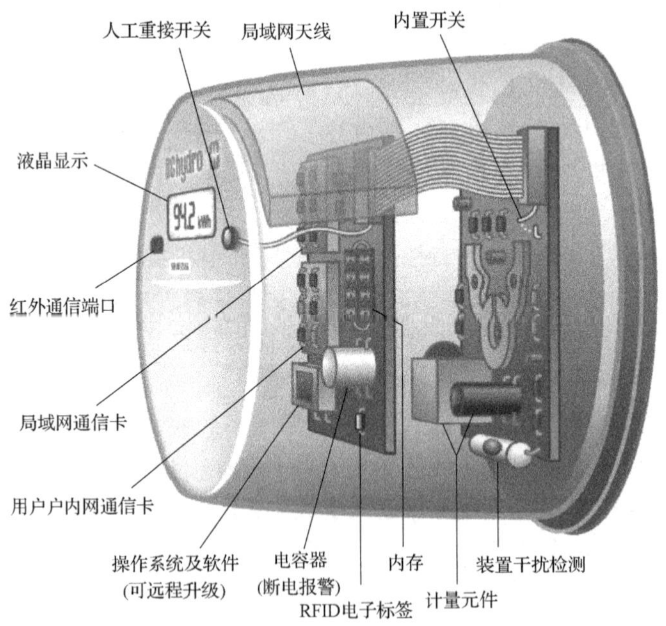

图 11-20　BC Hydro 设计的一种智能表计

3. 无功补偿紧急控制

当系统在故障过程中,因局部或全系统无功短缺、电压升高而导致系统稳定性降低时,则应考虑采取无功补偿紧急控制措施,主要通过串联和并联补偿装置来实现。① 电容紧急补偿控制主要包括实施电容装置强行补偿、紧急投入并联电容装置和紧急切除并联电抗器,用于避免因无功短缺而造成的稳定破坏、限制节点电压降低等;② 电抗器紧急控制主要包括紧急切除并联电容装置和紧急投入并联电抗器,主要用于限制设备运行电压的升高,防止系统稳定性被破坏。

电力系统配备控制操作灵活的无功补偿装置,对于维护电力系统运行稳定性意义重大。无功补偿装置以并联电容器和并联电抗器为主,分为固定补偿和可投切两类,前者容量固定,在运行中无法改变;后者则可以根据系统运行情况,通过改变投入补偿设备的组数,来改变补偿量的大小。性能更为优越的调相机和 FACTS 元件,可实现无功补偿大小的平滑调节,但设备投资和维护成本更高。

4. 直流紧急控制

高压直流(HVDC)作为长距离大容量输电、交流系统互联的重要手段,已在我国电力系统中得到了广泛应用,参见表 11-2。HVDC 具有传输功率可快速调节的优点,在运行中可视为一种具有优良调节特性的 FACTS 元件。当交流系统出现严重故障时,可通过快速调节直流线路的传输功率,达到消除系统功率不平衡、抑制系统低频振荡、改善系统暂态稳定性等目的。

但有一点需要特别注意,在 HVDC 的逆变侧,逆变器需要交流系统提供电压支持才能完成直流向交流的转换。当交流系统出现严重故障并影响到逆变器出口交流母线的电压时,易引起直流逆变器的换相失败(commutation failure of inverter),从而导致直流系统无法正常工作。此时 HVDC 不仅无法对交流系统提供支援,还可能会因其不能正常工作而对交流系统产生进一步冲击,恶化交流系统的运行状况。

5. 电力系统解列控制

所谓电力系统解列,就是在已失去同步的电力系统的适当地点断开互联开关,把系统分解成几个独立的、各自可保持同步的子系统的控制过程。这样,在解列控制之后,系统各部分还可以正常工作。待故障消除后,再将各部分并列起来,恢复系统正常运行。

在进行解列控制时,解列点的选择是关键。一个好的解列方案,应保证解列后,各子系统内部发电机保持同步;各子系统内部的负荷-发电功率尽量平衡;同时,还应尽量减少解列点数目和减少断路器操作次数。

电力系统大范围互联运行时,任何一个局部系统的严重故障,都有可能影响和波及互联运行电网的其他部分,导致区域之间的功率振荡和稳定水平下降。此时,将系统主动解列,可有效减少故障影响范围的传播。

11.4.3 实际例子

2006 年 7 月 1 日发生在河南省境内的“7 · 1”电网事故,是我国建国以来最大的一起电网事故。该事故的起因是 500kV 嵩(山)-郑(州)双回线继电保护误动作跳闸。该故障导致线路传输的大量负荷被完全转移到 220kV 系统,引起系统中多条线路由于过负荷而相继出现跳闸,引发系统振荡。受振荡影响,系统中部分发电机相继跳闸停运,系统电压急剧下降并出现连锁故障迹象。同时,该事故的影响不仅波及华中全网,还对联网运行的川渝、华北电网和西北电网产生不同程度的影响。

为尽快平息事故,在故障处置过程中,综合采用了切除发电机和负荷、闭锁华中与西北电网直流(实际是西北和华中解列)、主动解列华中东部与川渝电网、主动解列华北与华中电网等紧急控制措施。由于事故处置及时得当,该事故很快得以控制,避免引发更大范围的电网停电事故。

尽管如此,在故障处置过程中,仍导致大量发电机和负荷被切除。据统计,在事故的发展和处置过程中,共有 5 条 500kV、5 条 220kV 线路跳闸;停运发电机组共 32 台,减少发电出力 5770MW;河南、湖北、湖南、江西四省电网低频减载装置动作共切除电力负荷 1600MW,河南省电网减供负荷 2765MW,电量损失合计 2804600kW · h。

11.5 电力系统恢复控制

电力系统恢复控制,是指当电力系统发生故障,导致部分负荷停电、系统处于解列状态,甚至全网停电后,在尽量短的时间内,最大限度地恢复系统至新的正常运行状态的控制措施。恢复控制包括两种情况:一种情况是电力系统的某些元件因故障退出运行或某些用户被迫中断供电,为快速恢复故障元件和恢复用户供电而进行的控制;另一种情况是由于严重故障导致系统大范围停电后,为恢复系统正常运行而实施的控制。后一种情况又常被称为电力系统的黑启动。两种情形下的恢复控制所需考虑的问题基本类似,为此,以最复杂的黑启动场景为基础进行介绍。

恢复控制一般需经历三个阶段:电源恢复阶段、网络恢复阶段和负荷恢复阶段,每个阶段考虑的约束条件和要实现的目标各不相同。由于事故本身的复杂性和多样性,导致故障后电网结构和运行工况都存在很多的偶然性和随机性,这大大增加了恢复控制的工作难度。

在进行电力系统恢复控制时,需要考虑和解决好如下问题。①制定详细的恢复计划,并做好恢复控制的人员培训;②实现恢复过程中的有功平衡和频率控制;③实现恢复过程中的无功平衡和电压控制;④做好继电保护以及安全自动装置的配合。

11.5.1　制定恢复计划和实施恢复培训

1. 制定详细的恢复计划

电力系统恢复控制的目的，是将非正常的电网运行状态逐步恢复至新的正常运行状态，这一控制过程需要有非常细致的恢复计划作指导。因此，制定合理的恢复计划，确定恢复策略是电力系统快速恢复的先决条件，也是恢复控制首先要解决的问题。

恢复计划的制定必须充分而全面地考虑所涉及系统的特性，包括装机容量、负荷水平、负荷种类和规模、系统规模、供电区域类型、供电系统的组成结构、输电网的电压等级、电压调整策略、发电机组的冷启动特性以及重启动约束等。目前，电力部门在制定大停电后的恢复控制计划时，仍以离线制定为主，且多数恢复计划是在反复试验的基础上得到的。但离线恢复方案不一定适合大停电事故后的具体情况，预先制定的恢复措施也可能因为设备损坏等原因而无法实施。因此，如何针对故障后的电网结构和运行工况，快速制定切实可行的恢复计划，仍是恢复控制研究领域内关注的热点问题。

2. 做好恢复控制的人员培训

电力系统在恢复过程中，电网的结构和运行工况与正常运行时大不相同，此时各种量测数据、量测信息以及报警信号将大量涌入调度中心，EMS 等辅助工具已经不能很好地适应当前这种非正常的运行环境。为此，调度员必须在一种非常紧急的、缺乏辅助支持的状态下做出准确判断，并采取正确的操作，这对调度员提出了很高的要求。而这种情况在日常调度中很少遇到，因此，必须对调度员进行系统恢复控制的相关培训。近年来，频频出现的大停电事故，使得国内外各电力公司，对调度运行人员的恢复控制培训更加重视。

11.5.2　有功平衡和频率控制

有功平衡与频率控制是恢复控制过程中重点关注的一对问题，其实质是对电源和负荷的协同恢复。其中，恢复对负荷的供电是恢复控制的根本目的，也是贯穿整个恢复控制过程中的优化目标。在恢复过程中，每次恢复负荷的数量太少会延长恢复时间，恢复的负荷太多则可能导致系统频率的降低甚至再次引发系统崩溃。可恢复负荷的大小，是由并网机组原动机的响应特性所决定的。一般认为，允许同时恢复的最大负荷量不应使系统频率较负荷接入前下降 0.5 Hz，同时，恢复的负荷总量不应超过发电量的 5%。

系统恢复过程，大致可分为三个阶段：电源自启动、网络重构及互联、负荷恢复。在不同的阶段，有功与频率控制的具体要求也不相同。

在电源自启动阶段,恢复控制的目标主要是保证电源的快速启动和稳定运行。为此,需要恢复临近区域内的一部分负荷用于平衡发电机的有功出力,因此,可在运行频率允许范围内少量增加负荷,同时确保系统能够承受突然的负荷变化导致的频率波动。

在网络重构及系统互联阶段,恢复控制目标是尽量减少各孤立系统之间的频率偏差。所以当各孤立运行的子系统进行互联时,需要将机组间的频率偏差调整在尽可能小的范围内,以保证系统运行稳定和机组安全。这个阶段的控制手段主要有机组的组合优化、负荷的配合恢复、系统的结构调整等。在进行有功与频率控制的同时,还需要考虑各孤立子系统无功功率的分布以及联络线恢复时的相角差问题。

在负荷恢复阶段,恢复控制的目标是尽可能多、尽可能快地恢复负荷供电。约束条件主要是系统稳态频率、电压必须保持在系统允许范围内,线路潮流不越限等静态约束。此外,还需考虑大负荷投入时,系统频率下降不至于引起低频减载设备的误动作等。

11.5.3 无功平衡和电压控制

无功平衡和电压控制是电力系统恢复控制过程中必须考虑的另外一对关键问题。无功平衡是保证电力系统顺利恢复的必要条件。在恢复过程中,无功不平衡源于空载长距离输电线路充电功率、空载运行电缆的充电功率、变压器投入、并联电抗器和电容器的投入等。无功不平衡可能导致持续工频过电压、操作过电压以及谐波过电压。平衡无功功率控制上述三种过电压在允许范围内,是恢复控制需要重点解决的任务之一。

1. 持续工频过电压控制

在系统恢复的初期,恢复空载的高压架空线或电缆时,在充电电流的作用下,相当于在系统内突然引入无功电源,此时如没有足够的负荷来平衡无功功率,将会发生系统范围内的电压升高,称为持续工频过电压。持续工频过电压严重时将引起发电机自励磁和不可控制的系统运行电压上升,进一步可导致变压器过励磁、谐波畸变和谐波过电压的产生,甚至会造成避雷器和断路器的破坏,因此,需要加以有效消除。

在恢复过程的初期,通常希望尽可能多地恢复高压输电线路,以加快恢复进程。但投入的输电线路过多,且多数处于轻载运行时,就可能导致持续工频过电压现象的发生。

应对持续工频过电压的控制手段,主要是吸收轻载线路所产生的大量无功功率。可用控制手段包括确保发电机有足够的低励磁能力、连接感性无功负荷、投入并联电抗器、调节变压器分接头等。

2. 操作过电压控制

操作过电压是指在恢复空载输电线路或操作容性设备时，断路器的开合操作，导致电力系统从一种稳定工作状态，通过振荡转变到另一种稳定工作状态的过程中所产生的暂态性质的过电压。

操作过电压通常持续时间很短，其大小取决于系统的结构、设备参数、断路器性能以及操作过程等。其中，设备参数在恢复过程中基本保持不变，而系统的结构和断路器的合闸时间是决定操作过电压大小的主要因素。普遍认为，操作过电压并不是恢复控制中需要着重考虑的主要约束。对于 110kV 及以下的系统，操作过电压可以忽略；对于 110 kV 以上的系统，如果在恢复过程中能保证系统电压在正常运行电压的 1.2 倍以内，系统的避雷器就能比较有效地进行处理。

3. 谐波过电压控制

谐波过电压源于开关操作和设备的非线性特性。在网络重构阶段，电网结构比较薄弱，由充电电流引起的容性电压上升会导致变压器的过励磁并产生严重的谐波。当系统阻抗与线路电容参数构成并联谐振条件时，轻载或空载的变压器投入所引起的谐波畸变将被放大，从而产生很高的谐波过电压。

在大多数情况下，谐波过电压由持续工频过电压引发，但有时变压器没有持续过电压现象，而由励磁涌流引起的谐波也可能导致谐波过电压的出现，因此，需要引起额外重视。

在恢复阶段，系统的阻尼较小，谐波过电压严重时会引起继电保护误动作，甚至会造成设备损坏、系统故障和拖延系统恢复的进程。

应对谐波过电压的主要控制手段包括调节变压器分接头位置、控制变压器励磁涌流、增加系统短路容量、增加负荷、改善系统频率响应特性等。

11.5.4 继电保护及安全自动装置的配合

恢复过程中，由于系统运行在非正常环境下，且运行条件随时会发生变化，保护和安全自动装置的动作特性也可能随之改变，由此可能导致部分装置误动或者拒动，从而失去了原有的作用，甚至阻碍系统的恢复，严重时将导致系统再次崩溃。同时，不同恢复阶段对保护和安全自动装置的要求也不同。因此，必须根据各个阶段的特点，针对可能出现的问题，在保护和安全自动装置的设置和整定上做相应的调整，使其有利于恢复控制的实施。

在系统电源自启动和各孤立子系统单独运行阶段，由于系统的总发电容量较小，频率和电压的波动较大。此时，继电保护和安全自动装置面临的主要问题是低频减载、低压减载装置的配合、线路零序保护的整定、重合闸方式的确定以及线路电流保护的整定。

在系统互联和负荷恢复阶段，主要是同步装置的合闸相角的约束问题。系统能够承受的最大合闸相角差与系统的电压等级、运行工况以及合闸点有关。一般而言，500kV 系统的保护整定值为 20°，220kV 系统的为 40°，110kV 系统的为 60°。但在实际运行中，为了安全起见，经常需要控制相角差在 10°以内。因此，在恢复过程中如何进行相角差控制就成为一个比较重要的问题。此外，在这一阶段，还需要关注一些安全自动装置的配合工作问题。

在整个恢复过程中，还必须密切注意发电机的保护，包括发电机励磁系统的保护、负序电流保护等。要维持发电机机端电压在允许的范围内，防止发电机的转子、定子过热。发电机励磁系统的保护装置一般有低励保护、失磁保护、最小励磁限制器、失步保护、过励磁保护等。应密切注意其与系统各种恢复控制措施的配合。

由以上分析可见，电力系统的恢复控制是属于一个典型的多目标、多阶段、非线性和带多种约束条件的滚动组合优化问题，本身的研究和实施难度就非常大，考虑到事故本身的多样性和事故演变场景的复杂性，使得故障后电网结构和运行工况都存在诸多偶然和随机性，这大大增加了恢复控制的工作难度。因此，有关复杂电力系统的恢复控制，仍是电力系统安全稳定性研究领域关注的一个重点。

思 考 题

11-1 试分析电力系统的安全性与稳定性的区别与联系。

11-2 单机无穷大系统如题 11-2 图所示，已知各元件参数标幺值如下。发电机 G：$x_d = x_q = 1.60$；变压器 T1 和 T2：$x_{T1} = 0.12$，$x_{T2} = 0.13$；线路 L：双回线电抗 $x_L = 0.33$。

(1) 当系统正常运行时，即 $U_0 = 1.0$，$S_0 = 1.0 + 0.2j$，求解此时的系统功率极限 P_m；

(2) 当系统进相运行时，即 $U_0 = 1.0$，$S_0 = 1.0 - 0.2j$，求解此时的系统功率极限 P_m。

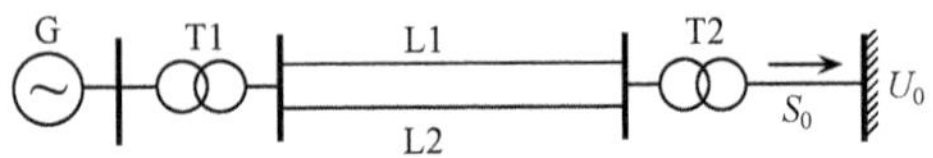

题 11-2 图 单机无穷大系统

参考文献

陈珩.2007.电力系统稳态分析.3版.北京:中国电力出版社

陈予恕,唐云等.1992.非线性动力学中的现代分析方法.北京:科学出版社

韩桢祥.2001.电力系统分析.杭州:浙江大学出版社

何仰赞,温增银.2002.电力系统分析(上、下册).武汉:华中科技大学出版社

贾宏杰.2001.电力系统小扰动稳定域的研究.天津大学博士学位论文

贾宏杰,卞海波,李鹏.2006.调度方式和负荷水平对小扰动稳定域的影响.电网技术,30(14):19～23

李光琦.2007.电力系统暂态分析.3版.北京:中国电力出版社

廖晓昕.1999.稳定性的理论、方法和应用.武汉:华中理工大学出版社

刘强,石立宝,周明等.2007.现代电力系统恢复控制研究综述.电力自动化设备,27(11):104～110,114

马大强.1988.电力系统机电暂态过程.北京:水利电力出版社

王锡凡.2003.现代电力系统分析.北京:科学出版社

夏道止.1995.电力系统分析(下册).北京:水利电力出版社

夏道止.2004.电力系统分析.北京:中国电力出版社

佚名.2001.电力系统安全稳定控制技术导则.中华人民共和国电力行业标准(DL/T 723—2000)

于永源,杨绮雯.1996.电力系统分析.北京:中国电力出版社

余贻鑫.1999.电压稳定研究述评.电力系统自动化,23(21):1～8

余贻鑫,陈礼义.1988.电力系统的安全性与稳定性.北京:科学出版社

余贻鑫,贾宏杰,严雪飞.1999.可准确跟踪鞍节点分岔的改进局部电压稳定指标 L_I.电网技术,23(5):19～23

余贻鑫,王成山.1999.电力系统稳定性理论与方法.北京:科学出版社

张伯明,陈寿孙.1989.高等电力网络分析.北京:清华大学出版社,机械工业出版社

张炜.1999.电力系统分析.北京:水利水电出版社

周荣光.1988.电力系统故障分析.北京:清华大学出版社

诸骏伟.1995.电力系统分析(上册).北京:水利电力出版社

邹森.1995.电力系统安全分析与控制.北京:水利电力出版社

Cutsem T V, Vournas C. 1998. Voltage Stability of Electric Power Systems. London: Kluwer Academic Publishers

IEEE Committee Report. 1991. HVDC controls for system dynamic performance. IEEE Trans. on Power Systems, 6(2):743～752

IEEE Working Group on Voltage Stability. 1990. Voltage stability of power system: concepts, analytical tools, and industry experience. IEEE Committee Technical Report. IEEE publication 90TH0358-2- PWR

Kundur P. 1994. Power System Stability and Control. New York: McGraw-Hill

Power System Engineering Committee. 1982. Proposed terms and definitions for power system stability. IEEE Trans. on Power Apparatus and Systems, PAS-101(7):1894～1897

Taylor C W. 1994. Power System Voltage Stability. New York:McGraw-Hill

Vu K T, Liu C C. 1992. Shrinking stability regions and voltage collapse in power systems. IEEE Trans. on Circuits and Systems I: Fundamental Theory and Applications, 39(4):271～289

http://en. wikipedia. org/wiki/Tap_(transformer)

http://www. chinaer. org/lmsjshow_cache. aspx? Id=305(国家电力监管委员会. 2008 年全国直流输电系统运行可靠性指标)

http://www. sgcc. com. cn/ xwzx/gsxw/2009/1/181598. shtml(国家电网公司. 中国电科院可控串补技术取得新突破)